ESTUDOS DE DIREITO DAS GARANTIAS

VOLUME II

MANUEL JANUÁRIO DA COSTA GOMES
Professor da Faculdade de Direito de Lisboa

ESTUDOS DE DIREITO DAS GARANTIAS

VOLUME II

ALMEDINA

ESTUDOS DE DIREITO DAS GARANTIAS

AUTOR
MANUEL JANUÁRIO DA COSTA GOMES

EDITOR
EDIÇÕES ALMEDINA. SA
Av. Fernão Magalhães, n.º 584, 5.º Andar
3000-174 Coimbra
Tel.: 239 851 904
Fax: 239 851 901
www.almedina.net
editora@almedina.net

PRÉ-IMPRESSÃO I IMPRESSÃO I ACABAMENTO
G.C. GRÁFICA DE COIMBRA, LDA.
Palheira – Assafarge
3001-453 Coimbra
producao@graficadecoimbra.pt

Junho, 2010

DEPÓSITO LEGAL
312986/10

Os dados e as opiniões inseridos na presente publicação
são da exclusiva responsabilidade do(s) seu(s) autor(es).

Toda a reprodução desta obra, por fotocópia ou outro qualquer
processo, sem prévia autorização escrita do Editor, é ilícita
e passível de procedimento judicial contra o infractor.

Biblioteca Nacional de Portugal – Catalogação na Publicação

GOMES, Manuel Januário

Estudos de direito das garantias. – 2 v.
2º v. :   p. - ISBN 978-972-40-4222-0

CDU   347

SUMÁRIO

A QUESTÃO DA ESTRUTURA NEGOCIAL DA FIANÇA REVISITADA   7

PLURALIDADE DE FIADORES E LIQUIDAÇÃO DAS SITUAÇÕES FIDEJUSSÓRIAS   31

A FIANÇA DO ARRENDATÁRIO FACE AO NRAU   67

SER OU NÃO SER CONFORME, EIS A QUESTÃO.
EM TEMA DE GARANTIA LEGAL DE CONFORMIDADE NA VENDA DE BENS DE CONSUMO   113

SOBRE A CIRCULABILIDADE DO CRÉDITO EMERGENTE DE GARANTIA BANCÁRIA AUTÓNOMA AO PRIMEIRO PEDIDO   141

SOBRE A VINCULAÇÃO *DEL CREDERE*   189

GARANTIAS BANCÁRIAS NO CÓDIGO DOS CONTRATOS PÚBLICOS. BREVES NOTAS   233

A SOCIEDADE COM DOMÍNIO TOTAL COMO GARANTE. BREVES NOTAS   255

A ESFERA DE BENS IMPENHORÁVEIS E O *STATUS* DO DEVEDOR. BREVES NOTAS   275

A QUESTÃO DA ESTRUTURA NEGOCIAL
DA FIANÇA REVISITADA[*]

SUMÁRIO: 1. Introdução; 2. A jurisprudência do STJ após o Acórdão de 06.06.1990; 2.1. O Acórdão do STJ de 21.09.1993; 2.2. O Acórdão do STJ de 10.11.1993; 2.3. O Acórdão do STJ de 08.07.1997; 2.4. O Acórdão do STJ de 15.12.1998; 2.5. O Acórdão do STJ de 18.06.2002; 2.6. O Acórdão do STJ de 27.05.2003; 2.7. O Acórdão do STJ de 27.11.2003; 3. O argumento extraído do disposto no artigo 628/2 CC; 4. O argumento da harmonização com o regime do artigo 767/1 CC; 5. A articulação de regimes: assunção cumulativa de dívida, *maxime* em garantia, e assunção fidejussória de dívida; 6. O *princípio do contrato* consagrado no artigo 457 CC

1. Introdução[**]

I. Tendo decidido juntar a nossa pena à homenagem ao Prof. Doutor Manuel Henrique Mesquita, pareceu-nos oportuno elaborar umas breves notas sobre o tema da estrutura negocial da fiança, ao qual o homenageado

---

[*] Estudo publicado nos "Estudos em Homenagem ao Prof. Doutor Manuel Henrique Mesquita", I vol., Coimbra Editora, Coimbra, 2010.

[**] São as seguintes as principais abreviaturas utilizadas: Ac.=Acórdão; Acs.=Acórdãos; BMJ=Boletim do Ministério da Justiça; CC=Código Civil; CJ=Colectânea de Jurisprudência; CJ-STJ=Colectânea de Jurisprudência / Acórdãos do Supremo Tribunal de Justiça; ee=em especial; n.=nota; p.=Página; pp.=páginas; RDES=Revista de Direito e Estudos Sociais; RG=Relação de Guimarães; RLJ=Revista de Legislação e Jurisprudência; ROA=Revista da Ordem dos Advogados; ss.=seguintes; STJ=Supremo Tribunal de Justiça; t.=tomo.

8 *Estudos de Direito das Garantias, II*

dedicou uma atenção específica, num breve estudo marcante[1], tendo nós próprios tido oportunidade de, em vários escritos, abordar a questão[2].

Trata-se, assim, de revisitar um problema, de resto bastante tratado na doutrina[3] e na jurisprudência[4]. O mais recente aresto dos tribunais superiores que conhecemos é o Acórdão da Relação de Guimarães de 11.05.2005[5] que, entre outros problemas da fiança, aborda a questão da sua estrutura negocial, tomando partido no sentido de que a garantia em causa tanto pode ser prestada através de contrato quanto através de negócio jurídico unilateral.

Para a defesa da validade de constituição de fiança por declaração unilateral, o Acórdão invoca dois argumentos que parece colocar ao mesmo nível: o regime do artigo 628/2 CC e o facto de o cumprimento poder ser efectuado por terceiro (artigo 767/1 CC). Na sua argumentação, o aresto não considera a doutrina e jurisprudência mais recentes sobre o problema, circunstância a que não terá sido, porventura, alheio o facto de a defesa da possível constituição da fiança por declaração unilateral ter sido feita em *obiter dictum*, já que o tribunal acaba por concluir que, *in casu*, tinha sido celebrado um contrato.

II. Recordemos, em primeiro lugar, a argumentação desenvolvida por Henrique Mesquita para sustentar a nulidade da fiança prestada por declaração unilateral. Para este autor[6], a necessidade de a fiança ser prestada através de contrato resulta do *princípio do contrato* ou do *numerus clausus*

---

[1] *Fiança*, in CJ, ano XI.1986, tomo 4, pp. 23 a 29.

[2] Cf. os nossos *A estrutura negocial da fiança e a jurisprudência recente*, agora in "Estudos de Direito das Garantias", I, Almedina, Coimbra, 2004, p. 49 e ss., *Assunção fidejussória de dívida. Sobre o sentido e o âmbito da vinculação como fiador*, Almedina, Coimbra, 2000, p. 376 e ss. e *A fiança no quadro das garantias pessoais. Aspectos de regime*, in "Estudos de Direito das Garantias", I, *cit.*, p. 32 e ss..

[3] Cf., v. g., Antunes Varela *Das obrigações em geral*, II, 7.ª ed., Almedina, Coimbra, 1997, p. 485 e ss, Romano Martinez / Fuzeta da Ponte, *Garantias de cumprimento*, 4.ª ed., Almedina, Coimbra, 2003, p. 85 e ss., Menezes Leitão, *Direito das obrigações*, II. *Transmissão e extinção das obrigações. Não cumprimento e garantias do crédito*, 3.ª ed., Almedina, Coimbra, 2005, pp. 317-318 e Evaristo Mendes, *Garantias bancárias. Natureza*, in RDES XXXVII (1995), N.º 4, p. 454 e ss..

[4] Cf., infra, ponto 2 e a jurisprudência que citamos no nosso *Assunção fidejussória de dívida*, *cit.*, p. 376 e ss..

[5] Processo n.º 828/05-2, in www.dgsi.pt.

[6] *Fiança*, *cit.*, pp. 26 e 29.

consagrado no artigo 457 CC: não figurando a fiança no elenco das excepções que a lei admite a tal princípio, a fiança por mera declaração unilateral é nula. Quanto à questão da *ratio* do *princípio do contrato*, o autor adere inteiramente[7] à justificação apresentada por Pires de Lima e Antunes Varela: "A única explicação convincente do *princípio do contrato* assenta no facto de não ser razoável (fora dos casos especiais previstos na lei) manter alguém *irrevogavelmente obrigado* perante outrem, com base numa *simples declaração unilateral de vontade*, visto não haver conveniências práticas do tráfico que o exijam, nem quaisquer expectativas do beneficiário dignas de tutela, anteriormente à aceitação, que à lei cumpra salvaguardar".

A defesa do *princípio do contrato*, tal qual feita por Henrique Mesquita, não nos suscita reservas: o que já nos surge como contestável ou, pelo menos, controversa, é a afirmação de que, no caso objecto do parecer não existia contrato de fiança. Na verdade, socorrendo-nos do relato constante do Ac. do STJ de 11.02.1988[8], constatamos que se encontrava provado que o banco concedente do crédito e beneficiário da fiança havia aceitado a garantia prestada pelo fiador em causa, situação que apontava no sentido da estrutura bilateral do negócio de garantia[9].

O estudo de Henrique Mesquita – numa altura em que a doutrina e jurisprudência nacionais não tinham despertado, inteiramente, para o problema da validade da fiança *omnibus*[10] – debruçava-se, ainda, sobre a relevante questão da sorte das fianças prestadas pelos sócios das sociedades, após a alienação das respectivas participações sociais[11].

Antes de enfrentarmos, de novo, os argumentos desenvolvidos pela teoria "unilateralista", convirá passar em revista as decisões do STJ sobre a matéria, iniciando-se a análise com o Ac. do STJ de 21.09.1993, ou seja, com a jurisprudência posterior ao Ac. de 06.06.1990, aresto este que deu um contributo importante para o problema[12].

---

[7] *Fiança, cit.*, p. 26.

[8] In BMJ 374 (1988), p. 455 e ss..

[9] Cf. o nosso *A estrutura negocial da fiança e a jurisprudência recente, cit.*, in "Estudos de Direito das Garantias", *cit.*, p. 58 e ss..

[10] Cf., v. g., o nosso *Assunção fidejussória de dívida, cit.*, p. 621 e ss..

[11] Cf. HENRIQUE MESQUITA, *Fiança, cit.*, p. 26 e ss.; cf., em análise ao problema e propondo uma solução não coincidente, o nosso *Assunção fidejussória de dívida, cit.*, p. 823 e ss..

[12] Cf. o nosso *A estrutura negocial da fiança e a jurisprudência recente, cit.*, in "Estudos de Direito das Garantias", *cit.*, p. 66 e ss. e 91 e ss.. Para uma análise da

2. A jurisprudência do STJ após o Acórdão de 06.06.1990

2.1. *O Acórdão do STJ de 21.09.1993*

O Ac. do STJ de 21.09.1993[13] adopta, no nosso entender, a melhor doutrina, já que exige que a constituição de fiança bancária ou de garantia bancária se processe por contrato. Contudo, ele constitui, no nosso entender, um exemplo de aplicação rígida do princípio do contrato às declarações unilaterais de fiança – aos termos de fiança.

A decisão do STJ reveste-se, no caso, de uma gravidade acrescida por se tratar de garantia prestada por um banco através de declaração unilateral, garantia essa tida por "inválida e de nenhum efeito", como se as razões tradicionalmente apontadas para a exigência de contrato valessem também para um banco, profissional, por excelência, do crédito[14].

A discussão à volta da estrutura negocial da fiança – e também da garantia bancária autónoma – surge de forma, de algum modo, incidental, já que a questão central era a idoneidade de uma caução prestada através

---

jurisprudência anterior, cf. o nosso *A estrutura negocial da fiança e a jurisprudência recente, cit.*, in "Estudos de Direito das Garantias", *cit.*, p. 53 e ss.. Haveria ainda que considerar o Ac. STJ de 30.03.1989 (Processo n.º 075981, in www.dgsi.pt) – ao qual já se referia, de resto, o Ac. STJ 06.06.1990 – em cujo sumário se lê: "A declaração de fiança constante do "termo de fiança" assumido perante um banco, que a aceitou, não representa um negócio jurídico unilateral, resultando essa fiança, assim constituída, dum negócio jurídico bilateral (contrato) entre os declarantes fiadores e o credor (o banco) pelas dívidas garantidas".

[13] In CJ/STJ, ano I, t. III (1993), p. 24 e ss.. É o seguinte o sumário do acórdão, tal qual publicado na CJ/STJ: "I – A garantia bancária, tal como a fiança bancária, tem natureza contratual (contrato unilateral). II – A declaração unilateral subscrita apenas por uma instituição de crédito destinada a garantir a responsabilidade de outrem perante os respectivos credores – no âmbito da garantia bancária ou da fiança bancária – para além de não assumir uma feição contratual, também não pode valer como negócio unilateral, por não estar, como tal, previsto na lei (artigo 457.º do Cód. Civil)".

[14] Cf., por todos, MENEZES CORDEIRO, *Manual de direito bancário*, 3.ª ed., Almedina, Coimbra, 2006, p. 21 e ss.; cf., em especial (p. 23), a referência ao Direito Bancário como "o Direito especializado no tratamento do dinheiro ou, mais detidamente: da criação e da destruição do dinheiro, da sua circulação, da sua preservação e dos estabelecimentos que dele se ocupam"; cf., ainda, SIMÕES PATRÍCIO, *Direito bancário privado*, Quid Juris?, Lisboa, 2004, p. 9 e ss., em relação à *intermediação financeira*.

de fiança bancária, em confronto com o depósito da quantia em causa e, em menor medida, em confronto com um seguro-caução. O que estava centralmente em causa era, portanto, saber se a fiança bancária apresentada oferecia, ou não, a mesma ou similar segurança aos beneficiários que o depósito de dinheiro.

O STJ acabou por considerar inidónea a garantia oferecida, não pelas razões e em função do confronto de níveis de segurança que estavam em cotejo, mas, antes, pela via, de algum modo lateral, de ter a garantia emitida por nula, em virtude de não revestir a feição de contrato.

Para o efeito, o STJ invoca o princípio do contrato firmado no artigo 457 CC e como não constava do documento apresentado qualquer manifestação de adesão dos beneficiários da garantia, concluiu que não estava respeitada a necessária natureza contratual da fiança ou da garantia bancária: "Ora, como atrás se referiu, "os credores", neste caso, não intervieram, no acto enfocado, para exprimirem a sua aceitação e, daí, a inexistência do contrato, unilateral que seja, indispensável, como se viu, à estruturação jurídica na fiança"[15].

Neste acórdão, no qual teve visível peso o ensinamento de Henrique Mesquita, o STJ iludiu a questão central – que, conforme referimos já, era a da fungibilidade entre o depósito em dinheiro e a concreta garantia prestada – e "matou" o problema por uma via lateral: a da, *in casu*, inexistência de alternativa, já que, tendo sido prestada unilateralmente, nenhuma garantia haveria, na óptica do STJ, a considerar. Na verdade, a contestação dos beneficiários era centrada na questão da fungibilidade dos meios em confronto.

Reconhece-se, não obstante, que a questão da natureza contratual da fiança enfrenta um difícil teste nas situações em que há uma intervenção do tribunal, mas aí a solução já poderá decorrer da necessidade de consideração das especificidades dos casos de *caução fidejussória*, sobretudo de *caução processual fidejussória*, casos esses em que o tribunal tem um papel particularmente activo[16].

---

[15] In CJ/STJ, ano I, t. III (1993), p. 26.
[16] Cf. o nosso *Assunção fidejussória de dívida, cit.*, p. 381.

2.2. *O Acórdão do STJ de 10.11.1993*

Na situação decidida pelo STJ no Ac. de 10.11.1993[17], estávamos perante uma fiança prestada pelos sócios de uma sociedade que, por declaração unilateral, se tinham responsabilizado, perante um banco a quem a mesma sociedade recorrera para a concessão de crédito, pelo pagamento de todas e quaisquer responsabilidades assumidas ou a assumir pela mesma sociedade.

Dando particular ênfase à questão da vinculação unilateral[18], os fiadores, réus na acção e recorrentes para o STJ, sustentavam que, albergando o artigo 457 CC o princípio do contrato, e não estando o negócio de constituição de uma garantia pessoal entre as excepções a tal princípio, a fiança prestada era nula.

O STJ começa por deixar claro que a fiança tem de resultar de contrato[19]: "Nenhum preceito de lei prevê que uma pessoa possa assumir a posição de fiador e as obrigações que daí decorrem apenas através de uma declaração sua. Deve, por isso, resultar de um acordo, seja entre o fiador e o credor, seja entre o fiador e o devedor".

A partir daqui, o STJ debruça-se sobre a melhor interpretação do artigo 628/1 CC, concluindo que as exigências que no mesmo se contêm visam apenas o fiador e não também o credor ou o devedor, considerando, de resto, compreensível que a lei seja mais exigente num caso do que no outro: "Enquanto que da fiança só resultam benefícios para o credor ou para o devedor, pode ela ser altamente prejudicial para o fiador já que este ao obrigar-se está a maior parte das vezes confiado de que não terá de cumprir".

Analisando, depois, a situação concreta, o STJ conclui que a declaração subscrita pelos sócios constituía uma proposta contratual dirigida ao banco, proposta essa que o banco aceitou, formando-se o contrato[20]: "Trata-

---

[17] In CJ/STJ, ano I, t. III (1993), p. 122 e ss..

[18] A defesa dos fiadores não se circunscrevia a este aspecto, sustentando os mesmos também que, ainda que a fiança fosse válida, só eram responsáveis pelas obrigações assumidas durante o tempo em que eram sócios da sociedade garantida. Sustentavam também que, no caso, não teriam sido respeitadas as formalidades exigidas no artigo 628/1 CC. O STJ não aceitou qualquer destes argumentos.

[19] In CJ/STJ, ano I, t. III (1993), p. 123.

[20] In CJ/STJ, ano I, t. III (1993), p. 124.

A *Questão da Natureza Negocial da Fiança Revisitada* 13

-se não de um negócio jurídico unilateral mas antes de uma proposta de contrato que possui os elementos e requisitos de validade necessários para poder integrar o contrato de fiança, tal como foi emitido, sem necessidade de ulteriores modificações ou aperfeiçoamentos"; e ainda: "A declaração negocial foi emitida a favor da autora e, conforme se diz no Acórdão recorrido, o documento que a contém foi recebido e guardado por esta e por ela utilizado".

2.3. *O Acórdão do STJ de 08.07.1997*

O Ac. do STJ de 08.07.1997[21] merece uma referência específica, apesar de não apreciar nenhuma situação fidejussória mas, antes, um caso de penhor.

Tendo um penhor sido constituído por simples declaração unilateral, o autor do mesmo veio, através de acção, suscitar a nulidade da garantia prestada, invocando, para o efeito, além da indeterminabilidade do objecto, o facto de ter sido assumido unilateralmente: a nulidade do penhor era sustentada, respectivamente, com base nos artigos 280 e 457 CC.

Atendo-nos à questão da estrutura negocial da garantia prestada, o que importa aqui destacar é o modo como o STJ veio sustentar a validade do penhor constituído. É certo que o STJ considerou que, *in casu*, teria existido um contrato de penhor; contudo, essa foi argumentação, de algum modo, se não secundária pelo menos subsidiária, no modo como o STJ a apresentou, parecendo-nos importante destacar o facto de o STJ, numa primeira linha, ter praticamente desconsiderado o princípio do contrato e a interpretação, digamos clássica, do artigo 457 do CC. Ora, para o STJ, que se baseou no ensinamento de Menezes Cordeiro, "não é possível falar em tipicidade nem em *numerus clausus* de negócios unilaterais".

Não pretendemos aqui abordar criticamente a posição de Menezes Cordeiro nesta matéria – o que, de resto, já fizemos noutro local[22] – mas acentuar o facto de a argumentação do STJ, aplicada, no caso, ao penhor, ser, aparentemente, transferível, sem reservas, para outra garantia qualquer, ainda que não real: para a fiança, por exemplo.

---

[21] Processo n.º 97A417, in www.dgsi.pt.
[22] Cf. o nosso *Assunção fidejussória de dívida, cit.*, p. 383 e ss..

A argumentação do STJ poderia ter seguido outros caminhos na defesa da validade do penhor prestado por declaração unilateral, caminhos esses que já delineámos[23], ao acenar com a eventual existência de um regime comum, pelo menos neste particular, às *garantias reais*, nas quais está claramente identificado, à partida, o bem "sacrificado" ou "sacrificável", diversamente do que ocorre na fiança, que "onera" todo o património do devedor fidejussório.

O STJ não trilhou, porém, por aí, bastando-nos essa constatação, para os efeitos deste escrito.

2.4. *O Acórdão do STJ de 15.12.1998*

Na situação apreciada e decidida, a final, pelo Ac. de 15.12.1998[24], os fiadores de uma sociedade a quem um banco concedera crédito, suscitaram a invalidade das fianças prestadas, entre outras razões[25], pelo facto de os termos de fiança integrarem meras declarações unilaterais, sendo, portanto, nulas as garantias prestadas, já que "o negócio de constituição de uma garantia de fiança não figura entre as excepções que a lei admite ao princípio do contrato consagrado no artigo 457 do Código Civil".

Abordando, directamente, a questão de saber se a fiança pode ser prestada por negócio jurídico unilateral, o STJ, numa peça muito bem relatada pelo Conselheiro Francisco Lourenço, dá nota das divergências existentes sobre o problema, enfrenta os argumentos da corrente unilateralista e toma posição fundada no sentido de que a estrutura da fiança é contratual[26]: "A garantia fidejussória traduz-se numa verdadeira obrigação,

---

[23] Cf. o nosso *Assunção fidejussória de dívida, cit.*, p 379 e ss..

[24] BMJ 482 (1999), p. 227 e ss.. O acórdão apresenta um voto de vencido; no entanto, o mesmo teve por fundamento um outro problema: o da nulidade da fiança por indeterminação / indeterminabilidade do objecto.

[25] A fiança seria inválida, segundo os autores, por três razões: 1.ª – pelo facto de o seu objecto ser indeterminado e indefinido no momento da assunção; 2.ª – por ser usurário, já que o banco teria explorado a inexperiência empresarial e inconsciência do grau de vinculação dos réus, 3.ª – pelo facto de os termos de fiança integrarem uma declaração unilateral. A invocação do carácter usurário da fiança (tema, de resto, pouco tratado entre nós; cf., no entanto, o nosso *Assunção fidejussória de dívida, cit.*, v. g., p. 554 e ss.) não seria, depois, retomada em sede de revista.

[26] BMJ 482 (1999), p. 231.

A Questão da Natureza Negocial da Fiança Revisitada

visto vincular o fiador a pagar a dívida afiançada, atribuindo ao credor o direito de exigir o cumprimento e permitindo-lhe, até, a execução do património do fiador. A fiança não se conta entre as excepções previstas na lei ao princípio do contrato. Logo, a estrutura da fiança só pode ser contratual".

Baseando-se, depois, fundamentalmente, num escrito nosso[27], o acórdão refuta que do disposto no artigo 628/2 ou do regime do artigo 767/1, ambos do CC, resulte a possibilidade de constituição de fianças por declaração unilateral: "É que o facto de a fiança poder ser prestada sem o conhecimento do devedor – n.º 2 do artigo 628.º – apenas tem a ver com a dispensa da intervenção do fiador na fiança, nada tendo a ver com a sua natureza; o argumento *a maiori ad minus*, que aquela jurisprudência procura retirar do n.º 1 do artigo 767.º, não releva no caso, por o cumprimento e a garantia fidejussória serem institutos diferentes e respeitarem a estádios diferentes das obrigações – aquela respeita à extinção das obrigações e esta ao seu revigoramento, com a adjunção de novo devedor"[28].

Merece também relevo a acentuação que o acórdão dá, seguindo, de novo e de perto o nosso estudo, ao regime do artigo 234 CC[29]: "Sendo como se diz, a aceitação do contrato de fiança pelo Banco é óbvia. Tão óbvia que poderá dizer-se que tem aplicação aqui o artigo 234.º: o contrato de fiança deve ter-se por concluído quando a conduta da outra parte mostra a intenção de aceitar a proposta. O que acontece, no caso, pois se o fiador sabe que a fiança é uma exigência do Banco, deve saber também que o recebimento do termo de fiança por este envolve aceitação tácita por este do contrato de fiança. O comportamento é manifestamente concludente nesse sentido". E ainda: "Quer dizer, embora seja imprescindível a aceitação, as circunstâncias dispensam a declaração de aceitação do afiançado perante o proponente da fiança – o comportamento do destinatário da proposta é suficientemente significativo da reacção de conformidade e só por si mesma significa aceitação da proposta de fiança".

---

[27] A estrutura negocial da fiança e a jurisprudência recente, já citado neste estudo.

[28] No texto do acórdão consta "adjunção de novo credor", mas trata-se de um lapso óbvio; cf., de resto, o nosso A estrutura negocial da fiança e a jurisprudência recente, cit., agora in "Estudos de Direito das Garantias", cit., p. 78.

[29] BMJ 482 (1999), p. 232.

2.5. *O Acórdão do STJ de 18.06.2002*

No Ac. STJ de 18.06.2002[30], foi também suscitada, entre outras, a questão do carácter unilateral da fiança, questão introduzida de modo indirecto, através da invocação da falta de forma legal da declaração do credor beneficiário da fiança. A falta de forma decorreria do facto de a obrigação principal resultar de um contrato de crédito sujeito ao regime do DL 359/91, cujo artigo 6/1 exige que o contrato de crédito ao consumo seja reduzido a escrito e assinado pelos contratantes.

O STJ, invocando o ensinamento de Antunes Varela, Henrique Mesquita e ainda a doutrina de um escrito nosso, inclinou-se no sentido da natureza contratual da fiança, considerando que não se encontra em nenhum dispositivo legal, designadamente no artigo 628/1 CC, a consagração de que basta a declaração da vontade de prestar fiança para que se tenha esse negócio como perfeito. No sentido da necessidade de *contrato*, imposto pelo regime do artigo 457 CC, o STJ escudou-se também na sua anterior jurisprudência dos Acs. de 10.11.1993, 13.10.1998 e 15.12.1998.

Abordando, depois, a questão da declaração do credor e da sua forma, o STJ adere à posição que tomámos noutro escrito, no sentido de que não existe qualquer obstáculo dogmático a que a lei dispense uma específica formalização de uma das declarações de vontade nos contratos, *maxime* nos contratos unilaterais, sendo também apresentado como exemplo elucidativo o caso da promessa unilateral e do regime do artigo 410/2 CC.

2.6. *O Acórdão do STJ de 27.05.2003*

No Ac. de 27.05.2003[31], o STJ resolveu, no melhor sentido, a questão da estrutura negocial da fiança e da forma da mesma, ao mesmo tempo que explicou a compatibilização da declaração do fiador com a declaração de vontade do credor.

Quanto à questão da susceptibilidade de prestação de fiança por negócio unilateral, o STJ dá por assente, face ao disposto no artigo 457 CC, que a fiança tem de ser prestada por contrato. Neste sentido, o Ac. escuda-se em diversa doutrina e jurisprudência.

---

[30] Proc. n.º 02A1482, in www.dgsi.pt.
[31] Proc. N.º 03A1282, in www.dgsi.pt.

A Questão da Natureza Negocial da Fiança Revisitada

Sustenta, depois, o aresto, acompanhando o "que se tem entendido", que, apesar da natureza contratual da fiança, apenas a declaração do fiador carece de ser prestada por escrito e não também a do credor: relativamente à declaração do credor, é possível a aceitação tácita.

A manifestação tácita do credor decorreria, no caso, do facto de o mesmo ter, por um lado, exigido a prestação de fiança, e, por outro, ter aceitado e guardado o documento onde os fiadores tinham manifestado a sua vinculação fidejussória.

2.7. *O Acórdão do STJ de 27.11.2003*

Na situação decidida, em última instância, no Ac. do STJ de 27.11.2003[32], os réus tinham subscrito, unilateralmente, uma declaração que intitularam de *aval*, declaração essa que as instâncias qualificaram como dirigida à prestação de *fiança*. Entre as várias questões suscitadas[33], o STJ teve de se pronunciar sobre a questão da natureza negocial da fiança,

---

[32] Processo n.º 03B3841, in www.dgsi.pt.

[33] Nas conclusões das alegações da apelante figuravam ainda as seguintes conclusões: "A lei não permite que a declaração de aval seja interpretada como declaração de fiança". Embora a redacção transcrita sugira a problemática de saber se o aval cambiário pode valer como fiança, a verdade é que esse problema não existia, desde logo porque o "aval" em causa não era cambiário, constituindo, antes, uma designação que as instâncias consideraram dirigida à prestação de fiança. O problema da valia do aval cambiário como fiança passa, necessariamente, pela consideração da independência das figuras e pela necessidade do *carácter expresso* da declaração de fiança; cf., sobre esta última questão, v. g., o nosso *Assunção fidejussória de dívida, cit.*, p. 467 e ss.. Questão, naturalmente, diferente desta é saber se o aval cambiário corporiza uma fiança cambiária; cf. o nosso *Assunção fidejussória de dívida, cit.*, p. 62, n. 238. Concluindo, mais uma vez, e bem, pela insusceptibilidade de uma vinculação cambiária valer, sem mais, também como fiança a nível das relações subjacentes, cf. o recente Ac. STJ de 22.09.2005 (Processo n.º 05B2177, in www.dgsi.pt). Tratava-se, no caso, de saber se a subscrição e entrega de um cheque de garantia podia ser considerada como fiança a nível das relações subjacentes; para o STJ "embora conste do cheque como tomadora e, assim, beneficiária, a ora recorrente, a obrigação alheia que por esse modo se terá visado garantir não é mencionada nesse título de crédito, de que não resulta a vontade de quem o assinou de se obrigar pessoalmente para além do necessariamente emergente dessa assinatura, não bastando as circunstâncias que rodearam a emissão do mesmo para estabelecer claramente a assunção de outra obrigação que não seja a resultante da subscrição do cheque".

questão essa que os réus, apelantes, resumiam nos seguintes termos: "A declaração unilateral subscrita pelos recorrentes não assume feição contratual nem vale como negócio jurídico unilateral por não estar como tal prevista na lei".

No seu Acórdão, relatado pelo Conselheiro Salvador da Costa, com a segurança que lhe é habitual, o STJ começa por reconhecer a premissa de que o artigo 457 CC alberga o princípio da taxatividade ou do *numerus clausus* dos negócios jurídicos unilaterais, princípio esse que justifica desta forma: "Ele deriva da ideia da irrazoabilidade, como regra, de alguém se manter irrevogavelmente vinculado mediante mera declaração unilateral perante outrem antes da respectiva aceitação pelo respectivo beneficiário".

Uma vez afirmado o princípio do contrato, o STJ aplica-o à fiança, considerando inócuo, nesta sede, o facto de, nos termos do artigo 628/1 CC, a fiança poder ser prestada sem conhecimento do devedor ou contra a sua vontade, já que "isso não significa, naturalmente, que a fiança possa ser prestada sem a aceitação do respectivo beneficiário, através de declaração unilateral". E conclui: "A mera declaração unilateral de garantia de determinado direito de crédito, sem a aceitação do credor a quem é dirigida, não pode valer como constituição da obrigação de garantia pessoal, ou seja queda destituída de eficácia para o efeito, naturalmente por virtude da inverificação de uma das vertentes naturais do contrato de fiança".

Concluindo, embora, no sentido da necessidade de a vinculação de fiança decorrer de um contrato, o STJ entendeu que tal não era inconciliável com o facto de a declaração dos fiadores ser unilateral, uma vez que considerou provada a aceitação por parte do credor, manifestada e demonstrada, desde logo[34], pelo facto de a fiança ter sido condição da aceitação pelo credor da prorrogação de uma relação jurídica específica entre o credor--beneficiário e a empresa garantida, da qual eram, aliás, sócios os fiadores.

---

[34] Menos feliz parece-nos, já, o argumento adicional de o credor ter exigido aos fiadores o reembolso da quantia que, entretanto, pagara a terceiro: na verdade, a questão da identificação de um contrato deve ser vista, necessariamente, a montante desse momento, numa fase genética da garantia que não aquando da sua execução. Sobre as diversas fases da fiança, cf. BECKER-EBERHARD, *Die Forderungsgebundenheit der Sicherungsrechte*, Verlag Ernst und Werner Gieseking, Bielefeld, 1993, p. 251 e ss. e o nosso *Assunção fidejussória de dívida*, *cit.*, p. 394 e ss..

3. O argumento extraído do disposto no artigo 628/2 CC

I. A importância decisiva dada pelo citado acórdão da RG de 11.05.2005 ao regime do artigo 628/2 CC decorre do seguinte trecho[35]: "Pondo em confronto as razões que apontam para uma ou para outra das posturas doutrinal ou jurisprudencial, aderimos à tese de que a fiança pode igualmente ser constituída por negócio jurídico unilateral, pondo em destaque que a fiança pode ser dada sem a aquiescência do devedor e mesmo até contra sua vontade, e, por isso, não tem necessariamente de configurar a forma de contrato".

Não deixa de ser curioso que, noutro passo, o mesmo acórdão faz uma correcta interpretação do disposto no artigo 628, quando questiona a existência, *in casu*, de um contrato[36]: "(...) do preceituado neste normativo podemos inferir que a vontade do credor pode ser manifestada por qualquer modo legalmente permitido, exigindo-se só que tal desígnio se configure como um meio válido e eficaz de expor a sua vontade contratual e vinculativa para o declarante".

II. É inquestionável que o artigo 628/2 admite que a prestação de fiança possa ser feita sem conhecimento do devedor (*insciente debitore*) ou mesmo contra a sua vontade ou até proibição (*prohibente debitore*). O que já nos surge como fortemente questionável é que o regime previsto no citado artigo 628/2 possa, de qualquer modo, sustentar ou, sequer, dar alento à admissão de prestação de fiança por negócio unilateral[37].

A parca agumentação que vemos agora retomada pelo Acórdão da RG não se mostra atenta à complexa especificidade da operação de fiança, que se desdobra numa tríade de relações[38]: a relação interna ou de valuta entre o credor e o devedor; a relação de cobertura entre o devedor e o fiador e a *relação de fiança*, propriamente dita – *tout court* – entre o fiador e o credor. Ora, quando o artigo 628/2 deixa claro que a prestação de fiança – que se situa, inequivocamente, no âmbito da relação externa entre o fiador e o credor – não supõe, a montante, o acordo do devedor,

---

[35] In CJ, ano XXX (2005), t. III, p. 279 (1.ª coluna).

[36] In CJ, ano XXX (2005), t. III, p. 279 (2.ª coluna).

[37] Cf. o nosso *A estrutura negocial da fiança e a jurisprudência recente, cit.*, in "Estudos de Direito das Garantias", *cit.*, p. 74 e ss..

[38] Cf., v. g., o nosso *Assunção fidejussória de dívida, cit.*, p. 360 e ss..

não está a dizer mais do que isso mesmo: ou seja, está a disciplinar um ponto essencial da relação de cobertura, e só dela, razão pela qual não se pode pretender que o mesmo dispositivo está (também) a regular os termos da relação entre o fiador e o credor. Fazê-lo é dar um salto lógico.

É claro que a específica relação entre o devedor e o fiador suscita dúvidas de vária ordem, designadamente no que tange à sua caracterização e natureza jurídicas[39]. É também certo que essas dúvidas sobem de tom quando a fiança é prestada à revelia do devedor[40]. Contudo, tais dúvidas são de outra natureza face àquelas que se fazem sentir no âmbito da relação externa entre o fiador e o credor.

Admite-se, no entanto, que a específica relação entre o devedor e o fiador – quando contratual – permite trazer à lide uma figura que não deve ser afastada da discussão em torno da estrutura negocial da fiança: o *contrato a favor de terceiro*. Contudo, a *fiança a favor de terceiro*, de que falaremos adiante[41], não tem sido invocada pelos defensores da possível estrutura unilateral da fiança – autores esses que não deixariam, aliás, de ter algum resguardo na posição daqueles, como Galvão Telles[42], que identificam na complexa figura do contrato a favor de terceiro um negócio unilateral: "Mas o referido contrato apresenta-se em face do terceiro beneficiário como um negócio *unilateral*"; e ainda: "O crédito em que o terceiro fica investido nasce para ele *unilateralmente*, não é fruto de acordo que ele celebre com o promitente e o promissário".

Podemos, portanto, concluir este ponto, salientando que a invocação do regime do artigo 628/2 para resolver o problema da estrutura negocial da fiança resulta de um erro de enquadramento ou, se quisermos, de uma obstinada recusa em distinguir a *estrita relação de fiança* da *complexa operação de fiança*. Conforme já escrevemos noutro local[43], a desne-

---

[39] Cf. o nosso *Assunção fidejussória de dívida, cit.*, p. 362 e ss..

[40] Cf. o nosso *Assunção fidejussória de dívida, cit.*, p. 367 e ss..

[41] Ponto 5.

[42] *Direito das obrigações*, 7.ª ed., Coimbra Editora, Coimbra, 1997.

[43] Cf. o nosso *Assunção fidejussória de dívida, cit.*, pp. 378-379; cf., ainda, os nossos *A fiança no quadro das garantias pessoais. Aspectos de regime*, in "Estudos de Direito das Garantias", Vol. I, Almedina, Coimbra, 2004, p. 32 e *A estrutura negocial da fiança e a jurisprudência recente*, in "Estudos em memória do Professor Doutor João de Castro Mendes", Lex, Lisboa, s/d, mas 1995, p. 326 e ss. e 342 e ss. (estudo reunido em "Estudos de Direito das Garantias", Vol. I, *cit.*; cf. p. 74 e ss.).

A Questão da Natureza Negocial da Fiança Revisitada

cessidade de consentimento (ou mesmo de conhecimento) por parte do devedor não significa, *de per si*, a dispensa de um contrato, que, tipicamente, tem lugar entre o credor e o fiador.

4. O argumento da harmonização com o regime do artigo 767/1 CC

I. No atrás citado acórdão da RG lê-se que a conclusão da licitude da prestação de fiança por negócio jurídico unilateral "harmoniza-se com a regra segundo a qual o cumprimento pode ser efectuado por terceiro, desde que não tenha sido comunicado o contrário". O acórdão em causa cita, em apoio desta afirmação, o Ac. STJ de 11.02.1988[44], constatando-se que, na realidade, a frase transcrita constitui reprodução de um trecho deste último aresto.

Em estudo anterior, já tivemos oportunidade de enfrentar a argumentação do STJ constante do citado Ac. de 11.02.1988[45], tendo-se, então, considerado que a prestação de garantia não se coloca em relação ao cumprimento numa relação de menos-mais – ou se quisermos, de mais-menos – tratando-se de institutos diferentes, de forma que não seria possível extrair das regras destinadas a regular o modo e os termos da satisfação do interesse do credor ilações para os casos de garantia.

Atentemos, agora, de forma mais concreta, na argumentação plasmada na invocação do artigo 767/1 CC. Tomamos como referência a argumentação que, numa análise objectiva e descomprometida, consideramos *extraível* do regime do artigo 767/1, que não a *extraída*, uma vez que a jurisprudência que invoca esse argumento não vai além do simples assinalar do paralelismo.

II. De acordo com o disposto no artigo 767/1 CC, a prestação pode ser feita tanto pelo devedor como por terceiro, interessado ou não no cumprimento da obrigação. Como refere Galvão Telles[46], a lei amplia, assim, extraordinariamente, o requisito da *legitimidade activa* (legitimidade

---

[44] In BMJ 374 (1988), p. 455 e ss., ee p. 457.
[45] Cf. o nosso *A estrutura negocial da fiança*, *cit.*, in "Estudos de Direito das Garantias", *cit.*, pp. 58-59 e 77 e ss..
[46] *Direito das obrigações*[7], *cit.*, p. 229.

para cumprir), "porque o cumprimento realizado por terceiro satisfaz do mesmo modo o interesse do credor, a quem é indiferente receber a prestação desse terceiro ou do devedor, e porque este também verá geralmente com agrado semelhante intervenção, que o exonera perante o seu credor e o liberta das exigências ou pressões por ele feitas". No mesmo sentido – aliás lógico e natural – lê-se em Antunes Varela[47] que "o devedor pode lucrar com a intervenção do terceiro; e, de todo o modo, não verá a sua posição agravada com esse facto, pois o pior que pode suceder-lhe é ficar vinculado, perante o *solvens*, nos mesmos termos em que o estava perante o credor".

Independentemente da conturbada questão da natureza jurídica do cumprimento[48], não sofre dúvida a afirmação de que, em regra, a realização da prestação por terceiro, ainda que não tenha interesse nessa realização, satisfará o interesse do credor, do mesmo modo que a realização da prestação pelo próprio devedor[49]; quando, ao invés, essa fungibilidade na via de satisfação do interesse do credor não aconteça, só a realização da prestação pelo próprio devedor é idónea a satisfazer esse interesse e, logo, a liberar o devedor, não apenas face àquele credor concreto mas também em relação ao vínculo[50].

III. Procurando encontrar a afirmada mas não demonstrada "harmonia" entre o regime legal consagrado no artigo 767/1 CC e a prestação de

---

[47] *Das obrigações em geral*, II[7], *cit.*, pp. 27-28.

[48] Cf., v. g., LARENZ, *Lehrbuch des Schuldrechts*, I – *Allgemeiner Teil*, 14.ª ed., Verlag C. H. Beck, München, 1987, p. 327 e ss.; cf. também, entre nós, v. g., GALVÃO TELLES, *Direito das obrigações*[7], *cit.*, pp. 220-221 e, por último, MENEZES LEITÃO, *Direito das obrigações*, II[3], *cit.*, p. 170 e ss.; sobre o tema, pode ver-se também o nosso *Em tema de revogação do mandato civil*, Almedina, Coimbra, 1989, p. 157 e ss..

[49] Cf., v. g., GALVÃO TELLES, *Direito das obrigações*[7], *cit.*, pp. 230-231.

[50] Tratando-se, ao invés, de realização da prestação por terceiro, haverá que apurar, em cada situação concreta, se há uma extinção do vínculo ou, antes, uma mera modificação subjectiva, através da *sub-rogação*; cf., v. g., GALVÃO TELLES, *Direito das obrigações*[7], *cit.*, p. 231 e ss., ANTUNES VARELA, *Das obrigações em geral*, II[7], *cit.*, p. 334 e ss., MENEZES LEITÃO, *Direito das obrigações*, II[3], pp. 33 e ss. e 170 e JÚLIO GOMES, *Do pagamento com sub-rogação, mormente na modalidade de sub-rogação voluntária*, in "Estudos em Homenagem ao Professor Doutor Inocêncio Galvão Telles", I – "Direito Privado e Vária", Almedina, Coimbra, 2002, p. 107 e ss..

A Questão da Natureza Negocial da Fiança Revisitada

fiança por terceiro[51], não podemos deixar de reconhecer que existe uma primeira aparência de sintonia entre as duas situações: em ambos os casos deparamos com situações em que um terceiro, unilateralmente, aceita suportar um sacrifício patrimonial.

Contudo, essa primeira leitura logo se desfaz a uma análise menos perfunctória. Julgamos que a diferença decisiva das situações se torna bem evidente se atentarmos nos termos e na natureza do sacrifício – da perda – sofrido, respectivamente pelo terceiro que realiza a prestação e pelo fiador que assume fidejussoriamente a dívida, no pressuposto, claro está, de que esta assunção fidejussória poderia ser eficaz por simples declaração unilateral.

Aquele que realiza a prestação apesar de a tal não estar obrigado, ou provoca a extinção do vínculo obrigacional ou fica sub-rogado na posição do credor, seja essa sub-rogação legal ou voluntária[52]. Em qualquer dos casos, o terceiro que realiza a prestação tem, inevitavelmente e pela natureza das coisas, na sua própria mão, a ponderação viva e actual da medida que toma: é o dinheiro que lhe sai da mão para as mãos do credor, é o serviço que ele próprio suporta para satisfazer o interesse do credor, é a coisa que retira do seu património para oferta real e entrega ao credor, etc. A necessidade de ponderação impõe-se, de per si, a qualquer sujeito nessa posição, pela própria natureza das coisas, não havendo alterações substanciais, a esse nível, consoante o efeito seja a extinção do vínculo ou a sub-rogação, já que, mesmo neste último caso, o seu património fica fragilizado em consequência da "substituição" de um bem firme – que sai – por um bem imaterial e de realização apenas eventual – o crédito – que entra.

Ora, no caso da fiança, as coisas não se passam desse modo: elas são claramente diferentes, já que a vinculação do fiador – a *assunção fidejussória de dívida* – não se concretiza numa imediata diminuição do património, deixando o fiador médio se não na ilusão de que "nada aconteceu", pelo menos na esperança – virada para um momento futuro – de que nenhum "sinistro" acontecerá. Só um profissional – *maxime* um banco – encarará a fiança que tenha prestado como passivo que efectivamente é, em consequência da posição de dívida associada à prestação de tal garantia[53].

---

[51] Assim o STJ no Ac. de 11.02.1988, BMJ 374 (1988), p. 457 e, na sua esteira, o Ac. da RG de 11.05.2005, acima citado.

[52] Cf., por todos, GALVÃO TELLES, *Direito das obrigações*[7], *cit.*, p. 231 e ss..

[53] Sobre a caracterização da fiança como *dívida* e do fiador como *devedor*, cf., v. g., o nosso *Assunção fidejussória de dívida*, *cit.*, p. 121 e ss.; cf. também, recentemente,

Não é certamente por acaso que incluímos a fiança no domínio dos *negócios de risco*[54]. Não é também por acaso que o alerta para o risco fidejussório[55] tem sido uma constante ao longo dos séculos, só estando, de algum modo, fora das preocupações que, neste particular, se suscitam, os fiadores profissionais, *maxime* os bancos, e os fiadores esclarecidos ou diferenciados, precisamente pela razão de que estão *avisados*, à partida, "cobrindo, então, a retaguarda" com contragarantias[56].

5. A articulação de regimes: assunção cumulativa de dívida, *maxime* em garantia, e assunção fidejussória de dívida

I. Na fiança, há uma assunção de dívida em termos cumulativos; contudo, ela difere da figura regulada a partir do artigo 595 CC: enquanto que na chamada assunção cumulativa de dívida, a obrigação do novo devedor se posiciona ao lado da obrigação do primitivo ou primeiro devedor, a obrigação do devedor fidejussório está situada em termos de acessoriedade relativamente à obrigação principal. No primeiro caso temos, portanto, que a ligação é feita *em termos de solidariedade* – dita, em geral, como imperfeita[57] – enquanto que no segundo é-o *em termos de acessoriedade*[58].

DUPICHOT, *Le pouvoir des volontés individuelles en droit des sûretés*, Editions Panthéon-Assas, Paris, 2005, p. 224 e ss.: "une dette nouvelle et propre de la caution "moulée" sur celle du débiteur principal".

[54] Cf. o nosso *Assunção fidejussória de dívida, cit.*, p. 116 e ss. ; cf. ainda o nosso *A fiança no quadro das garantias pessoais,* in "Estudos de Direito das Garantias", *cit.*, p. 23 e ss..

[55] Cf. o nosso *Assunção fidejussória de dívida, cit.*, p. 403 e ss..

[56] Cf. o nosso *Assunção fidejussória de dívida, cit.*, p. 362.

[57] Cf., v. g., ANTUNES VARELA, *Das obrigações em geral*, II[7], p. 378: "mas nada permite supor que tenha havido o propósito de enquadrar semelhante hipótese no módulo legal da solidariedade perfeita, correspondente ao tipo de solidariedade passiva previsto e regulado nos artigos 512.º e seguintes"; cf. também, recentemente, MENEZES LEITÃO, *Direito das obrigações*, II[3], *cit.*, p. 60: "parece claro que a solidariedade aqui consagrada não se ajusta ao regime legal da solidariedade perfeita, consagrada nos artigos 512.º e ss., constituindo antes um caso de solidariedade imperfeita". Em crítica à distinção entre *solidariedade perfeita* e *solidariedade imperfeita*, cf. o nosso *Assunção fidejussória de dívida, cit.*, p. 254 e ss..

[58] Cf., a propósito, o nosso *Assunção fidejussória de dívida, cit.*, p. 272: "o regime da fiança é, *grosso modo*, explicável pelo da solidariedade passiva mas com a conformante

A Questão da Natureza Negocial da Fiança Revisitada 25

Afora essa diferença de técnicas de ligação entre débitos – e créditos[59] – a similitude é patente, não havendo razão para que a assunção fidejussória de dívida seja feita – *rectius*, possa ser feita – em termos diversos daqueles que encontramos claramente plasmados no artigo 595/1 CC: ou por contrato entre o devedor e o assuntor-fiador, ratificado pelo credor ou por contrato entre o assuntor-fiador e o credor – com ou sem consentimento do devedor, situação, de resto, esta última, inteiramente coerente com o regime consagrado no artigo 628/2 CC.

Conquanto o fim de garantia não absorva totalmente os fins possíveis na assunção cumulativa – sendo salientada a "plurifacetada funcionalidade ou instrumentalidade da adesão à dívida, traduzida na sua aptidão para desempenhar diversas funções"[60] – a harmonia do sistema impõe, naturalmente, esta identidade arquitectónica entre as duas assunções. Contudo, aquilo que verdadeiramente ressalta é a similitude entre a fiança e a assunção cumulativa em garantia[61], figura ou sub-figura que tem merecido crescente atenção da doutrina, em vários países[62], não só por ser frequente

---

especificidade – que lhe confere autonomia – de o vínculo do fiador ser um vínculo acessório". Sobre a acessoriedade da fiança, cf. o nosso *Assunção fidejussória de dívida*, *cit.*, p. 63 e ss., 107 e ss. e 116 e ss., LARENZ / CANARIS, *Lehrbuch des Schulrechts*, Band II. Halbband 2. *Besonderer Teil*, 13.ª ed., Verlag C. H. Beck, München, 1994, p. 11 e ss. ("Die Akzessorietät ist für die Bürgschaft typusprägeng"), BECKER-EBERHARD, *Die Forderungsgebundenheit der Sicherungsrechte*, *cit.*, p. 48 e ss., CHRISTOPH SCHMIDT, *Die sogenannte Akzessorietät der Bürgschaft, Ein Beitrag zur Lehre vom Rechtsgrund beim Verpflichtungsgeschäft*, Duncker & Humblot, Berlin, 2001, *passim*, SIMLER, *Cautionnement et garanties autonomes*, 3.ª ed., Litec, Paris, 2000, p. 45 e ss. («le caractère accessoire est-il de l'essence même du cautionnement, dont il constitue la pierre de touche»), M. CABRILLAC / C. MOULY, *Droit des sûretés*, 4.ª ed., Litec, Paris, p. 56 e ss.., DUPICHOT, *Le pouvoir des volontés individuelles en droit des sûretés*, *cit.*, p. 219 e ss., T'KINT, *Sûretés et principes généraux du droit de poursuite des créanciers*, Larcier, Bruxelles, 2004, p. 369 e ss., GIUSTI, *La fideiussione e il mandato di credito*, Giuffrè, Milano, 1998, p. 33 e ss., ALVENTOSA DEL RIO, *La fianza: Ámbito de responsabilidad*, Granada, 1998, p. 76 e ss. e CARRASCO PERERA / CORDERO LOBATO / MARÍN LÓPEZ, *Tratado de los derechos de garantía*, Aranzadi, 2002, p. 72.

[59] Cf., v. g., BECKER-EBERHARD, *Die Forderungsgebundenheit der Sicherungsrechte*, *cit.*, *passim*.

[60] Assim MOTA PINTO, *Cessão da posição contratual*, Atlântida Editora, Coimbra, 1970, p. 150, n. 2.

[61] Cf., sobre esta, o nosso *Assunção fidejussória de dívida*, *cit.*, pp. 105, 116 e 273 e ss..

[62] Cf., v. g., BÜLOW, *Recht der Kreditsicherheiten*, 6.ª ed., C. F. Müller Verlag, Heidelberg, 2003, p. 516 e ss., ee p. 518 e ss., na delimitação entre a "Gleichgründige

26 Estudos de Direito das Garantias, II

mas também por suscitar preocupações de protecção do assuntor similares às que estão gizadas para o fiador.

II. O "afinamento" deste aspecto de regime da fiança com o da assunção cumulativa de dívida[63] impõe que haja uma solução harmónica no que tange à compatibilidade entre cada uma destas figuras e a do *contrato a favor de terceiro*. Pela nossa parte, estamos disponíveis para questionar e reanalisar o entendimento, que temos sufragado[64], da eficácia de uma *fiança a favor de terceiro*. É, no entanto, mister reconhecer que tudo deverá depender da posição que se tome em relação ao relevo do consentimento do credor, face ao regime do artigo 595 CC, já que não fará sentido admitir uma fiança a favor de terceiro e negar uma assunção cumulativa por contrato entre o primitivo e o novo devedor a favor do terceiro credor.

Limitamo-nos, para já, a enunciar as dúvidas de que o artigo 595 CC tem sido palco, neste particular, deixando para outra oportunidade o reestudo da possibilidade de uma fiança a favor de terceiro.

A necessidade de consentimento do credor foi posta em causa por Mota Pinto[65], para quem a assunção cumulativa de dívida poderia ocorrer por contrato a favor de terceiro, pese embora o regime do artigo 444/3 do

---

Gesamtschuld" e a "Sicherungsgesamtschuld": "Als Personalsicherheit kennzeichnet sich eine Gesamtschuld erst dadurch, dass nur einer der Gesamtschuldner das Synallagma mit dem Glübiger begründet, der andere Gesamtschuldner aber nicht zugleich in die rechtliche Stellung eines Gläubigers in das Vertragsverhältnis tritt, sondern nur teilnimmt, um die Verbindlichkeit aus dem Vertrag für den Fall su erfüllen, dass der erste Gesamtschuldner nicht leistet"; na doutrina alemã, pode ainda ver-se, entre muitos, v. g. SCHÜRNBRAND, *Der Schuldbeitritt zwischen Gesamtschuld und Akzessorietät*, Duncker & Humblot, Berlin, 2003, *passim*, lendo-se a pp. 201: "(...) sollte man nicht mehr von "dem" Schuldbeitritt sprechen, sondern nach der jeweils verfolgten Funktion einen Sicherungs- und einen Übernahmebeitritt unterscheiden". Também, entre outras, na doutrina francesa se vem assistindo a um redobrar de atenção à figura do "devedor solidário não interessado na dívida"; cf., v. g., DUPICHOT, *Le pouvoir des volontés individuelles en droit des sûretés*, *cit.*, p. 313 e ss. e OURY-BRULÉ, *L'engagement du codébiteur solidaire non intéressé à la dette. Article 1216 du code civil*, L.G.D.J., Paris, 2002, *passim*.

[63] Cf. o nosso *Assunção fidejussória de dívida*, *cit.*, p. 389, onde colocávamos em destaque o facto de "a necessária estrutura contratual da fiança" ser a única solução sistematicamente coerente com o regime da solidariedade passiva e o da assunção cumulativa de dívida.

[64] In *Assunção fidejussória de dívida*, *cit.*, p. 365.

[65] *Cessão da posição contratual*, *cit*, p. 150, nota 2.

A *Questão da Natureza Negocial da Fiança Revisitada* 27

CC: o credor adquiriria, então, o direito, sem necessidade de aceitação; para Mota Pinto, se alguém concorda com o devedor em exonerá-lo da sua dívida para com terceiro, resultando inequívoco o intento de atribuir eficácia externa a este acordo, não se aplicará o regime do artigo 444/3 do CC, "cujo carácter supletivo não deve oferecer dúvidas, tendo lugar, não uma promessa de liberação com alcance meramente interno, mas um verdadeiro contrato a favor de terceiro, traduzido numa adesão à dívida ou assunção cumulativa".

No mesmo sentido, escreve Leite Campos[66] que se a vontade das partes for dirigida à constituição de uma assunção cumulativa, o que importará saber é "se as partes quiseram atribuir ao credor um direito a exigir um benefício novo, se era essa a finalidade que o contrato visava". Para este autor, a circunstância de a lei se referir, em sede de contrato a favor de terceiro, a "prestação" (assim, desde logo, no artigo 443/1 CC), não constituiria impedimento, já que tal mais não seria que o resultado de um processo de técnica legislativa, decorrente do facto de os contratos a favor de terceiro em que há realmente uma prestação serem os mais frequentes[67].

Esta posição não é, porém, acompanhada por Antunes Varela[68], para quem, de harmonia com o princípio do contrato, a assunção cumulativa não será eficaz enquanto o credor não lhe der a sua anuência; o autor refere-se, neste particular, a um "paralelismo substancial" entre o disposto no artigo 457 e o preceituado no artigo 596/1. Posição similar encontramos em Ribeiro de Faria[69] e, mais recentemente, em Menezes Leitão[70], autor

---

[66] *Contrato a favor de terceiro*, Almedina, Coimbra, 1980, p. 72.

[67] Leite Campos, *Contrato a favor de terceiro*, cit., pp. 72-73.

[68] *Das obrigações em geral*, II[7], cit., pp. 373-374, citando no mesmo sentido Ney Ferreira. Neste passo, a posição de Antunes Varela mostra-se contraditória com a que tomara a pp. 368 (posição esta em que se apoia o Ac. STJ de 06.05.2004, a que fazemos referência adiante): " (...) pode haver simultaneamente, na convenção celebrada entre os interessados, uma assunção de dívida e um contrato (típico) a favor de terceiro, no qual: o assuntor desempenha a função de *promitente*; a pessoa, à ordem de quem a promessa (assunção) é efectuada, o papel de *promissário*; e o primitivo devedor ou o credor, consoante os casos, representam os terceiros beneficiários".

[69] *Direito das obrigações*, II, Almedina, Coimbra, 1990, p. 597: "(...) o legislador de 1966 não dispensou o assentimento do credor, mesmo para a própria assunção cumulativa (o que só pode explicar-se pela ideia de que todo o benefício anda dependente sempre da aceitação dele pelo beneficiário)". Em nota (1) na mesma página, o autor reitera duvidar "que se possa falar numa assunção de dívida sem o consentimento do credor". Contudo, admite a celebração de um contrato a favor de terceiro "paralelo" à existência de uma

que destaca o facto de, entre os efeitos que as partes podem prosseguir por contrato a favor de terceiro, o artigo 443/2 não incluir a transmissão de dívidas.

No seu acórdão de 06.05.2004[71], o STJ aceitou, ponderadamente, a figura da assunção de dívida a favor de terceiro. Contudo, não nos parece que a questão tenha sido inteiramente explorada, desde logo porque não foi considerado o regime do artigo 444/3, que alberga um falso contrato a favor de terceiro ou "contrato com prestação a terceiro"[72], que não confere ao terceiro o direito de exigir a prestação.

A dúvida que se suscitou no acórdão do STJ foi entre a qualificação como fiança – para a qual apontava o acórdão da Relação de Coimbra – ou a qualificação como assunção cumulativa de dívida. Concluído que a cláusula em causa tinha uma "vocação externa ao círculo dos seus intervenientes", o STJ considerou tratar-se de um contrato a favor de terceiro: "o compromisso de efectuar a prestação devida por outrem, que faz a substância da assunção de dívida, pode assumir a forma e substância de um contrato a favor de terceiro, quando, como no caso, "a intervenção do assuntor seja provocada por um outro estranho à relação obrigacional, interessado ... em reforçar o direito do credor à prestação debitória"".

Apesar de ter, desta forma, admitido o efeito da assunção cumulativa de dívida através do contrato a favor de terceiro, o STJ não considerou o regime do artigo 444/3; por outro lado, não foi sequer questionado o papel do credor e do seu acordo, questão que, como vimos, está no coração da assunção de dívida e do seu regime. Finalmente, não foi explicada a compatibilidade entre uma vinculação subsidiária e o efeito da assunção cumulativa que é a solidariedade (artigo 595/2). É certo que o STJ se

---

dívida prévia: "mas o que ela nunca será é uma assunção cumulativa, o que se revela desde logo nas excepções que o "promitente" pode opor ao credor".

[70] *Direito das obrigações*, II³, pp. 55-56. O autor refere-se ao artigo 444/2 CC, mas parece visar o artigo 443/2.

[71] Processo n.º 04B1317, in www.dgsi.pt.

[72] Cf., v. g., VAZ SERRA, *Contratos a favor de terceiro. Contratos de prestação por terceiro*, in BMJ 51 (1955), p. 45. Contudo, Vaz Serra (*op. cit.*, p. 46) admitia como possível ir mais longe: "Pode, porém, ir-se mais longe e fazer-se a promessa de modo que o terceiro fique sendo titular do crédito". Em coerência com esta ideia, Vaz Serra sugeria no seu articulado (*op. cit.*, p. 214) a seguinte redacção (artigo 2/2): "No caso de alguém prometer a outrem exonerá-lo de uma dívida para com terceiro, presume-se, na dúvida, que só o devedor (promissário) pode exigir o cumprimento dessa promessa".

A Questão da Natureza Negocial da Fiança Revisitada

pronunciou sobre a questão da subsidiariedade, mas só para afastar a fiança: o facto de não ser subsidiária não apontaria, de per si, para a fiança[73]. Sendo, porém, certo que a subsidiariedade, de per si e por outro lado, não excluiria a fiança, não ficou demonstrada, como se disse, a articulação da responsabilidade subsidiária com a assunção cumulativa de dívida[74].

III. Não importa tanto, aqui e agora, tomar partido sobre esta questão: importa, tão só, salientar que se o efeito da assunção cumulativa de dívida estiver vedado através de contrato a favor de terceiro, vedado estará também, por identidade de razão, o efeito de assunção fidejussória de dívida através de contrato a favor de terceiro – cerceado estará também o recurso à *fiança a favor de terceiro*. Na verdade, atenta a afinidade estrutural entre as duas figuras, que "apenas" divergem pela diversidade de técnicas de ligação – *solidariedade* num caso e *acessoriedade* no outro[75] – não se compreenderia, sob um ponto de vista de harmonia do sistema, que as soluções fossem diferentes.

6. O *princípio do contrato* consagrado no artigo 457 CC

I. Voltando ao princípio da tipicidade consagrado consagrado no artigo 457 CC[76], não será demais vincar, de novo[77], que a aceitação da

---

[73] Sobre o benefício da excussão prévia e a *subsidiarização* da responsabilidade do fiador, cf. o nosso *Assunção fidejussória de dívida, cit.*, p. 1432 e ss..

[74] Sobre a questão da compatibilidade da subsidiariedade com a solidariedade passiva, cf. o nosso *Assunção fidejussória de dívida, cit.*, p. 261 e ss..

[75] Cf. o nosso *Assunção fidejussória de dívida, cit.*, p. 272 e ss..

[76] Tomando posição no sentido de que o artigo 457 CC consagra um princípio da tipicidade imperfeita, cf. MENEZES CORDEIRO, *Tratado de direito civil português. I – Parte Geral*, tomo I, 3.ª ed., Almedina, Coimbra, 2005, p. 461, n. 1219: "lado a lado surgem tipos de dimensão muito variada, aproximando-se, alguns, de verdadeiros conceitos abstractos". Mantendo a perspectiva clássica do princípio do contrato, cf. MOTA PINTO / PINTO MONTEIRO / MOTA PINTO, *Teoria geral do direito civil*, 4.ª ed., Coimbra Editora, Coimbra, 2005, p. 386. Propendendo, antes, no sentido de que só os negócios jurídicos unilaterais abstractos estão sujeitos a um regime de *numerus clausus*, cf. PAIS DE VASCONCELOS, *Teoria geral do direito civil*, 3.ª ed., Almedina, Coimbra, 2005, p. 349 e ss..

[77] Cf. o nosso *Assunção fidejussória de dívida, cit.*, p. 376 e ss.. O facto de o artigo 457 se circunscrever à criação de obrigações por acto unilateral é destacado, v. g., por

teoria do contrato ou do princípio do *numerus clausus* dos negócios unilaterais não significa mais do que o próprio artigo 457 CC postula: não significa mais do que o reconhecimento ou constatação de que tal princípio apenas vale para a *constituição* de obrigações.

É evidente que esta ressalva em nada aproveita à fiança, já que não há dúvidas de que a mesma corporiza um caso de constituição de uma obrigação – *fidejussória*, no caso. Ela servirá, no entanto, para afastar a ideia de que a teoria do contrato teria um alcance "sufocante" do sistema.

II. Importa, finalmente, destacar o facto, já observado[78], de o relevo da polémica sobre a estrutura negocial da fiança ser, amiúde, mormente no comércio bancário em que é usual a exigência de fiança como requisito para a concessão de crédito, mais aparente que real, atento o sub-modelo legal[79] de formação do contrato, consagrado no artigo 234 CC: é dispensada a declaração de aceitação da parte do banco – *rectius*, é dispensada a *comunicação de aceitação*[80] – quando e na medida em que a conduta do banco, materializada na concessão de crédito, "mostre a intenção de aceitar a proposta".

Faculdade de Direito da Universidade de Lisboa, Fevereiro de 2006.

FERREIRA DE ALMEIDA, *Texto e enunciado na teoria do negócio jurídico*, II, Almedina, Coimbra, 1992, p. 777 (cf., em comentário à posição do autor, o nosso *Assunção fidejussória de dívida*, *cit.*, pp. 384-385). Em escrito recente (*Contratos I – Conceito. Fontes. Formação*, Almedina, Coimbra, 2005, p. 25), Ferreira de Almeida deixa claro que a sua posição não nega o princípio do contrato: "Os princípios do contrato e da tipicidade dos negócios jurídicos unilaterais não devem ser exacerbados, mas contidos dentro de limites que, em nossa opinião, não são incompatíveis com um mais amplo elenco de negócios jurídicos unilaterais do que aquele que a doutrina dominante tem admitido".

[78] Cf. o nosso *Assunção fidejussória de dívida*, *cit.*, pp. 388-389.

[79] Com referência a modelos de formação dos contratos, cf. ROPPO, *O contrato*, Almedina, Coimbra, 1988, p. 86 e ss. e FERREIRA DE ALMEIDA, *Contratos I*, *cit.*, p. 94 e ss..

[80] Assim FERREIRA DE ALMEIDA, *Contratos I*, *cit.*, p. 109; referindo-se à "epígrafe incompreensível de dispensa da declaração de aceitação", cf. MENEZES CORDEIRO, *Tratado de direito civil português*, I/I³, *cit.*, p. 559.

PLURALIDADE DE FIADORES E LIQUIDAÇÃO DAS SITUAÇÕES FIDEJUSSÓRIAS*

SUMÁRIO: 1. Introdução; 2. A pluralidade de situações de pluralidade de fiadores; 2.1. Introdução; 2.2. Pluralidade de fiadores em parciariedade; 2.3. Pluralidade de fianças em conjunção; 2. 4. Pluralidade de fianças em solidariedade; 3. As vinculações fidejussórias "isoladas" e as vinculações fidejussórias "conjuntas"; 3.1. Introdução; 3.2. O regime do artigo 649 do CC; 3.3. O benefício da divisão; 4. A liquidação das situações fidejussórias; 4.1. A dupla sub-rogação prevista no artigo 650/1 CC; 4.2. O benefício da divisão e a liquidação das situações fidejussórias; 5. A incompletude do regime dos artigos 649 e 650 para regular a pluralidade de situações de pluralidade de fianças.

1. Introdução**

I. É frequente, sobretudo no âmbito de prestação de garantias a favor de bancos e outras instituições de crédito, encontrarmos situações de pluralidade de vinculações fidejussórias, sendo por vezes questionado o

---

* Estudo inserido no volume de Homenagem da Faculdade de Direito da Universidade de Lisboa ao Prof. Doutor Inocêncio Galvão Telles, por ocasião dos seus 90 anos, Almedina, Coimbra, 2007.

** São as seguintes as principais abreviaturas utilizadas: AAFDL=Associação Académica da Faculdade de Direito de Lisboa; AcP=Archiv für die Civilistische Praxis; BancaBT=Banca, Borsa e Titoli de Credito; BMJ=Boletim do Ministério da Justiça; CC=Código Civil; CCom=Código Comercial; CJ=Colectânea de Jurisprudência; DgDP-SC=Digesto delle Discipline Privatistiche – Sezione Civile; ED=Enciclopedia del Diritto;

32 Estudos de Direito das Garantias, II

modo de liquidação das diversas situações de dívida[1] no caso de realização da prestação por parte de um dos fiadores vinculados.

Como é lógico, as situações duvidosas respeitam aos casos em que a satisfação do interesse do credor é feita à custa de um ou parte dos fiadores, situação essa em que há que analisar se há *regresso, lato senso*[2], e, no caso afirmativo, em que medida é que tal regresso pode ser exercido quer contra o devedor quer contra os demais devedores fidejussórios.

Não suscita, na verdade, dúvidas a situação em que o interesse do credor é satisfeito directamente pelo devedor ou à sua custa – situação em

---

JherJB=Jherings Jahrbücher für die Dogmatik des bürgerlichen Rechts; Jura=Juristishe Ausbildung; JuS=Juristiche Schulung; JZ=Juristenzeitung; NJW=Neue Juristische Wochenschrift; NssDI=Novissimo Digesto Italiano; RC=Relação de Coimbra; RLJ=Revista de Legislação e de Jurisprudência; RFDUL=Revista da Faculdade de Direito da Universidade de Lisboa; RTDPC=Rivista Trimmestrale di Diritto e Procedura Civile; STJ=Supremo Tribunal de Justiça; WM=Zeitschrift für Wirtschaft und Bankrecht, Wertpapiermitteilungen; ZIP=Zeitscrift für Wirtschaftsrecht.

[1] Reportamo-nos às *dívidas de fiança*; para a caracterização do fiador como devedor, cf. o nosso *Assunção fidejussória de dívida. Sobre o sentido e o âmbito da vinculação como fiador*, Almedina, Coimbra, 2000, p. 121 e ss. e MENEZES CORDEIRO, *Direito das obrigações*, I, A.A.F.D.L, 1986 (reimpressão), p. 201. Na doutrina nacional mais recente, encontramos a defesa desta posição, v. g., em MENEZES LEITÃO, *Direito das obrigações*, II. *Transmissão e extinção das obrigações. Não cumprimento e garantias do crédito*, 4.ª edição, Almedina, Coimbra, 2006, pp. 325-326. ROMANO MARTINEZ / FUZETA DA PONTE, *Garantias de cumprimento*, 5.ª edição, Almedina, Coimbra, 2006, p. 87, preferem dizer que "da parte do fiador há uma responsabilidade pessoal pelo cumprimento de uma obrigação alheia"; na nossa ideia, ao invés (cf. *Assunção fidejussória de dívida, cit.*, p. 131), o fiador é devedor de um *débito próprio*, o que não é prejudicado pelo facto de o mesmo estar moldado pela existência e pela evolução do débito do devedor principal. Neste sentido, pode ver-se também, recentemente, PHILIPPE DUPICHOT, *Le pouvoir des volontés individuelles en droit des sûretés*, L.G.D.J., Paris, 2005, p. 224 e ss., reportando-se a "une dette nouvelle et propre de la caution, "moulée" sur celle du débiteur principal". Na doutrina alemã, remete-se, entre muitos, para WESTERMANN, *Die Bürgschaft (I)*, in Jura, 1991, p. 449: "(…) insoweit haftet er allerdings nicht nür, sondern schuldet persönlich und muss für dir Bürgenschuld mit seinem ganzen Vermögen einstehen"; cf. também WEITZEL, *Die Bürgschaft*, in JuS 1981, p. 112.

[2] Cf. o nosso *Assunção fidejussória de dívida, cit.*, pp 874 e ss. e 884 e ss.. Falamos de *regresso* num sentido lato, que engloba as situações de sub-rogação e as de direito de regresso em sentido estrito, tal como tradicionalmente associado às relações internas nas situações de solidariedade passiva.

Pluralidade de Fiadores e Liquidação das Situações Fidejussórias   33

que a *acessoriedade* da fiança[3] dita, como consequência lógica e natural, a extinção dos vínculos fidejussórios. O artigo 651 CC é eloquente a este respeito, sendo que o efeito extintivo resultaria, de qualquer modo, em linha recta, do artigo 627/2 CC, quando dispõe – disposição de duvidosa necessidade, de resto[4] – que "a obrigação do fiador é acessória da que recai sobre o principal devedor".

II. Dentre as diversas situações de pluralidade de vínculos fidejussórios, vamo-nos centrar nas fianças que satisfaçam cumulativamente os seguintes requisitos:

a) que sejam constituídas para garantia de satisfação do mesmo crédito; e que

b) sejam constituídas para afiançar o devedor perante o credor.

Por falta de satisfação cumulativa destes dois requisitos, deixamos de fora a *subfiança* e a *retrofiança*.

Na verdade, na *subfiança*[5], o subfiador não afiança o devedor perante o credor mas, antes, o próprio fiador (*fideiussor fideiussoris*), conforme

---

[3] Cf., sobre esta característica essencial da fiança, Galvão Telles, *Manual dos contratos em geral*, 4.ª edição, Coimbra Editora, Coimbra, 2002, p. 510, os nossos *Assunção fidejussória de dívida, cit.*, pp. 107 e ss. e 121 e ss. e *A fiança no quadro das garantias pessoais. Aspectos de regime*, in "Estudos de Direito das Garantias", I, Almedina, Coimbra, 2004, p. 18 e ss., Dieter Medicus, *Die Akzessorietät im Zivilrecht*, in JuS 1971, p. 497 e ss., Becker-Eberhard, *Die Forderungsgebundenheit der Sicherungsrechte*, Verlag Ernst und Werner, Gieseking, Bielefeld, 1993, p. 48 e ss., Christopher Schmidt, *Die sogenannte Akzessorietät der Bürgschaft. Ein Beitrag zur Lehre vom Rechtsgrund beim Verpflichtungsgeschäft*, Duncker & Humblot, Berlin, 2001, *passim*, Philippe Simler, *Cautionnement et garanties autonomes*, 3.ª edição, Litec, Paris, 2000, p. 45 e ss. e Dupichot, *Le pouvoir des volontés individuelles en droit des sûretés, cit.*, p. 223 e ss..

[4] Cf. o nosso *Assunção fidejussória de dívida, cit.*, p. 108. Recorde-se que o clássico Laurent, *Principes de droit civil français*, t. XXVIII, 2.ª edição, Bruylant, Bruxelles, 1877, p. 125, explicava a não afirmação, pelo *code civil*, do carácter acessório da fiança "parce que le code n'est pas un manuel".

[5] Cf. o nosso *Assunção fidejussória de dívida, cit.*, p. 1100 e ss.; no domínio do Código de Seabra, com referência ao *abonador* (palavra que o código actual substituiu por *subfiador*, sem grande felicidade), cf., v. g., Paulo Cunha, *Da garantia nas obrigações*, II, Lisboa, 1938-39, p. 81 ou Dias Ferreira, *Codigo civil portuguez annotado*, II, 2.ª edição, Imprensa da Universidade, Coimbra, 1896, p. 112. A substituição da palavra *abonação* por *subfiança*, naquele que viria a ser o actual código civil, foi promovida por

resulta, de resto, da noção constante do artigo 630 do CC; não se encontra, assim, satisfeito o requisito acima autonomizado na alínea *b*).

Por sua vez, na *retrofiança*,[6] o retrofiador afiança o devedor perante o fiador, já que é garante do cumprimento pelo devedor face ao fiador se e enquanto sub-rogado. Não se encontra, assim, igualmente, satisfeito o requisito acima autonomizado na alínea *b*); por sua vez quanto ao requisito da alínea *a*), a satisfação do mesmo não é plena, já que, sendo, embora, certo que o crédito sub-rogado se mantém idêntico após a sub-rogação[7], o retrofiador não garante a respectiva satisfação perante o credor. beneficiário da fiança mas perante o próprio fiador, enquanto eventual credor sub-rogado.

Dentro deste quadro delimitativo, tomamos, naturalmente, como referência central o regime constante dos artigos 649 e 650 do CC.

Vaz Serra, *Fiança e figuras análogas*, Lisboa, 1957 (Separata do BMJ n.º 71), p. 28: "(…). Mas parece preferível a designação de *subfiança*, pois, em rigor, também o fiador primário é um abonador". Na doutrina alemã remete-se, por todos, para Larenz / Canaris, *Lehrbuch des Schuldrechts*, II/2. *Besonderer Teil*, 13.ª edição, Verlag C. H. Beck, Münchn, 1994, pp. 20-21; na doutrina italiana, remete-se, por todos, para Giusti, *La fideiussione e il mandato di credito*, Giuffrè, Milano, 1998, p. 218 e ss.; cf. também D'Orazi Flavoni, *Fideiussione. Mandato di credito. Anticresi*, Casa Editrice Dr. Francesco Vallardi, 1961, p. 35.

[6] Cf. o nosso *Assunção fidejussória de dívida*, cit., p. 362, nota 329 e pp. 1103-1104; nos clássicos, destaque-se, entre outros, Campogrande, *Trattato della fideiussione nel diritto odierno*, Bocca Ed., Torino, 1902, pp. 105-106 e Fragali, *Delle obbligazioni. Fideiussione. Mandato di credito (Artt. 1936-1959)*, in "Commentario del codice civile" a cura di A. Scialoja e G. Branca, Zanichelli – Foro Italiano, Bologna-Roma, 1964, pp. 9 e 99. Na doutrina portuguesa recente, destaque-se também Menezes Leitão, *Garantias das obrigações*, Almedina, Coimbra, 2006, p. 131 e Romano Martinez / Fuzeta da Ponte, *Garantias de cumprimento*[5], cit., p. 112.

[7] Cf., por todos, Galvão Telles, *Direito das obrigações*, 7.ª edição, Coimbra Editora, Coimbra, 1997, p. 282 e Antunes Varela, *Das obrigações em geral*, II, 7.ª edição, Almedina, Coimbra, 1997, p. 288 e ss. e 334 e ss.; cf. também Júlio Gomes, *Do pagamento com sub-rogação, mormente na modalidade de sub-rogação voluntária*, in "Estudos em homenagem ao Professor Doutor Inocêncio Galvão Telles", I. "Direito privado e vária", Almedina, Coimbra, 2002, p. 107 e ss.. Na doutrina italiana, remete-se para os clássicos Carpino, *Surrogazione (Pagamento con)*, in NssDI XVIII, 1971, p. 964 e Magazzù, *Surrogazione per pagamento*, in ED XLIII, 1990, p. 1520 e ss..

2. A pluralidade de situações de pluralidade de fiadores

2.1. *Introdução*

I. À partida, considerando estritamente o regime constante dos artigos 649 e 650 do CC, identificamos as seguintes situações:

a) Situações em que várias pessoas, isoladamente, afiançam o devedor perante o credor: é a situação contemplada no artigo 649/1 CC;

b) Situações em que vários fiadores se obrigam conjuntamente, ainda que em momentos diferentes, afiançando o devedor perante o credor: é a situação contemplada no artigo 649/2 CC;

c) Situações em que os vários fiadores estejam vinculados em termos de cada um deles responder pela totalidade da prestação: é a situação contemplada no artigo 650/1 CC.

Conforme resulta evidente após uma análise mais cuidada, as três situações identificadas, tendo por referência a letra dos artigos 649 e 650 CC, não correspondem, substancialmente, a situações inteiramente autónomas entre si, conforme o comprova, desde logo, o facto de a situação da alínea *c)*, atrás identificada, poder derivar da circunstância, referida na alínea *a)*, de várias pessoas terem, isoladamente, afiançado o devedor pela mesma dívida. Por outro lado, mesmo nas situações identificadas na alínea *b)*, o facto de o artigo 649/2 CC colocar nas mãos – e, logo, no *critério* – dos fiadores o *benefício* da divisão, permite, ao menos *prima facie*, suscitar a dúvida sobre se as mesmas não poderão estar também abrangidas pela previsão constante do artigo 650/1 CC, ou seja, se não estarão englobadas, até à invocação do benefício, nas situações autonomizadas na alínea *c)* supra.

Impõe-se, assim, como ponto de partida, desconsiderar as situações especificamente previstas nos artigos 649 e 650 do CC, optando-se, antes, por uma identificação das várias situações de pluralidade de fiadores à luz do regime geral das obrigações e dos contratos; essas situações serão depois confrontadas com o regime constante dos citados artigos 649 e 650.

Nesta abordagem, privilegiamos a utilização da expressão "pluralidade de fiadores" e não de "cofiança" ou "co-fiança", não só porque aquela é a que dá a designação à subsecção onde se inserem os artigos 649 e 650 do CC, mas também porque é aquela que se mostra mais descomprometida com a natureza jurídica das várias situações identificáveis, tendo, assim, a vantagem de abarcar uma pluralidade de situações; ao invés, as expressões preteridas para efeitos de designar as diversas situações identificáveis, teriam – como acontece com *Mitbürgschaft* alemã ou a *confideiussione* italiana – a desvantagem de apontarem, à partida, para situações específicas.

II. A *primeira situação* a considerar na abordagem acima delineada é aquela a que podemos chamar de *pluralidade de fiadores em parciariedade*. Tendo por pano de fundo as *obrigações parciárias*[8], temos em vista aqueles casos em que cada um dos vinculados responde, em termos fidejussórios, pelo cumprimento de parte da prestação principal, em termos de o credor, numa situação de completa impotência económica do devedor, ter de agir contra cada um dos fiadores para obter a integral satisfação do crédito, mas só podendo exigir de cada um a satisfação da *parte* de que este seja devedor fidejussório. Tomando como exemplo um crédito principal de natureza pecuniária, de A sobre B, no valor de 900, se C, D e E se vinculam como fiadores em regime de parciariedade, presumir-se-á, por força da disposto no artigo 534 CC[9], que cada um deles será garante do pagamento de 300 e só nessa medida.

A *segunda situação* a considerar será aquela que podemos designar por *pluralidade de fiadores em conjunção*. Tendo por referência as *obri-*

---

[8] Cf. o nosso *Assunção fidejussória de dívida, cit.*, pp. 164 e ss. e 169 e ss.; para a refutação da comum identificação entre *obrigações parciárias* e *obrigações conjuntas*, cf., em especial, p. 166, nota 18. Refutando a utilização da expressão *obrigações parciárias* para designar as usualmente chamadas *obrigações conjuntas*, cf., recentemente, CUNHA DE SÁ, *Modalidades das obrigações quanto aos sujeitos*, in "Estudos em honra de Ruy de Albuquerque", I, Faculdade de Direito da Universidade de Lisboa, 2006, p. 376; para o autor, a utilização da expressão *obrigações parciárias* tem contra si a tradição e ainda o facto de não ter consagração legal.

[9] Cf. o nosso *Assunção fidejussória de dívida, cit.*, p. 181 e ss.. De acordo com a posição que aí adoptamos, o *princípio da parciariedade passiva das obrigações divisíveis* está consagrado no artigo 534 do CC e não no artigo 513 do mesmo código. Em sentido diferente, pronuncia-se, v. g., CUNHA DE SÁ, *Modalidades das obrigações quanto aos sujeitos, cit.*, p. 375, para quem a parciariedade (que o autor designa por conjunção, tal como, de resto, a maioria da doutrina) deduz-se *a contrario* do artigo 513 do CC, precisando que "a conjunção é o regime das obrigações plurais que tenham por objecto prestações divisíveis".

Pluralidade de Fiadores e Liquidação das Situações Fidejussórias   37

gações conjuntas[10], temos em mente os casos em que os fiadores respondem conjuntamente, em termos de o credor ter de demandar *conjuntamente* os fiadores para satisfação do seu crédito, não podendo, assim, agir contra apenas um (ou parte) deles, ainda que apenas para satisfação parcial do crédito. A situação explica-se à luz do regime do artigo 535/1 do CC, de acordo com o qual, se a prestação for indivisível e vários os devedores, só de todos os obrigados pode o credor exigir o cumprimento da prestação, salvo se tiver sido estipulada a solidariedade ou esta resultar da lei.

A *terceira situação* identificável será aquela que podemos designar por *pluralidade de fiadores em solidariedade*. Tendo por referência as situações de *solidariedade passiva*, consideramos os casos em que cada um dos fiadores responde, face ao credor, no mesmo plano em relação aos demais, pela realização integral da prestação. Tomando como exemplo um crédito principal de natureza pecuniária, de A sobre B, no valor de 900, se C, D e E se vinculam como fiadores em regime de solidariedade, cada um responde face ao credor por 900.

Podemos conceber situações mistas, como aquela que em que o credor pode exigir de um dos fiadores a totalidade da prestação, mas respondendo os demais fiadores em termos parciários ou conjuntos.

Na identificação das situações, partimos do princípio de que, a nível das relações entre o devedor principal e a pluralidade de fiadores, existe uma situação de solidariedade[11], ainda que não plena[12], em termos de:

---

[10] Cf., por todos, o nosso *Assunção fidejussória de dívida, cit.*, p. 170: "o credor tem um interesse unitário na realização global e colectiva da prestação, em termos de esta não poder ser realizada – em parte ou na totalidade – por algum (ou alguns) dos devedores, devendo, antes, ser realizada conjuntamente para que possa satisfazer o credor (...)".

[11] Cf. o nosso *Assunção fidejussória de dívida, cit.*, p. 232 e ss.. O exposto não prejudica as reservas dogmáticas de que demos nota noutro local, relativamente à "solidariedade do fiador", v. g., do artigo 101 do CCom: cf. *op. cit.*, pp. 268 e ss. e 272--273. Conforme salientámos (na esteira de BECKER-EBERHARD, *Die Forderungsgebundenheit, cit.*, p. 228 e ss. e divergindo de EHMANN, *Die Gesamtschuld. Versuch einer begrifflichen Erfassung in drei Typen*, Dunckler & Humblot, Berlin, 1972, p. 333 e ss.), a solidariedade passiva é um modelo das situações de pluralidade de devedores no qual não se enquadra plenamente a situação do devedor principal e do fiador, atenta a acessoriedade da fiança.

[12] Reportamo-nos ao facto de a solidariedade ser limitada a uma parte da dívida (A dívida é de 900 e os fiadores C, D e E respondem solidariamente apenas por 300) que não às situações designadas por alguma doutrina como de solidariedade imperfeita (cf. o nosso *Assunção fidejussória de dívida, cit.*, p. 254 e ss.).

a) Na primeira situação (de *pluralidade de fiadores em parciarie-dade*) o credor ter *libera electio* entre o devedor pela totalidade e cada um dos fiadores em regime de *parciariedade*;

b) Na segunda situação (de *pluralidade de fiadores em conjunção*), o credor ter *libera electio* entre o devedor pela totalidade e o *conjunto* dos fiadores pela *totalidade*;

c) Na terceira situação (de *pluralidade de fiadores em solidariedade*), o credor ter *libera electio* entre o devedor e *cada um* dos fiadores pela totalidade.

Não deixam de caber neste quadro, no nosso entender, as situações em que os fiadores gozem – todos eles – do *benefício da excussão prévia*, já que, conforme ensaiámos demonstrar noutro local[13], as responsabilidades de tais fiadores não são, à partida, subsidiárias, sendo, antes, *subsidiarizáveis*, uma vez que, colocando-nos no momento do vencimento da obrigação não cumprida – a partir do qual o credor tem *libera electio* entre o devedor e o fiador – a subsidiariedade surge como consequência eventual ou virtual, *ex facultate fideiussoris*: é o fiador que, mediante a invocação eficaz do benefício da excussão, desencadeia – e provoca – a *subsidiarização* da sua responsabilidade que, à partida, é solidária com a do devedor[14].

Já não caberão neste quadro de solidariedade com o devedor as situações de *fideiussio indemnitatis* com pluralidade de fiadores. É que na *fideiussio indemnitatis*[15] a responsabilidade do fiador – dos fiadores, no caso – é, à partida, subsidiária, não estando dependente da invocação de um *benefitium*, que o mesmo é (sempre *in casu*) dizer, da oposição de uma *exceptio*.

---

[13] Cf. o nosso *Assunção fidejussória de dívida*, *cit.*, pp. 963-964, 964 e ss., 968 e ss., 977 e ss. e 984 e ss.; para a subsidiariedade convencional, cf. *op. cit.*, p. 994 e ss.; cf. também o nosso *A fiança no quadro das garantias pessoais*, *cit.*, p. 28 e ss.. Na doutrina alemã, cf., v. g., Roth, *Die Einrede des bürgerlichen Rechts*, C. H. Beck, München, 1988, pp. 222-223, confrontando (mas em sede de *de iure condendo*) a solução do § 771 do BGB – gizada em função de *excepção*, de *Einrede* e de *benefitium* – com uma solução alternativa, que seria a de subsidiariedade automática, *ipso iure*; para Roth, a solução da subsidiariedade seria "wenig sachgerecht, weil der Bürge ansonsten auch in aussichtslosen Vollstrekungsfällen di dann überflüssigen Kosten zu tragen hätte".

[14] Já não será assim a partir da invocação eficaz do *benefitium excussionis*: a pluralidade de devedores revela, então, um caso de *subsidiariedade*; o nosso *Assunção fidejussória de dívida*, *cit.*, p. 261 e ss., em especial p. 268 e ss..

[15] Cf., sobre esta, o nosso *Assunção fidejussória de dívida*, *cit.*, p.149 e ss..

Pluralidade de Fiadores e Liquidação das Situações Fidejussórias   39

O exposto não impede que haja solidariedade na *fideiussio indemnitatis* plural, mas não com o devedor: o credor pode, uma vez excutido o património do devedor, ter *libera electio* entre os fiadores.

2.2. *Pluralidade de fiadores em parciariedade*

Conforme se referiu acima, se a pluralidade de fianças for em parciariedade, isso significa que o credor tem de actuar contra cada um dos fiadores, em ordem à satisfação plena do crédito, não respondendo cada fiador para além dos limites da fiança que prestou. No exemplo acima referido, em que C, D e E são fiadores de B, perante A, sendo a dívida de 900, cada fiador não responderá para além de 300.

À partida, existem tantas fianças quantos os fiadores[16]. Cada uma das fianças em análise é uma *fiança parcial*, na medida em que garante apenas uma parte do crédito do credor sobre o devedor, o que vale dizer que cobre apenas uma parte do débito.

De novo no exemplo acima prefigurado, a soma das várias responsabilidades fidejussórias corresponde ao *quantum* da responsabilidade do devedor. Contudo, não tem de ser assim, conforme parece óbvio. Em primeiro lugar, pode haver uma fiança parcial sem que haja pluralidade de fiadores, como acontecerá se a dívida for de 900 e a fiança do único fiador for limitada a 300: é uma situação cuja legitimidade e validade radica no próprio regime da fiança, que não pode ser mais onerosa do que a dívida principal[17] e que encontra resguardo positivo no artigo 602 CC[18]. Em segundo

---

[16] Refira-se, porém, que este não é um traço distintivo deste tipo de situações, já que ninguém duvidará que nas situações de pluralidade de fiadores em solidariedade há tantas fianças quantos os fiadores. De resto, mesmo na solidariedade passiva, a doutrina tem reconhecido a pluralidade de vínculos; cf. o clássico estudo de GOMES DA SILVA, *Da solidariedade nas obrigações*, in RFDUL, ano IV, 1947, p. 265: "A pluralidade de vínculos faz parte do conceito de obrigações solidárias". A dúvida poderia estar no caso das fianças assumidas conjuntamente, utilizando a palavra *conjuntamente* no sentido do artigo 649/2 do CC, que não no sentido que emprestamos à expressão (cf. *infra*, ponto 2.3); contudo, mesmo nessas situações, a doutrina tem identificado uma pluralidade de fiadores e de vínculos; cf., por todos, GIUSTI, *La fideiussione, cit.*, p. 211.

[17] Cf. o nosso *Assunção fidejussória de dívida, cit.*, p. 1011 e ss..

[18] Cf. o nosso *Assunção fidejussória de dívida, cit.*, p. 1091 e ss..

lugar, pode acontecer que a pluralidade de fiadores não esgote a dívida principal: a dívida pode ser de 900 e haver, v. g., duas fianças parciais, cada uma até ao limite máximo de 300.

2.3. *Pluralidade de fianças em conjunção*

Como vimos, se a pluralidade de fiadores for em conjunção, o credor terá de actuar contra todos os fiadores em ordem à satisfação plena do crédito, não podendo demandar apenas um por uma parte ou cada um sucessivamente pela respectiva parte.

É difícil imaginar, na vida dos negócios e do crédito situações deste jaez, desde logo porque a esmagadora das fianças tem natureza pecuniária, natureza essa que acompanha a natureza das obrigações principais. Ora, tendo a prestação principal natureza pecuniária, é difícil imaginar – conquanto tal seja juridicamente possível, à luz do regime do artigo 535/1 do CC[19] – um acordo entre o credor e os fiadores no sentido da indivisibilidade das obrigações dos garantes.

De resto, mesmo nos casos em que a prestação principal não tenha natureza pecuniária, o normal – conquanto não forçoso – é que a prestação fidejussória seja de natureza pecuniária, pelo facto de a garantia não ser prestada em função do dever de prestar do devedor mas, antes, em função do, eventual, dever de indemnizar[20], e, mesmo aí, para a hipótese de a indemnização ser em dinheiro[21].

---

[19] Cf. o nosso *Assunção fidejussória de dívida, cit.*, p. 178 e ss..

[20] Cf. o nosso *Assunção fidejussória de dívida, cit.*, pp. 140 e ss., 146 e ss., 291 e ss. e 295 e ss. Conforme então expressámos, não há qualquer incompatibilidade entre a garantia de fiança e o facto de a prestação do devedor ser infungível, já que, nesse casos, o fiador garantirá o cumprimento da obrigação secundária de ressarcimento dos danos: uma vez transformado, na esfera do devedor, o dever de prestar em dever de indemnizar, passa a haver plena fungibilidade entre a prestação secundária principal e a prestação fidejussória. Neste mesmo sentido, pronunciaram-se, entre nós, autores como CUNHA GONÇALVES, *Tratado de direito civil em comentário ao código civil português*, V, Coimbra Editora, Coimbra, 1932, p. 159 e VAZ SERRA, *Fiança e figuras análogas, cit.*, p. 46: "É claro que se a obrigação não tiver objecto fungível, não pode a obrigação do fiador consistir, sem o acordo do credor, na prática do facto devido pelo devedor principal, mas sim em prestar indemnização". Nos clássicos estudos sobre a matéria, continua a ter muito interesse a consulta de MATTEUCCI, *Solidarietà del fideiussore e suo debito non pecuniario,*

De qualquer modo, se os fiadores garantirem, em conjunto[22], o cumprimento, pelo devedor, de uma obrigação de *facere*, em termos de ser claro que os fiadores se vinculam ao *idem*[23], isso significará que o credor terá de exigir conjuntamente dos fiadores a satisfação do seu crédito, processando-se a responsabilidade destes nos termos estabelecidos no CC para as obrigações indivisíveis[24].

2.4. *Pluralidade de fianças em solidariedade*

A situação de pluralidade de fianças em solidariedade é, manifestamente, aquela que se apresenta mais confortável para o credor, uma vez que pode exigir de cada fiador – para além de, naturalmente, o poder fazer do devedor – a realização integral da prestação.

---

in RTDPC XIII, 1959, p. 1359 e ss.. Já sobre o tema da compatibilidade da fiança com as "meras situações de equivalência subjectiva" quando as prestações em causa são ambas de *dare* ou de *facere* infungível, cf. D'ORAZI FLAVONI, *Fideiussione, cit.*, p. 21.

[21] Sobre a prioridade da reconstituição natural, cf., por todos, ANTUNES VARELA, *Das obrigações em geral*, I, 10.ª edição, Almedina, Coimbra, 2000, p. 903 e ss., ALMEIDA COSTA, *Direito das obrigações*, 10.ª edição reelaborada, Almedina, Coimbra, 2006, p. 717 e ss. e MENEZES LEITÃO, *Direito das obrigações, I. Introdução. Da constituição das obrigações*, 5-.ª edição, Almedina, Coimbra, 2006, p. 396 e ss..

[22] Para MENEZES CORDEIRO, *Tratado de direito civil português. I. Parte geral.* Tomo I, 3.ª edição, Almedina, Coimbra, 2005, p. 462, o *negócio conjunto* acontece quando "várias pessoas são titulares de posições jurídicas que só podem ser actuadas no seu conjunto, por todas elas".

[23] Sobre se o fiador deve o *id* ou o *idem*, cf. nosso *Assunção fidejussória de dívida, cit.*, p. 132: o fiador, em virtude da assunção fidejussória de dívida, passa a dever *o mesmo* (o *idem*) que deve o devedor e não *aquilo* (o id) que por este é devido, com as diferenças posicionais resultantes de o assuntor ser um devedor secundário (prestador de garantia) e de a sua obrigação ser acessória relativamente à obrigação principal.

[24] Cf., sobre este regime, por todos, ANTUNES VARELA, *Das obrigações em geral*, I[10], *cit.*, p. 806 e ss., ALMEIDA COSTA, *Direito das obrigações*[10], *cit.*, p. 770 e ss., MENEZES LEITÃO, *Direito das obrigações*, I[5], *cit.*, pp. 173-174 e o nosso *Assunção fidejussória de dívida, cit.*, p. 181 e ss.. Na doutrina italiana, com referência às "vicende delle obbligazioni indivisibili", cf., v. g., DI MAJO, *Obbligazioni solidali (e indivisibili)*, in ED XXIX, p. 320 e ss., BUSNELLI, *Obbligazioni soggetivamente complesse*, in ED XXIX, p. 339 e ss. e ainda CICALA, *Obbligazione divisibile e indivisibile*, in NssDI XI, p. 636 e ss..

O credor obtém, através do aumento do número de devedores solidários – neste caso fidejussórios – um acrescido aumento da probabilidade de satisfação do seu crédito, tendo *libera electio* entre o devedor e qualquer dos fiadores.

Confrontada com as situações de solidariedade passiva regulada a partir do artigo 512 do CC[25], a pluralidade de fianças em solidariedade passiva distingue-se marcantemente pelo facto de as vinculações dos fiadores serem acessórias em relação à obrigação principal, característica essa que não encontramos nas obrigações solidárias[26].

3. As vinculações fidejussórias "isoladas" e as vinculações fidejussórias "conjuntas"

3.1. *Introdução*

I. Antes de nos debruçarmos sobre o regime dos artigos 649 e 650 do CC, importa ver, sumariamente, em que termos é que os códigos civis alemão e italiano, códigos que, em sede de fiança, maior influência tiveram na preparação do nosso código, regulam as situações de pluralidade de fiadores[27].

Resulta do § 769 do BGB que quando vários fiadores se vinculam pela mesma dívida (*Mitbürgschaft*) respondem como devedores solidários,

---

[25] Cf., sobre esta, o nosso *Assunção fidejussória de dívida, cit.*, p. 100 e ss. e 183 e ss.. Escreve, recentemente, Cunha de Sá, *Modalidades das obrigações quanto aos sujeitos, cit.*, p. 371, em relação à solidariedade passiva, que na mesma "opera-se como que uma multiplicação da prestação global".

[26] Cf., no nosso *Assunção fidejussória de dívida, cit.*, pp. 268 e ss. e 272-273, as reservas dogmáticas à consideração do fiador e do devedor principal como devedores solidários, atenta a característica da acessoriedade da obrigação do fiador.

[27] As limitações deste estudo não nos permitem dar nota de outros regimes que consideramos importantes. Quanto ao direito francês, remete-se, por todos, para Simler, *Cautionnement et garanties autonomes*[3], *cit*, p. 479 e ss.. Quanto ao direito espanhol, remetemos para Alventosa Del Rio, *La fianza: âmbito de responsabilidad*, Comares, Granada, 1988, p. 216 e ss., Tubio Garrido, *La cofianza: una reflexión sobre nuestra doctrina*, in "Estudios jurídicos en homenaje al Professor Luís Díez-Picazo", III, Thomson / Civitas, Madrid, 2003, p. 2965 e ss. e ainda Secades, *La cofianza: Análisis de los artículos 1837 y 1844 del código civil,* in "Revista Critica de Derecho Imobiliario", ano LXII, 1986, p. 735 e ss..

Pluralidade de Fiadores e Liquidação das Situações Fidejussórias 43

ainda que se não tenham vinculado conjuntamente, ou seja, ainda que se tenham vinculado independentemente dos outros ou em momentos diferentes[28].

Assim, independentemente da questão de saber se se trata de uma genuína solidariedade, de acordo com o § 421 do BGB[29], o credor pode exigir a prestação de qualquer dos fiadores.

No que respeita às relações internas entre os fiadores, vale o regime estabelecido no § 426 do BGB (*Gesamtschuldnerausgleich*), desde logo por força da remissão feita no § 774 do mesmo código[30].

É claro, face ao regime dos §§ 769, 774 e 426 do BGB, que cada fiador que satisfaz o credor não pode exigir dos demais fiadores o que pagou como se fossem seus devedores solidários[31]: eles são seus devedores em função das respectivas quotas.

II. De acordo com o artigo 1946 do *codice*, se várias pessoas tiverem prestado fiança por um mesmo devedor e para garantia do mesmo débito, cada uma é obrigada pelo débito na sua integralidade, a não ser que tenha sido pactuado o benefício da divisão[32].

---

[28] Cf., por todos, Bülow, *Recht der Kreditsicherheiten*, 6.ª edição, C. F. Müller Verlag, Heidelberg, 2003, p. 313, Jürgens, *Teilschuld. Gesamtschuld. Kumulation*, Nomos Verlagsgesellschaft, Baden-Baden, 1988, pp. 29-30 e Lwowski / Merkel, *Kreditsicherheiten*, 8.ª edição, E. Schmidt, Berlin, 2003, pp. 61-62. Analisando o regime do direito alemão e do diresito austríaco, quanto à *Gesellschaftsbürgschaft*, cf. Peter Bydlinski, *Die Bürgschaft im österreichischen und deutschen Handels-, Gesellschafts- und Wertpapierrecht*, Springer-Verlag, Wien, p. 50 e ss.. Continuam a ser importantes os clássicos estudos de Kanka, *Die Mitbürgschaft*, in JherJb 87 (1937-1938), p. 123 e ss. e de Girtanner, *Ist das auxilium divisionios unabhängig von gleichzeitiger und gemeinsamer Eingehung der Mitbürgschaft?*, in AcP 1860, p. 275 e ss..

[29] Cf. o nosso *Assunção fidejussória de dívida*, cit., p. 216 e ss..

[30] Cf., v. g., Bülow, *Recht der Kreditsicherheiten*[6], cit., p. 314, identificando, no entanto, algumas diferenças entre a situação do co-fiador e a do devedor solidário, cf. Reinicke / Tiedtke, *Bürgschaftsrecht*, 2.ª edição, Luchterhand, Neuwieg und Kriftel, 2000, p. 129.

[31] Cf. Bülow, *Recht der Kreditsicherheiten*[6], cit., p. 314: "Die anderen Mitbürgen sind nicht ihrerseits wieder Gesamtschuldner des Bürgen, der an den Gläubiger geleistet hatte, sondern nunmehr dessen Teilschuldner"; cf. também Reinicke / Tiedtke, *Bürgschaftsrecht*[2], cit., p. 129.

[32] Cf., por todos, Fragali, *Fideiussione*, cit., p. 325 e ss., *Fideiussione. Diritto pivato*, in ED XVII, 1968, p. 364 e ss. e 378 e ss., Giusti, *La fideiussione*, cit., p. 210 e ss. e Camuzzi, *Due quesiti in tema di fideiussone*, in BancaBT 1985, p. 582 e ss..

Neste caso, dispõe o artigo 1947 que qualquer fiador que seja demandado para o pagamento do débito na sua integralidade, pode exigir que o credor reduza a acção à parte de que seja devedor; no entanto, se algum dos fiadores estiver insolvente ao tempo em que um outro invocou o benefício da divisão, este fica obrigado por tal insolvência na proporção da sua quota, mas não responde pelas insolvências supervenientes. O regime do *codice* é explicado em articulação com o facto de, diversamente do que ocorria com o código de 1865, o benefício da excussão ter deixado de ser uma característica natural da fiança, sendo deixado à liberdade das partes a respectiva convenção[33]. Paralelamente, também o benefício da divisão "è stato assunto nel contenuto volontario del negozio fideiussorio"[34].

Refere Giusti[35] que a maioria da doutrina italiana distingue a *co-fiança* (*confideiussione*) das situações de *fiança plúrima* (*fideiussione plurima*): enquanto que no primeiro caso há uma relação comunitária entre os garantes, no segundo as fianças seriam autónomas ou disjuntas. E explica que no primeiro caso "há uma ligação negocial entre os vários fiadores, uma vez que a conjunção é reconhecidamente querida, ainda que não se actue em simultâneo; no outro, cada garante ignora que as outras garantias foram prestadas ou, se conhece tal situação, pelo credor ou pelo devedor, não quer colocar a sua garantia em conexão com as outras garantias".

De qualquer modo, conforme reconhece Giusti[36], tanto na co-fiança quanto na situação de pluralidade de fianças autónomas há uma pluralidade de vínculos; contudo, a doutrina e a jurisprudência estão, no geral, de acordo no sentido de que não é indiferente estarmos perante uma co-fiança ou face a uma pluralidade de fiadores, seja no que concerne às relações de cada fiador com o credor seja no que tange às relações entre os fiadores entre si.

---

[33] Cf. v. g., FRAGALI, *Fideiussione*, *cit.*, p. 328 e ss..

[34] Assim FRAGALI, *Fideiussione*, *cit.*, p 329. Lê-se, por sua vez, em NATOLI, *Beneficio di divisione*, in ED, V, 1959, p. 100: "il benefitium divisionis appare, invece, nel sistema del codice vigente, come un possibile effetto convenzionale, che si verifica soltanto se sia stato specificamente "stipulato", essendo, in caso concreto, esclusa ogni possibilita di divisione del debito".

[35] *La fideiussione*, *cit.*, pp. 210-211.

[36] *La fideiussione*, *cit.*, pp. 211-212.

De acordo com ao artigo 1954 do *codice* (*regresso contro gli altri fideiussori*), se várias pessoas tiverem prestado fiança a favor do mesmo devedor e pelo mesmo débito, o fiador que pagou tem regresso contra os outros fiadores na medida das respectivas quotas; contudo, se um dos fiadores estiver insolvente, é aplicável o segundo parágrafo do artigo 1299, em sede de obrigações solidárias, de acordo com o qual a perda se reparte entre os vários condevedores, incluindo aquele que fez o pagamento. De acordo com a interpretação maioritária[37], o artigo 1954 só tem aplicação no caso de co-fiança e não também nos casos de pluralidade de fianças autónomas, caso em que o fiador que paga fica sub-rogado nos direitos que o credor tinha contra os outros fiadores, nos termos do artigo 1203 do *codice* (*surrogazione legale*).

3.2. *O regime do artigo 649 do CC*

I. Tendo por fim regular os termos da responsabilidade dos fiadores face ao credor, o artigo 649 do CC impõe que se diferencie consoante os vários fiadores se tiverem vinculado *isoladamente* ou *conjuntamente* pela mesma dívida[38]: se a prestação das fianças tiver ocorrido *isoladamente*, cada fiador responde pela satisfação integral do crédito, excepto se tiver sido convencionado o benefício da divisão – caso em que são aplicáveis as regras das obrigações solidárias, com as necessárias adaptações; se, ao invés, as vinculações dos fiadores tiverem ocorrido *conjuntamente*, qualquer dos fiadores pode invocar o benefício da divisão, respondendo, então, cada um deles, proporcionalmente, pela quota do confiador que se encontre insolvente.

---

[37] Assim Petti, *La fideiussione e le garanzie personali del credito*, Cedam, Padova, 2000, p. 191 e ss..

[38] A referência à "mesma dívida" consta só do artigo 649/1, quanto às situações em que as fianças são prestadas *isoladamente*, e não também do artigo 649/2, destinado a regular as situações em que as fianças são prestadas *conjuntamente*. Porém, a referência à *mesma dívida* está aí implícita. Aliás, a expressão constava do artigo 25/3 do articulado proposto por Vaz Serra (*Fiança e figuras análogas, cit.*, p. 305): "Se vários se obrigarem como fiadores do mesmo devedor e pela mesma dívida, e o fizerem conjuntamente, ainda que em momentos diferentes (...)".

A solução do CC é claramente diferente daquela que era adoptada no Código de Seabra, no qual não era feita qualquer diferenciação em função do compromisso ter sido assumido isolada ou conjuntamente. De acordo com o artigo 835 daquele código, sendo vários os fiadores do mesmo devedor e pela mesma dívida, cada um respondia pela totalidade, a não ser que houvesse declaração em contrário; contudo, se fosse demandado só um dos fiadores, ele poderia fazer citar os demais para com ele se defenderem ou serem conjuntamente condenados cada um na sua parte. Neste último caso, o fiador demandado só responderia na falta dos demais. Resultava, no entanto, do § único do artigo 835 que o benefício da divisão não tinha lugar nos casos em que os fiadores não gozassem do benefício da excussão[39].

Nas soluções que encontramos no artigo 649 do CC, pesou a proposta de Vaz Serra[40]: "Parece dever distinguir-se consoante as fianças são assumidas conjunta ou isoladamente. Se elas o são isoladamente, cada um dos fiadores quer naturalmente, se não fazer restrições, obrigar-se por toda a dívida e, portanto, pode de cada um deles exigir o credor a dívida por inteiro". E ainda: "Se as fianças são assumidas conjuntamente, afigura-se dever manter--se, em princípio, o benefício da divisão"; e justifica: "Os fiadores não quererão, em regra, obrigar-se definitivamente pelo todo, mas só por uma parte proporcional, a não ser que a dívida seja indivisível".

Vaz Serra considerava também como fianças prestadas conjuntamente "aquelas que, embora assumidas em momentos diferentes, o são em virtude de convenção entre os fiadores"[41].

II. O regime do artigo 649 do CC, desdobrado nos seus números 1 e 2, apresenta-se, assim, aparentemente, claro:

a) Se as fianças pela mesma dívida são prestadas *isoladamente*, cada um dos fiadores responde perante o credor pela totalidade, sendo, assim, todos os fiadores *devedores fidejussórios solidários* perante o credor; esta regra pode ser afastada por convenção de benefício da divisão.

---

[39] Cf. Paulo Cunha, *Da garantia nas obrigações*, II, *cit.*, p. 69 e ss., Vaz Serra, *Fiança e figuras análogas*, *cit.*, pp. 16-17 e Barbosa De Magalhães, *Das obrigações solidárias em direito civil portuguez*, Coimbra, 1882, p. 410 e ss..

[40] Vaz Serra, *Fiança e figuras análogas*, *cit.*, pp. 20-21.

[41] Vaz Serra, *Fiança e figuras análogas*, *cit.*, p. 21, nota 43.

Pluralidade de Fiadores e Liquidação das Situações Fidejussórias

b) Se, ao invés, as fianças forem prestadas *conjuntamente*, ainda que em momentos diferentes, os fiadores gozam, naturalmente, do benefício da divisão, não sendo, então, aparentemente, aplicáveis as regras das obrigações solidárias; contudo, o artigo 649/2 faz uma ressalva que, pelo menos *ictu oculi*, se quadra mal com uma lógica pura de divisão, já que cada confiador responde proporcionalmente pela quota do confiador que se encontre insolvente[42].

A plena compreensão do regime do artigo 649 do CC exige, assim, que esclareçamos o que significa afiançar *isoladamente* e afiançar *conjuntamente*.

Para Pires de Lima / Antunes Varela[43], as fianças são assumidas isoladamente "se cada um dos fiadores garante o cumprimento da obrigação sem comparticipação ou acordo com os outros fiadores". Ao invés, e ainda para os mesmos autores[44], as fianças são assumidas conjuntamente "quando há entre eles uma relação negocial: A e B afiançam, por exemplo, a obrigação pelo mesmo título, ou A afiança em primeiro lugar e depois B, por acordo com A, assume também a garantia".

Conforme decorre das transcrições feitas, a conclusão pelo carácter *isolado* ou *conjunto* da assunção das fianças assenta, segundo Pires de Lima / Antunes Varela, na relação entre os fiadores. Contudo, no nosso entender, não parece aceitável que, em função dos efeitos de um e outro modo de assunção, se possa prescindir do papel e da intervenção do credor. Atendo-nos a um dos exemplos apresentados pelos autores, se A presta fiança e depois B, por acordo com A, "assume também a garantia", admitindo que tal situação podia ser imposta ao credor, poderíamos ter a consequência de o credor deixar de ter apenas um fiador solvente (A) que respondia, à partida, pela totalidade da dívida para passar a ficar sujeito à eventual invocação, pelo mesmo A, do benefício da divisão, impondo ao mesmo credor o accionamento de B, em ordem à satisfação total do seu crédito,

---

[42] O artigo 649/3 equipara às situações de insolvência aquelas em que o co-fiador não puder ser demandado (artigo 640, alínea *b*) do CC) ou executado no território continental ou das ilhas adjacentes; para a interpretação da alínea *b*) do artigo 640 do CC, cf. o nosso *Assunção fidejussória de dívida, cit.*, p. 1145 e ss..

[43] Pires de Lima / Antunes Varela, *Código civil anotado*, I, 4.ª edição, Coimbra Editora, Coimbra, 1987, p. 666.

[44] Pires de Lima / Antunes Varela, *Código civil anotado*, I⁴, *cit.*, p. 667.

48 Estudos de Direito das Garantias, II

podendo ter que "regressar" a A (admitindo que se mantém solvente), no caso de ser constatada a insolvência de B.

De resto, sem prejuízo da polémica à volta da prestação de fiança nos termos do contrato a favor de terceiro[45], a fiança não prescinde do acordo do credor, o que torna o exemplo de Pires de Lima / Antunes Varela pouco verosímil, já que, no caso, a vinculação de B era feita à margem do acordo do credor.

IIII. A caracterização do modo de prestação como isolado ou conjunto não pode, por outro lado, estar associado à coincidência temporal. Este ponto é, de resto, claro, face ao que dispõe o artigo 649/2 do CC: os fiadores podem obrigar-se conjuntamente em momentos diferentes.

Assim sendo, diríamos que a conclusão pelo carácter conjunto da prestação das fianças está dependente do facto de, a nível de cada relação concreta de cada fiador com o credor e dos fiadores entre si, ter sido determinante a prestação de outras fianças, quer as mesmas sejam anteriores, coevas ou posteriores.

Nas situações práticas, há seguramente indícios de prestação conjunta e não isolada, como será certamente, entre outras, o caso de as fianças serem exigidas aos sócios de uma sociedade, em virtude dessa qualidade ou o facto de as fianças serem prestadas no mesmo documento.

Assim, voltando ao exemplo acima prefigurado, em que A é credor de B de 900, havendo prestações de fiança por C, D e E, se os fiadores se obrigam no mesmo documento, obrigam-se, em princípio, conjuntamente, o mesmo acontecendo se as fianças são prestadas em momentos diferentes mas em termos que permitem concluir que quer o credor quer cada um dos fiadores contavam com a prestação pelos demais.

Essas situações são, tipicamente, manifestação de um comum interesse dos fiadores na prestação das fianças, quer porque são sócios da sociedade devedora, quer porque contam com o bom êxito da relação entre o credor e o devedor para obter vantagens, etc.

Há, no entanto, um importante aspecto a salientar: qualquer conclusão a que neste particular se chegue não é definitiva, já que o regime do artigo 649 é claramente supletivo. Assim, ainda que os fiadores se tenham

---

[45] Cf., recentemente, o nosso, *A questão da estrutura negocial da fiança revisitada*, in "O Direito" 138.º (2006), III, p. 515 e ss..

Pluralidade de Fiadores e Liquidação das Situações Fidejussórias 49

vinculado no mesmo documento, não poderão invocar qualquer benefício da divisão se se vincularam como fiadores e principais pagadores, ou seja em termos de solidariedade. Nesse caso, a solidariedade terá uma dupla dimensão: os fiadores são solidários entre si e cada fiador é solidário (no sentido da solidariedade fidejussória) com o devedor principal.

Similarmente, agora no que respeita, especificamente, ao regime do artigo 649/1, ainda que C, D e E se vinculem isoladamente, as suas responsabilidades não serão solidárias se a interpretação das declarações fidejussórias permitir concluir que as vinculações em causa se processaram em termos diferentes.

IV. O exposto deixa à evidência que o sentido da vinculação conjunta do artigo 649 do CC não se identifica ou confunde com aquele que a maioria da doutrina associa às obrigações conjuntas (e que nós preferimos associar às obrigações parciárias).

A prova de que assim é, resulta da constatação de que as fianças prestadas conjuntamente só se parecem com as situações de pluralidade de fianças em parciariedade (a que a maioria da doutrina designa em conjunção) quando e se houver invocação do benefício da divisão. Ou seja, as fianças prestadas *conjuntamente* são conjuntas para efeitos do regime do artigo 649 do CC mas não o são no sentido que a doutrina, normalmente, empresta à expressão.

Mas também não se pode dizer que as ditas fianças se transformam em obrigações conjuntas (parciárias, no sentido que adoptamos) a partir da invocação do *benefitium divisionis*, já que o regime destas obrigações não permite explicar a solução do artigo 649/2, *in fine*.

Isto vale dizer que a *conjunção* do artigo 649 tem um significado diferente daquele que a doutrina maioritária associa às obrigações conjuntas e que nós associamos às parciárias: enquanto que nesta situação tem-se em conta o modo como cada devedor parciário responde face o credor, na situação do artigo 649 a conjunção reporta-se ao modo de vinculação.

V. Um ponto importa ainda deixar claro, no que tange ao disposto no artigo 649/1: a solidariedade aí estabelecida é a solidariedade entre os fiadores face ao credor. O artigo 649/1 tem um âmbito de aplicação limitado a essas situações, não visando regular as posições relativas do devedor e dos fiadores face ao credor.

Assim, se as fianças são simples, no sentido de que os fiadores gozam do benefício da excussão[46], o artigo 649/1 não tem o condão de transformar tais fianças, em termos de retirar aos fiadores o citado benefício.

3.3. *O benefício da divisão*

I. Conforme resulta do atrás exposto, quer as fianças tenham sido prestadas isoladamente quer o tenham sido conjuntamente, os fiadores podem gozar do *benfitium divisionis*;[47] a diferença está em que, no primeiro caso – de fianças prestadas isoladamente – o benefício da divisão tem de ser convencionado, enquanto no segundo – de fianças prestadas conjuntamente – o benefício da divisão é uma consequência *natural* do modo de assunções fidejussórias, podendo, no entanto, ser afastado.

Impõe-se, agora, o esclarecimento da posição de cada fiador face ao credor, considerando dois momentos. O primeiro momento é o subsequente ao incumprimento do devedor, *rectius*, ao vencimento da obrigação com não cumprimento pelo devedor[48]. O segundo momento é o subsequente à invocação do benefício da divisão.

II. Vejamos o *primeiro momento*. Continuando-nos a socorrer do exemplo em que A é credor de B em 900, sendo C, D e E fiadores, a posição de A face a C, D e E é diferente consoante as fianças tenham sido prestadas isoladamente ou conjuntamente (sem afastamento do benefício da divisão)?

Prima facie, parece que sim: isso significa, no primeiro caso, que A poderia exigir a C, a D ou a E a totalidade da prestação, enquanto que,

---

[46] Cf. o nosso *Assunção fidejussória de dívida*, *cit.*, p. 1119 e ss..

[47] Sobre as origens do *benfitium divisionis* a partir de uma *epistula Hadriani*, cf. MAX KASER, *Direito privado romano*, Fundação Calouste Gulbenkian, 1999, p. 313, D'ORS, *Derecho privado romano*, sétima edição, Ediciones Universidad de Navarra, Pamplona, 1989, p. 503, TALAMANCA, *Fideiussione. Parte storica*, in ED XVII, p. 337 e 338 e DE MARTINO, *Fideiussione. Diritto romano*, in NssDI, VII, p. 274; entre nós, cf., recentemente, SUSANA VIDEIRA, *A fiança no apogeu do Direito Romano*, in "Estudos em honra de Ruy de Albuquerque", Faculdade de Direito da Universidade de Lisboa, II, 2006, p. 883 e ss..

[48] Cf. o nosso *Assunção fidejussória de dívida*, *cit.*, p. 941 e ss..

Pluralidade de Fiadores e Liquidação das Situações Fidejussórias

no segundo caso, só poderia exigir a cada um a parte ou quota correspondente.

Não nos parece, porém, que seja assim. Na verdade, bem ou mal, a lei, na continuação de soluções historicamente fundadas, continua a basear a posição do fiador numa lógica de *benefitium*[49]. Ora, sendo o benefício da divisão um autêntico *benefitium* ou *auxilium*, isso significa que, à partida, enquanto o *benefitium* não é invocado, o credor pode, em qualquer das situações referidas, exigir de qualquer dos fiadores a totalidade da prestação: há, podemos dizer, solidariedade dos fiadores face ao credor, o que quer dizer que, em qualquer dos casos, há sempre, à partida, solidariedade fidejussória[50].

Esta solidariedade desenvolve-se – salienta-se, de novo – num plano não necessariamente coincidente com a posição de cada fiador em relação ao devedor perante o credor: ou seja, conforme já salientámos, é possível que os fiadores gozem do *benefitium excussionis* face ao devedor, caso em que poderão subsidiarizar, através da invocação desse benefício, a respectiva responsabilidade, que funciona, à partida, em termos solidários, face ao credor.

Assim, no exemplo prefigurado, no momento imediatamente subsequente ao vencimento da obrigação com não cumprimento, A pode exigir o pagamento da dívida (900, no caso) quer a B, devedor, quer a C, quer a

---

[49] Cf., quanto ao *benefício da excussão*, o nosso *Assunção fidejussória de dívida*, *cit.*, p. 1162 e ss..

[50] Cf. SALVESTRONI, *La solidarietà fideiussoria*, Cedam, Padova, 1977, pp. 105-106, destacando o facto de, classicamente, os benefícios, associados à fiança (*beneficia excussionis, divisionis* e *cedendarum actionum*) operarem *ope excepcionis*, sendo manifestação de um *favor fideiussoris*; cf. também, quanto à necessidade de o benefício da divisão ter de ser invocado, RAVAZZONI, *Fideiussione (Diritto civile)*, in NssDI VII, p. 285, NATOLI, *Beneficio di divisione, cit.*, p. 100 e distaso, *Beneficio di escussione*, in ED V (1959), p. 107.

Para a teoria das excepções materiais, remete-se, por todos, para MENEZES CORDEIRO, *Tratado de direito civil português*, I/I³, *cit.*, p. 350 e ss.. Na doutrina alemã, cf. JAHR, *Die Einrede des bürgerlichen Rechts*, in JuS 1964, p. 125 e ss., SCHLOSSER, *Selbständige peremptorische Einrede und Gestaltungsrecht im deutchen Zivilrecht*, in JuS 1966, p. 257 e ss. e, sobretudo, HERBERT ROTH, *Die Einrede des bürgerlichen Rechts, cit., passim*; na doutrina italiana, cf., v. g., PUGLIATTI, *Eccezione (Teoria generale)*, in ED XIV (1965), p. 151 e ss. e ORIANI, *Eccezione*, in DgDP-SC VII (1991), p. 262 e ss..

D, quer a E; se, porém, tiver sido convencionado o benefício da excussão, a favor de todos os fiadores, cada um deles, se demandado, poderá subsidiarizar a sua responsabilidade[51], respondendo depois os fiadores pelo saldo, no pressuposto, naturalmente, de que todos eles o invocam ou que a invocação foi feita em termos de aproveitar a todos.

De qualquer modo, *à partida*, gozando os fiadores ou não do *benefitium excussionis*, gozando os fiadores ou não do *benefitium divisionis*, todos respondem solidariamente com o devedor face ao credor[52].

Esta situação mantém-se até à invocação[53] eficaz do *benefitium divisionis*: o fiador, com a respectiva invocação, paralisa a pretensão do credor nos termos em que foi formulada – dirigida à totalidade da prestação – ficando *tendencialmente reduzida ao valor da sua quota*.

Entramos, assim, no *segundo momento*: o momento subsequente à invocação eficaz do benefício da divisão: o credor, para obter a satisfação integral do crédito da parte dos cofiadores, terá de exigir a cada um a parte respectiva[54], à semelhança do regime que existiria se, à partida, as fianças tivessem sido prestadas em parciariedade. Não passa, porém, a haver uma recondução às fianças parciais, uma vez que a situação de solidariedade, bem visível até ao momento da invocação do benefício, não fica resolvida nem caduca: ela mantém-se presente, em estado dormente ou latente[55], conforme o demonstra o facto de, havendo insolvência de um dos co-fiadores[56], cada um dos demais responder proporcionalmente pela quota

---

[51] Cf. o nosso *Assunção fidejussória de dívida*, *cit.*, p. 1168 e ss. e 1172 e ss..

[52] Haverá, então, aquilo a que SALVESTRONI, *La solidarietà fideiussoria*, *cit.*, p. 146, chama – conquanto num quadro normativo bem diverso do nosso – solidariedade de face dupla (*solidarietà a doppia faccia*), para distinguir a solidariedade entre o devedor e os fiadores face ao credor da solidariedade entre os próprios fiadores.

[53] Sobre a caracterização do exercício do *benefitium* – conquanto reportado ao *benefitium excussionis* – como *poder potestativo* e como *excepção material*, cf. o nosso *Assunção fidejussória de dívida*, *cit.*, p. 1179 e ss. e 1186 e ss..

[54] Estamos a pressupor que cada co-fiador é devedor de uma quota; mas isso pode não acontecer: tal como na solidariedade passiva pode haver devedores solidários que, a nível das relações internas, não sejam devedores de qualquer quantia; cf. o nosso *Assunção fidejussória de dívida*, *cit.*, p. 247 e ss..

[55] Lê-se em PIRES DE LIMA / ANTUNES VARELA, *Código civil anotado*, I[4], *cit.*, p. 667: "mantém-se deste regime alguma coisa".

[56] Ao fiador insolvente, o artigo 649/3 equipara aquele que não puder ser demandado, nos termos da alínea *b)* do artigo 640 do CC.

Pluralidade de Fiadores e Liquidação das Situações Fidejussórias   53

daquele fiador. No limite, até pode acontecer que um cofiador que tenha invocado eficazmente o benefício da divisão, venha, a final, perante a insolvência de todos os demais, a responder pela totalidade.

III. Face ao exposto, compreende-se que o fiador que goze do benefício da divisão e que não o invoque, não possa repetir do credor aquilo que tiver prestado para além da sua quota[57]. É que, como vimos, o facto de gozar do *benefitium divisionis*, não lhe retira a qualidade de *devedor fidejussório solidário*.

4. A liquidação das situações fidejussórias

4.1. *A dupla sub-rogação prevista no artigo 650/1 CC*

I. Diversamente do artigo 649 – que trata das relações dos fiadores com o credor – o artigo 650 do CC cura da fase subsequente ao cumprimento por um dos fiadores.

O artigo 650 trata, assim, *hoc sensu*, da *liquidação* das situações de pluralidade de fiadores[58]: trata-se, numa fase em que o credor já satisfez o seu crédito[59], de regular os termos em que o fiador que pagou pode reintegrar, total ou parcialmente, o seu património, com recurso ao património do devedor e ou dos demais fiadores.

Enquanto que na fiança singular, a fase da liquidação da operação de fiança envolve já alguma complexidade, nas situações de pluralidade de fiadores essa complexidade é acrescida[60].

---

[57] Cf. o nosso *Assunção fidejussória de dívida, cit.*, pp. 913-914, nota 736; cf. também VAZ SERRA, *Fiança e figuras análogas, cit.*, pp. 17 e 25-26: "Quando o fiador pague ao credor, sem invocar por erro o benefício da divisão, deve ter o direito de repetir, na medida das quotas dos seus confiadores ? Afirma-se que não porque, com aquele pagamento, não pagou o que não devia, pois devia a totalidade (...)".

[58] Em geral, sobre a fase da liquidação da solidariedade passiva, centrada nas *relações internas* entre os devedores solidários, cf. o nosso *Assunção fidejussória de dívida, cit.*, pp. 247 e ss. e 874 e ss.; sobre a liquidação da operação de fiança, cf. *op. cit.*, p. 903 e ss..

[59] Em geral, sobre as fases da relação fidejussória, cf. BECKER-EBERHARD, *Die Forderungsgebundenheit, cit.*, p. 251 e ss. e o nosso *Assunção fidejussória de dívida, cit.*, p. 394 e ss..

[60] Cf. o nosso *Assunção fidejussória de dívida, cit.*, p. 912 e ss..

54   *Estudos de Direito das Garantias, II*

II. Conforme resulta expressamente do artigo 644 do CC e já resultaria do disposto no artigo 592/1 do mesmo código, o cumprimento pelo fiador tem o efeito automático da sub-rogação – sub-rogação essa que tem lugar na medida em que os direitos do credor tenham sido satisfeitos pelo fiador[61].

A circunstância de o fiador ser, como vimos, um devedor não é contraditória com a sub-rogação, já que o fiador deve uma prestação própria e não a prestação do devedor principal; ora, em relação à prestação do devedor para com o credor, o fiador é um terceiro, a tal não constituindo óbice o facto de a prestação a cargo do fiador ser decalcada *per relationem* da prestação do devedor principal. Assim, a sub-rogação verifica-se no direito do credor contra o devedor[62].

A circunstância da sub-rogação não impede, porém, que o fiador aja contra o devedor em termos de *direito de regresso* quando entre ambos exista uma relação que o justifique, como seja uma relação de mandato[63]: nesse caso, haverá, então, um concurso das posições de fiador sub-rogado na posição de credor e de mandatário. Neste sentido, apesar de não adoptada na redacção do código, podemos dizer que se mantém actual a doutrina correspondente à sugestão do artigo 19/1 do articulado de Vaz Serra: "Entre o fiador e o devedor, há os direitos e as obrigações derivados da relação jurídica existente entre eles"[64]. Este aspecto surge também vincado por Almeida Costa[65] quando escreve que, sem prejuízo da sub-rogação "pode, além disso, caber ao fiador que cumpre a obrigação um direito próprio contra o devedor, derivado de uma relação jurídica entre eles, que tenha servido de base à fiança (ex. um mandato, uma gestão de

---

[61] Cf., quanto ao regime do artigo 592 do CC, cf., v. g., RIBEIRO DE FARIA, *Direito das obrigações*, II, Almedina, Coimbra, 1990, p. 560 e ss., ANTUNES VARELA, *Das obrigações em geral*, II[7], *cit.*, p. 343 e ss. e o nosso *Assunção fidejussória de dívida, cit.*, p. 903 e ss..

[62] Cf. o nosso *Assunção fidejussória de dívida, cit.*, pp. 908-909.

[63] Cf. o nosso *Assunção fidejussória de dívida, cit.*, p. 909. Sobre a "substancial unidade das figuras" da sub-rogação e do regresso no direito italiano, cf. SALVESTRONI, *La solidarietà fideiussoria, cit.*, p. 122 e ss., FRAGALI, *Fideiussione. Diritto privato, cit.*, p. 374 e ss., MAGAZZÙ, *Surrogazione per pagamento, cit.*, p. 1525 e ss., ANDREANI, *Regresso (azione di)* in ED XXXIX (1988), p. 709 e ss., RAVAZZONI, *Regreso*, in NssDI XV (1968), p. 358 e ss. e RUBINO, *Delle obbligazioni. Obbligazioni alternative. Obbligazioni in solido. Obbliogazioni divisibili e indivisibili*, Zanichelli – Il Foro Italiano, 1957, p. 196 e ss..

[64] VAZ SERRA, *Fiança e figuras análogas, cit.*, p. 306.

[65] ALMEIDA COSTA, *Direito das obrigações*[10], *cit.*, p. 899.

Pluralidade de Fiadores e Liquidação das Situações Fidejussórias   55

negócios) ou por se verificarem os pressupostos do enriquecimento sem causa". E ainda: "Só com apoio num destes fundamentos – e nunca como resultado da sub-rogação – será lícito ao fiador, por exemplo, reclamar a indemnização dos danos que lhe tenham sobrevindo por causa do devedor, ou os juros legais pela quantia paga, quando a dívida principal não vencesse juros ou vencesse juros inferiores aos legais".

III. O artigo 650/1 do CC estabelece que, havendo vários fiadores e respondendo, cada um deles, pela totalidade da prestação, aquele que tiver cumprido "fica sub-rogado nos direitos do credor contra o devedor e, de harmonia com as regras das obrigações solidárias contra os outros fiadores".

Almeida Costa[66], apontando a infelicidade da redacção do artigo 650/1, afasta a tese de que o fiador fica sub-rogado nos direitos do credor tanto contra o devedor como contra os outros fiadores, sustentando que "não oferece dúvidas que, em relação a estes últimos, se trata de um simples direito de regresso segundo as normas da solidariedade". Para o mesmo autor[67], há um concurso de sub-rogação contra o devedor e direito de regresso contra os demais fiadores, não estando o fiador que pagou impedido de agir contra o devedor como sub-rogado na posição do credor, mesmo após ter agido contra os seus confiadores, cingindo-se a sub--rogação à parte restante.

Lê-se, por sua vez, em Antunes Varela[68]: "(...) dá-se a circunstância curiosa, mas perfeitamente lógica, de o fiador que cumpra integralmente a obrigação adquirir um duplo direito: por um lado, como fiador *solvens* que é, fica sub-rogado nos direitos do credor sobre o devedor; por outro lado, como co-obrigado solidário que também é, goza do direito de regresso contra os outros fiadores, de acordo com as regras das obrigações solidárias".

É esta mesma ideia que encontramos em Pires de Lima / Antunes Varela[69]: "Aquele que paga fica com dois direitos: fica com o direito de regresso contra os outros fiadores, em harmonia com as regras das obrigações solidárias (artigo 524.º e segs.) e fica, em relação ao devedor, com os direitos do credor, isto é, fica sub-rogado no seu crédito".

---

[66] Almeida Costa, *Direito das obrigações*[10], *cit.*, p. 902, nota 2.
[67] Almeida Costa, *Direito das obrigações*[10], *cit.*, p. 902.
[68] *Das obrigações em geral*, II[7], *cit.*, p. 506.
[69] Pires de Lima / Antunes Varela, *Código civil anotado*, I[4], *cit.*, p. 668.

A posição sustentada por Antunes Varela e por Almeida Costa tem como pano de fundo um outro problema: o da aplicação da sub-rogação legal (artigo 592/1) à solidariedade passiva. A doutrina maioritária, numa solução de régua e esquadro, nega tal solução, em termos que rejeitamos e que não podemos aqui retomar[70].

Conforme já escrevemos noutro local[71], não nos parece que o artigo 650/1 consagre um simples direito de regresso contra os demais fiadores como pretensão alternativa à sub-rogação contra o devedor. No nosso entender, o fiador que paga ao credor adquire, à partida, uma dupla sub--rogação: uma sub-rogação total conta o devedor e, em alternativa, tantas sub-rogações parciais quantos os demais fiadores na medida das quotas determinadas pela especificidade das relações internas entre eles[72].

Esta mesma ideia foi defendida por Vaz Serra[73], já em plena vigência do actual código: "(...) esta remissão para as regras das obrigações solidárias

---

[70] Cf., porém, o nosso *Assunção fidejussória de dívida*, *cit.*, p. 884 e ss.. Num sentido, igualmente não coincidente com a posição de Antunes Varela e de Almeida Costa, conquanto em termos que não coincidem com a posição que adoptamos, cf. CUNHA DE SÁ, *Modalidades das obrigações quanto aos sujeitos*, *cit.*, p. 402: "Estruturalmente, o direito de regresso é o próprio direito de crédito satisfeito por cumprimento, dação em cumprimento, novação, consignação em depósito ou compensação; tal crédito não se extingue; transmite-se, com todas asa garantias e outros acessórios para o condevedor que satisfez o direito do credor e na parte excedente à respectiva quota. Trata-se, numa palavra, de um caso de sub-rogação legal, na medida em que o condevedor está directamente interessado na satisfação do crédito".

[71] In *Assunção fidejussória de dívida*, *cit.*, p. 915.

[72] No caso apreciado pelo Acórdão da RC de 21.02.2006 (CJ, ano XXXI, t. I/2006, p. 32 e ss..), o crédito do credor fora satisfeito por dois dos cinco fiadores. Contudo, a nível do regresso dos fiadores que pagaram contra os demais fiadores, o tribunal considerou que, para efeitos de determinação da quota de responsabilidades dos fiadores, deveria, a nível das relações internas, considerar a existência de três e não de cinco posições. A RC ponderou, como decisivo, o facto de as fianças terem sido prestadas a favor de um banco em função da qualidade de sócios dos fiadores maridos. Ora, havendo três quotas, uma detida por A, casado com B – fiadores que tinham pago a totalidade da dívida – outra por C, casado com D e outra por E, a Relação entendeu que, considerando o regime do artigo 516 do CC, havia, em função das participações sociais, três posições e não cinco, não obstante existirem cinco fianças: "Bem diferentemente, nas relações entre eles (relações internas), terá sempre estado em perspectiva a repartição das responsabilidades assumidas apenas em função das respectivas participações sociais, até porque, a não ser assim, tal redundaria em indiscutível benefício do sócio solteiro, o aqui R. E, sem que fundamento ou razão para tal se antolhe plausível" (*loc. cit.*, p. 38).

Pluralidade de Fiadores e Liquidação das Situações Fidejussórias 57

não se refere apenas à *medida* em que o *solvens* se pode dirigir contra os seus confiadores, mas também ao *princípio* da *sub-rogação* dele nos direitos do credor, como resulta do texto legal".

A remissão para as regras das obrigações solidárias mais não visa que determinar que o fiador sub-rogado não pode exigir dos demais fiadores para além das quotas destes, nos mesmos termos em que o não pode fazer em relação aos demais devedores solidários o devedor que satisfez o crédito[74]: trata-se, em substância de determinar a *medida* das sub-rogações parciais.

Há, de resto, um argumento de peso no sentido exposto: a negação da sub-rogação em relação aos demais fiadores teria o efeito de impedir que esse mesmos fiadores ajam, por sua vez, contra o devedor investidos na qualidade de credores sub-rogados. Na verdade, a limitação da acção contra os demais fiadores aos termos do direito de regresso em sentido estrito, interrompe a "cadeia sub-rogativa", obstando a que os fiadores que satisfaçam o fiador que pagou beneficiem da sub-rogação no crédito do credor satisfeito e, logo, das garantias que acompanhem esse crédito[75].

Assim, se o fiador C paga a A, credor, sendo a dívida de B, devedor, de 900, admitindo que, a nível interno, a dívida de cada fiador é de 300, o que faz sentido é que cada fiador possa ficar em relação ao devedor na mesma posição relativa em que se encontra A: que, tendo, tanto D quanto E pago a C 300, fiquem, em relação a B exactamente na mesma posição em que se encontra C. De outro modo, teríamos a situação injusta de C poder agir contra B ou mesmo contra terceiro garante do crédito, por estar sub-rogado, enquanto que D e E só poderiam agir contra B numa lógica de direito de regresso.

---

[73] In *Anotação ao Acórdão do STJ de 28 de Novembro de 1972*, in RLJ 106, p. 382, em nota. No mesmo sentido, o mesmo autor na *Anotação ao Acórdão do STJ de 11 de Maio de 1971*, in RLJ 105, p. 113: "Esta doutrina está actualmente consignada de modo expresso no artigo 650.° do novo Código Civil, do qual resulta que, sendo solidários os fiadores, o que pagou fica sub-rogado nos direitos do credor contra o devedor principal e fica também sub-rogado, de harmonia com as regras das obrigações solidárias, nos direitos do credor contra os seus confiadores".

[74] Cf. o nosso *Assunção fidejussória de dívida, cit.*, p. 247 e ss..

[75] Sobre o regime do artigo 582 do CC, aplicável à sub-rogação por força do artigo 594, cf. MENEZES LEITÃO, *Cessão de créditos*, Almedina, Coimbra, 2005, p. 324 e ss., ANTUNES VARELA, *Das obrigações em geral*, II[7], *cit.*, p. 323 e ss. e RIBEIRO DE FARIA, *Direito das obrigações*, II, *cit.*, p. 530 e ss. e 568.

IV. De resto, a solução de haver tantas sub-rogações parciais quantos os demais fiadores[76] faz todo o sentido e seria naturalmente aplicável ainda que não existisse a parte final do artigo 650/1: ficando o fiador que pagou sub-rogado na posição do credor contra o devedor, beneficia das garantias do crédito (artigos 584 e 582 do CC) entre as quais se contam as demais fianças. Ora, uma vez que o interesse do credor está satisfeito, gera-se a necessidade de liquidar as situações fidejussórias, sendo o regime natural

---

[76] A tese da sub-rogação surge adoptada no Ac. do STJ de 27.01.2005 (Processo n.º 04B4067, in www.dgsi.pt), mas a exiguidade da argumentação e o facto de, nesse ponto, se limitar a reproduzir um autor, deixa-nos dúvidas sobre a convicção do STJ, neste particular. De qualquer modo, lê-se no sumário o seguinte: "Sendo de solidariedade, num empréstimo bancário, as relações dos fiadores entre si e com a devedora mutuária (artigos 100 e 101 do Código Comercial), o fiador que pagar fica sub-rogado, até ao limite das respectivas quotas, nos direitos do credor contra os seus confiadores (artigo 650, n.º 1, com referência ao artigo 524, ambos do Código Civil)".

No Ac. de 30.12.2002 (Processo n.º 02B2739, in www.dgsi.pt), o STJ tomou uma posição singular: considerou que, havendo uma pluralidade de fiadores solidários, o fiador demandado que tenha pago pode, em regresso, exigir de cada um dos demais co-fiadores a quantia paga ao credor, não estando, assim, limitado a agir contra cada um pela quota respectiva. É certo que, no caso, tinha havido uma vinculação do fiador demandado em regresso, garantindo ao fiador que solveu a dívida perante o credor o pagamento de tudo quanto lhe fosse exigido. Esse compromisso podia, *in casu*, justificar o sentido da decisão. Simplesmente, o STJ colocou aquele compromisso num segundo plano e, em *obiter dictum* e à margem do citado compromisso, interpretou o disposto no artigo 650/1 do CC no sentido de que a circunstância de as fianças serem solidárias permite ao fiador que pagou a totalidade exigir, no âmbito das relações internas, a cada um dos demais fiadores, a totalidade do que pagou ao credor.

Ou seja: o STJ interpretou, a nosso ver sem qualquer fundamento, o facto de os fiadores responderem solidariamente face ao credor para concluir que cada co-fiador é também devedor solidário no âmbito das relações internas, em relação ao fiador que satisfez o credor. É, a este propósito, eloquente a seguinte passagem: "Tenha-se presente que, na hipótese vertente, sem embargo de os seis confiadores se haverem obrigado conjuntamente, e no mesmo acto, o certo é que convencionaram entre si a solidariedade, pelo que cada um deles teria de responder, na qualidade de fiador, pela totalidade do crédito afiançada, nos termos do artigo 512, n.º 1 do CC. Ser-lhe-ia, pois legítimo (ao confiador que honrou o crédito garantido para com o respectivo credor) solicitar, na presente acção, que apenas dois desses confiadores fossem condenados a pagar-lhe (por inteiro ou a respectiva quota-parte na dívida por ele satisfeita), nada o obrigando a fazer em relação a três outros confiadores, atitude selectiva essa para a qual não tinha que invocar quaisquer razões específicas, designadamente uma suposta impossibilidade ou uma simples "difficultas praestandi" da parte dos não demandados".

Pluralidade de Fiadores e Liquidação das Situações Fidejussórias   59

aplicável para a determinação da medida em que cada um dos fiadores deve suportar o efeito do pagamento, precisamente o regime da solidariedade passiva.

A posição exposta é, de resto, aquela que melhor se harmoniza com o regime do artigo 650/4 do CC[77]: a vinculação do subfiador, a inexistir este dispositivo, seria uma consequência directa da sub-rogação; foi para afastar essa consequência, por razões de tutela do subfiador, que o legislador introduziu um desvio à normal aplicação do mecanismo da sub-rogação. Aliás, num quadro de direito de regresso em sentido estrito, o regime do artigo 650/4 seria repetitivo, uma vez que a subfiança, garantindo o fiador face ao credor, caducaria naturalmente se o fiador que pagou não pudesse agir contra os demais fiadores com base no crédito originário[78].

V. A sub-rogação contra o devedor não pode cumular-se com as sub--rogações parciais contra os demais fiadores: a liquidação das situações fidejussórias não pode ser uma fonte de enriquecimento do fiador *solvens*. Por sua vez, o fiador que pagou não tem que obedecer a um ordem: pode exigir o pagamento aos outros fiadores na medida das respectivas quotas e, se não o conseguir, pode "regressar" ao devedor.

Se, entretanto, os demais fiadores satisfizerem o fiador sub-rogado, ficam, por sua vez, sub-rogados, na medida das respectivas quotas – ou seja, nas medidas em que satisfizeram o fiador *solvens* (na relação com o credor) – contra o devedor.

4.2. *O benefício da divisão e a liquidação das situações fidejussórias*

I. O artigo 650/2 do CC tem um âmbito de aplicação claramente delimitado: o das situações de pluralidade de fiadores, em que os fiadores gozam do benefício da divisão.

---

[77] Cf. o nosso *Assunção fidejussória de dívida, cit.*, pp. 915-916.

[78] Sobre a questão do regresso (em sentido amplo) do subfiador que paga ao credor, cf., v. g., TIEDTKE, *Die Regressansprüche des Nachbürgen*, in WM 1976, p. 174 e ss e REINICKE/TIEDTKE, *Bügschaftsrecht²*, *cit.*, p. 135 e ss.; quanto ao retrofiador, cf., v. g., FREESE, *Zum Regress des Rückbürgen*, in NJW 1953, pp. 1092-1093 e REINICKE/TIEDTKE, *Bürgschaftsrecht²*, *cit.*, p. 137.

Conforme vimos, ainda que o co-fiador goze do benefício da divisão, se cumprir face ao credor cumpre bem e não tem direito de repetição. Contudo, a circunstância de o fiador ter podido invocar o benefício da divisão e não o ter feito tem importantes consequências a nível das relações com os demais fiadores. Referimo-nos às relações com os demais fiadores, já que, no que respeita ao devedor, não há qualquer alteração ao regime da sub-rogação resultante do artigo 650/1 do CC, nem há perturbação do direito de regresso que lhe assista contra o mesmo devedor.

Se, porém, os fiadores gozarem do benefício da divisão, a situação é diferente no que tange às relações entre o fiador que pagou e os demais fiadores: diferente em relação ao regime estabelecido no artigo 650/1, válido para os casos em que cada fiador responde pela totalidade da prestação.

II. O artigo 650/2 reporta-se às situações em que o fiador *judicial-mente demandado* cumpra integralmente a obrigação para com o credor ou uma parte superior à sua quota, não invocando o benefício da divisão.

Do disposto no artigo 650/2 resulta claro que, nessas circunstâncias, no que tange às relações com os demais fiadores, o fiador que pagou tem o direito de reclamar dos demais fiadores o que houver pago para além da sua quota, não tendo de demonstrar a insolvência do devedor.

Na prática, resulta do regime do artigo 650/2 que, quando o fiador, judicialmente demandado, não invoca o benefício da divisão, numa situação em que o poderia ter feito, a situação é similar àquela que resulta do artigo 650/1 para os casos em que há vários fiadores e cada um responde pela totalidade da prestação. E o regime é similar porque, como vimos, o bene-fício da divisão corporiza um mero *benefitium*, que só opera *ope excepcionis*, não tendo, assim, a virtualidade de transformar *ope legis* as fianças em causa em fianças parciais.

Em suma: o fiador judicialmente demandado que não invoque o benefício da divisão quando o poderia fazer e pague para além da sua quota, fica sub-rogado nos direitos do credor contra o devedor e ainda, em termos de sub-rogações parciais, contra os demais fiadores. O mesmo fiador poderá, porém, optar por exercer direito de regresso contra os demais fiadores, na proporção das quotas respectivas – aspecto de regime este que marca a especialidade das situações de co-fianças, face às situações de pluralidade de fianças prestadas isoladamente.

O direito de "reclamação" dos demais fiadores em proporção das respectivas quotas não é prejudicado pelo facto de o devedor se encontrar, eventualmente, insolvente. Compreende-se a razão de ser da lei: o fiador demandado judicialmente terá pretendido, ainda que se não tenha concertado previamente com os demais fiadores, conforme seria seu dever, satisfazer o credor e paralisar o procedimento judicial por este movido – consequência que, em princípio, se mostrará favorável também aos demais fiadores.

Justifica-se, assim, que o fiador *solvens* não tenha de suportar sozinho as agruras da prévia excussão do património do devedor, uma vez que a prestação das fianças, em termos de co-fianças, teve na sua base um interesse comum aos vários fiadores.

O regime do artigo 650/2 não é, porém, imperativo: nada impede que, a nível das relações entre os co-fiadores, tenha ficado estabelecido que, pagando algum para além da medida da sua quota – isto é, sem invocar o benefício da divisão – teria que excutir previamente o património do devedor.

Perguntar-se-á, agora, qual é o regime aplicável na situação – seguramente de rara verificação – em que as fianças tenham sido prestadas conjuntamente, em termos de cada fiador gozar do *benefitium excussionis* e do *benefitium divisionis. Quid juris*, se o fiador demandado não invoca nenhum dos benefícios? A situação é bem mais grave para os demais fiadores que, então, poderão invocar face ao fiador *solvens*, o benefício da excussão que poderiam invocar, se accionados, contra o credor.

As soluções da lei já são, porém, diferentes quando o fiador cumpra, não na sequência de uma demanda judicial mas voluntariamente.

III. De acordo com o artigo 650/3 do CC, se o fiador, podendo usar o benefício da divisão, cumprir voluntariamente a obrigação, nas condições previstas no artigo 650/2 – ou seja, integralmente ou para além da sua quota – o seu regresso contra os outros fiadores só é admitido após a excussão de todos os bens do devedor.

Segundo Pires de Lima / Antunes Varela[79], a lei consagra aqui um benefício da excussão entre os fiadores. Não nos parece, porém, que seja esse o caso; a lei não se limita a atribuir aos demais fiadores um benefício de excussão: ela vai mais longe e consagra a responsabilidade subsidiária dos demais fiadores em relação ao devedor[80], o que quer dizer que um

---

[79] *Código civil anotado*, I[4], *cit.*, p. 669.

[80] Sobre o conceito de responsabilidade subsidiária e o enquadramento do caso do fiador simples, cf. o nosso *Assunção fidejussória de dívida, cit.*, p. 964 e ss..

dos requisitos da acção contra os demais fiadores é a excussão prévia de todos os bens do devedor, requisito esse que cabe ao credor demonstrar. Ora, essa é uma situação claramente diferente da que existe quando há benefício da excussão, situação esta em que o fiador goza do poder de subsidiarizar a sua responsabilidade – responsabilidade essa que, até aí, funciona no mesmo plano, em termos de solidariedade (fidejussória)[81].

Qual é, então, a posição do fiador que paga, em relação ao devedor e aos demais fiadores? O fiador que cumpre voluntariamente, fica sub-rogado em relação ao devedor pela totalidade e em relação aos demais fiadores na medida ditada pela aplicação do regime das obrigações solidárias, isto é, na medida das respectivas quotas; porém, só pode agir contra estes últimos, quer em termos de sub-rogação quer em termos de regresso, após a excussão do património do devedor.

O legislador pretendeu evitar que a acção isolada de um fiador pudesse prejudicar os demais, precipitando a efectivação das respectivas responsabilidades, sendo evidente que cada fiador não está impedido de solver a sua própria quota, oferecendo-a ao credor – situação que equivalerá, substancialmente, à invocação do benefício da divisão. O que já não faz sentido é que, numa situação em que não há a pressão e a contingência de uma demanda judicial, um dos fiadores pudesse, ainda que de boa fé, criar uma situação em que os demais fiadores tivessem de responder face ao fiador *solvens*, quando este se pode satisfazer à custa do património do devedor.

5. A incompletude do regime dos artigos 649 e 650 para regular a pluralidade de situações de pluralidade de fianças

I. Tendo presente as situações, acima focadas (ponto 2.2), de pluralidade de fiadores em parciariedade, forçoso é reconhecer que as mesmas não estão especificamente contempladas no regime dos artigos 649 e 650 do CC.

Com maior evidência, podemos dizer que estão igualmente afastadas do âmbito de previsão dos artigos 649 e 650 do CC as raras situações de pluralidade de fianças em conjunção, tal como as caracterizámos supra (ponto 2.3).

---

[81] Cf. o nosso *Assunção fidejussória de dívida, cit.,* p. 1172 e ss..

Fora da contemplação do legislador estão também as situações de pluralidade de fianças relativas a diversas prestações periódicas, as quais, constituindo também, tal qual as que são prestadas em parciariedade, fianças parciais, não se reconduzem às situações de parciariedade. Um exemplo – que encontramos em Bülow[82], com referência à *Teilbürgschaft* – é aquele em que cada fiador garante o pagamento de uma prestação específica de capital e juros num empréstimo bancário: cada fiador garante a "sua" própria prestação, sendo a respectiva fiança autónoma em relação às demais. Não obstante, as situações de patologia geradas por um incumprimento de uma prestação e eventual exigibilidade ou vencimento antecipados, geram dificuldades especiais, que não cabe aqui apreciar, *maxime* quando a prestação das várias fianças decorra de um "projecto" comum aos vários fiadores.

Também merecedoras de uma atenção especial, que também não encetamos neste estudo, são as situações de concurso de fianças de limite máximo, situações às quais (*Mehrheit von Höchstbetragsbürgen*) a doutrina alemã tem dado algum relevo[83].

II. A situação que mais se aproxima das fianças em parciariedade é a do artigo 649/2. Contudo, parece-nos que não podemos confundir os casos em que, à partida, *ab ovo*, cada um dos fiadores responde apenas por uma parte delimitada da dívida com aquelas em que os fiadores, respondem, *ab ovo*, pela totalidade, podendo, porém, circunscrever potestativamente a sua responsabilidade face ao fiador, através da invocação eficaz do benefício da divisão.

No pressuposto de que os artigos 649 e 650 CC não curam directamente das fianças em parciariedade, podemo-nos, agora, questionar sobre o que é que acontece nas seguintes duas situações que trazem ao de cima a especificidades dessas situações de pluralidade:

---

[82] *Recht der Kreditsicherheiten*[6], cit., p. 315.

[83] Cf., v. g., LARENZ / CANARIS, *Lehrbuch des Schuldrechts*, II/2[13], cit., p. 20, BÜLOW, *Recht der Kreditsicherheiten*[6], cit., pp. 315-316, REINICKE / TIDTKE, *Bürgschaftsrecht*[2], cit., p. 129 e ss., WEITZEL, *Höchsbetragsbürgschaft und Gesamtschuld*, in JZ, 1985, p. 824 e ss., BAYER, *Der Ausgleich zwischen Höchstbetragsbürgen*, in ZIP 1990, p. 1523 e ss, e SCHWEDHELM, *Das Gesamtschuldverhältnis. Entstehung – Wirkung – Ausgleich*, E. Schmidt Verlag, Berlin, 2003, p. 206. Em geral, continua a ter interesse o estudo de BACHER, *Ausgleichansprüche zwischen mehreren Sicherern einer frendem Schuld*, Bank Verlag, Wien, 1994, *passim*.

a) A *primeira situação* é aquela em que o fiador paga para além da sua dívida fidejussória (o limite é 300 e ele paga 500);

b) A *segunda situação* é aquela em que o fiador responde nos limites da fiança prestada, suscitando-se a questão da sua relação com os demais fiadores em parciariedade que não foram chamados a cumprir.

Analisemos a *primeira situação*. Se o fiador o é até ao limite de 300 e, apesar dessa limitação, paga 500 ao credor, teremos de cindir a sua posição: até ao limite da fiança, ele actua como fiador[84], ficando, consequentemente, parcialmente sub-rogado na posição do credor, relativamente ao devedor, nos termos do artigo 644 do CC. Já quanto à parte excedente, haverá que apurar em que termos ou a que título actuou o pagador[85]: actuando como terceiro não interessado, não beneficiará, obviamente, da sub-rogação legal prevista no artigo 644 CC, por não ser fiador nessa parte, nem beneficiará, sequer, da previsão de sub-rogação legal prevista, mais amplamente, no artigo 592/1 do CC[86]. O regime aplicável será, então, consoante os casos, o do artigo 476 ou o do artigo 477, ambos do CC[87].

Pode, porém, acontecer que o pagamento pelo fiador para além dos termos da sua vinculação fidejussória, resulte, por exemplo[88], de um mandato sem representação ou, então, que haja, nessa parte, *animus donandi*, pretendendo beneficiar o devedor ou mesmo, porventura, um outro fiador, a quem, de outro modo, o credor iria exigir o pagamento. Em qualquer dos casos, o tratamento a dar será o que resultar da situação jurídica concreta.

---

[84] É esse o pressuposto da nossa análise, já que essa corresponderá à situação usual. Claro que nada impedirá que o sujeito fiador intervenha não como tal mas como terceiro não interessado ou como terceiro interessado a título diverso da fiança; cf. o nosso *Assunção fidejussória de dívida, cit.,* p. 139. No Ac. da RC de 21.02.2006 (CJ, ano XXXI, t. I/2006, p. 32 e ss.) esteve em discussão a questão de saber se a entrega de uma quantia por um sócio que era fiador consubstanciava um pagamento ou, antes, um suprimento à sociedade.

[85] Cf. GALVÃO TELLES, *Direito das obrigações*[7], *cit.,* p. 231 e ss..

[86] Cf. GALVÃO TELLES, *Direito das obrigações*[7], *cit.,* p. 286 e ss., ANTUNES VARELA, *Das obrigações em geral,* II[7], *cit.,* p. 343 e ss. e o nosso *Assunção fidejussória de dívida, cit.,* p. 884 e ss..

[87] Cf., por todos, MENEZES LEITÃO, *Direito das obrigações,* I[5], *cit.,* p. 401 e ss..

[88] Cf., v. g., GALVÃO TELLES, *Direito das obrigações*[7], *cit.,* p. 233.

Pluralidade de Fiadores e Liquidação das Situações Fidejussórias 65

A *segunda situação* acima identificada só se coloca, verdadeiramente, se o fiador, ao pagar ao credor, dentro dos limites da sua própria vinculação, libertar os demais fiadores parciários da dívida nas relações directas com o credor. Continuando-nos a socorrer do exemplo acima configurado, se o credor tem o seu crédito limitado a 300, por ter conseguido os restantes 600 em execução prévia contra o devedor, e exige o pagamento desse montante ao fiador C, quando o poderia ter exigido ao fiador D ou ao fiador E, é de questionar se C terá de suportar, sozinho, o sacrifício económico correspondente a esse pagamento ou se o poderá repartir pelos demais fiadores.

A resposta a esta questão passa, no nosso entender, pelo regime da *sub-rogação* consagrada no artigo 644 do CC: o fiador que pagou fica sub-rogado na posição do credor, posição essa que beneficia das garantias de fiança prestadas por D e E, contra os quais fica parcialmente sub-rogado. Ora, sendo assim, encontramos uma situação em tudo semelhante àquela que se encontra disciplinada no artigo 650/1 CC, em que cada um dos fiadores responde, à partida, pela parte da prestação ainda devida – de certo modo, pela "totalidade da prestação sobrante" – já que o credor podia, à partida, ainda no exemplo prefigurado, exigir a qualquer dos fiadores os 300 em falta[89].

Estamos, assim, na realidade, perante uma situação semelhante àquela que se encontra disciplinada no artigo 650/1 CC, que será aplicável ao caso por identidade de razão. Assim C, estando impossibilitado de exigir ao devedor os 300 que pagou ao credor, pelo facto de o património daquele já ter sido excutido, poderá exigir 100 a cada um dos demais fiadores parciais. Nada impede, porém, C de exigir 100 a cada um dos outros fiadores, como credor sub-rogado, antes mesmo de constatar a insuficiência económica do devedor.

Faculdade de Direito da Universidade de Lisboa, Fevereiro de 2007.

---

[89] O regime seria, naturalmente, diverso se, por interpretação das fianças prestadas, concluíssemos que a redução da dívida a 300 implicava a redução de cada uma das fianças parciais a 100.

A FIANÇA DO ARRENDATÁRIO FACE AO NRAU[*]

SUMÁRIO: 1. Introdução. 2. Os regimes dos artigos 654 e 655 do CC: uma relação geral-especial? 3. O regime do artigo 655 CC. 4. As situações fidejussórias relativas a arrendamentos anteriores, face às "Normas Transitórias" da Lei 6/2006. 5. A fiança do arrendatário em arrendamento de duração indeterminada. 5.1. A fiança do arrendatário e o regime da denúncia pelo arrendatário. 5.2. A fiança do arrendatário e o regime da denúncia pelo senhorio. 5.3. A fiança do arrendatário em arrendamento de duração indeterminada e o regime (a um tempo geral e especial) do artigo 654 do CC. 6. A fiança de arrendatário de arrendamento com prazo certo. 6.1. O regime da oposição à renovação pelo senhorio e pelo arrendatário. 6.2. Fiança do arrendatário e o regime da oposição à renovação. 6.3. Fiança do arrendatário e o regime da denúncia pelo arrendatário. 7. Algumas situações específicas. 7.1. O destino da fiança no caso de trespasse. 7.2. O destino da fiança no caso de morte do arrendatário. 7.3. Agravamento da situação patrimonial do devedor.

1. Introdução[1]

I. O artigo 655 do CC foi revogado pelo artigo 2 da Lei 6/2006, de 27 de Fevereiro, diploma que, entre outras medidas, aprovou o

---

[*] Inserido nos "Estudos em Honra do Professor Doutor José de Oliveira Ascensão", II vol., Almedina, Coimbra, 2008.

[1] Principais abreviaturas utilizadas: AAFDL=Associação Académica da Faculdade de direito de Lisboa; AUJ=Acórdão de Uniformização de Jurisprudência; BFD=Boletim da Faculdade de Direito (Coimbra); BMJ=Boletim do Ministério da Justiça; CC=Código Civil; CDP=Cadernos de Direito Privado; DL=Decreto-Lei; EDC=Estudos de Direito do

NRAU[2]. Como é sabido, o artigo 655 integrava-se na Secção que contém a disciplina da fiança, sendo pacífico – desde logo em função dos dizeres da epígrafe do artigo – que esta disposição visava disciplinar o regime da *fiança do locatário*, e não apenas, especificamente, o regime da fiança do arrendatário.

Por sua vez, dentro da matéria do arrendamento (artigo 1023 do CC)[3], o artigo 655 tinha um âmbito de aplicação geral, não se confinando ao arrendamento urbano.

Resultavam, igualmente, evidentes da letra do artigo 655 CC as seguintes ilações:

a) O artigo 655 disciplinava apenas a garantia de cumprimento das obrigações do locatário que se corporizasse numa fiança;

b) O artigo 655 não continha qualquer disciplina de garantia de cumprimento das obrigações do locador.

Em face destas ilações, parece poder concluir-se que:

a) O locatário, incluindo, portanto, o arrendatário, podia garantir o cumprimento das obrigações a seu cargo através de outras garantias, nos termos gerais de direito;

Consumidor; ee=em especial; NRAU=Novo Regime do Arrendamento Urbano; PMC=Projecto Menezes Cordeiro (Projecto do Regime dos Novos Arrendamentos Urbanos, publicado na revista "O Direito", ano 136.º, 2004, II-III, pp. 467-493); RAU=Regime do Arrendamento Urbano, aprovado pelo DL 321-B/90, de 15 de Outubro; RDE=Revista de Direito e Economia; RFDUL=Revista da Faculdade de Direito da Universidade de Lisboa; RFDUP=Revista da Faculdade de Direito da Universidade do Porto; RL=Relação de Lisboa; RLJ=Revista de Legislação e de Jurisprudência; ROA=Revista da Ordem dos Advogados; RP=Relação do Porto; RT=Revista dos Tribunais; SI=Scientia Iuridica; ss.=seguintes; STJ=Supremo Tribunal de Justiça; TJ=Tribuna da Justiça.

[2] O NRAU tem sido por vezes identificado como sinónimo do conjunto das disposições que integram a Lei 6/2006. Não é, porém, assim, conforme resulta patente do sumário do diploma e ainda do seu artigo 1: em rigor, o NRAU corresponde apenas ao conjunto de disposições que integram o Título I da Lei 6/2006, integrando, assim, as matérias dos artigos 1 a 25, inclusive.

[3] Cf., sobre as modalidades do arrendamento predial, com referência ao período imediatamente anterior ao RAU, v. g., PEREIRA COELHO, *Arrendamento. Direito substantivo e processual*, Coimbra, 1988, p. 40 e ss.; para o regime estabelecido pelo NRAU, cf., por todos, PINTO FURTADO, *Manual do arrendamento urbano*, I, 4.ª ed., Almedina, Coimbra, 2007, p. 112 e ss. e 281 e ss..

b) A garantia de cumprimento das obrigações do locador podia efectivar-se por qualquer meio em direito permitido.

II. O artigo 655 resistiu 40 anos sem que alguma vez tivesse sido alterada a sua redacção inicial, apesar das grandes perturbações ocorridas no regime do arrendamento, sobretudo no arrendamento urbano.

O caso é interessante por duas razões. A primeira decorre do facto de a disciplina constante do artigo 655 CC ter sido moldada em função do regime do arrendamento e não, em geral, em atenção ao regime geral da locação[4]. Esta circunstância, bem evidente na redacção do n.º 2 – onde o legislador se "esquecia" literalmente do *aluguer* e se centrava na *renda* – evidenciava já alguma inadaptação do regime do artigo 655, enquanto regime geral locativo.

A segunda razão decorre do facto de o regime quinquenal de actualização de rendas que estava, aparentemente[5], presente – como quadro de fundo – no regime do artigo 655, ter desaparecido[6], sem que, alguma vez, tivesse sido modificado o regime da fiança do arrendatário.

---

[4] Cf. o nosso *Assunção fidejussória de dívida. Sobre o sentido e o âmbito da vinculação como fiador*, Almedina, Coimbra, p. 310 e ss.. Isso é, aliás, evidente nos trabalhos preparatórios, destacando-se aqui o estudo fundamental de VAZ SERRA, *Fiança e figuras análogas*, Lisboa, 1957 (Separata do BMJ n.º 71), p. 247 e ss. e o importante contributo de AMÉRICO DA SILVA CARVALHO, *Extinção da fiança*, Lisboa, 1959, p. 199 e ss.. GRAVATO MORAIS, *Fiador do locatário*, in SI 2007, pp. 89-90, acentua o âmbito de aplicação do artigo 655 do CC a toda a locação, reconhecendo, porém, que o mesmo encontrava a sua "forte expressão" na matéria arrendatícia; o mesmo autor equaciona ainda a extensão do regime do artigo 655 do CC a outros negócios, tais como a locação financeira, a locação operacional e o *renting*.

[5] Não é, porém, seguro que o legislador se tenha pautado, na disciplina do artigo 655, pelo regime quinquenal de actualização de rendas. Na verdade, o prazo de cinco anos surge, no regime do arrendamento urbano, como referência supletiva para a "suportação" da fiança, quer a nível externo – das relações do fiador com o credor (artigos 654 e 655/2) – quer a nível interno – das relações do fiador com o devedor [artigo 648, alínea *e*)]; para o enquadramento das relações externa e interna na complexa operação de fiança, cf. o nosso *Assunção fidejussória de dívida, cit.*, p. 360 e ss..

[6] Cf. os nossos *Arrendamentos comerciais*, 2.ª ed., Almedina, Coimbra, 1991, p. 95 e ss. e *Arrendamentos para habitação*, 2.ª ed., Almedina, Coimbra, 1996, p. 99 e ss.. Sobre o sistema de actualização de rendas em vigor imediatamente antes do RAU, cf., v. g., PEREIRA COELHO, *Arrendamento, cit.*, p. 158 e ss. e MÁRIO FROTA, *Arrendamento urbano comentado e anotado*, Coimbra Editora, Coimbra, 1987, p. 428 e ss.; para o sistema em vigor no domínio do RAU, cf., v. g., PAIS DE SOUSA, *Anotações ao Regime do Arrendamento Urbano (RAU)*, 6.ª ed., Rei dos Livros, Lisboa, 2001, p. 130 e ss..

70   *Estudos de Direito das Garantias, II*

Ora, esta última situação originou dificuldades interpretativas sentidas pela doutrina e jurisprudência, centradas, designadamente, no tempo de vinculação do fiador[7].

Podemos dizer que, de certa forma, o legislador de 2006 veio assumir que as preocupações centradas no regime especial do artigo 655 do CC eram fundamentalmente arrendatícias e, dentro destas, *arrendatícias urbanas*, já que a revogação do artigo 655 deixa sem regime fidejussório específico quer a locação em geral quer também os arrendamentos de prédios rústicos sujeitos a regimes especiais[8] – para usarmos a designação que resulta, *a contrario*, do artigo 1108 do CC – já que não havia dúvidas de que o regime do artigo 655 era também aplicável aos arrendamentos rurais e florestais.

O Projecto de Menezes Cordeiro[9] não ia tão longe, uma vez que não "sacrificava" o artigo 655 do CC, sem, no entanto, deixar de prever (no artigo 1074/2 do PMC) um regime específico para os arrendamentos de prédios urbanos, regime este que viria a influenciar o regime actualmente consagrado no artigo 1076/2 do CC.

III. O artigo 1076/2 do CC vem agora estabelecer que "as partes podem caucionar, por qualquer das formas legalmente previstas, o cumprimento das obrigações respectivas".

O artigo 1076/2 inspira-se claramente na redacção do artigo 1074/2 do PMC[10], mas altera-a, sendo tarefa da doutrina e da jurisprudência medir

---

[7] Cf. o nosso *Assunção fidejussória de dívida, cit.*, p. 310 e ss. e Gravato Morais, *Fiador do locatário, cit.*, p. 91 e ss..

[8] Na doutrina recente, Almeida Costa, *Direito das obrigações*, 10.ª ed., Almedina, Coimbra, 2006, p. 905, nota 1, mostra-se crítico em relação à revogação do artigo 655, preceito esse que "disciplinava, de forma razoável, os limites temporais da fiança pelas obrigações do locatário". Segundo o autor, o afastamento do regime supletivo constante do artigo 655 "pode entravar ou dificultar a utilização muito frequente de tal garantia".

[9] Publicado em "O Direito", ano 136.º, 2004, II-III, pp. 467 e ss..

[10] A epígrafe do artigo 1074 do PMC ("Antecipação de rendas e caução") era claramente mais completa do que a do artigo 1076 do CC ("Antecipação de rendas"), limitando-se esta última a dar nota do conteúdo do artigo 1076/1, esquecendo o do artigo 1076/2; confrontando o regime do actual artigo 1076/2 do CC com o do artigo 1074/2 do PMC, cf. Romano Martinez, *Celebração e execução do contrato de arrendamento segundo o Novo Regime do Arrendamento Urbano (NRAU)*, in "O Direito", ano 137 (2005), II, p. 353 e *Celebração e execução do contrato de arrendamento segundo o Regime dos Novos Arrendamento Urbanos*, in "O Direito", ano 136 (2004), II-III, p. 285. Já sobre o regime do artigo 1076/1 do CC,

A Fiança do Arrendatário Face ao NRAU   71

o respectivo significado. Na verdade, o artigo 1074/2 do PMC sugeria a seguinte redacção: "As partes podem caucionar, por qualquer das formas previstas em Direito, o cumprimento das obrigações respectivas".

Conforme resulta do confronto de redacções, aparentemente, o legislador de 2006 quis limitar o âmbito de cauções possíveis, que resultariam da redacção mais generosa do artigo 1074/2 do PMC. Resta, porém, saber se a diversidade de redacção se traduz numa real diferença de regime.

É certo que há formas de garantia "previstas em Direito" que não são "legalmente previstas". Um exemplo claro será o da garantia bancária autónoma, que se apresenta como uma figura legalmente atípica, apesar de socialmente típica[11]: esse constitui um caso de garantia "admitida em Direito", apesar de não haver um tipo legal de garantia bancária autónoma ou automática. Já o seguro-caução – *rectius*, seguro de caução – constitui uma forma legalmente prevista de prestar caução, conforme decorre do artigo 6 do DL 183/88, de 24 de Maio[12].

---

pode ver-se Paulo Nascimento, *O incumprimento da obrigação do pagamento da renda ao abrigo do novo regime jurídico do arrendamento urbano. Resolução do contrato e acção de cumprimento*, in "Homenagem da Faculdade de Direito de Lisboa ao Professor Doutor Inocêncio Galvão Telles – 90 anos", Almedina, Coimbra, 2007, pp. 1002-1003.

[11] Cf., por todos, Galvão Telles, *Garantia bancária autónoma*, in "O Direito", ano 120 (1988), p. 280 e ss., Ferrer Correia, *Notas para o estudo do contrato de garantia bancária*, RDE VIII (1992), p. 247 e ss., Menezes Cordeiro, *Manual de direito bancário*, 3.ª ed., Almedina, Coimbra, 2006, p. 636 e ss., Romano Martinez, *Garantias bancárias*, in "Estudos em Homenagem ao Prof. Doutor Inocêncio Galvão Telles", II. "Direito Bancário", Almedina, Coimbra, 2002, p. 265 e ss., Menezes Leitão, *Garantia das obrigações*, Almedina, Coimbra, 2006, p. 147 e ss., Sequeira Ribeiro, *Garantia bancária autónoma à primeira solicitação*, in "Estudos em Homenagem ao Prof. Doutor Inocêncio Galvão Telles", II. "Direito Bancário", Almedina, Coimbra, 2002, p. 289 e ss., Mónica Jardim, *A garantia autónoma*, Almedina, Coimbra, 2002, p. 13 e ss.; e, ainda, o nosso *A fiança no quadro das garantias pessoais*, in "Estudos de Direito das Garantias", Vol. I, Almedina, Coimbra, 2004, p. 13 e ss., onde pode consultar-se outra bibliografia nacional e estrangeira.

[12] Sobre a figura do seguro-caução, pode ver-se, recentemente, conquanto com referência ao regime anterior ao DL 31/2007, de 14 de Fevereiro, Menezes Cordeiro, *Manual de Direito bancário*[3], *cit.*, p. 645 e ss., Menezes Leitão, *Garantias das obrigações*, *cit.*, p. 114 e ss. e José Alves de Brito, *Seguro-caução. Primeiras considerações sobre o seu regime e natureza jurídica*, in "Estudos em memória do Professor Doutor José Dias Marques", Almedina, Coimbra, 2007, p. 387 e ss.; cf. também o nosso *Assunção fidejussória de dívida*, *cit.*, pp. 76-77, nota 291.

Tratando-se de *prestação de caução*, figura regulada a partir do artigo 623 do CC[13], a mesma será, em princípio, possível através da prestação de qualquer forma de garantia especial, tanto mais que a situação da *caução pelo arrendatário* – assim como, de resto, pelo senhorio – cabe na previsão do artigo 624/1 do CC, que permite a prestação da caução "por qualquer garantia, real ou pessoal".

Na verdade, estamos perante uma situação de "caução resultante de negócio jurídico" (epígrafe do artigo 624 do CC) e não perante uma "caução imposta ou autorizada por lei" (epígrafe do artigo 623 do CC), caso em que a caução teria que ser prestada por uma das modalidades previstas no artigo 623/1 do CC[14]. Contra esta conclusão não pode, cremos, esgrimir-se com o argumento, que seria puramente literal, de que a previsão constante do artigo 1076/2 do CC alteraria a natureza da caução, que passaria a ser "autorizada por lei", ficando, assim, *ipso facto*, limitada aos termos do artigo 623/1 do CC. No nosso entender, o teor do artigo 1076/2 do CC – tal como o do artigo 1074/2 do PMC – só se explica por razões de algum modo pedagógicas, atento o facto de o artigo 655 do CC – única disposição centrada no cumprimento das obrigações do locatário – ter sido objecto de revogação[15].

Assim, nada obstará a que a caução pelo arrendatário seja prestada através de uma garantia bancária autónoma ou mesmo automática ou por um seguro-caução, para além, naturalmente, das modalidades de garantias clássicas, pessoais ou reais, reguladas no CC.

IV. Perguntar-se-á se o regime que ressalta do artigo 1076/2 é diferente do regime anterior e, no caso afirmativo, em que medida. Há, desde logo, uma importante diferença de âmbito a assinalar: enquanto que o artigo 655 tinha aplicação a toda a locação, o artigo 1076/2 do CC tem aplicação

---

[13] Cf. o nosso *Assunção fidejussória de dívida*, *cit.*, pp. 44-45, nota 166; cf. também ALMEIDA COSTA, *Direito das obrigações*[10], *cit.*, p. 884 e ss., ROMANO MARTINEZ / FUZETA DA PONTE, *Garantias de cumprimento*, 5.ª ed., Almedina, Coimbra, 2006, p. 73 e ss. e MENEZES LEITÃO, *Garantias das obrigações*, *cit.*, p. 114 e ss..

[14] Cf., a propósito, MENEZES CORDEIRO, *Manual de Direito bancário*[3], *cit.*, p. 646 e ainda PIRES DE LIMA / ANTUNES VARELA, *Código civil anotado*, I, 4.ª ed., Coimbra Editora, Coimbra, 1987, p. 641.

[15] Contudo, como vimos acima, o artigo 655 do CC não obstava a que a garantia de cumprimento das obrigações do locatário se processasse por via diversa da fiança.

A Fiança do Arrendatário Face ao NRAU 73

circunscrita aos arrendamentos de prédios urbanos – *rectius*, aos arrendamentos regulados a partir do artigo 1064 do mesmo CC.

Assim, a bem ver, deixando de haver previsão para a locação em geral, o regime aplicável ao aluguer acaba, aparentemente, por coincidir com o regime previsto para o arrendamento urbano no artigo 1076/2. Na verdade, não estabelecendo a lei qualquer regime específico, neste particular, valerá, quanto ao cumprimento das obrigações das partes no contrato de locação o regime geral do Direito das Obrigações, regime esse que é, afinal, aquele que se encontra plasmado no artigo 1076/2 para o arrendamento urbano. Esta é, no entanto, uma conclusão *prima facie*, que deve ser testada em função dos específicos regimes do aluguer e do arrendamento.

Perguntar-se-á, agora, especificamente, se, no que tange ao arrendamento urbano, há diferenças de regime entre o que constava do artigo 655 CC e aquele que resulta do artigo 1076/2.

Há que distinguir:

a) No que tange à garantia de cumprimento das obrigações do senhorio, não há nenhuma diferença, já que, não curando o artigo 655 de tais situações, era-lhes, então, aplicável o regime geral das obrigações – regime esse que, agora, se encontra expresso no artigo 1076/2.

b) No que respeita à garantia de cumprimento das obrigações do arrendatário, quando prestada por fiança, deixa de haver o regime específico corporizado no artigo 655, o que significa que a fiança do arrendatário segue o regime geral da fiança, articulado com o novo regime do arrendamento, havendo, neste particular, conforme veremos adiante, de ponderar a aplicação do regime do artigo 654 do CC.

c) No que tange à garantia de cumprimento das obrigações do arrendatário, quando prestada por via diversa de fiança, a mesma não estava contemplada no regime específico do artigo 655, razão pela qual se lhe aplicava o regime geral das garantias, sem prejuízo da eventual necessidade de deverem ser tidas em conta as limitações daquela disposição, *maxime* quando as garantias prestadas fossem garantias pessoais não fidejussórias – ou seja, não acessórias[16] – prestadas por não profissionais. Face ao artigo 1076/2, a prestação

---

[16] Cf. O nosso *A fiança no quadro das garantias pessoais, cit.*, p. 12 e ss..

de garantia pessoal não fidejussória – ou seja, autónoma – segue o regime geral aplicável a essas garantias socialmente típicas, o que não significa, porém, no nosso entender, que não devam ser estabelecidos limites, designadamente em função da qualidade do garante, consoante seja um "particular" ou um "profissional".

V. Nestas páginas, vamo-nos centrar na fiança do arrendatário, prestada ao abrigo do novo regime, ou seja, ao abrigo do artigo 1076/2 do CC[17].

Antes disso, revisitamos o regime do artigo 655 CC, regime esse que, pese embora a revogação operada pelo artigo 2 da Lei 6/2006, continua a ter inteira aplicação às fianças constituídas no seu domínio de aplicação. Curaremos, neste quadro, de analisar as repercussões do regime transitório da Lei 6/2006 (artigos 26 e 27 e seguintes) sobre as situações fidejussórias anteriores.

A análise do regime do artigo 655 impõe, porém, que, previamente, estabeleçamos uma relação entre o sobrevivente regime do artigo 654 do CC e o do artigo 655, análise essa centrada, naturalmente, no tempo em que as duas disposições estavam em vigor. Fora desse tempo, ou seja, já após a revogação do artigo 655 do CC, é forçoso responder-se à seguinte questão: o artigo 654 do CC "substitui" o artigo 655, já não enquanto disposição específica da fiança do locatário, mas enquanto disposição fidejussória vocacionada para resolver problemas fidejussórios em cujo *género* se enquadra a situação *específica* da fiança do arrendatário?

---

[17] Não consideramos aqui eventuais regimes especiais, como seja, v. g., o que possa decorrer da consideração do arrendatário como consumidor, face à Lei de Defesa do Consumidor (cf. ARAGÃO SEIA, *A defesa do consumidor e o arrendamento urbano*, in EDC 4 – 2002, p. 25 e ss.) ou o da fiança de arrendamento celebrado à distância, nos termos do regime dos contratos à distância, regulado no Decreto-Lei n.º 143/2001, de 26 de Abril [cf. alínea *d*) do artigo 3/1]; em geral, sobre a questão da beneficiação, pelo fiador, de um "cooling-off period", cf. o nosso *Assunção fidejussória de dívida, cit.*, p. 750 e ss.; não consideramos também as especificidades que possam advir do regime das cláusulas contratuais gerais.

2. Os regimes dos artigos 654 e 655 do CC: uma relação geral-especial?

I. Radicado na expressa admissão da fiança de obrigação futura, feita no artigo 628/2 do CC[18], o artigo 654 vem, para tais situações fidejussórias, em sede de extinção de fiança, prever, enquanto a obrigação ainda não se constituiu, duas vias de desvinculação voluntária e potestativa do fiador[19]. A primeira traduz-se no poder de desvinculação do fiador se a situação patrimonial do devedor se agravar em termos de pôr em risco os seus direitos eventuais contra o mesmo devedor. A segunda via de desvinculação depende, pura e simplesmente, do decurso de um prazo de cinco anos, ou outro que resulte de convenção, não precisando o fiador de invocar qualquer justa causa ou fundamento de desvinculação: basta-lhe, então, dirigir uma declaração ao credor, extinguindo-se a garantia em conformidade.

Em qualquer dos casos, a extinção da fiança não opera por caducidade mas, antes, por declaração recipienda, mantendo-se o fiador vinculado pelas obrigações constituídas até ao momento da eficácia da declaração[20].

As razões do regime plasmado no artigo 654 são claras: elas radicam na especial e acentuada perigosidade de tais fianças, já que o facto de as obrigações garantidas ainda não estarem constituídas pode trazer, para o fiador, acrescidos riscos[21], a saber: um excessivo prolongamento no tempo das responsabilidades fidejussórias, um avolumar da dívida do devedor e uma eventual alteração negativa da situação patrimonial deste, em termos de colocar em risco a satisfação dos créditos do fiador se tiver de cumprir face ao credor.

II. O CC não chegou a consagrar a complexa regulamentação que Vaz Serra sugeria no seu anteprojecto quanto à desvinculação do fiador

---

[18] Em geral, sobre as questões suscitáveis relativamente às fianças de obrigações futuras, cf. v. g. GIUSTI, *La fideiussione e il mandato di credito*, Giuffrè, Milano, 1998, p. 156 e ss. e o nosso *Assunção fidejussória de dívida, cit.*, pp. 300 e ss., 305 e ss. e 705 e ss..

[19] Cf. o nosso *Assunção fidejussória de dívida, cit.*, p. 765 e ss..

[20] Cf. o nosso *Assunção fidejussória de dívida, cit.*, p. 772 e ss., quanto à denúncia da fiança prestada por tempo indeterminado e às respectivas consequências a nível da responsabilidade do fiador.

[21] Cf., v. g., VAZ SERRA, *Fiança e figuras análogas*, cit., p. 240 e ss. e ANTUNES VARELA, *Das obrigações em geral*, II, 7.ª ed., Almedina, Coimbra, 1997, p. 511; cf. ainda o nosso *Assunção fidejussória de dívida, cit.*, p. 765 e ss..

em fiança de obrigações futuras[22], mas não parece haver dúvidas de que, para aquele autor, a *fiança de locatário* correspondia a uma das modalidades de fiança de obrigações futuras, carente, por razões específicas[23], de um regime especial, tal como sugeria, de resto, para a fiança de funcionário público.

De resto, a doutrina não deixava de acentuar o facto de a fiança de locatário que abrangesse as sucessivas prorrogações constituir uma fiança de obrigação futura. Lê-se, assim, em Silva Carvalho[24]: "Uma vez que entendemos que o contrato de arrendamento se extingue pelo decurso do prazo pelo qual foi celebrado, a fiança prestada de modo a garantir o contrato pelos períodos de renovação, deve entender-se como uma fiança de obrigação futura. Pois que, enquanto se não der a renovação, não se pode dizer que existe em relação ao inquilino e pelo período que se seguirá à mencionada renovação, uma obrigação presente. Dever-se-ão então aplicar as regras relativas à extinção da fiança de obrigação futura".

Na doutrina posterior ao CC, Pires de Lima / Antunes Varela, em anotação ao artigo 654 do CC[25], incluem expressamente entre as obrigações futuras as que resultam de um contrato de locação, destacando, contudo, a existência do regime especial do artigo 655.

Saliente-se, de resto, que a própria lei reconhece, para determinados efeitos de regime, a especificidade de as rendas ou alugueres ainda não estarem vencidos – rendas e alugueres *futuros*, portanto.

Assim, o artigo 821 do CC estabelece que a liberação ou cessão, antes da penhora, de rendas ou alugueres não vencidos é inoponível ao exequente, na medida em que tais rendas ou alugueres respeitem a períodos de tempo não decorridos à data da penhora. Também o artigo 1058 do CC dispõe que

---

[22] Surge-nos como particularmente interessante a relação estabelecida pelo autor com as situações em que o credor estivesse vinculado à concessão de crédito ao devedor – situação essa em que o anteprojecto (artigo 32/4) impedia a denúncia da fiança: "O fiador de obrigação futura pode denunciar para futuro a fiança, uma vez decorridos cinco anos, salvo se da interpretação do acto constitutivo da fiança resultar que o prazo deve ser outro. Este direito não tem lugar quando o credor estiver obrigado à concessão do crédito ou quando, por outra causa, se mostrar que foi excluído pelas partes. Na dúvida, deve a fiança ser denunciada com a antecedência que, segundo as circunstâncias, for razoável" – Vaz Serra, *Fiança e figuras análogas, cit.*, p. 311.

[23] Vaz Serra, *Fiança e figuras análogas, cit.*, p. 247 e ss..

[24] *Extinção da fiança, cit.*, p. 221.

[25] *Código civil anotado*, I[4], *cit.*, p. 672.

A Fiança do Arrendatário Face ao NRAU 77

a liberação ou cessão de rendas ou alugueres não vencidos é inoponível ao sucessor entre vivos do locador, na medida em que tais rendas ou alugueres respeitem a períodos de tempo não decorridos à data da cessão.

É certo que nem do artigo 821 nem do artigo 1058 do CC se retira qualquer argumento para interpretar o regime do artigo 654 ou para construir, de qualquer modo, o regime da fiança de arrendatário. Contudo, o regime constante dessas disposições – trazido à colação, designadamente, em sede de discussão sobre se, na cessão de créditos futuros, é aplicável a teoria da imediação ou a da transmissão[26] – vem deixar claro que os créditos de rendas ou alugueres não vencidos são créditos futuros, sendo, correspectivamente, futuras as obrigações de pagamento de tais rendas ou alugueres.

III. Temos, assim, por claro que a relação entre o disposto no artigo 654 e o que era estabelecido no artigo 655, ambos do CC, era uma relação entre norma geral e norma especial: o artigo 654 disciplinava – e continua a disciplinar – a fiança de obrigações futuras, estabelecendo, porém, no artigo 655, por razões específicas, bem documentadas nos trabalhos preparatórios, um regime especial para determinada categoria de obrigações futuras.

Assim, revogado o artigo 655 mantêm-se as potencialidades aplicativas do artigo 654, não apenas à fiança de arrendatário mas, mais genericamente, à fiança de locatário, na medida em que estejam em causa obrigações futuras, respectivamente do arrendatário e do locatário.

No que ao arrendamento urbano concerne, o regime do artigo 654 passará, assim, a ter de ser articulado com o regime constante do artigo 1076/2 do CC.

3. O regime do artigo 655 CC

I. Como se disse acima, apesar de formalmente revogado, o regime do artigo 655 continuará a ter aplicação às situações constituídas na sua vigência, pese embora o disposto nos artigos 59/1, 60/1, 26/1 e 28 da Lei 6/2006 poderem, numa primeira leitura, sugerir o contrário.

---

[26] Cf., por todos, MOTA PINTO, *Cessão da posição contratual*, Atlântida Editora, Coimbra, 1970, p. 227 e ss. e, mais recentemente, MENEZES LEITÃO, *Direito das obrigações*, II – *Transmissão e extinção das obrigações. Não cumprimento e garantias do crédito*, 4.ª ed., Almedina, Coimbra, 2006, p. 18 e ss..

78 Estudos de Direito das Garantias, II

Na verdade, para além do facto de o princípio basilar em matéria de aplicação de leis no tempo ser o de que a lei só dispõe para o futuro[27], estamos perante situações fidejussórias constituídas antes da entrada em vigor da Lei 6/2006, devendo a apreciação do risco fidejussório ser aferida em função do momento genético da constituição da fiança.

O exposto não significa, obviamente, que a fiança do arrendatário constituída antes do início de vigência da Lei 6/2006 não sofra – pela via da *acessoriedade*[28] – as consequências das novas especificidades de regime aplicáveis aos arrendamentos anteriores, por força do disposto no artigo 26 e seguintes da citada Lei 6/2006, na medida em que destas disposições não resulte um agravamento do risco fidejussório[29].

II. De acordo com o disposto no revogado artigo 655/1 do CC, a fiança pelas obrigações do locatário abrangia, salvo estipulação em contrário, o período inicial de duração do contrato. Estabelecia, por sua vez, o n.º 2 do mesmo artigo que, obrigando-se o fiador relativamente aos períodos de renovação, sem se limitar o número destes, a fiança extinguia-se, na falta de nova convenção, logo que houvesse alteração de renda ou decorresse o prazo de cinco anos sobre o início da primeira prorrogação.

Conforme salientámos noutro local[30], o CC pretendeu, através do regime do artigo 655, pôr termo à polémica existente no domínio da legislação anterior sobre o âmbito temporal de vinculação do fiador. Mais concretamente, a questão que dividia a doutrina e a jurisprudência era a de saber se a fiança prestada para garantia de cumprimento das obrigações emergentes (para o arrendatário) do contrato de arrendamento, cobria também as prorrogações do contrato.

---

[27] Cf., v. g., OLIVEIRA ASCENSÃO, *O Direito. Introdução e teoria geral. Uma perspectiva luso-brasileira*, 11.ª ed., Almedina, Coimbra, 2001, p. 534 e ss., BAPTISTA MACHADO, *Sobre a aplicação no tempo do novo código civil*, Almedina, Coimbra, 1968, *passim*, ee p. 203 e ss. e, recentemente, TEIXEIRA DE SOUSA, *Aplicação da lei no tempo*, in CDP 18 (2007), p. 7 e ss.; com referência a problemas específicos de aplicação da lei no tempo no âmbito da Lei 6/2006, cf. SOUSA RIBEIRO, *O novo regime do arrendamento urbano: contributos para uma análise*, in CDP 14 (2006), p. 4 e ss..

[28] Cf. o nosso *Assunção fidejussória de dívida*, cit., p. 107 e ss..

[29] Cf. o nosso *Assunção fidejussória de dívida*, cit., pp. 107 e ss., 121 e ss. e 1011 e ss..

[30] Cf. o nosso *Assunção fidejussória de dívida*, cit., p. 310 e ss..

A Fiança do Arrendatário Face ao NRAU   79

Nessa polémica, centrada no regime do artigo 29 do Decreto 5.411, de 17 de Abril de 1919[31], confrontavam-se duas correntes[32]. Para uma, em que se destacam Eridano de Abreu[33], Pinto Loureiro[34] e Silva Carvalho[35], uma vez atingido o termo inicial de duração do contrato de arrendamento, a fiança extinguia-se pelo princípio do acessório (*acessorium sequitur principale*). Na base desta posição estava a ideia de que a *renovação* do contrato de arrendamento pressuponha a sua *prévia extinção*; nesta medida, as prestações de fiança englobando as sucessivas renovações constituíam fianças de obrigações futuras – discutindo-se, a partir daí, a questão de saber se e em que termos o fiador se poderia desvincular relativamente aos períodos subsequentes.

A segunda corrente englobava nomes como Cunha Gonçalves[36] ou Carneiro de Figueiredo[37], defendendo este último que, sendo a renovação "um simples acidente periódico da vida do contrato", a fiança deveria manter-se durante toda a vida do contrato de arrendamento, não podendo o fiador obstar à renovação nem desonerar-se da fiança "porque o arrendamento é essencialmente um contrato a termo infixo ou por tempo indeterminado".

Mostrando-se sensível aos problemas gerados pela articulação dos difíceis regimes do arrendamento e da fiança, Vaz Serra[38] remetia para a

---

[31] De acordo com o qual (corpo) "Presume-se renovado o contrato de arrendamento, se o arrendatário se não tiver despedido, ou o senhorio o não despedir, no tempo e pela forma designada na lei". Sobre o regime desta disposição, pode ver-se, v. g., GALVÃO TELLES, *Arrendamento*, Lisboa, 1944/45, p. 267 e ss. e PINTO LOUREIRO, *Tratado da locação*, II, Coimbra, 1947, p. 126 e ss..

[32] Cf., para maiores desenvolvimentos, o nosso *Assunção fidejussória de dívida*, *cit.*, p. 312 e ss.; no domínio do Decreto n.º 5.411, destaca-se a apresentação e apreciação das teorias em confronto feita por SILVA CARVALHO, *Extinção da fiança*, *cit.*, p. 199 e ss.; cf. também PINTO DE MESQUITA / POLÓNIO DE SAMPAIO, *Legislação sobre arrendamentos*, Almedina, Coimbra, 1961, p. 31.

[33] *Da extinção da fiança nos contratos de arrendamento*, in RT 69(1951), p. 162 e ss..

[34] In *Tratado da locação*, II, *cit.*, p. 137.

[35] In *Extinção da fiança*, *cit.*, p. 208 e ss..

[36] In *Tratado de direito civil*, VIII, Coimbra, 1934, p. 708.

[37] In *A extinção da fiança nos contratos de arrendamento*, in "O Direito" 86 (1954), p. 187 e ss..

[38] In *Fiança e figuras análogas*, *cit.*, p. 247 e ss..

interpretação da declaração de vontade do fiador, aceitando, na dúvida, que este só se quer vincular para o período inicial de duração do contrato, presunção esta que está de acordo com a circunstância de, normalmente, o fiador se limitar a prestar um favor ao arrendatário; quando o fiador se obrigasse também para os períodos de renovação, sem os limitar, a fiança seria denunciável pelo fiador, ou antes de findo cada período contratual ou apenas para o fim do prazo de quinze anos (prazo pelo qual se deveria entender prestada), em função de o locador poder ou não fazer cessar a locação para o termo do prazo.

Podemos dizer que o artigo 655/1 veio, como princípio geral, consagrar a solução, proposta por Vaz Serra, de limitar a fiança pelas obrigações do arrendatário ao período inicial de duração do contrato de arrendamento, salvo estipulação em contrário, com a particularidade de estender à locação em geral um regime que, em rigor, só fora problematizado no campo do arrendamento e, mais concretamente, no campo do arrendamento urbano.

Já no artigo 655/2 encontramos uma solução que se afasta da algo emaranhada proposta de Vaz Serra, articulando-se, objectivamente, com o então regime da actualização quinquenal das rendas no arrendamento urbano[39].

Dentre as várias dúvidas de interpretação que o artigo 655/2 viria a gerar[40], aquela que, porventura, podemos considerar de maior relevo é a que se centra na solução a dar aos casos em que o arrendatário se vinculou por todo o tempo de duração do contrato, sem que tenha sido estabelecida qualquer limitação temporal directa ou em função do número de prorrogações. A interpretação que defendemos é a de que o artigo 655/2 estabelecia, imperativamente, a necessidade da fixação de um número limite de prorrogações, sem o que seria aplicável o regime extintivo da fiança aí previsto: a extinção da fiança decorrido o prazo de cinco anos sobre o início da primeira prorrogação ou logo que houvesse alteração de renda[41].

---

[39] Contudo, conforme acima (nota 5) advertimos, a referência ao prazo de cinco anos parece constituir mais uma indicação supletiva de "suportabilidade" da fiança do que uma preocupação em estabelecer uma harmonização com o regime quinquenal de actualização de rendas.

[40] Cf. o nosso *Assunção fidejussória de dívida, cit.*, p. 316 e ss..

[41] Cf., sobre as dúvidas relativas à alteração de renda relevante, o nosso *Assunção fidejussória de dívida, cit.*, p. 321 e ss.. O Acórdão RP de 19.06.2006 (Processo n.º 0653016, in www.dgsi.pt) decidiu e bem que, para efeitos do disposto no artigo 655/2,

A Fiança do Arrendatário Face ao NRAU 81

De acordo com esta interpretação, a "nova convenção" a que se referia o artigo 655/2 só podia ser uma convenção autónoma, necessariamente posterior à assunção fidejussória de dívida. Na verdade, com a necessidade de uma *nova e posterior convenção*, pretendia-se que o fiador fizesse uma nova avaliação do risco fidejussório e decidisse, em conformidade, se assumia, por mais tempo, continuar a garantir o cumprimento das obrigações do arrendatário[42].

Na prática, se as partes não estabelecerem o limite dos períodos de prorrogação, o artigo 655/2 determina que a fiança caducará no final do prazo que decorre da soma do prazo inicial do contrato com o prazo de cinco anos: é uma *fiança por tempo determinado*[43].

---

a normal actualização de renda não corporiza uma "alteração da renda", considerando ser esse "o entendimento que melhor se adequa à realidade social e ao pensamento do legislador". Sobre a questão de saber se a "alteração de renda" relevante determina a efectiva extinção da fiança ou a simples inoponibilidade da alteração ao fiador, para efeitos da dimensão ou âmbito da responsabilidade fidejussória, cf. *infra* ponto 4/II.

[42] Cf., de novo, para maior desenvolvimento, o nosso *Assunção fidejussória de dívida, cit.*, p. 316 e ss.; cf. ainda os "clássicos" VIEIRA MILLER, *Arrendamento urbano*, 1967, p. 50, ISIDRO MATOS, *Arrendamento e aluguer*, Atlântida Editora, Coimbra, 1968, p. 104 e CUNHA DE SÁ, *Caducidade do contrato de arrendamento urbano*, I, Lisboa, 1968, pp. 123-124: "Temos, pois, que a regra é a fiança só abranger o prazo inicial, mas tal regra pode ser afastada por convenção em contrário. Esta convenção pode comportar duas hipóteses: 1) ou se limita o número de períodos de prorrogação relativamente aos quais o fiador se obriga – e, neste caso, a fiança extinguir-se-á uma vez que tal número seja preenchido e não haja nova convenção; 2) ou nada se prevê a tal respeito – e, então, de duas uma: a) ou, decorrido que seja o prazo de cinco anos sobre o início da primeira prorrogação, se celebra nova convenção, pela qual o fiador se obrigue a outros períodos de prorrogação; ou, na falta dessa nova convenção, a fiança extinguir-se-á decorrido aquele memo prazo".

Discordamos, assim, da posição recentemente sustentada por GRAVATO MORAIS, *Fiador do locatário, cit.*, p. 98 e ss., que, na prática, desconsidera a necessidade, imposta no artigo 655/2 do CC, de haver uma *nova* convenção. Para o efeito, o autor invoca o "espírito da lei", mas cremos que sem razão, já que o regime constante do artigo 655/2 visa, conforme demonstra eloquentemente a sua "história", acautelar o fiador face aos perigos da vinculação fidejussória, para mais numa situação relativa a obrigações futuras. De resto, não vemos como é que a admissão, feita pelo autor, da "extensão máxima da fiança" – num quadro vinculístico, que é o da vigência do artigo 655 do CC – pode ser justificada com a afirmação de que o fiador "fica desde o início a conhecer com precisão e com rigor o âmbito da sua vinculação".

[43] Cf. o nosso *Assunção fidejussória de dívida, cit.*, p. 712, onde se faz a contraposição da *fiança por tempo determinado* à *fiança a termo certo*. Conforme se destaca, a expressão

III. Na jurisprudência, assume particular importância, conforme já assinalámos, de resto, noutro local[44], o Acórdão STJ de 23.04.1990[45]. Decidiu este aresto que "nos termos do artigo 655.º, n.º 2 do Código Civil, é nula a cláusula do contrato de arrendamento pela qual o fiador se constitui na obrigação de garante para além do prazo de cinco anos previsto naquele artigo, sem que um novo prazo seja definido". E lê-se no texto: "Contra esta extinção não vale cláusula em contrário, pois esta, quando referida no n.º 1 do citado artigo 655.º, reporta-se apenas à extensão da fiança aos períodos de renovação, se concretamente delimitados no tempo. É que não pode aceitar-se fiança por tempo indeterminado quando há sucessivas renovações de um contrato, cujo regime só em certas hipóteses admite a sua resolução. É o que também resulta do princípio geral do artigo 654.º do Código Civil, onde se afirma que, não havendo prazo fixado pelas partes, a fiança extingue-se decorridos 5 anos sobre a sua prestação. O que se acaba de referir é uma imposição legal que decorre do princípio geral da nulidade dos negócios jurídicos, cujo objecto seja indeterminável".

E ainda, considerando o caso concreto: "No caso concreto, a admitir-se que por convenção das partes poderá afastar-se o limite de 5 anos, sem qualquer outra limitação, a obrigação do fiador tornar-se-ia incerta, indeterminada e ilimitada, manifestamente imoral, quando, como aqui se verifica, a locatária não está em condições de pagar a renda, e os senhorios se abstêm de resolver o contrato e proceder ao despejo".

No Acórdão RP de 19.02.2002[46], foi também dado o relevo certo ao facto de o artigo 655/2 do CC se reportar a uma "nova convenção". Lê-se

---

fiança por tempo determinado tem a vantagem de acentuar o facto de ter sido estabelecido um limite para a vigência da fiança, limite esse que, sendo formalmente temporal, é, substancialmente, um limite de objecto da fiança, já que estabelece um marco temporal para o âmbito da vinculação do fiador.

[44] In *Assunção fidejussória de dívida, cit.*, pp. 316-317.

[45] In BMJ 396 (1990), p. 388 e ss..

[46] Processo n.º 0220038, in www.dgsi.pt. O sumário apresentado na página indicada ["A fiança pelas obrigações do locatário extingue-se pelo decurso do prazo de cinco anos sobre a primeira prorrogação, a menos que então o fiador renove a convenção da fiança ou se, logo na convenção inicial de fiança, tiver sido afastado aquele limite de cinco anos"] induz em erro, já que pode sugerir a desnecessidade de nova convenção quando, no momento da constituição da fiança seja afastado o limite de cinco anos, mesmo sem a indicação precisa de um novo limite – o que não corresponde ao sentido da decisão da RP.

no citado aresto: "Sendo de presumir que o legislador soube exprimir o seu pensamento em termos adequados – artigo 9.º, n.º 3 – o uso, em preceitos contíguos, de diferentes expressões a respeito da mesma matéria significará coisas diferentes; acresce que esta segunda expressão poderia equivaler a uma outra que fosse, por exemplo, "na falta de diferente convenção", mas não é isto o que consta do n.º 2, onde a expressão "nova" aponta para a necessidade de uma convenção que não seja a mesma que institui a fiança". E ainda: "Aliás, o intérprete deve igualmente presumir que o legislador consagrou as soluções mais acertadas; e esta será, no caso, aquela que melhor defenda o fiador – cuja posição em relação a um arrendamento tem os riscos especiais que já ficaram aflorados – contra a insuficiente ponderação e a imperfeita consciência da responsabilidade que assume. Uma nova convenção obrigará a que o fiador repense o alcance daquilo a que se obrigou".

E em complemento: "Assim, uma cláusula que se limite a dizer que a fiança abrangerá as renovações do arrendamento não garante que o fiador tenha previsto o seu real alcance. Nesse caso, só uma nova estipulação de fiança vinculará o fiador para além do período de 5 anos que o n.º 2 prevê, garantindo que ele está consciente daquilo a que se obriga ... E sempre a nova convenção terá que ser posterior à primeira, sob pena de se esquecer o sentido inequívoco da expressão usada pelo legislador".

No Acórdão RL 20.01.2005[47], lê-se, também naquele que consideramos o melhor sentido, o seguinte: "A não fixação do número de períodos de renovação do contrato que a fiança abrange vem a significar que a obrigação do fiador se tornou incerta, ilimitada e indeterminável. Ora não pode aceitar-se uma fiança por tempo indeterminado, isto é, sem termo final previamente fixado, no caso de obrigações futuras ou de sucessivas de um contrato pela simples razão de que a lei comina com a respectiva nulidade os negócios cujo objecto seja indeterminável. Daí a regra – que se entende ter natureza imperativa – do artigo 655.º, n.º 2 do Código Civil interpretada neste sentido: as partes podem convencionar que a fiança abranja as sucessivas renovações do contrato, mas para que a fiança seja válida em termos de abranger os períodos iniciais depois de decorridos cinco anos sobre o início da primeira prorrogação deve ter sido *ab initio* determinado o número de renovações que a fiança abrange, a menos que as partes celebrem nova convenção".

---

[47] Processo n.º 8324/2004-6, in www.dgsi.pt

Ainda no sentido que consideramos mais conforme com a letra e o espírito da lei, lê-se no corpo do Acórdão RL de 12.07.2007[48] o seguinte: "Se o fiador aceita obrigar-se relativamente aos períodos de renovação, a lei, quando prescreve a necessidade de uma nova convenção sempre que haja o propósito de prorrogar o tempo de duração da fiança para além dos cinco anos sobre o início da primeira prorrogação, está afinal a acautelar as precipitações dos fiadores naquele momento inicial sempre entusiástico da outorga do contrato que deseja, viabilizar; sabe-se que os fiadores partem do pressuposto compreensível de que a sua responsabilização é meramente acessória, não lhes sendo exigido em princípio nada mais do que a garantia, o que facilita assumir obrigações de uma forma menos pensada. A lei, ao impor uma tal ponderação – a necessidade de uma "nova convenção" – assumiu uma solução equilibrada e louvável dentro de uma linha de razoabilidade e de compreensão das realidades da vida que corresponde a um pensamento social".

Estas posições surgem contrariadas no recente Acórdão RL de 19.12.2006[49], no qual é defendida a posição de que a circunstância de o artigo 655/2 do CC se referir a "nova convenção" permite "abarcar a possibilidade de as partes no exercício do princípio da autonomia e da liberdade contratual, apanágio do direito das obrigações, expressamente previsto no artigo 405.º, n.º 1 e 2 do CC, afastarem *ab initio* a necessidade de acordos posteriores no que tange ao objecto da fiança, através da fixação de um termo *ad quem*, claro, preciso e conciso, de onde resulte, em termos inequívocos, não só a forma mas também o lapso de tempo por que se obrigam".

Na situação apreciada pela RL, o fiador (*in casu*, as fiadoras) tinha-se vinculado como fiador e principal pagador da sociedade inquilina, "subsistindo esta fiança em todos os eventuais aumentos de renda e prorrogações deste contrato, mesmo que decorrido o prazo de cinco anos sobre o início da primeira prorrogação, cessando a sua responsabilidade no caso de ser transmitida a outrem a qualidade de inquilina". De uma forma que nos surge como precipitada e até contraditória com a justificação acima reproduzida – centrada na admissibilidade de a "nova convenção" a que se refere o artigo 655/2 poder ser coeva do contrato de arrendamento

---

[48] Processo n.º 4095/2007-8, in www.dgsi.pt
[49] Processo n.º 9696/2006-2, in www.dgsi.pt

– a RL acaba por invocar como determinante o regime do artigo 654 CC, sustentando que, com base no mesmo, o fiador sempre poderia libertar--se da fiança "uma vez passados aqueles cinco anos iniciais".

O argumento da RL, neste aresto, surpreende deveras, já que desconsidera totalmente o facto de o artigo 655 conter um regime próprio aplicável à fiança do locatário, regime esse que se apresenta como regime especial face ao do artigo 654[50].

Ou seja, admitindo que o artigo 654 contém um regime geral aplicável às obrigações futuras, entre as quais estariam incluídas as situações locatícias, haveria que resolver o problema nos termos do regime especial, ou seja nos termos do artigo 655, disposição que a RL interpretara no sentido de ser válida a cláusula que vinculasse o arrendatário, sem limite, pelas sucessivas prorrogações[51].

Grosso modo no mesmo sentido conclusivo do Acórdão da RL de 19.12.2006, o Acórdão da RP de 26.04.2005[52] decidira nada obstar que "à partida o fiador garanta o cumprimento de todas as cláusulas do contrato e suas prorrogações e afaste o limite de cinco anos, estendendo a sua responsabilidade até à restituição do arrendado".

Não deixam, contudo, de ser interessantes, *rectius* preocupantes, as contradições que encontramos no texto do aresto, que, interpretando o

---

[50] Em abono desta tese, a RL invoca o Acórdão STJ de 11.02.1998 (BMJ 374, 455) mas a verdade é que tal Acórdão, que aborda, na realidade, a matéria do artigo 654 do CC, não se pronuncia, nem ao de leve, sobre a aplicabilidade do artigo 654 à fiança do locatário, tendo a fiança em apreciação sido prestada para garantia de créditos bancários. Também Evaristo Mendes, invocado no aresto, não aborda, no estudo e página citados ("Aval e fiança gerais", p. 163), o tema da relação entre os artigos 654 e 655 do CC, ou sequer o problema da fiança do locatário, referindo-se, *em geral*, ao problema da indefinição temporal e da desvinculação unilateral do fiador.

[51] Lê-se no texto do Acórdão que, no caso, acontecia a "fixação de um termo *ad quem*, claro, preciso e conciso", de onde resultaria "em termos inequívocos, não só a forma mas também o lapso de tempo por que se obrigam". Não vemos que tais caracterizações se possam razoavelmente aplicar a uma situação em que o arrendatário era uma sociedade e em que os fiadores se tinham vinculado sem qualquer limite de prorrogações e sem qualquer horizonte temporal de cessação da responsabilidade fidejussória.

É também esta desconsideração pelo regime especial constante do artigo 655 do CC que leva a RL a não responder cabalmente ao argumento, apresentado pelo fiador, de que a fiança seria nula por indeterminação do objecto; para a RL – numa argumentação que, de resto, não surge explicada – a inaplicabilidade ao caso, do AUJ 4/2001 resultaria do facto de a fiança em causa corporizar uma "fiança *omnibus*" e não uma "fiança geral".

regime do artigo 655/2 do CC, se mostra, primeiro, defensor da necessidade de uma nova convenção, para depois se render aos argumentos do Acórdão STJ de 17.06.1998 para entender que, afinal, não há "qualquer disparidade entre uma cláusula que afaste aquele limite temporal só porque inserida em uma nova estipulação ou se inserida na convenção inicial". Antes desta conclusão, que irreleva em absoluto a razão de ser do artigo 655/2 do CC, o mesmo Acórdão ponderara o seguinte: "Mas terá que haver uma convenção posterior à primeira, convenção essa que permita ao fiador conscientemente medir o alcance daquilo a que se obrigou". E ainda: "Só uma nova estipulação de fiança, posterior à primeira, vinculará o fiador para além do período de cinco anos que o n.º 2 do artigo 655.º prevê".

4. As situações fidejussórias relativas a arrendamentos anteriores, face às "Normas Transitórias" da Lei 6/2006

I. Como se disse supra, o regime do revogado artigo 655 do CC continua a ter aplicação, por força do regime do artigo 12 do CC, às situações arrendatícias e fidejussórias em curso à data da entrada em vigor da Lei 6/2006. Neste particular, parece-nos claro que o regime que agora encontramos no artigo 1076/2 do CC em nada prejudica o regime de tais fianças.

O que se constata é que o regime transitório consagrado a partir do artigo 26 da Lei 6/2006 pode repercutir-se também nas situações fidejussórias, sendo que, em princípio, a posição do fiador resulta beneficiada, na medida em que estejamos perante situações de tendencial "desvinculação" do arrendamento[53].

---

[52] Processo n.º 0521997, in www.dgsi.pt

[53] Sobre o vinculismo e o NRAU, cf. a posição crítica de MENEZES CORDEIRO, *O novo regime do arrendamento urbano*, in "O Direito", ano 137.º (2005), II, p. 333, considerando que o projecto de reforma de 2005 (que viria a concretizar-se na reforma de 2006) está revestido de um "vinculismo imperfeito", colocando-o mesmo "no fundo, ao nível do RAU". Esta posição não é, porém, acompanhada por SOUSA RIBEIRO, *O novo regime do arrendameno urbano*, *cit.*, p. 10, que prefere acentuar o "maior acolhimento da autonomia privada" e a aproximação do regime do arrendamento urbano ao regime geral dos contratos. Apreciando o vinculismo arrendatício no contexto histórico arrendatício da ordem jurídica portuguesa, PINTO FURTADO, *Manual do arrendamento urbano*, I⁴, *cit.*, p. 237 e ss., enquadra, a um tempo, o RAU e a Reforma de 2006 num *período misto*, que

A Fiança do Arrendatário Face ao NRAU 87

Assim, nas situações a que se refere o artigo 26/6 da Lei 6/2006[54], a circunstância de o senhorio poder passar a denunciar o contrato de arrendamento, nos termos da alínea c) do artigo 1101 do CC, irá, naturalmente, determinar a extinção da fiança, na medida em que o senhorio denuncie, efectivamente, o contrato de arrendamento.

Igualmente, se ocorrer a situação prevista no artigo 58/1 da Lei 6//2006[55], a caducidade do contrato de arrendamento, nos termos dessa disposição, terá o efeito de extinguir a fiança

II. Mais complexa e duvidosa será, porém, a questão de saber se a responsabilidade do fiador "acompanha" a responsabilidade do arrendatário pela actualização extraordinária de rendas, cujos termos se encontram regulados a partir do artigo 30 da Lei 6/2006[56].

A questão está em saber se a dimensão da actualização de rendas ultrapassa em *quantum* o nível de vinculação fidejussória assumido pelo fiador, cuja determinação constitui um processo de interpretação negocial.

---

situa após um primeiro (*período primitivo* ou da autonomia privada, que situa entre os primórdios do direito pátrio e 1910) e um segundo (*período vinculístico*, que situa entre 12.11.1910 e 15.11.1990, data da entrada em vigor do RAU) períodos.

[54] Cf., v. g., MENEZES LEITÃO, *Arrendamento urbano*, 2.ª ed., Almedina, Coimbra, 2006, p. 128 e ss., SOUSA RIBEIRO, *O novo regime do arrendamento urbano, cit.*, p. 17, GRAVATO MORAIS, *Novo regime de arrendamento comercial*, Almedina, Coimbra, 2006, p. 36 e ss., CUNHA DE SÁ / LEONOR COUTINHO, *Arrendamento 2006. Novo regime do arrendamento urbano*, Almedina, Coimbra, 2006, pp. 64-65 e OLINDA GARCIA, *Arrendamentos para comércio e fins equiparados*, Coimbra Editora, Coimbra, 2006, pp. 146-147.

[55] Cf., v. g., MENEZES LEITÃO, *Arrendamento urbano*[2], cit., pp. 125-126, SOUSA RIBEIRO, *O novo regime do arrendamento urbano, cit.*, p. 19, GRAVATO MORAIS, *Novo regime de arrendamento comercial, cit.*, p. 52 e ss e CUNHA DE SÁ / LEONOR COUTINHO, *Arrendamento 2006. Novo regime do arrendamento urbano, cit.*, pp. 104-105.

[56] Cf., sobre este regime, v. g., PINTO FURTADO, *Manual do arrendamento urbano*, I[4], *cit.*, p. 577 e ss., OLINDA GARCIA, *A nova disciplina do arrendamento urbano*, Coimbra Editora, Coimbra, 2006, p. 54 e ss., CASTRO FRAGA, *O regime do novo arrendamento urbano. As normas transitórias (Título II da Lei 6/2006)*, in ROA, ano 66 (2006), I, p. 66 e ss., CUNHA DE SÁ / LEONOR COUTINHO, *Arrendamento 2006. Novo regime do arrendamento urbano, cit.*, p. 73 e ss., MARGARIDA GRAVE, *Novo regime do arrendamento urbano. Anotações e comentários*, 3.ª ed., Lisboa, 2006, p. 150 e ss. e MANTEIGAS MARTINS / A. RAPOSO SUBTIL / LUÍS FILIPE CARVALHO, *O novo regime do arrendamento urbano*, Vida Económica, Porto, 2006, p. 42 e ss..

As situações de actualização são várias e complexas, quer em termos de faseamento quer em termos de apuramento do montante, razão pela qual pensamos que não podemos *hic et nunc* ir além da enunciação do critério apontado.

Admitindo que tais alterações de renda se possam, em concreto, considerar como alterações anómalas[57], não nos parece que, pese embora a redacção do artigo 655/2, as mesmas devam determinar a extinção da fiança. Mantemos, na verdade, o entendimento de que o artigo 655/2 deve ser racionalmente interpretado no sentido de tais alterações de renda serem inoponíveis ao fiador[58]. É essa interpretação que melhor se compagina com o regime dos artigos 631 e 634 do CC, continuando o fiador vinculado face ao credor, apesar da alteração da renda, mas sendo tal alteração ineficaz relativamente à dimensão da responsabilidade fidejussória.

5. A fiança do arrendatário em arrendamento de duração indeterminada

5.1. *A fiança do arrendatário e o regime da denúncia pelo arrendatário*

I. Como é sabido, no quadro dos arrendamentos para habitação, o CC autonomiza os arrendamentos com prazo certo (artigos 1095 a 1098) dos arrendamentos de duração indeterminada (artigos 1099 a 1104)[59].

O artigo 1099 enuncia o princípio geral de que o contrato de arrendamento de duração indeterminada cessa por *denúncia* de uma das partes, denúncia essa que se processa nos termos das disposições subsequentes.

O princípio de que os contratos de duração indeterminada podem cessar por denúncia – ainda que não prevista legal ou contratualmente – constitui um dado adquirido no domínio do direito dos contratos[60], fazendo

---

[57] Cf., a propósito, o nosso *Assunção fidejussória de dívida, cit.*, p. 321 e ss..

[58] Cf. o nosso *Assunção fidejussória de dívida, cit.*, pp. 323-324.

[59] Cf., por todos, PINTO FURTADO, *Manual do arrendamento urbano*, I[4], *cit.*, p. 282 e ss. e SOUSA RIBEIRO, *O novo regime do arrendamento urbano, cit.*, p. 18.

[60] Cf., v. g., OLIVEIRA ASCENSÃO, *Direito civil. Teoria geral*, III – *Relações e situações jurídicas*, Coimbra Editora, Coimbra, 2002, p. 334 e ss., BAPTISTA MACHADO, *Denúncia-*

A Fiança do Arrendatário Face ao NRAU 89

mesmo parte da ordem pública[61]: evita-se dessa forma a perpetuidade ou, não indo tão longe, a excessiva duração das relações contratuais, relações essas a que as partes podem por cobro, discricionariamente, a todo o tempo, tendo, no entanto, de acautelar as expectativas da contraparte – o que é conseguido através da imposição de um pré-aviso razoável[62].

No caso concreto dos arrendamentos para habitação de duração indeterminada, a denúncia discricionária pelo arrendatário obedece aos termos do artigo 1100/1 do CC, do qual resulta a necessidade de ser respeitada uma antecedência mínima de 120 dias sobre a data em que o arrendatário pretende a cessação, produzindo essa denúncia efeitos no final de um mês do calendário gregoriano[63].

Resulta, por sua vez, da remissão do artigo 1100/2 para o regime do artigo 1098/3 que a inobservância da antecedência mínima de 120 dias

---

-modificação de um contrato de agência (Anotação ao Acórdão STJ de 17.04.1986), in RLJ 120 (1987-1988), pp. 183-192, passim, PINTO MONTEIRO, Denúncia de um contrato de concessão comercial, Coimbra Editora, Coimbra, 1998, passim, ROMANO MARTINEZ, Da cessação do contrato, 2.ª ed., Almedina, Coimbra, 2006, p. 116 e ss. e 229 e ss. e os nossos Em tema de revogação do mandato civil, Almedina, Coimbra, 1989, p. 73 e ss. e Apontamentos sobre o contrato de agência, in TJ 3 (1990), p. 30 e ss.. Na doutrina estrangeira, cf., v. g., HAARMANN, Wegfall der Geschäftsgrundlage bei Dauerrechtsverhältnissen, Duncker & Humblot, Berlin, 1979, p. 123 e ss, OETKER, Das Dauerschuldverhältnis und seine Beendigung. Bestandsaufnahme und kritische Würdigung einer tradierten Figur der Schuldrechtsdogmatik, J. C. B. (Paul Siebeck), Tübingen, 1994, p. 248 e ss. e AZÈMA, La durée des contrats sucessifs, L. G. D. J., Paris, 1969, p. 145.

[61] Cf., por todos, MOTA PINTO, Teoria geral do direito civil, 4.ª ed. por ANTÓNIO PINTO MONTEIRO e PAULO MOTA PINTO, Coimbra Editora, Coimbra, 2005, p. 631, BAPTISTA MACHADO, Parecer sobre denúncia e direito de resolução de contrato de locação de estabelecimento comercial, in "João Baptista Machado. Obra dispersa", I, Scientia Juridica, Braga, 1991, p. 650 e PINTO MONTEIRO, Denúncia de um contrato de concessão comercial, Coimbra Editora, Coimbra, 1998, p. 59, nota 50.

[62] Cf., por todos, MOTA PINTO, Teoria geral do direito civil[4], cit., p. 632.

[63] O regime constante do artigo 1100/1 – rectius, a antecedência fixada no artigo 1100/1 – não se mostra coerente com a solução constante do artigo 1098/2 para a "denúncia" pelo arrendatário nos arrendamentos com prazo certo, a qual deve ser feita com uma antecedência não inferior a 120 dias do termo pretendido do contrato, mas pressupondo o necessário e prévio decurso de seis meses de duração efectiva do contrato. Porventura por esta razão, pondera SOUSA RIBEIRO, O novo regime do arrendamento urbano, cit., p. 23, nota 36, ser "excessiva a liberdade de desvinculação reconhecida ao inquilino, nos contratos de duração indeterminada".

não impede a cessação do contrato, obrigando, porém, ao pagamento das rendas correspondentes ao período de pré-aviso em falta.

II. Admitindo que, conforme é usual, o fiador se vincula pelo cumprimento do conjunto das obrigações a cargo do arrendatário, ele será, naturalmente responsável – como devedor fidejussório[64] – pelo cumprimento das obrigações pecuniárias, constituídas pelas rendas que se vencerem até ao momento em que se consuma a extinção do contrato. Supondo que o devedor denunciou o contrato a meio de um determinado mês, para fazer efeitos 120 dias depois, o contrato de arrendamento considera-se extinto no final do mês (calendário gregoriano) em que se perfizeram os 120 dias de antecedência.

Em função do regime legal estabelecido no artigo 1100/2, a vinculação do fiador engloba o montante das rendas correspondentes ao período de pré-aviso em falta, nos casos em que o arrendatário-devedor não tenha denunciado o contrato com a antecedência exigida. Ou seja: pese embora o facto de não haver dúvidas – atenta a clareza da lei, neste particular (artigo 1100/2 e artigo 1098/3) – de que o contrato de arrendamento *se extingue* com a denúncia feita sem a antecedência prevista no artigo 1100/1, o fiador passa a ser garante do pagamento das quantias devidas pelo ex-arrendatário, já não a título de renda mas a título de sanção pecuniária – de *pena* – sendo totalmente irrelevante a demonstração pelo ex-arrendatário ou, *per relationem*, pelo fiador, de que o senhorio não teve qualquer prejuízo com o atraso.

III. Questão diversa – que, de resto, não é privativa das situações em que a extinção do contrato decorra de denúncia pelo arrendatário em arrendamento de duração indeterminada – é a de saber se, havendo atraso do arrendatário na entrega do locado ao senhorio, subsiste a responsabilidade do fiador, já não pelas *rendas* mas pelas correspondentes quantias a *título de indemnização*, nos termos do disposto no artigo 1045 do CC, cujo n.º 2 prevê uma elevação ao dobro quando o locatário se constitua em mora[65].

---

[64] Sobre o fiador como devedor, cf. o nosso *Assunção fidejussória de dívida, cit.*, p. 121 e ss..

[65] Cf., sobre este artigo, entre outros, Pereira Coelho, *Arrendamento, cit.*, p. 200 e ss., Pinto Furtado, *Manual do arrendamento urbano*, I⁴, *cit.*, pp. 554-555 e Menezes Leitão, *Arrendamento urbano*², *cit.*, p. 61 e ss..

A questão deve ser, naturalmente, resolvida à luz das regras de interpretação dos negócios jurídicos, considerando a especificidade da fiança como negócio de risco[66], por um lado, mas não podendo deixar de se considerar – até como ponto de partida – o âmbito da vinculação fidejussória assumida pelo fiador. Assim, a solução poderá ser diferente se o fiador se obrigou, como tal, pelo pagamento das rendas ou se se vinculou, antes, pelo cumprimento das obrigações resultantes do contrato, em cujo elenco se encontra [alínea *i*) do artigo 1038 do CC] a obrigação de restituir a coisa locada findo o contrato. A questão de saber se o fiador garante não apenas o valor da simples renda mas o valor dobrado (artigo 1045/2 do CC) exigirá um esforço interpretativo específico. O mesmo acontecerá na hipótese – merecedora de uma prudente ponderação – de as partes terem convencionado uma cláusula penal superior[67].

IV. Perguntar-se-á, agora, se, em função da acessoriedade da fiança, o fiador pode denunciar o contrato, por força da articulação da dita regra "constitucional" da acessoriedade da fiança com o regime do artigo 1100/1 do CC.

A denúncia que aqui se questiona não é, como parece óbvio, a denúncia do contrato de arrendamento, já que o fiador não é parte desse contrato, mas a denúncia do próprio contrato de fiança. A denúncia que aqui se questiona é uma denúncia moldada – *per relationem* – pela denúncia do arrendatário prevista no artigo 1100/1 do CC.

Parece-nos que uma tal denúncia não é possível, nesses termos ou nessa base, já que a mesma faria tábua rasa do *fim de garantia* ou *segurança*

---

[66] Cf o nosso *Assunção fidejussória de dívida, cit.*, p. 119 e ss.. Na jurisprudência, pode ver-se o Acórdão da RP de 31.01.2007 (Processo n.º 0654493, in www.dgsi.pt), que, considerando o facto de a fiança constituir um negócio de risco, excluiu, na situação concreta, a cobertura da responsabilidade fidejussória relativamente à indemnização devida pelo arrendatário pelo atraso na restituição da coisa locada.

[67] Hipótese esta – de resto duvidosa, enquanto solução geral aplicável a todas as situações arrendatícias – admitida, v. g., por MENEZES LEITÃO, *Arrendamento urbano*[2], *cit.*, p. 62. Em geral, sobre a questão de saber se a fiança cobre uma eventual cláusula penal convencionada entre credor e devedor, cf. o nosso *Assunção fidejussória de dívida, cit.*, p. 607 e ss..

92 *Estudos de Direito das Garantias, II*

da fiança[68] que, a par da acessoriedade e do facto de constituir um negócio de risco, constitui um dos pilares da figura[69].

De resto, a própria acessoriedade da fiança, isoladamente considerada, nunca poderia legitimar uma tal denúncia, uma vez que a relação cuja extinção se está a equacionar não é a que liga o credor-senhorio ao devedor--arrendatário – relação na qual se identifica a "obrigação principal" (cf., v. g., artigo 634 do CC) – mas, antes, a que liga o credor-senhorio ao fiador[70]. Ora, quando o artigo 637/1 do CC – disposição central do regime da acessoriedade da fiança[71] – dispõe que o fiador tem o direito de opor ao credor os meios de defesa que competem ao devedor, está, naturalmente, a reportar--se aos meios de defesa que ressaltam da obrigação principal e com referência à mesma.

5.2. *A fiança do arrendatário e o regime da denúncia pelo senhorio*

I. Conforme resulta do disposto no artigo 1101 do CC, o senhorio pode socorrer-se de uma denúncia justificada, por qualquer dos fundamentos previstos nas alíneas *a)* e *b)* do artigo 1101 do CC[72], depois "continuados" nos artigos 1102 e 1103, ou de uma denúncia discricionária, *ad nutum*, prevista na alínea *c)* do artigo 1101, articulada com o disposto no artigo 1104.

A denúncia que, *hic et nunc*, importa considerar é a prevista na alínea *c)* do artigo 1101 do CC, de acordo com a qual o senhorio pode denunciar o contrato de arrendamento de duração indeterminada "mediante comunicação ao arrendatário com antecedência não inferior a cinco anos sobre a data em que pretenda a cessação". Por sua vez, o artigo 1104 do CC impõe a confirmação da denúncia, sob pena de ineficácia, por comu-

---

[68] Cf. os nossos *Assunção fidejussória de dívida, cit.*, pp. 113 e ss. e 116 e ss. e *A fiança no quadro das garantias pessoais, cit.*, p. 20 e ss..

[69] Cf. os nossos *Assunção fidejussória de dívida, cit.*, p. 116 e ss. e *A fiança no quadro das garantias pessoais, cit.*, p. 18 e ss.

[70] Cf., sobre a relação de fiança, o nosso *Assunção fidejussória de dívida, cit.*, p. 360 e ss..

[71] Cf. o nosso *Assunção fidejussória de dívida, cit.*, pp. 116 e ss. e 1011 e ss..

[72] Cf., v. g., SOUSA RIBEIRO, *O novo regime do arrendamento urbano, cit.*, p. 21 e ss..

nicação com a antecedência máxima de 15 meses e mínima de um ano relativamente à data da sua efectivação[73].

A questão que, neste particular, se suscita é a de saber se, por força da acessoriedade da fiança, o fiador pode denunciar o contrato de arrendamento nos termos da alínea *c*) do artigo 1101 do CC. A resposta não pode deixar de ser negativa, já que a denúncia do contrato de arrendamento, nos termos da alínea *c*) do artigo 1101, está reservada ao senhorio. De resto, a posição *per relationem* do fiador é em relação ao devedor principal – no caso, o arrendatário – e não em relação ao credor[74].

Igualmente insustentável seria a tese que pretendesse basear na citada alínea *c*) do artigo 1101, ainda que em articulação com a acessoriedade da fiança, uma denúncia, nesses termos, já não do contrato de arrendamento mas do próprio contrato de fiança. Na verdade, conforme já se salientou, a acessoriedade da posição do fiador é em relação ao devedor e não em relação ao credor.

III. A equacionação de uma desvinculação do fiador de contrato de duração indeterminada não passa, assim, pelo regime da acessoriedade. Contudo, nem por isso ela deve deixar de ser ponderada.

Conforme já destacámos noutro local[75], a fiança prestada por tempo indeterminado pode ser denunciada, nos termos gerais de direito: o princípio é o de que, sempre que não haja indicação de prazo, não estando a fiança limitada por outra via, a não fixação *ex ante* de um *Endzeitpunkt* pode ser suprida através da denúncia[76]. Não faria, de facto, qualquer sentido afastar do âmbito das situações fidejussórias contratadas por tempo indeterminado as soluções ou os remédios que a teoria geral dos contratos tem construído para evitar vinculações excessivas no tempo. De resto, a haver algum regime especial quanto aos negócios de fiança, ele deveria

---

[73] Cf., sobre este regime, por todos, MENEZES LEITÃO, *Arrendamento urbano*[2], *cit.*, pp. 114-115, SOUSA RIBEIRO, *O novo regime do arrendamento urbano*, *cit.*, p. 21 e OLINDA GARCIA, *A nova disciplina do arrendamento urbano*, *cit.*, p. 36.

[74] Cf. o nosso *Assunção fidejussória de dívida*, *cit.*, p. 121 e ss..

[75] Cf. o nosso *Assunção fidejussória de dívida*, *cit.*, v. g., pp. 517 e 704 e ss..

[76] Sobre a determinação temporal do débito e o estabelecimento de um *Endzeitpunkt*, cf. BECKER-EBERHARD, *Die Forderungsgebundenheit der Sicherungsrechte*, Verlag Ernst und Werner Gieseking, Bielefeld, 1993, p. 279 e ss. e o nosso *Assunção fidejussória de dívida*, *cit.*, p. 704 e ss..

ser no sentido do estabelecimento de um regime mais favorável ao fiador, atento o facto de a fiança ser um negócio de risco[77].

Conforme já assinalámos *supra* (ponto 2/III) e melhor veremos *infra* (ponto 5.3), existe um regime especial aplicável à fiança de obrigações futuras, *rectius*, somos de opinião de que existe um regime especial. Importa, porém, até por humildade académica e intelectual, supor que um tal regime especial não existia. *Quid iuris* então?

Nesse quadro, a equacionação da denúncia, pelo fiador, da fiança prestada por tempo indeterminado[78] constituiria um imperativo do direito dos contratos, pelo que, nessa medida, o único problema seria o da determinação da antecedência razoável.

Neste ponto, o regime da alínea *c*) do artigo 1101 do CC ganharia importância, mas em termos claramente diferentes daqueles que atrás equacionámos, para afastar a denúncia. Ou seja, uma vez que o senhorio tem o direito de denúncia discricionária com uma antecedência não inferior a cinco anos, o pré-aviso razoável deveria ser aquele que permitisse ao senhorio, notificado da denúncia da fiança, denunciar o contrato de arrendamento, mantendo-se a garantia de fiança até ao termo do contrato.

Na determinação desse prazo, o fiador deveria contar com o facto de o processo de denúncia discricionária do contrato de arrendamento pelo senhorio poder conhecer vicissitudes que perturbem a pré-determinação do momento da eficácia da declaração de denúncia. Bastará imaginar a situação em que o arrendatário se tenha recusado a receber a carta registada com aviso de recepção (artigo 10/1 da Lei 6/2006), caso em que o senhorio deverá enviar nova carta registada com aviso de recepção 30 a 60 dias sobre a data do envio da primeira (artigos 10/2 e 10/3 da Lei 6/2006). Neste quadro, digamos que, *a priori*, um pré-aviso de cinco anos e três meses seria suficiente.

Ainda nesse quadro, que, como dissemos, estará prejudicado pela existência de um regime especial aplicável às fianças de obrigações futuras, perguntar-se-á se o fiador do arrendatário deveria *confirmar* a denúncia

---

[77] Cf. o nosso *Assunção fidejussória de dívida*, cit., pp. 116 e ss. e 745.

[78] É dessa apenas que curamos e não, genericamente, de fianças prestadas para garantia das obrigações resultantes de um contrato de arrendamento de duração indeterminada. Na verdade, nada obstará a que num contrato deste tipo, as obrigações do arrendatário sejam garantidas por uma fiança por tempo determinado ou até por uma fiança a termo certo; cf. o nosso *Assunção fidejussória de dívida*, cit., p. 710 e ss..

da fiança, junto do senhorio, tal como o senhorio tem de confirmar a denúncia do contrato de arrendamento, junto do arrendatário, nos termos do artigo 1104 do CC.

A favor da necessidade de tal confirmação poderia, eventualmente, dizer-se que, a não ser assim, o senhorio que não efectue a confirmação nos termos legais, tem de reiniciar o processo de denúncia, nos termos da alínea c) do artigo 1101 e, não obstante, "perde" a fiança, decorrido o pré-aviso.

Contudo, parece-nos que a eficácia da denúncia da fiança não estaria dependente de qualquer confirmação. Recorde-se que a *ratio* de tal denúncia radica no regime geral do direito dos contratos, não havendo um acompanhamento *per relationem* em relação à posição do credor, até porque a posição que serve de "paradigma" em relação à do fiador, em termos de acessoriedade, é a do devedor e não a do credor[79].

Acresce que se o senhorio não efectuou a confirmação nos termos legais, *sibi imputet*, não havendo qualquer razão para penalizar o fiador por uma omissão que lhe não seria imputável e que respeita, especificamente, às relações entre o senhorio e o arrendatário.

5.3. *A fiança do arrendatário em arrendamento de duração indeterminada e o regime (a um tempo geral e especial) do artigo 654 do CC*

I. Temos estado a resolver o regime da fiança do arrendatário em arrendamento de duração indeterminada de forma provisória, conforme alertámos (ponto 5.2), já que se impõe a consideração do regime da fiança de obrigações futuras constante do artigo 654 do CC[80].

Na verdade, conforme vimos supra (ponto 2/III), revogado o artigo 655 do CC, o artigo 654 "reganha" as potencialidades aplicativas à fiança de locatário que estavam prejudicadas pela existência daquele regime especial, por se tratar de uma fiança relativa a obrigações futuras.

O regime do artigo 654 do CC surge, a um tempo, como um regime *geral* e *especial*: é um regime geral aplicável a todas as situações de

---

[79] Cf. o nosso *Assunção fidejussória de dívida*, *cit.*, p. 146 e ss..

[80] Cf. o nosso *Assunção fidejussória de dívida*, *cit.*, p. 305 e ss. e 704 e ss..

fianças de obrigações futuras, mas, no que concerne à articulação com o arrendamento urbano, surge como um regime especial, aplicável aos casos em que a garantia de cumprimento das obrigações do locatário se corporize numa fiança.

Do regime do artigo 654 do CC resulta que, relativamente às rendas futuras, o fiador do arrendatário pode desvincular-se discricionariamente da fiança decorridos cinco anos sobre a prestação da mesma. Conforme já se deixou claro supra (ponto 2/I), a extinção da fiança não é automática – como ocorria na situação do decurso do prazo do artigo 655 do CC – mas *potestativa*[81], podendo, assim, dizer-se que, neste particular, o regime do artigo 655 era mais favorável ao fiador, a quem bastava invocar a (ocorrida) caducidade da fiança, uma vez decorrido o prazo.

O artigo 654 do CC admite, porém, que o prazo de cinco anos seja diferente, para mais ou para menos[82]. Assim sendo, nada obsta a que as partes – o credor e o fiador – convencionem que a desvinculação do fiador só é possível após dez anos de arrendamento: nesse caso, uma vez decorrido esse prazo, o fiador pode desvincular-se potestativamente.

Está o arrendatário que pretenda desvincular-se da fiança, nos termos do artigo 654 do CC, sujeito à necessidade de observância de um pré--aviso, à semelhança do que ocorre no regime da denúncia? Pensamos que não: conhecendo (ou devendo conhecer) o credor o regime do artigo 654 do CC, não é necessário qualquer pré-aviso para que seja eficaz – naturalmente *ex nunc* [83]– o exercício do direito potestativo de desvinculação facultado ao fiador[84].

---

[81] Cf. o nosso *Assunção fidejussória de dívida, cit.*, p. 772; na jurisprudência, cf. o Acórdão STJ de 11.02.1988, BMJ 374 (1988), p. 455 e ss..

[82] Contudo, conforme alertámos já noutro local (*Assunção fidejussória de dívida, cit.*, p. 767), o critério que decorre da consideração do contrato de fiança como um negócio de risco é o de que, na dúvida sobre a convenção de um prazo superior, se deve considerar aplicável o prazo supletivo; na dúvida sobre a convenção de um prazo inferior a cinco anos, deve considerar-se derrogado o prazo supletivo.

[83] É ilustrativa, neste particular, a diferença, introduzida por MOULY (cf. *Les causes d'extinction du cautionnement*, Librairies Techniques, Paris, 1979, p. 37), entre *obligation de couverture* e *obligation de règlement*: a extinção da obrigação de cobertura – com eficácia *ex nunc* – deixa incólume a obrigação de *règlement* se uma dívida constituída antes da extinção da obrigação de cobertura não tiver sido paga; cf. também o nosso *Assunção fidejussória de dívida, cit.*, p. 308 e ss..

[84] Cf., para maior desenvolvimento, o nosso *Assunção fidejussória de dívida, cit.*, pp. 766-767.

II. Como articular este regime do artigo 654 do CC com o facto de a fiança do arrendatário que estamos a considerar se reportar a um arrendamento de duração indeterminada?

Vimos que a aplicação dos princípios gerais em sede de direito dos contratos determinaria a necessidade de a desvinculação do fiador dever ter lugar, através da via da denúncia, sendo, contudo, necessário respeitar o pré-aviso decorrente da consideração da antecedência imposta ao senhorio na alínea *c*) do artigo 1101 do CC.

Como vimos, essas considerações preliminares e provisórias são prejudicadas pelo regime do artigo 654 do CC.

Podemos testar a diferença de regimes com um exemplo prático: suponhamos que, num arrendamento de duração indeterminada, o fiador se limitou, sem a estipulação de cláusulas adjacentes, a garantir o cumprimento das obrigações a cargo do arrendatário e que, entretanto, já decorreram cinco anos de arrendamento. O fiador pode desvincular-se imediatamente, invocando o teor do artigo 654 do CC, sem necessidade de um pré-aviso que o leve a ter de "suportar" mais cinco anos e alguns meses de fiança (cf. *supra*, ponto 5.2/III), uma vez que, conforme já vimos, o artigo 654 consubstancia um regime especial dirigido às fianças de obrigações futuras, entre as quais as do arrendatário, sendo, nesse medida, aplicável esse regime.

A aplicação do regime do artigo 654 ao caso não se revela, sequer, contraditória com a revogação do regime do artigo 655: atente-se no facto de a extinção nos termos do artigo 655 ser automática, enquanto que a extinção nos termos do artigo 654 ser potestativa; atente-se, ainda, no facto de o artigo 655 estar construído num quadro de prorrogações do contrato de arrendamento, quadro esse que é alheio ao regime do contrato de arrendamento de duração indeterminada.

O exposto não significa que o senhorio não se possa acautelar contra uma desvinculação decorridos cinco anos sobre a prestação de fiança: pode fazê-lo no contrato de fiança, ou através da fixação de um prazo superior[85] ou através do estabelecimento de um prazo de pré-aviso.

---

[85] O estabelecimento desse prazo pode ser sindicado nos termos gerais de direito e considerando também o facto de a fiança constituir um negócio de risco; cf. o nosso *Assunção fidejussória de dívida, cit.*, p. 768. De qualquer modo, uma vez que estamos perante um domínio algo fluido, o legislador deveria intervir, no sentido (já proposto por VAZ SERRA, *Fiança e figuras análogas, cit.*, p. 313, sugerindo o prazo máximo de 20

98   *Estudos de Direito das Garantias, II*

Ou seja: no exemplo acima exposto, o senhorio que, volvidos cinco anos de contrato de arrendamento, se vê desprovido da garantia de fiança, só se pode queixar de si próprio: ou seja, do facto de não ter acautelado devidamente os termos da garantia fidejussória.

6. A fiança de arrendatário de arrendamento com prazo certo

6.1. *O regime da oposição à renovação pelo senhorio e pelo arrendatário*

I. O princípio estabelecido no artigo 1096 do CC para os contratos de arrendamento com prazo certo é o da *renovação automática*[86]: o contrato celebrado com prazo certo renova-se automaticamente no seu termo e por

---

anos) de impor um limite máximo de validade para as fianças prestadas por pessoas singulares não profissionais, limite esse que valeria em geral e não apenas no que concerne à fiança do arrendatário. Pela nossa parte, e em função da perigosidade da fiança, apontaríamos, como princípio, para um limite de 10 anos.

[86] Na realidade, o princípio da renovação automática do arrendamento já se encontrava genericamente consagrado, antes do NRAU, no artigo 1054 do CC. Porém, em sede de arrendamento urbano, esse princípio geral do arrendamento era prejudicado pela prorrogação forçada (para o senhorio), consagrada no artigo 68 do RAU. Sobre o regime vigente no RAU e no CC antes do RAU, cf., por todos, PEREIRA COELHO, *Arrendamento*, *cit.*, p. 254 e ss., BRANDÃO PROENÇA, *Um exemplo do melhor tratamento do arrendatário habitacional: termo final do arrendamento e "renovação forçada" (Uma perspectiva comparatística)*, Separata do número especial do BFD "Estudos em Homenagem ao Prof. Doutor José Joaquim Teixeira Ribeiro" (1981), Coimbra, 1982, *passim* e os nossos *Constituição da relação de arrendamento urbano*, Almedina, Coimbra, 1980, p. 44 e ss. e *Arrendamentos para habitação*[2], *cit.*, p. 273 e ss.. A expressão *prorrogação automática* parece-nos preferível à expressão *renovação automática*, fazendo nossas, neste particular, as palavras que resultam do ensinamento de GALVÃO TELLES, *Contratos civis. Exposição de motivos*, in RFDUL, IX (1953), pp. 186-187: "Na prorrogação o contrato não chega a interromper o curso da sua existência, que se prolonga por determinação da lei, em vista da inércia das partes, as quais ambas se abstiveram de manifestar com a antecedência necessária uma vontade oposta". E ainda: "Na renovação o contrato extingue-se efectivamente: deixa de produzir efeitos jurídicos, porque é objecto de revogação, rescisão ou caducidade. (…) A situação *de direito* termina, mas a situação *de facto* permanece". Neste mesmo sentido, pode ver-se PESSOA JORGE, *Direito das obrigações*, I, AAFDL, 1975-1976, pp. 197-198 e CUNHA DE SÁ, *Caducidade do contrato de arrendamento*, I, *cit.*, p. 117 e ss..

A Fiança do Arrendatário Face ao NRAU 99

períodos mínimos sucessivos de três anos, se outros não estiverem especialmente previstos; contudo, qualquer das partes se pode *opor à renovação*[87], nos termos do artigo 1097, para o senhorio, ou 1098, para o arrendatário. Do princípio da renovação automática encontram-se, porém, excepcionados os arrendamentos para habitação não permanente ou para fim especial transitório[88].

II. De acordo com o disposto no artigo 1097 do CC, o senhorio pode impedir a renovação automática do contrato mediante comunicação ao arrendatário com uma antecedência não inferior a um ano do termo do contrato. A comunicação é feita nos termos do disposto no artigo 9 e seguintes da Lei 6/2006 e o desrespeito pela antecedência mínima determinará a *ineficácia* da oposição à renovação[89].

Por sua vez, o artigo 1098/1 estabelece que o arrendatário pode impedir a renovação automática do contrato de arrendamento mediante comunicação ao senhorio com uma antecedência não inferior a 120 dias do termo do contrato. A comunicação deve ser, igualmente, feita nos termos do artigo 9 e seguintes da Lei 6/2006, mas, diversamente do que acontece em relação à comunicação pelo senhorio (artigo 1097), a inobservância da antecedência mínima não prejudica a eficácia da declaração e a extinção do contrato, obrigando, porém, ao pagamento das rendas correspondentes ao período de pré-aviso em falta (artigo 1098/3).

---

[87] Sobre a figura da *oposição à renovação*, cf. PESSOA JORGE, *Direito das obrigações*, I, *cit.*, pp. 197-198, MENEZES CORDEIRO, *Direito das obrigações*, II, AAFDL, 1986, p. 166 e, recentemente, MENEZES LEITÃO, *Direito das obrigações*, II[4], *cit.*, pp. 106-107; cf. também, mas na perspectiva de enquadrar a oposição à renovação num conceito amplo de *denúncia*, ROMANO MARTINEZ *Da cessação do contrato*[2], *cit.*, p. 62 e ss..

[88] Cf., v. g., PINTO FURTADO, *Manual do arrendamento urbano*, I[4], *cit.*, p. 141 e ss..

[89] Trata-se, no caso, de uma *ineficácia em sentido estrito*, uma vez que os efeitos da oposição à renovação não se produzem por um factor extrínseco ao negócio; cf., por todos, GALVÃO TELLES, *Manual dos contratos em geral*, 4.ª ed., Coimbra Editora, Coimbra, 2002, p. 378 e MENEZES CORDEIRO, *Tratado de direito civil português*, I – *Parte geral*, tomo I, 3.ª ed., Almedina, Coimbra, 2005, p. 869.

6.2. *Fiança do arrendatário e o regime da oposição à renovação*

I. Tendo sido prestada fiança em contrato de arrendamento com prazo certo, para cumprimento das obrigações a cargo do arrendatário, pode o fiador, cuja fiança não tenha sido limitada ao período inicial de duração do contrato, socorrer-se do mecanismo da oposição à renovação por aplicação directa ou indirecta do disposto no artigo 1097 ou no artigo 1098/1 do CC? A oposição à renovação cuja eficácia indagamos tem por objecto a fiança e não o próprio contrato de arrendamento, no qual o fiador não é parte.

A resposta a uma tal questão não pode deixar de ser negativa. O fiador não pode socorrer-se da oposição à renovação do artigo 1097, uma vez que a sua posição não é acessória em relação à do senhorio. Além disso, uma tal oposição à renovação seria contrária ao fim de garantia ou segurança identificado na fiança (*Sicherungszweck*)[90]. Na verdade, supondo que o fiador se constituiu garante do cumprimento das obrigações do devedor, por exemplo, pelo período inicial de cinco anos e pelas seguintes duas renovações eventuais, permitir ao fiador desvincular-se da fiança para o fim do período inicial ou da primeira renovação constituiria uma quebra da segurança ou garantia do credor, perante o qual o fiador se vinculou.

De afastar é também a viabilidade de uma oposição à renovação da fiança, pelo fiador, ao abrigo do artigo 1098/1 do CC, não obstante ser claro que a posição do fiador é acessória em relação à do arrendatário--devedor. Na verdade, ao pretender opor-se à renovação da fiança, o fiador estaria a pretender importar para o conteúdo de um contrato que celebrou com o senhorio-credor as especificidades de regime estabelecidas pela lei para o contrato principal – o de arrendamento – e em função dessas especificidades.

De resto, uma tal iniciativa extravasaria a dimensão da acessoriedade, já que os chamados direitos potestativos (*Gestaltungsrechte*)[91], de que é

---

[90] Cf. os nossos *Assunção fidejussória de dívida, cit.*, p. 116 e ss. e *A fiança no quadro das garantias pessoais, cit.*, p. 20 e ss..

[91] Sobre a questão de saber se estamos perante direitos potestativos ou poderes potestativos, cf. o nosso *Assunção fidejussória de dívida, cit.*, p. 1179 e ss.. De acordo com a posição que aí defendemos, os chamados direitos potestativos são simples poderes – *poderes potestativos*. Na nossa opinião, a consequência de adoptarmos uma noção de direito subjectivo dependente do "aproveitamento do bem", é considerar o direito potestativo

A Fiança do Arrendatário Face ao NRAU 101

exemplo o poder de oposição à renovação, não se comunicam ao fiador, não estando, por outro lado, tais situações abrangidas pelo âmbito de aplicação da *excepção de impugnabilidade* do artigo 642/2 do CC[92].

II. A questão está em saber se, tendo-se o fiador vinculado pelo período inicial de duração do contrato e pelas sucessivas renovações, o mesmo se mantém adstrito, como garante – ainda que em termos acessórios – ao cumprimento das obrigações do arrendatário até que se extinga a relação de arrendamento.

A ser assim, as consequências da prestação de fiança em arrendamento com prazo certo poderiam ser mais bem gravosas do que num arrendamento de duração indeterminada: enquanto que, neste último caso, o fiador se pode desvincular potestativamente, nos termos do artigo 654 do CC, na fiança de arrendamento com prazo certo teria que suportar, como garante, um contrato de arrendamento que perdurasse por várias décadas, já que parece que o limite de 30 anos estabelecido no artigo 1095/2 não o é para a *duração do contrato* de arrendamento mas para o *período inicial* de duração do mesmo[93].

---

como um poder. É que, para além de a descoberta de SECKEL, *Die Gestaltunsgsrechte des bürgerlichen Rechts*, Wissenschaftliche Buchgemeinschaft, Darmstadt, 1954, *passim*, ser relativamente recente, a inclusão do *Gestaltungsrecht* no direito subjectivo, por parte da doutrina alemã, decorre de específicas noções não coincidentes com a matriz de GOMES DA SILVA (*O dever de prestar e o dever de indemnizar*, I, Lisboa, 1944, p. 52) ou com atitudes, como a de LARENZ (*Allgemeiner Teil des deutschen Bürgerlichen Rechts. Ein Lehrbuch*, 7.ª ed., Beck, München, 1989, p. 209 e ss.), de "desistência" de erigir uma noção de direito subjectivo.

Para a caracterização do direito subjectivo, cf., v. g., OLIVEIRA ASCENSÃO, *Direito civil. Teoria geral*, III, *cit.*, p. 56 e ss., MENEZES CORDEIRO, *Tratado de direito civil português*, I/I[3], cit., p. 311 e ss. e PAIS DE VASCONCELOS, *Teoria geral do direito civil*, 3.ª ed., Almedina, Coimbra, 2005, p. 641 e ss..

[92] Cf. o nosso *Assunção fidejussória de dívida, cit.*, p. 1059 e ss..

[93] Cf., porém, em sentido contrário, PINTO FURTADO, *Manual do arrendamento urbano*, I[4], *cit.*, p. 43; a pp. 311 e ss., o autor admite que, sendo o contrato de arrendamento de duração indeterminada, a duração do mesmo pode ser superior a 30 anos, não lhe sendo aplicável o limite estabelecido no artigo 1025 do CC. O problema suscitava-se já no domínio do direito anterior ao NRAU, parecendo-nos, já então, preferível a solução que propendia no sentido de que o prazo de 30 anos não constituía um limite para a duração do contrato de arrendamento mas, antes, um limite para a fixação do prazo do contrato. Esta posição – defendida, de resto, também por autores como PIRES DE LIMA e ANTUNES

Salta à vista que este efeito não é possível: salta, de facto, à vista que seria insuportável, desde logo à luz do princípio que postula a livre denunciabilidade dos contratos celebrados por tempo indeterminado, que um fiador tivesse de ficar, na prática, indefinidamente vinculado pelo facto de o contrato de arrendamento ter sido celebrado com prazo certo.

Sob pena de grave incoerência do sistema do direito dos contratos, não se pode fazer entrar pela janela dos contratos com prazo certo o que saiu pela porta dos contratos de duração indeterminada. Pense-se, por exemplo, numa fiança de pessoa singular, relativa a um contrato de arrendamento não habitacional – contrato este que, nos termos do artigo 1113/ /1 do CC, não caduca[94] – e logo teremos, bem evidenciada, a anomalia da situação.

Emerge aqui, de novo, pelas razões acima expostas, o regime constante do artigo 654 do CC.

III. Uma vez que, como vimos, é aplicável ao caso o regime do artigo 654 do CC, haverá que diferenciar consoante a fiança tenha sido ou não limitada a um determinado prazo ou a determinado número de renovações.

Se o fiador se vinculou a determinado prazo ou a um certo número de renovações, estaremos, então, perante uma *fiança por tempo determinado* ou perante uma *fiança com prazo certo*, conclusão esta que constitui um problema de interpretação[95].

Se, ao invés, o fiador se vinculou por todo o tempo do contrato ou, o que é o mesmo, pelas sucessivas renovações sem limitação, não poderá deixar de ser aplicável a consequência estabelecida no artigo 654: o arren-

---

Varela, *Código civil anotado*, II, 4.ª ed., Coimbra Editora, Coimbra, 1997, p. 348 ["Este limite máximo de trinta anos não pode aplicar-se à duração da relação locatícia, proveniente da renovação do contrato, imposta ao senhorio nos termos do antigo artigo 1095.º (hoje substituído pelo artigo 68.º do Regime do Arrendamento Urbano), visto serem manifestamente distintas as circunstâncias em que o contrato se inicia, na exclusiva disponibilidade das partes, e as condições em que a relação se prorroga por força da lei"] – não impede que reconheçamos que a aplicação do regime vinculístico conduzia, na prática, à imposição ao senhorio de prazos de duração bem superiores.

[94] Cf., no âmbito do RAU, cujo artigo 112 consagrava a não caducidade do contrato de arrendamento para comércio e equiparado, por morte do arrendatário, os nossos *Arrendamentos comerciais*[2], *cit.*, p. 267 e ss.; face ao NRAU, cf., v. g., Sousa Ribeiro, *O novo regime do arrendamento urbano*, *cit.*, p. 19.

[95] Cf. o nosso *Assunção fidejussória de dívida*, *cit.*, p. 710 e ss..

A Fiança do Arrendatário Face ao NRAU   103

datário pode liberar-se da garantia, decorridos cinco anos sobre a prestação de fiança.

Conforme já destacámos *supra* (ponto 5.3/I), o prazo de cinco anos do artigo 654 é um prazo supletivo, que pode ser alargado por acordo das partes: contudo, esse "outro prazo" deverá ser necessariamente preciso (7 anos, 10 anos, 15 anos), sem o que é de aplicar o regime de *desvinculabilidade discricionária e potestativa* decorridos cinco anos após a prestação de fiança[96].

Por outro lado, é importante deixar claro qual é o sentido que as partes no contrato de fiança associam ao decurso de um prazo; *grosso modo*, as partes podem ter em vista um prazo cujo decurso permita ao fiador liberar-se ou, antes – o que corresponde a uma situação não prevista especificamente no artigo 654 do CC – um prazo cujo decurso determina a caducidade da fiança. É uma questão que deve ser, naturalmente, resolvida por interpretação do contrato, sendo que, na dúvida, valerá a solução da caducidade, mais favorável ao fiador: *in dubio pro fideiussore*[97].

6.3. *Fiança do arrendatário e o regime da denúncia pelo arrendatário*

I. Tratando-se de contrato de arrendamento com prazo certo, o artigo 1098/2 do CC permite que o arrendatário se desvincule a todo o tempo, desde que tenham decorrido seis meses de duração efectiva do contrato, devendo, no entanto, respeitar uma antecedência mínima de 120 dias relativamente ao termo pretendido, sendo que essa denúncia produz efeitos no final de um mês de calendário gregoriano. Decorre do disposto no artigo 1098/3 do CC que a inobservância da antecedência prevista no artigo 1098/2 não obsta à cessação do contrato mas obriga ao pagamento das rendas correspondentes ao período de pré-aviso em falta.

Independentemente da questão de saber se estamos aqui perante uma verdadeira denúncia[98], o que importa agora analisar é o eventual reflexo que a previsão de tal denúncia tem no regime da fiança e na vinculação do fiador.

---

[96] Cf. o nosso *Assunção fidejussória de dívida, cit.*, p. 765 e ss., sobre o sentido e os limites da fixação de prazos.

[97] Cf. o nosso *Assunção fidejussória de dívida, cit.*, pp. 744-745.

[98] Cf., v. g., ROMANO MARTINEZ, *Da cessação do contrato*[2], *cit.*, pp. 52 e ss. e 60-61; cf. também os nossos *Arrendamentos para habitação*[2], *cit*, pp. 218-219, mas com referência ao que dispunha o artigo 100/4 do RAU, em sede de *contratos de duração limitada.*

II. Como vimos *supra* (ponto 6.2/I) em relação à oposição à renovação, o direito de denúncia do contrato de arrendamento está reservado, neste caso, ao arrendatário, como direito potestativo que é (*Gestaltungsrecht*), não se comunicando ao fiador, pese embora a característica da acessoriedade da fiança. Por outro lado, tal como em relação à oposição à renovação, não estamos perante o universo de situações (artigo 642/2 do CC)[99] que permitam ao fiador fazer valer uma excepção de impugnabilidade.

Também pela via da acessoriedade não poderá o fiador sustentar um direito de denúncia, já não do contrato de arrendamento mas da fiança, moldado nos termos do disposto no artigo 1098/2. Apesar de a posição de referência, em termos de acessoriedade, ser a do devedor[100], uma tal denúncia pelo fiador, nesses termos, brigaria, de forma clara, com o fim de garantia ou segurança (*Sicherungszweck*) da fiança[101]. Na verdade, uma desvinculação arbitrária pelo fiador, relativamente ao contrato de fiança, deixaria o credor desprovido da garantia fidejussória, apesar de se manter a relação principal.

Resulta, assim, demonstrado que o regime constante do artigo 1098/ /2 do CC não permite, também ele, de per si, prejudicar ou sequer perturbar o regime resultante do artigo 654 do CC.

7. Algumas situações específicas

7.1. *O destino da fiança no caso de trespasse*

I. Questiona-se agora a sorte da fiança do arrendatário no caso de trespasse. Mantém-se a mesma em garantia de cumprimento das obrigações do trespassário ou deve entender-se que caduca?

De acordo com o disposto na alínea *a*) do artigo 1112/1 do CC, é permitida a transmissão por acto entre vivos da posição do arrendatário, sem dependência da autorização do senhorio no caso de trespasse de estabelecimento comercial ou industrial[102]. Conforme é destacado pela

---

[99] Cf. o nosso *Assunção fidejussória de dívida, cit.*, p. 1059 e ss..

[100] Cf. o nosso *Assunção fidejussória de dívida, cit.*, p. 140 e ss. e 146 e ss..

[101] Cf. o nosso *Assunção fidejussória de dívida, cit.*, p. 116 e ss..

[102] Centramo-nos na situação prevista na alínea *a*) do artigo 1112/1 do CC, sendo que as considerações que fazemos valem, com as necessárias adaptações, para o caso, previsto na alínea *b*) do mesmo artigo 1112/1, de transmissão por acto entre vivos da

doutrina[103], quando ocorre um trespasse com inclusão da posição do arrendatário, ocorre uma modificação subjectiva na relação de arrendamento, passando o trespassário a ocupar a posição de arrendatário, em substituição do trespassante.

Decorre do facto de o senhorio ter direito de preferência no trespasse por venda ou dação em cumprimento (artigo 1112/4 do CC)[104] que, nestes casos, o senhorio pode impedir a continuação da relação de arrendamento, adquirindo o estabelecimento. Contudo, o senhorio pode não querer ou não estar em condições financeiras de exercer a preferência, caso em que há que saber qual é o destino da fiança do arrendatário trespassante. A dúvida

---

posição de arrendatário a pessoa que no prédio arrendado continue a exercer a mesma profissão liberal ou a sociedade profissional de objecto equivalente. Sobre o regime actualmente constante do artigo 1112 do CC, cf., mas ainda no âmbito da proposta de lei, o nosso estudo *Breves notas sobre as "Disposições especiais do arrendamento para fins não habitacionais" no Projecto do NRAU*, in "O Direito", ano 137 (2005), II, p. 384 e ss. e também, ainda no âmbito da Proposta, PINTO FURTADO, *Do arrendamento urbano para fins não habitacionais*, in "O Direito", ano 137 (2005), II, p. 403 e ss.; de resto, deste mesmo autor, pode consultar-se, mas no diverso quadro do PMC, *Do arrendamento para comércio ou industria no Regime dos Novos Arrendamentos Urbanos*, in "O Direito", ano 136 (2004), II-III, p. 345 e ss.. Face ao NRAU, cf., v. g., GRAVATO MORAIS, *Novo regime de arrendamento comercial, cit.*, p. 144 e ss., OLINDA GARCIA, *Arrendamentos para comércio e fins equiparados, cit.*, p. 80 e ss. e JOSÉ REIS, *O arrendamento para fins não habitacionais no NRAU: Breves considerações*, in RFDUP III (2006), p. 513 e ss..

[103] Cf., v. g., ORLANDO DE CARVALHO, *Critério e estrutura do estabelecimento comercial. I. O problema da empresa como objecto de negócios*, Coimbra, 1967, p. 604 e ss., RUI DE ALARCÃO, *Sobre a transferência da posição do arrendatário no caso de trespasse*, in BFD, XLVII (1971), p. 21 e ss., PEREIRA COELHO, *Arrendamento, cit.*, p. 213 e ss., MENEZES CORDEIRO, *Manual de direito comercial*, 2.ª ed., Almedina, Coimbra, 2007, p. 296 e ss., COUTINHO DE ABREU, *Da empresarialidade. As empresas no Direito*, Almedina, Coimbra, 1996, p. 324 e ss., PINTO FURTADO, *Manual do arrendamento urbano*, 3.ª ed., Almedina, Coimbra, 2001, p. 526 e ss., GRAVATO MORAIS, *Alienação e oneração de estabelecimento comercial*, Almedina, Coimbra, 2005, p. 86 e ss. e os nossos *Constituição da relação de arrendamento urbano, cit.*, p. 177 e ss. e *Arrendamentos comerciais*[2], cit., p. 160 e ss..

[104] Cf., v. g., os nossos *Arrendamentos comerciais*[2], cit., p. 176 e ss. e, recentemente, mas ainda no âmbito do RAU, GRAVATO MORAIS, *Alienação e oneração de estabelecimento comercial, cit.*, p. 88 e ss.. Face à proposta do NRAU, cf. o nosso *Breves notas sobre as "Disposições espaciais do arrendamento para fins não habitacionais" no Projecto do NRAU, cit.*, pp. 386-387 e PINTO FURTADO, *Do arrendamento urbano para fins não habitacionais, cit.*, p. 404.

106   *Estudos de Direito das Garantias, II*

só se levanta, como parece lógico, no caso em que as partes no contrato de fiança não previram e não regularam essa situação: se o tiverem feito, ou seja, se o fiador se vinculou pelo cumprimento das obrigações do arrendatário inicial bem como do novo arrendatário (trespassário), fica balizado o risco fidejussório no que tange às pessoas garantidas.

Suponhamos, a título de exemplo, um arrendamento para comércio com prazo certo de vinte anos, em que o fiador se vinculou por esse prazo, sem ter havido uma previsão de caducidade da fiança em caso de trespasse. Supondo que ocorre um trespasse após sete anos de contrato, o fiador passa a garantir o cumprimento das obrigações a cargo do novo arrendatário ou considera-se que, por aplicação analógica ou outra do regime previsto no artigo 599/2 do CC, a fiança caduca?

Já analisámos esta questão noutro local[105], embora no quadro do RAU, parecendo-nos, agora, que a posição que então tomámos, de resto com muitas dúvidas, deve ser revista. Ponderámos, então, que, diversamente do que acontece na assunção de dívida (artigo 599/2 do CC) ou na cessão da posição contratual – em que, respectivamente, o credor e o cedido são chamados a dar o seu acordo – assim não acontece, quanto ao senhorio, no trespasse, por força da lei, razão pela qual, sendo a lei conhecida (ou, pelo menos, cognoscível) do fiador, faria parte do fim de garantia da fiança (*Sicherungszweck*) a continuação da vinculação fidejussória apesar da modificação subjectiva ocorrida na relação de arrendamento.

De acordo com esta posição, que não mantemos, o fiador teria o ónus de, aquando da prestação de fiança, regular os termos da vinculação fidejussória, deixando claro, se assim o entendesse, que a fiança caducaria em caso de trespasse.

II. No confronto entre a tutela da posição do senhorio e a tutela da posição do fiador é esta última que merece primazia, no sentido de que a consequência natural e lógica da alteração subjectiva da posição de arrendatário é a extinção da fiança, já que não é de presumir que o fiador quer garantir o cumprimento não só por parte do arrendatário, pessoa que ele conhece e que o "colocou" na situação de fiador, mas também por parte de um eventual terceiro trespassário, cuja honorabilidade e solvabilidade

---

[105] In *Assunção fidejussória de dívida, cit.*, pp. 789-790, nota 171.

A Fiança do Arrendatário Face ao NRAU   107

desconhece por completo. Neste sentido, podemos dizer que as fianças – e dentre estas, com clara evidência, as de não profissionais – são de presumir como prestadas *intuitu personae*.

Neste quadro, caberá, então, ao senhorio fazer a prova – que pode não ser fácil, em função da necessidade (artigo 628/1 do CC)) de a declaração do fiador ser expressa[106] – de que o fiador se vinculou em termos de garantir não só o cumprimento das obrigações do arrendatário inicial mas também o cumprimento das obrigações a cargo do trespassário.

A favor deste entendimento[107] milita o facto de a fiança ser, conforme temos salientado, um negócio de risco[108] – com a consequente aplicação do princípio *in dubio pro fideiussore* – como também o princípio que emana do estabelecido no artigo 599/2 do CC[109] – princípio esse que valerá não só para a assunção de dívida mas também para a cessão da posição contratual[110] e, mais genericamente, para as situações de transmissão entre vivos da posição contratual.

III. Como tutelar a posição do credor, face a um trespasse que tenha determinado a extinção da fiança?

Essa tutela passa, desde logo, pelo regime da prestação de caução e, mais concretamente, pelo que vem estabelecido no artigo 626 do CC[111], na medida em que, por interpretação do contrato de arrendamento seja possível concluir que o arrendatário (inicial ou sucessivo) estava obrigado a *manter* caução.

---

[106] Cf. o nosso *Assunção fidejussória de dívida, cit.*, p. 467 e ss. e, no domínio dos trabalhos preparatórios, VAZ SERRA, *Fiança e figuras análogas, cit.*, p. 33 e ss..

[107] Este é um assunto que tem passado, de algum modo, à margem da atenção da doutrina. Encontramos, porém, em JOÃO DE MATOS, *Manual do arrendamento e do aluguer*, II, Livraria Fernando Machado, Porto, 1968, p. 107, sustentado em Avelino de Faria, a defesa clara da posição de caducidade da fiança: "Pelas razões antecedentemente expostas, somos da opinião de que a fiança se extingue no caso de trespasse, salvo se o fiador assumir expressa e inequivocamente essa responsabilidade".

[108] Cf. o nosso *Assunção fidejussória de dívida, cit.*, pp. 116 e ss. e 744-745.

[109] Cf., sobre este, MENEZES LEITÃO, *Direito das obrigações*, II[4], *cit.*, p. 64 e ss.; com aplicação ao campo específico da fiança, cf. o nosso *Assunção fidejussória de dívida, cit.*, p. 788 e ss..

[110] Cf., neste sentido, MOTA PINTO, *Cessão da posição contratual, cit.*, p. 489.

[111] Cf., sobre este, v. g., PIRES DE LIMA / ANTUNES VARELA, *Código civil anotado*, I[4], *cit.*, p. 643.

7.2. *O destino da fiança no caso de morte do arrendatário*

Uma questão de algum modo semelhante à exposta no ponto anterior respeita aos casos de morte do arrendatário[112], desde que subsista a relação de arrendamento. Estão em causa as situações previstas no artigo 1106[113] ou no artigo 1113 do CC[114]. Mantém-se o fiador vinculado pelo cumprimento das obrigações a cargo do novo titular da relação de arrendamento?

Mais uma vez, serão determinantes os termos da vinculação fidejussória. Mais uma vez, não é de presumir que o fiador se tenha querido vincular pelo cumprimento das obrigações a cargo do arrendatário e também pelo cumprimento das obrigações a cargo do sucessor no arrendamento, cabendo ao senhorio, interessado na fiança, a demonstração do contrário.

Conforme resulta do que salientámos noutro local[115], o credor – neste caso o senhorio – não pode razoavelmente esperar que a fiança de amigo ou parente subsista incólume após a morte do devedor, uma vez que a fiança terá sido, então, prestada *intuitu personae* (de terceiro – o devedor-arrendatário, no caso – que não é parte no contrato de fiança). Diverso

---

[112] Diferentes e aqui não abordados, são os casos de morte do fiador, remetendo-se para os nossos *Assunção fidejussória de dívida*, cit., p. 793 e ss. e *A fiança no quadro das garantias pessoais*, cit., p. 45 e ss..

[113] Cf., sobre este, por todos, OLINDA GARCIA, *A nova disciplina do arrendamento urbano*, cit., p. 37 e ss. e LAURINDA GEMAS / ALBERTINA PEDROSO / JOÃO CALDEIRA JORGE, *Arrendamento urbano*, 2.ª ed., Quid Juris, Lisboa, 2007, p. 384 e ss., FRANÇA PITÃO, *Novo regime do arrendamento urbano*, 2.ª ed., Almedina, Coimbra, 2007, p. 727 e ss. e MARGARIDA GRAVE, *Novo regime do arrendamento urbano*³, cit., pp. 107-108. Sobre o regime da transmissão do arrendamento habitacional por morte do arrendatário, no domínio do RAU, cf. os nossos *Arrendamentos para habitação*², cit., p. 167 e ss. e JOÃO MENEZES LEITÃO, *Morte do arrendatário habitacional e sorte do contrato*, in "Estudos em homenagem ao Prof. Doutor Inocêncio Galvão Telles", III – Direito do Arrendamento Urbano, Almedina, Coimbra, 2002, p. 275 e ss..

[114] Cf., sobre este, por todos, LAURINDA GEMAS / ALBERTINA PEDROSO / JOÃO CALDEIRA JORGE, *Arrendamento urbano*², cit, p. 425 e ss., FRANÇA PITÃO, *Novo regime do arrendamento urbano*², cit., p. 767 e ss. e MARGARIDA GRAVE, *Novo regime do arrendamento urbano*³, cit., p. 119.

[115] Cf. o nosso *Assunção fidejussória de dívida*, cit., pp. 792-793. Sobre as consequências da morte do arrendatário comercial, no domínio do RAU, cf. os nossos *Arrendamentos comerciais*², cit., p. 267 e ss..

A Fiança do Arrendatário Face ao NRAU 109

poderá, eventualmente, ser o caso se a fiança for prestada por um profissional, na medida em que tenha feito a avaliação do seu risco não apenas em função da pessoa do devedor e do seu património mas também em consideração das vicissitudes, incluindo as subjectivas, do crédito.

A assinalada natureza da fiança como negócio de risco impõe, de resto, esta solução, cabendo ao senhorio, aquando da constituição do vínculo fidejussório o ónus de exigir um âmbito de vinculação que o coloque a cobro da vicissitude traduzida na modificação subjectiva da posição de arrendatário.

Tal como no caso de trespasse, a tutela da posição do senhorio que fique desprovido da garantia fidejussória poderá, eventualmente, passar pelo regime do artigo 626 do CC.

7.3. *Agravamento da situação patrimonial do devedor*

I. Conforme vimos supra, o artigo 654, aplicável à fiança de obrigações futuras, prevê que o fiador se possa liberar da garantia se a situação patrimonial do devedor se agravar em termos de pôr em risco os seus direitos eventuais contra este.

Conforme destacámos noutro local[116], o legislador pretende resguardar o fiador face ao agravamento da situação patrimonial do devedor. Não se trata, porém, de um agravamento qualquer: ele tem de ser de molde a pôr em risco a consecução, pelo fiador, quando sub-rogado[117], da satisfação do crédito, através do património do devedor.

Este regime – que se apresenta coerente, com a consagração, no artigo 653 do CC, do *benefitium cedendarum actionum*[118] e ainda com o *direito à liberação interna* fundado na alínea *b*) do artigo 648 do CC[119] – postula a necessidade de realização de duas operações. A primeira é uma operação *virtual* de ponderação das possibilidades de o fiador sub-rogado conseguir em regresso (*lato sensu*) a satisfação do crédito: deve

---

[116] In *Assunção fidejussória de dívida*, *cit.*, p. 768 e ss..

[117] Sobre esta sub-rogação e, em geral, sobre a liquidação da operação de fiança, cf. o nosso *Assunção fidejussória de dívida*, *cit.*, p. 903 e ss..

[118] Cf. o nosso *Assunção fidejussória de dívida*, *cit.*, p. 917 e ss..

[119] Cf. o nosso *Assunção fidejussória de dívida*, *cit.*, p. 856 e ss..

então – "simulado" o cumprimento pelo fiador – ser pesada ou avaliada a real possibilidade de o fiador conseguir a recuperação do que pagou e o demais que possa ser devido. A segunda operação – uma vez concluído que o crédito eventual do fiador sub-rogado contra o devedor está em risco, é a do cotejo entre o grau de probabilidade de satisfação do crédito (de regresso) no momento da prestação da fiança e no momento do pretendido exercício da liberação.

A liberação do fiador só será lícita se a evolução do grau de probabilidade for negativa e em termos objectivamente relevantes e atendíveis, isto é, graves: é o que resulta da referência, feita no artigo 654 do CC, ao agravamento da situação patrimonial do devedor.

II. Pergunta-se, agora, se a liberação do fiador com fundamento no agravamento da situação patrimonial do devedor está também facultada ao fiador do arrendatário, desde logo em função do facto de o revogado artigo 655 não ter qualquer alusão específica ao agravamento da situação patrimonial do locatário.

No nosso entender, revogado o artigo 655 e "albergada" a fiança do arrendatário no regime geral – para as fianças de obrigações futuras – do artigo 654, não encontramos qualquer base para afastar este fundamento de desvinculação. Não obstante, entendemos que, em função das situações pensadas pelo legislador para admitir este fundamento de desvinculação, a aplicação ao caso da fiança do arrendatário deve ser feita com particular cautela, considerando as especificidades do regime do arrendamento.

Essas situações pensadas pelo legislador são, fundamentalmente, situações novas de concessão de crédito ou similares, situações essas em que o credor não fica prejudicado pela liberação do fiador, uma vez que pode, então, abster-se de dar crédito, ou se fica prejudicado é porque concedeu crédito à revelia do fiador, sabendo que o devedor estava em más condições patrimoniais. O problema é, de forma ilustrativa, apresentado assim por Vaz Serra[120]: "No caso de fiança prestada para garantia de obrigações futuras, corre o fiador o risco de o credor, sem autorização do fiador, dar crédito ao devedor, embora a situação patrimonial deste tenha piorado a ponto de tornar muito mais difícil a satisfação do credor". E continuando: "O credor, garantido pela fiança, pode não se abster de

---

[120] *Fiança e figuras análogas*, cit., p. 240.

conceder crédito ao devedor nestas condições e o fiador terá, assim, o prejuízo de ter de pagar esta dívida e não poder depois efectivar o crédito contra o devedor".

Como solução possível, ponderava, nesta linha, Vaz Serra[121]: "Parece razoável que o fiador por obrigação futura possa liberar-se, antes da concessão de crédito ao devedor, quando, após a assunção da fiança, tenham piorado as condições do devedor a ponto de se tornar notavelmente mais difícil a satisfação do crédito". E ainda[122]: "Se o crédito não foi ainda concedido, não é o credor prejudicado com a revogação da fiança tão gravemente como o seria depois de concedido o crédito".

Estes extractos ilustram o fio condutor das preocupações de Vaz Serra: permitir, como princípio[123], a desvinculação do fiador com base no agravamento da situação patrimonial do devedor, mas sem que daí resulte, tendencialmente, um prejuízo para o credor, *maxime* porque está em condições de não assumir compromissos – ou seja, nos casos apontados por Vaz Serra, em condições de não conceder mais crédito.

III. Aplicando ao caso do fiador do arrendatário as preocupações – se não mesmo as directrizes – que resultam da consideração dos trabalhos preparatórios, o princípio é o de que o fiador do arrendatário se pode liberar no caso de agravamento relevante da situação patrimonial do devedor, mas não o pode fazer em termos de prejudicar o credor-senhorio.

Pensamos que a maneira de conciliar estes dois interesses passa pela necessidade de o fiador dar tempo ao senhorio para, querendo, se desvincular da relação de arrendamento.

Suponhamos, assim, uma fiança de arrendatário em arrendamento de duração indeterminada, na qual o fiador se tenha vinculado, nos termos do artigo 654 do CC, *in fine*, a não liberar-se antes de decorridos dez anos sobre a prestação da fiança. Suponhamos ainda que, nesse caso, a situação patrimonial do devedor se agrava relevantemente, para efeitos do estabelecido no artigo 654 do CC, logo no segundo ano de arrendamento. Nesta situação, o fiador poderá liberar-se da fiança mas só o poderá fazer em termos de o senhorio poder denunciar de imediato o contrato de arrenda-

---

[121] *Fiança e figuras análogas*, cit., pp. 241-242.

[122] Vaz Serra, in *Fiança e figuras análogas, cit.*, p. 242.

[123] Dizemos "como princípio", uma vez que Vaz Serra admitia várias excepções ou inflexões; cf. Vaz Serra, *Fiança e figuras análogas, cit.*, p. 241 e ss..

mento, mantendo até final a garantia fidejussória. Na prática, considerando o regime da alínea *c*) do artigo 1101 do CC, o fiador terá de suportar a carga da fiança por, sensivelmente, mais cinco anos[124].

Apliquemos, agora, a doutrina exposta a uma situação em que o arrendamento tenha sido celebrado com prazo certo, tendo o prazo sido fixado em cinco anos (artigo 1095/2 do CC). Se a alteração relevante da situação patrimonial do arrendatário acontece no segundo ano, o fiador poderá, de facto, desvincular-se mas a cobertura da garantia fidejussória mantém-se até ao final do prazo inicial em curso: se o senhorio optar por não se opor à renovação, fá-lo sabendo que está desprovido de – daquela – garantia fidejussória.

A situação já será mais grave para o fiador por exemplo numa situação em que o prazo inicial é de dez anos e em que a alteração relevante da situação patrimonial do arrendatário acontece logo no segundo ano; nesse caso, a desvinculação que pretenda efectivar só surtirá efeito a partir do fim do prazo em curso, já que o senhorio não pode desvincular-se do contrato de arrendamento antes de decorrido esse prazo. Estaremos perante uma situação em que o fiador está limitado ao exercício do direito interno à liberação[125].

IV. Uma dúvida pode ainda ser suscitada: a de saber se o direito à liberação por alteração relevante da situação patrimonial do devedor, nos termos do artigo 654 do CC, é renunciável. Não vemos razões imperativas que obstem a essa renunciabilidade. Contudo, numa tal situação – na qual continua, não obstante, a ter plena aplicação o princípio da boa fé e a proibição do abuso do direito – é essencial garantir que o fiador tem pleno conhecimento do resultado da renúncia efectuada, o que se revela de particular importância quando a fiança tenha sido prestada com recurso a cláusulas contratuais gerais e, independentemente disso, quando o fiador seja um não profissional.

Haverá, mesmo, uma forte suspeita de "abuso" por parte de um profissional que, sendo credor, imponha a um fiador não profissional uma tal renúncia.

Faculdade de Direito da Universidade de Lisboa, Setembro de 2007.

---

[124] Em rigor, será por mais cinco anos e cerca de três meses, *grosso modo* pelas razões expostas *supra* em 5.2/III.

[125] Cf. o nosso *Assunção fidejussória de dívida, cit.*, p. 835 e ss., ee p. 856 e ss..

SER OU NÃO SER CONFORME, EIS A QUESTÃO EM TEMA DE GARANTIA LEGAL DE CONFORMIDADE NA VENDA DE BENS DE CONSUMO[*]

SUMÁRIO: 1. Introdução; 2. O diploma de transposição e o seu âmbito de aplicação; 3. A "conformidade com o contrato" como motor do novo regime; 4. Presunção de não conformidade; 5. Momento relevante para a verificação da conformidade ou da falta dela; 6. As vias de reacção do consumidor em caso de não conformidade.

1. Introdução

I. A Directiva 1999/44/CE do Parlamento Europeu e do Conselho, de 25 de Maio de 1999, relativa a certos aspectos da venda de bens de consumo e das garantias a ela relativas tem por objectivo, segundo os próprios dizeres do seu artigo 1/1, a aproximação das disposições legislativas dos Estados-

---

[*] Texto desenvolvido a partir do texto-base da conferência proferida no Porto, em 29 de Janeiro de 2005, no âmbito da 1.ª Conferência Nacional sobre "Garantias de Coisas Móveis e Imóveis", organizada pela APDC – Associação Portuguesa de Direito do Consumo. Destinado aos Estudos em Homenagem ao Prof. Doutor Paulo de Pitta e Cunha.

São as seguintes as principais abreviaturas utilizadas: BFD=Boletim da Faculdade de Direito; CC=Código Civil; DL=Decreto-Lei; EDC=Estudos de Direito do Consumidor; EDP=Europa e Diritto Privato; Jura=Jura – Juristische Ausbildung; JuS=Juristische Schulung; LDC=Lei de Defesa do Consumidor; NJW=Neue Juristische Wochenschrift; RC=Recueil Dalloz; ROA=Revista da Ordem dos Advogados; RPDC=Revista Portuguesa de Direito do Consumo; RTDciv.=Revue Trimmestrielle de Droit Civil; RTDcom.=Revue Trimmestrielle de Droit Commercial.

-Membros relativas a certos aspectos da venda de bens de consumo e das garantias a ela relativas, "com vista a assegurar um nível mínimo uniforme de defesa dos consumidores no contexto do mercado interno".

O âmbito de aplicação da Directiva surge delimitado, entre outros, pelos conceitos de "Consumidor", "Bem de consumo" e "Vendedor", firmados no artigo 1/2. Assim, *consumidor* é qualquer pessoa singular que, nos contratos abrangidos pela Directiva "actue com objectivos alheios à sua actividade comercial ou profissional"; como *bem de consumo*, a Directiva aponta "qualquer bem móvel corpóreo", mas logo excepcionando os bens vendidos por via de penhora, ou qualquer outra forma de execução judicial, a água e o gás (quando não sejam postos à venda em volume delimitado ou em quantidade determinada) e, ainda, a electricidade. A Directiva admite (artigo 1/3) que os Estados-Membros possam prever que a definição de "bem de consumo" não abranja os bens em segunda mão adquiridos em leilão, quando os consumidores tenham oportunidade de assistir pessoalmente à venda"[1]. Um outro conceito delimitador importante é o de *vendedor*, que se traduz em "qualquer pessoa singular ou colectiva que, ao abrigo de um contrato, vende bens de consumo no âmbito da sua actividade profissional".

O artigo 1/4 da Directiva vem depois estender o âmbito de aplicação desta para além das situações de compra e venda de bens de consumo, considerando, igualmente, contratos de compra e venda "os contratos de fornecimento de bens de consumo a fabricar ou a produzir".

O objectivo de criação de um nível mínimo uniforme de defesa dos consumidores, no contexto do mercado interno, está bem patente, designadamente, no Considerando 4: "Considerando que o consumidor que procura beneficiar das vantagens do grande mercado, comprando bens num Estado--Membro diverso do da sua residência, desempenha um papel fundamental na realização do mercado interno; que a criação artificial de fronteiras e a compartimentação dos mercados deve ser impedida; que as possibilidades de que dispõem os consumidores foram consideravelmente alargadas pelas novas tecnologias da comunicação, que permitem o acesso fácil a sistemas de distribuição de outros Estados-Membros ou de países terceiros; que,

---

[1] A razão de ser desta previsão pode vista no Considerando 16: "Considerando que a natureza específica dos produtos em segunda mão torna, de modo geral, impossível a sua reposição; que, por isso, o direito do consumidor à substituição não é, em geral, aplicável a esses produtos (...)".

na ausência de harmonização mínima das regras relativas à venda de bens de consumo, o desenvolvimento da venda de bens por via das novas tecnologias da comunicação à distância corre o risco de ser entravado". Significativo é também, nesta lógica, o Considerando 5: "Considerando que a criação de um corpo mínimo comum de direito do consumo, válido independentemente do local de aquisição dos bens na Comunidade, reforçará a confiança dos consumidores e permitir-lhes-á beneficiar mais das vantagens do mercado interno".

II. Conforme refere Paulo Mota Pinto[2], a Directiva 1999/44/CE é, até ao momento, "a mais importante incursão imperativa" do direito comunitário no direito interno, constituindo um importante impulso no sentido da harmonização do direito das obrigações e dos contratos dos países da União. Ela é mesmo considerada a "pedra basilar" sobre a qual poderá ser edificado um futuro direito europeu dos contratos[3]. Na verdade, as incursões do direito comunitário no direito civil patrimonial têm privilegiado áreas novas como a publicidade enganosa, a responsabilidade civil do produtor, contratos como o crédito ao consumo, as viagens organizadas, o *time-sharing*, as vendas à distância, os contratos negociados fora dos estabelecimentos comerciais ou o comércio electrónico, sem esquecer, naturalmente, a importantíssima preocupação com as cláusulas abusivas e o respectivo regime[4].

Apesar de o âmbito de aplicação da Directiva estar determinado em função da venda de bens de consumo, centrando-se, assim, nas relações vendedor-consumidor[5], o regime da Directiva não podia deixar de ter

---

[2] In *Conformidade e garantia na venda de bens de consumo. A Directiva 1999/44/ /CE e o direito português*, in "Estudos do Direito do Consumidor", N.º 2 (2000), p. 201; cf. também Luna Serrano, *El alcance de los conceptos de venta de bienes de consumo y de garantía de los mismos en la Directiva 1999/44/CE*, in "Estudios Jurídicos en Homenaje al Profesor Luis Díez-Picazo", tomo II – "Derecho Civil. Derecho de Obligaciones", Thomson – Civitas, Madrid, 2003, p. 2341; cf., porém, as reservas de Mazzamuto, *Equivoci e concettualismi nel diritto europeo dei contratti: il dibattito sulla vendita dei beni di consumo*, in EDP 4/2004, p. 1029 e ss..

[3] Cf. Ferreira de Almeida, *Direito do consumo*, Almedina, Coimbra, 2005, p. 165.

[4] Cf., v. g., Ferreira de Almeida, *Direito do consumo, cit.*, pp. 66-67 e Paulo Mota Pinto, *Conformidade e garantias na venda de bens de consumo, cit.*, pp. 198-199.

[5] Cf., v. g., Staudenmayer, *Die EG-Richtlinie über den Verbrauchsgüterkauf*, in NJW 1999/33, p. 2393.

116   *Estudos de Direito das Garantias, II*

consequências a montante, e, logo, na compra e venda entre profissionais (v. g. do produtor ou do armazenista ao vendedor), designadamente em função do *direito de regresso* previsto no artigo 4 da Directiva: "Quando o vendedor final for responsável perante o consumidor pela falta de conformidade resultante de um acto ou omissão do produtor, de um vendedor anterior da mesma cadeia contratual, ou de outro intermediário, o vendedor final tem direito de regresso contra a pessoa ou pessoas responsáveis da cadeia contratual. O responsável ou os responsáveis contra quem o vendedor final tem direito de regresso, bem como as correspondentes acções e condições de exercício, são determinados pela legislação nacional".

III. É patente, olhando para as disposições da Directiva, que esta não visa regular, de forma completa, *o contrato de compra e venda de bens de consumo*, mas apenas *certos aspectos*. Neste particular, a Directiva afasta--se da solução da Convenção das Nações Unidas sobre os Contratos de Compra e Venda Internacional de Mercadorias, de 1980 (Convenção de Viena), que conhece uma regulamentação completa da compra e venda de mercadorias, quando tenha carácter internacional[6]. A circunstância de a Convenção de Viena vigorar na maioria dos países da União Europeia pesou na escolha dessa Convenção, por parte da Directiva, como modelo quanto a alguns aspectos de regime (*maxime* quanto à questão central da *conformidade*), mas já não, designadamente, quanto à extensão da regulamentação.

Conforme salienta Calais-Auloy[7], "la similitude des deux textes montre cependant que la garantie de conformité tend aujourd'hui à s'imposer comme système de protection d'acheteurs".

---

[6] Cf., quanto aos diversos âmbitos de aplicação da Directiva e da Convenção de Viena, DÁRIO MOURA VICENTE, *Desconformidade e garantias na venda de bens de consumo: A Directiva 1999/44/CE e a Convenção de Viena de 1980*, in Themis, ano II (2001), 4, p. 127 e ss.. Uma tradução portuguesa da Convenção, não ratificada por Portugal, pode ser vista em MARIA ÂNGELA SOARES / RUI MOURA RAMOS, *Contratos internacionais. Compra e venda. Arbitragem*, Coimbra, 1986, p. 446 e ss..

[7] *Une nouvelle garantie pour l'acheteur: la garantie de conformité*, in RTDciv. 2005, p. 702.

2. O diploma de transposição e o seu âmbito de aplicação

A transposição da Directiva n.º 1999/44/CE para o direito interno acontece através do Decreto-Lei n.º 67/2003, de 8 de Abril[8]. Dentre as vias que se apresentavam como alternativa[9], o legislador português optou pela chamada "solução pequena" (*kleine Lösung*), introduzindo, em diploma autónomo, um regime específico para a venda de bens de consumo, regime esse que, na esteira da Directiva, limita a "certos aspectos". É pena que o

---

[8] Sobre a necessidade de transposição da Directiva, cf., v. g., Paulo Mota Pinto, *Reflexões sobre a transposição da Directiva 1999/44/CE para o direito português*, in "Themis", II (2001), 4, p. 196 e ss., *Anteprojecto de diploma de transposição da Directiva 1999/44/CE para o direito português. Exposição de motivos e articulado*, in EDC, 3 (2001), p. 168 e ss. e Pinto Monteiro, *Garanties dans la vente de biens de consommation. La transposition de la Directive 1999/44/CE dans le droit portugais*, in BFD, LXXIX, 2003, p. 53.

[9] Cf. Paulo Mota Pinto, *Reflexões sobre a transposição da Directiva 1999/44/CE para o direito português*, p. 201 e ss., e, mais recentemente, com uma referência a vários métodos de transposição possíveis, Calvão da Silva, *Venda de bens do consumo. Comentário*, 3.ª ed., Almedina, Coimbra, 2006, p. 21 e ss.. Com referência a um exemplo de "grande solução (*grösse Lösung*) – o da Alemanha – cf., por todos, Claus-Wilhelm Canaris, *A transposição da Directiva sobre compra de bens de consumo para o direito alemão*, in EDC, 3 (2001), p. 49 e ss., S. Lorenz, *Verbrauchgüterkauf*, in "Münchener Kommentar zum Bürgerlichen Gesetzbuch", Band 3. "Schuldrecht". Besonderer Teil I, §§ 433-610, 4.ª ed., Beck, München, 2004, p. 462, Menezes Cordeiro, *Da modernização do direito civil*, I, Almedina, Coimbra, 2004, p. 69 e ss. e 129 e ss. e também Juana Marco Molina, *La incorporación de la Directiva 1999/44/CE sobre determinados aspectos de la venta y las garantías de los bienes de consumo por la ley alemana de modernización del derceho de obligaciones*, in "Estudios Jurídicos en Homenaje al Profesor Luis Díez-Picazo", tomo II – "Derecho Civil. Derecho de Obligaciones", Thomson – Civitas, Madrid, 2003, p. 2423 e ss..

Para referências específicas a outros exemplos de transposição, cf. Calais-Auloy, *Une nouvelle garantie pour l'acheteur: la garantie de conformité, cit.*, passim, Pimont, *La garantie de conformité. Variations françaises autour de la préservation des particularités nationales et de l'integration communautaire*, in RTDcom., 2006, p. 261 e ss., Tournafond, *La nouvelle "garantie de conformité" des consommateurs. Commentaire de l'ordonnance n.º 2005-136 du 17 Février 2005 transposant en droit français la directive du 25 mai 1999*, in RD, 2005, n.º 23, p. 1557 e ss., Bernardeau, *L'attuazione della direttiva sulla vendita dei beni di consumo in Francia*, in EDP, 3/2004, p. 783 e ss. (antes da transposição) e Alessi, *L'attuazione della direttiva sulla vendita dei beni di consumo in Italia*, in EDP, 3/2004, p. 743 e ss..

118   *Estudos de Direito das Garantias, II*

legislador nacional não tenha tido o arrojo de ir mais longe, modernizando globalmente o regime da compra e venda constante do código civil, solução esta que não era, de modo algum, impedida pela Directiva[10]. Na opção tomada, presume-se que terá tido particular peso o facto de, à data do DL 67/3003, estarem em curso os trabalhos para a elaboração do Código do Consumidor, não sendo, nesse quadro, aconselhável a tomada de soluções de fundo que pudessem, de algum modo, colidir com as opções da comissão encarregada dos trabalhos daquele código[11].

De acordo com o artigo 1/1, o legislador nacional visou assegurar a pro-tecção dos interesses dos consumidores, tal como definidos no artigo 2/1 da LDC (Lei n.º 24/96, de 31 de Julho), o qual considera consumidor "todo aquele a quem sejam fornecidos bens, prestados serviços ou transmitidos quaisquer direitos, destinados a uso não profissional, por pessoa que exerça com carácter profissional uma actividade económica que vise a obtenção de benefícios".

Em ordem a uma compreensão do âmbito de aplicação do diploma, importa ver, sucessivamente, que contratos estão abrangidos pelo novo diploma, que bens objecto dos contratos estão contemplados e que sujeitos são abarcados por este regime.

---

[10] Cf., v. g., CALVÃO DA SILVA, *Venda de bens de consumo*[3], *cit.*, p. 24 e ss., referindo--se, de resto, à "oportunidade perdida". Em França, país que, após larga controvérsia, acabaria por optar pela transposição *a minima*, refere-se PIMONT, *La garantie de conformité*, *cit.*, p. 263, a "une occasion manquée", lendo-se, por sua vez, em CALAIS-AULOY, *Une nouvelle garantie pour l'acheteur: la garantie de conformité*, *cit.*, p. 709: "Il en resulte que la garantie du code civil demeure inchangée (sauf pour le délai de prescription, porté à deux ans). Cette double garantie légale, dans deux codes différents, est une source de complexité; elle risque de nourrir un abondant contentieux. Un jour, peut-être, se reposera la question d'une réforme du code civil étendant le nouveau droit de la garantie à toutes les ventes".

[11] Em sentido desfavorável à codificação do Direito do consumo em Portugal, cf., por todos, MENEZES CORDEIRO, *Tratado de direito civil português*, I. *Parte geral*, tomo I, 3.ª edição, Almedina, Coimbra, 2005, p. 209 e ss.. Em sustentação do Anteprojecto de Código do Consumidor, cf., por todos, A. PINTO MONTEIRO, *Sobre o direito do consumidor em Portugal e o anteprojecto do Código do Consumidor*, in EDC, 7 (2005), p. 244 e ss.; especificamente sobre o regime da venda de bens de consumo nesse anteprojecto, cf. PAULO MOTA PINTO, *O anteprojecto de Código do Consumidor e a venda de bens de consumo*, in EDC, 7 (2005), p. 263 e ss., onde também se encontra, a favor de um Código do Consumidor, a tese de que "a integração do regime da defesa dos consumidores no Código Civil depara com dificuldades e insuficiências graves" (*op. cit.*, p. 266).

a) Contratos abrangidos

O DL 67/2003 tem por objecto central contratos de compra e venda[12]. Mas não único: na senda da extensão do artigo 1/4 da Directiva, o artigo 1/2 do diploma nacional estende a aplicação do regime pensado para a compra e venda de bens de consumo também, mas com as necessárias adaptações, aos "contratos de fornecimento de bens de consumo a fabricar ou a produzir"[13], sendo a aplicação aos contratos de empreitada independente de os materiais serem fornecidos pelo consumidor ou pelo fabricante[14].

Naquilo que constitui uma inovação face à Directiva 1999/44/CE, o artigo 1/2 do DL 67/2003 estende o regime do diploma também aos contratos de *locação de bens de consumo*, extensão que deverá ser feita com as necessárias adaptações. Nesta previsão estão incluídas, para além do arrendamento e do aluguer, a locação-venda e a locação financeira de bens de consumo[15].

Fora da directa previsão do DL 67/2003, há que considerar ainda abrangidos os contratos a que, por força do artigo 939 CC, sejam aplicáveis as normas da compra e venda[16].

---

[12] Quantos aos contratos abrangidos pela Directiva, cf., v. g., LUNA SERRANO, *El alcance de los conceptos de venta de bienes de consumo*, *cit.*, p. 2346 e ss. e CALAIS-AULOY, *Une nouvelle garantie pour l'acheteur: la garantie de conformité*, *cit.*, p. 704.

[13] Os termos da extensão operada pelo artigo 1/2 do DL 67/2003 revelam-se mais lógicos do que os da extensão feita pelo artigo 1/4 da Directiva: enquanto neste último, os contratos de fornecimento de bens de consumo a fabricar ou a produzir são *considerados* contratos de compra e venda, para efeitos da Directiva, no diploma nacional opera-se uma extensão de regime, com as necessárias adaptações.

Acentuando as vantagens da equiparação do regime da empreitada ao da compra e venda, tendo em conta as dificuldades de qualificação, pode ver-se, v. g., ROMANO MARTINEZ, *Empreitada de consumo*, in Themis, II (2001), 4, p. 155 e ss..

[14] Assim decorre, se dúvidas houvesse, da parte final do artigo 2/3, que exclui a falta de conformidade, na acepção do artigo, se a mesma decorrer dos materiais fornecidos pelo consumidor. Para uma análise da amplitude da expressão "contratos de fornecimento de bens de consumo a fabricar ou a produzir" e respectivo confronto com o regime da Convenção de Viena, cf. CALVÃO DA SILVA, *Venda de bens de consumo*[3], *cit.*, p. 51 e ss.; cf. ainda, do mesmo autor, *Compra e venda de coisas defeituosas. Conformidade e segurança*, 4.ª ed., Almedina, Coimbra, 2006, p. 143 e ss..

[15] Cf., v. g., CALVÃO DA SILVA, *Venda de bens de consumo*[3], *cit.*, pp. 53-54.

[16] Sobre o regime do artigo 939 CC e seu âmbito, cf. PIRES DE LIMA / ANTUNES VARELA, *Código civil anotado*, II, 4.ª ed., Coimbra Editora, Coimbra, 1997, pp. 235-236.

b) Bens abrangidos

Como vimos acima, a Directiva limita o seu âmbito de aplicação aos bens móveis corpóreos [artigo 1/2, alínea *b*), na definição de "bem de consumo"] e, dentre estes, exclui os bens vendidos por via de penhora ou qualquer outra forma de execução judicial, a água e o gás, quando não sejam postos à venda em volume delimitado ou em quantidade determinada, e, ainda a electricidade[17].

O DL 67/2003, que não define "bem de consumo", não só não faz, literalmente, as exclusões da Directiva, quanto aos bens móveis corpóreos, como vai mais longe e inclui as coisas imóveis (artigo 3/2 ou 5/1, entre outros)[18]: para o DL 67/2003, bem de consumo tanto pode ser uma coisa móvel quanto uma coisa imóvel[19]. Esta dupla extensão feita pelo legislador nacional, face ao regime da Directiva, é tida por legítima por Calvão da Silva[20], nestes termos: "primeiro, porque estamos *fora* do domínio de aplicação da Directiva, num espaço da mais ampla liberdade do legislador nacional; segundo, para evitar um recuo, *ratione rei*, da protecção do consumidor, uma vez que a Lei de Defesa do Consumidor não se confinava a bens móveis (…) nem excepciona quaisquer daqueles bens móveis (…) e a Directiva reveste natureza mínima".

Defendendo também uma extensão do regime do DL 67/2003, baseada no artigo 939 CC, cf. Calvão da Silva, *Venda de bens de consumo*[3], *cit.*, p. 48, com expressa referência à troca ou permuta de bens de consumo.

[17] Para uma análise dos bens de consumo abrangidos pela Directiva, cf. Luna Serrano, *El alcance de los conceptos de venta de bienes de consumo*, cit, p. 2342 e ss..

[18] O segundo parágrafo do preâmbulo não condiz, neste particular, com o âmbito de aplicação resultante do normativo, ficando a ideia de que, também aqui, a pressa legiferante não deixou ao legislador tempo para "sintonizar" os dizeres do preâmbulo com as soluções em definitivo firmadas. Lê-se no segundo parágrafo do preâmbulo (que, de resto, utiliza a palavra "vendedor" em vez de "consumidor"): "O presente diploma procede a tal transposição através da aprovação de um novo regime jurídico para a conformidade dos bens móveis com o respectivo contrato de compra e venda, celebrado entre profissional e vendedor".

[19] Para a ilustração da "incongruência" gerada pela inclusão dos imóveis, cf. A. Pinto Monteiro, *Garantias na venda de bens de consumo. A transposição da Directiva 1999/44/CE para o direito português*, in EDC, 5 (2003), p. 133.

[20] *Venda de bens de consumo*[3], *cit.*, p. 47.

No que respeita aos bens móveis usados, pese embora a abertura para a respectiva exclusão do elenco de bens de consumo, feita no artigo 1/3 da Directiva[21], o diploma nacional inclui-os no seu campo de aplicação, embora com a especificidade de admitir (artigo 5/2), por acordo, a redução, para um ano, do prazo para exercício dos direitos, quando a compra e venda tenha por objecto tal tipo de bens.

c) Sujeitos dos contratos abrangidos

O regime estabelecido no DL 67/2003 está gizado em função de o contrato ser celebrado entre um profissional (o vendedor) e um consumidor[22]. Podem, é certo, existir reflexos a montante do vendedor, no âmbito das relações entre profissionais, atento o direito de regresso consagrado no artigo 4; essa circunstância não contraria, contudo, o sentido do diploma e do seu regime que está, de facto, centrado na relação entre o profissional (*maxime* vendedor) e o consumidor.

Admite-se ser duvidosa a noção de consumidor a considerar, atenta a remissão para a noção de consumidor do artigo 2/1 da LDC. Alguma doutrina tem optado, nesta última sede, por uma noção estrita, que o identifica com *pessoa singular*[23], mas a verdade é que não faltam vozes a colocar justamente em destaque os valores envolvidos e o escopo do legislador[24] ou o facto de o citado artigo 2/1 da LDC não ser conclusivo,

---

[21] Cf., v. g., ANA PRATA, *Venda de bens usados no quadro da Directiva 1999/44/CE*, in Themis, II (2001), 4, p. 145 e ss..

[22] Cf. MÁRIO FROTA, *Coisas móveis duradouras: das garantias na lei às garantias em acto*, in RPDC n.º 38 (2004), p. 95: "restringe-se às relações jurídicas de consumo".

[23] Assim CALVÃO DA SILVA, *Responsabilidade civil do produtor*, Almedina, Coimbra, 1990, p. 58 e ss.. Utilizamos aqui a terminologia comum, que contrapõe as *pessoas singulares* às *pessoas colectivas*; contudo, como refere FERREIRA DE ALMEIDA, *Contratos II. Conteúdo. Contratos de troca*, Almedina, Coimbra, 2007, p. 33, em rigor, todas as pessoas são em si singulares.

[24] Assim MENEZES CORDEIRO, *Tratado de direito civil português*, I/I³, *cit.*, p. 214: "A mensagem especial do Direito do consumo é a da não-intervenção directa no circuito económico. A pessoa tutelada – singular ou colectiva – sê-lo-á na medida em que, no caso considerado, opere como elo final do circuito económico. Se agir profissionalmente, seja a título empresarial seja como profissional livre, não se justifica este tipo de tutela".

uma vez que se refere, genericamente, a "todo aquele a quem sejam fornecidos bens (...)"[25]. Nesta sede, cremos não podermos considerar determinante, pese embora o princípio da interpretação conforme à Directiva[26], o facto de o artigo 1/2 desta considerar consumidor "qualquer pessoa singular que, nos contratos abrangidos pela presente directiva, actue com objectivos alheios à sua actividade comercial ou profissional". Na verdade, o legislador nacional não estava impedido de alargar o âmbito de pessoas abrangidas pelo novo regime de venda de bens de consumo, estendendo-o em benefício de outras pessoas que a Directiva não contemple.

Já estarão, seguramente, fora do âmbito de aplicação do DL 67//2003[27] quer os contratos celebrados entre profissionais, quer os contratos celebrados entre não profissionais, quer ainda os contratos de "venda de bens de consumo invertida", corporizada na venda de um bem de um consumidor a um profissional.

3. A "conformidade com o contrato" como motor do novo regime

Na esteira da Directiva, o DL 67/2003 erege o princípio da conformidade com o contrato como motor do novo regime: tudo emana e é explicado em função da conformidade ou da não conformidade com o contrato. De acordo com o artigo 2/1 do DL 67/2003, que segue, *ipsis verbis*, a redacção do artigo 2/1 da Directiva: "o vendedor tem o dever de entregar ao consumidor bens que sejam conformes com o contrato de compra e venda". É o relevo central do conceito de conformidade[28], que justifica o título deste artigo, de sabor shakespeareano.

---

[25] Cf., por todos, FERREIRA DE ALMEIDA, *Direito do consumo, cit.*, p. 31 e PAULO DUARTE, *O conceito jurídico de consumidor, segundo o artigo 2.º/1 da Lei de Defesa do Consumidor*, in BFD LXXV, 1999, p. 661 e ss.. Enfatiza PINTO MONTEIRO, *Garantias na venda de bens de consumo, cit.*, p. 134, mas sem explicar o seu pensamento, que a noção de *consumidor* do artigo 2/1 da LDC não coincide com a do artigo 1/2 da Directiva 1999/44/CE.

[26] Assim CALVÃO DA SILVA, *Venda de bens de consumo*[3], *cit.*, p. 44.

[27] Cf., para maiores desenvolvimentos, CALVÃO DA SILVA, *Venda de bens de consumo*[3], *cit.*, p. 43 e ss. e MENEZES LEITÃO, *Direito das obrigações*, III. *Contratos em especial*, 4.ª ed., Almedina, Coimbra, 2006, p. 134 e ss.; cf. ainda, deste último autor, *O novo regime da venda de bens de consumo*, in "Estudos do Instituto de Direito do Consumo", II, Almedina, Coimbra, 2005, p. 40 e ss..

[28] Refere-se, não menos sugestivamente, A. PINTO MONTEIRO, *Garantias na venda de bens de consumo, cit.*, p. 134, ao conceito de conformidade como "o conceito-chave"

A fonte inspiradora do princípio da conformidade, tal qual consagrado, foi, reconhecidamente, a Convenção de Viena sobre a venda internacional de mercadorias[29], que, no seu artigo 35/1, estabelece a obrigação de o vendedor entregar mercadorias que "pela quantidade, qualidade e tipo correspondam às previstas no contrato"[30], enquanto que o artigo 36/1 consagra a responsabilidade do vendedor por qualquer falta de conformidade que exista no momento da transferência do risco para o comprador[31], ainda que essa falta de conformidade apenas se manifeste ulteriormente.

O Considerando 7 da Directiva é elucidativo sobre o papel central atribuído à noção de conformidade: "Considerando que os bens devem, antes de mais, ser conformes às cláusulas contratuais, que o princípio de

---

do diploma português; na literatura alemã, e com referência à Directiva, lê-se, em WEISNER, *Die EG-Kaufrechtsgewährleistungsrichtlinie*, in JuS 2001, p. 760, que "Vertragsmässigkeit der Ware ist zentraler Begriff der Rechtlinie".

[29] A ideia é, no entanto, anterior, conforme informa FERREIRA DE ALMEIDA, *Direito do consumo, cit.*, p. 156, com referência ao *Uniform Commercial Code* (1952), que, no seu § 2-106 (2) dispunha: "Goods or conduct including any part of a performance are conforming or conform to the contract when they are in accordance with obligations under the contract".

[30] Especificamente sobre o regime do artigo 35 da Convenção de Viena, cf. CESARE MASSIMO BIANCA, Comentário ao artigo 35, in *Convenzione di Vienna sui contratti di vendita internazionale di beni mobili (Commentario coordinato da Cesare Massimo Bianca)*, Cedam, Milano, 1992, p. 146 e ss. e FERNÁNDEZ DE LA GÁNDARA / CALVO CARAVACA, *El contrato de compraventa internacional de mercancías*, in "Contratos internacionales", dir. por Calvo Caravaca / Fernández de la Gándara, Coor. Blanco-Morales Limones, Tecnos, Madrid, 1997, p. 270 e ss.. Em geral, sobre as obrigações do vendedor, face à citada Convenção, cf., por todos, LIMA PINHEIRO, *Direito comercial internacional. Contratos comerciais internacionais. Convenção de Viena sobre a venda internacional de mercadorias. Arbitragem transnacional*, Almedina, Coimbra, 2005, p. 281 e ss..

[31] Em análise ao regime da Convenção de Viena, neste particular, cf., v. g., BENTO SOARES / MOURA RAMOS, *Contratos internacionais, cit.*, p. 89 e ss., PATRIZIA UBALDI, Comentário ao artigo 36, in *Convenzione di Vienna sui contratti di vendita internazionale di beni mobili (Commentario coordinato da Cesare Massimo Bianca)*, Cedam, Milano, 1992, p. 152 e ss., BERNARD AUDIT, *La vente internationale de marchandises. Convention des Nations-Unies du 11 Avril 1980*, LGDJ, Paris, 1990, p. 95 e ss., ISABEL IGLESIA MONJE, *El principio de conformidad del contrato en la compraventa internacional de mercaderías*, Centro de Estudios Registrales, Madrid, 2001, *passim* e FERNÁNDEZ DE LA GÁNDARA / / CALVO CARAVACA, *El contrato de compraventa internacional de mercancías*, in "Contratos internacionales", por CALVO CARAVACA / FERNÁNDEZ DE LA GÁNDARA / BLANCO-MORALES LIMONES, Tecnos, Madrid, 1997, p. 270 e ss..

conformidade com o contrato pode ser considerado como uma base comum às diversas tradições jurídicas nacionais (...)".

Acentua Ferreira de Almeida[32] o facto de se ter criado "um conceito inovador e uniforme de conformidade, aferido pela correspondência entre a coisa entregue *como é* e a coisa *como deve ser*, segundo um conjunto de parâmetros em que naturalmente o maior relevo recai sobre o acordo contratual".

Entende-se[33] que a desconformidade cobre um conjunto de situações que o cumprimento defeituoso do CC não abarca, como v. g. o caso – considerado como de incumprimento – em que é entregue um objecto diverso da coisa vendida (*aliud pro alio*). Mesmo a venda de bens onerados (artigo 905 CC) surge abrangida pela falta de conformidade do artigo 2 do DL 67//2003[34].

Contesta Calvão da Silva[35] que a noção de conformidade seja inovadora ou sequer revolucionária, uma vez que resultaria já, naturalmente, do *princípio da pontualidade*, tendo mesmo expressão literal e específica no regime da compra e venda, da empreitada e ainda na LDC. Simplesmente,

---

[32] *Orientações de política legislativa adoptadas pela Directiva 1999/44/CE sobre venda de bens de consumo. Comparação com o direito português vigente*, in Themis, II, N.º 4, 2001, p. 111; cf. também in *Direito do consumo, cit.*, p. 159: "Conformidade é uma relação deôntica entre duas entidades, a relação que se estabelece entre algo como é e algo como deve ser".

[33] Cf., v. g., MENEZES LEITÃO, *Direito das obrigações*, III[4], *cit.*, p. 137 e ss. e MARÍN LÓPEZ, *El carácter vinculante de las declaraciones públicas en la venta de bienes de consumo (en la Directiva 1999/44/CE)*, in EDC, 7 (2005), p. 215. Confrontando o regime do CC com o da Directiva ou do DL 67/2003, cf., v. g., FERREIRA DE ALMEIDA, *Orientações de política legislativa adoptadas pela Directiva 1999/44/CE sobre venda de bens de consumo, cit.*, p. 116 e ss., ROMANO MARTINEZ, *Empreitada de consumo, cit.*, p. 165 e ss. e PAULO MOTA PINTO, *Reflexões sobre a transposição da Directiva 1999/44/CE para o direito português, cit.*, p. 196 e ss..

[34] Refira-se que, já antes do DL 67/2003, foi defendido que a referência, constante do artigo 905 do CC, à anulabilidade do contrato fundada em erro ou dolo devia ser entendida como constituindo uma hipótese de resolução; cf., a propósito, ROMANO MARTINEZ, *Direito das obrigações (Parte especial). Contratos. Compra e venda. Locação. Empreitada*, Almedina, Coimbra, 2000, p. 117 e ss..

[35] *Venda de bens de consumo*[3], *cit.*, pp. 57-58, destacando também o facto de a própria terminologia não constituir novidade, conforme se pode ver nos artigos 1053/1 e 1207 do CC, no artigo 469 do Código Comercial ou no artigo 149/1 do Código dos Valores Mobiliários.

Ser ou Não Ser Conforme, Eis a Questão ...

impõe-se reconhecer que a introdução deste princípio vem trazer uma nova dinâmica aos regimes da compra e venda e da empreitada, quando tenham por objecto bens de consumo, deixando de haver um tratamento fragmentado das perturbações e introduzindo como factores determinantes elementos que estão para além da estreiteza do acordado ou do clausulado, com a integração no regulamento contratual de elementos pré-contratuais (v. g. informações) e mesmo elementos que podem ter estado fora do processo de decisão do consumidor [atente-se, v. g., na alínea *c*) do artigo 2/2 do DL 67/2003].

Como diz Ferreira de Almeida[36], a introdução do conceito de conformidade e do seu reverso (desconformidade) permitiu romper com soluções tradicionais desajustadas, prescindindo, por um lado, da recondução da venda de coisa defeituosa ao regime do erro e, por outro, unificando o que andava separado em institutos variados.

A avaliação final, condizente, de resto, com o objectivo inicial, é que a imposição ao vendedor da garantia de conformidade implica uma radical alteração no regime da compra e venda, já que afasta a solução tradicional resumida no brocardo *caveat emptor*, de acordo com a qual cabe ao comprador assegurar-se, aquando da celebração do contrato, que a coisa adquirida não tem defeitos e é idónea para o fim a que se destina[37]; fala-se, mesmo, em "revolução coperniciana"[38].

---

[36] *Direito do consumo*, *cit.*, pp. 160-161; veja-se também a apologia do novo sistema, feita ainda em 1998, por CALAIS-AULOY, *De la garantie des vices cachés à la garantie de conformité*, in "Mélanges Christian Mouly", II, Litec, Paris, 1998, *passim*, lendo-se, a pp. 76: "Le système traditionnel de la garantie des vices cachés ne paraît plus adapté aux réalités de cette fin de siècle".

[37] Salientando a evolução da lógica do *caveat emptor* para a do *caveat venditor*, cf. FERREIRA DE ALMEIDA, *Orientações de política legislativa adoptadas pela Directiva 1999//44/CE sobre venda de bens de consumo*, *cit.*, p. 112 e *Direito do consumo*, *cit.*, p. 166 e também MENEZES LEITÃO, *Caveat venditor ? A Directiva 1999/44/CE do Conselho e do Parlamento Europeu sobre a venda de bens de consumo e garantias associadas e suas implicações no regime jurídico da compra e venda*, in "Estudos em Homenagem ao Prof. Doutor Inocêncio Galvão Telles", I, "Direito privado e vária", Almedina Coimbra, 2002, p. 263 e ss.; cf. ainda, ORTI VALLEJO, *La regla periculum est venditore en la Directiva 1999/44/CE y la especificación de la cosa vendida genérica*, in "Estudios Jurídicos en homenaje al Professor Luís Díez-Picazo", tomo II. "Derecho civil. Derecho de obligaciones", Thomson / Civitas, Madrid, 2003, p. 2765 e ss..

[38] Assim Amadio, citado por FERREIRA DE ALMEIDA, *Direito do consumo*, *cit.* p. 166.

126 *Estudos de Direito das Garantias, II*

4. Presunção de não conformidade

I. O artigo 2/2 da Directiva estabelece uma presunção de conformidade com o contrato, tendo em vista, no dizer do preâmbulo, facilitar a aplicação do princípio da conformidade com o contrato.

O Considerando n.º 8 da Directiva revela-se, neste particular, elucidativo: "Considerando que, para facilitar a aplicação do princípio de conformidade com o contrato, é útil introduzir uma presunção elidível de conformidade com este, que abranja as situações mais correntes; que essa presunção não restringe o princípio da liberdade contratual das partes; que, além disso, na inexistência de cláusulas contratuais específicas, bem como no caso de aplicação da cláusula de protecção mínima, os elementos que constituem essa presunção podem servir para determinar a não conformidade dos bens com o contrato; que a qualidade e o comportamento que os consumidores podem razoavelmente esperar dependerá, nomeadamente, do facto de os bens serem em primeira ou em segunda mão; que os elementos que constituem a presunção são cumulativos; que se as circunstâncias do caso tornarem qualquer elemento específico manifestamente inapropriado, continuarão, não obstante, a ser aplicáveis os restantes elementos da presunção".

Diversamente da Directiva, o legislador nacional optou por estabelecer, no artigo 2/2, uma *presunção de não conformidade*, em vez de uma *presunção de conformidade*. Afastando-se também da solução da Directiva, que exige a verificação cumulativa para o funcionamento da presunção[39], no caso do direito nacional basta a verificação de *algum* dos factos enunciados nas alíneas do artigo 2/2. Esta "pequena grande diferença de estilo", como lhe chama Calvão da Silva[40], revela-se, aparentemente, mais favorável ao consumidor no regime do DL 67/2003, não só porque basta a verificação de apenas um dos factos elencados no artigo 2/2, como o jogo do ónus da prova lhe parece ser favorável[41]. Face ao regime legal,

---

[39] Cf., v. g., Martín López, *El carácter vinculante de las declaraciones públicas en la venta de bienes de consumo, cit.*, pp. 221-222.

[40] *Venda de bens de consumo*[3], *cit.*, p. 60 e *Compra e venda de coisas desfeituosas*[4], *cit.*, p. 149.

[41] Em crítica à opção do legislador, cf. Menezes Leitão, *Direito das obrigações*, III[4], *cit.*, p. 140: "A opção parece-nos ser, no entanto, contestável, na medida em que não

será o consumidor a, após a entrega, suscitar a falta de conformidade, cabendo, a final, ao vendedor o ónus da prova de ter entregado o bem em conformidade com o contrato.

De acordo com o artigo 2/3, não se considera haver falta de conformidade, na acepção do artigo, se, no momento em que for celebrado o contrato, o consumidor tiver conhecimento dessa falta de conformidade ou não puder razoavelmente ignorá-la ou se esta decorrer dos materiais fornecidos pelo consumidor. Conforme bem refere Calvão da Silva[42], trata-se, no caso, da *não responsabilização do vendedor* por aquele defeito: "Em última instância, porque o consumidor aceita o produto tal qual é, *a sua entrega será conforme ao contrato* (coincidência de *Istbeschaffenheit* e *Sollbeschafenheit*), pelo que o comprador não poderá prevalecer-se dos direitos resultantes da falta de conformidade".

Decorre do disposto no artigo 10/1 do DL 67/2003 que as partes podem estabelecer cláusulas de conformidade mais exigentes. O artigo 10/1 – que estabelece a inderrogabilidade e a irrenunciabilidade dos direitos do consumidor – está, de resto, em consonância com o primeiro parágrafo do artigo 7/1 da Directiva, de acordo com o qual as cláusulas contratuais e os acordos celebrados com o vendedor antes da falta de conformidade lhe ser comunicada que, directa ou indirectamente, excluam ou limitem os direitos resultantes da Directiva, não vinculam o consumidor[43].

---

se vê como se pode presumir uma situação em resultado de um facto negativo, quando cabe por conta do vendedor o ónus da prova de ter cumprido a obrigação de entrega dos bens em conformidade com o contrato".

[42] *Venda de bens de consumo*[3], *cit.*, p. 69. Em análise ao regime do artigo 2/3 do DL 67/2003, cf. também MENEZES LEITÃO, *Direito das obrigações*, III[4], *cit.*, p. 147 e ss.. Em análise ao regime do artigo 35/3 da Convenção de Viena, que estará na origem mediata do artigo 2/3 do DL 67/2003, cf. MASSIMO BIANCA, Comentário citado, p. 150 e BENTO SOARES / MOURA RAMOS, *Contratos internacionais*, *cit.*, p. 92. O artigo 35/3 da Convenção de Viena não integra a previsão dos materiais fornecidos pelo comprador, o que decorre do facto de, para essa Convenção, só serem considerados contratos de compra e venda as empreitadas de construção de coisa móvel com materiais fornecidos no todo ou em parte pelo empreiteiro; cf. CALVÃO DA SILVA, *Compra e venda de bens de coisas defeituosas*[3], *cit.*, p. 144.

[43] Sobre o regime de imperatividade consagrado no artigo 10 do DL 67/2003, cf., v. g., MENEZES LEITÃO, *Direito das obrigações*, III[4], *cit.*, p. 162 e ss.. Com referência ao artigo 7 da Directiva 1999/44/CE, cf., v. g., LORENZ, *Verbrauchgüterkauf*, *cit.*, p. 473.

É de questionar se a presunção de não conformidade permite identificar uma presunção jurídica de conformidade, nas situações em que se não verifique nenhum dos factos indicados nas alíneas do artigo 2/2[44]. Julgamos que não: tratando-se de situações que estão fora do regime da presunção e não sendo aproveitável, nesta sede, a presunção (que, aliás, seria de culpa) do artigo 799/1 do CC, caberá ao comprador alegar e provar que o bem não é conforme com o contrato, nos termos do artigo 342/1 CC.

II. A primeira situação que permite despoletar a presunção de não conformidade é a da alínea *a*): quando os bens de consumo *não sejam conformes com a descrição* (por exemplo em catálogos ou invólucros) que deles é feita pelo vendedor ou não possuam as qualidades do bem que o vendedor tenha apresentado ao consumidor como amostra ou modelo. A descrição deve, para ser relevante, obedecer, razoavelmente, a critérios de objectividade e rigor; como refere Calvão da Silva[45], é necessário que "as informações prestadas (descritas) pelo vendedor sejam *precisas, pontualizadas* ou *pormenorizadas, relativas a características ou qualidades concretas* ainda que não essenciais de coisa oferecida, da coisa específica ou do género a que pertence".

Qualquer das situações previstas na alínea *a*) está associada a um comportamento do vendedor – não estando dependente de qualquer acordo entre as partes – quer se concretize numa descrição do bem e das suas características quer se manifeste na apresentação de uma amostra ou de um modelo.

Alguma doutrina tem vindo a admitir que, em certas situações, o vendedor emita *reservas* às suas declarações[46], não as absolutizando: o vendedor não poderia, então, ser responsabilizado em caso de desconfor-

---

[44] É esta, aparentemente, a ideia de Menezes Leitão, *Direito das obrigações*, III[4], *cit*., p. 140, quando escreve: "Em qualquer caso, convém referir que mesmo que se verifique que os bens de consumo possuem todas as características referidas no artigo 2.º, n.º 2, tal não demonstrará o cumprimento da obrigação de conformidade, aligeirando-se, assim, o ónus da prova que recai sobre o vendedor relativamente ao cumprimento da obrigação prevista".

[45] *Venda de bens de consumo*[3], *cit*., p. 62 e *Compra e venda de coisas defeituosas*[4], *cit*., p. 150.

[46] Cf., v. g., Menezes Leitão, *Direito das obrigações*, III[4], *cit*., p. 142 e *O novo regime da venda de bens de consumo, cit*., p. 48.

midade com as características questionadas, uma vez se tenha limitado a enunciar o seu conhecimento limitado do assunto. Diríamos, neste particular, ser mister a adopção de especiais cautelas, já que a admissão de reservas não pode constituir a via de escape para uma artificiosa desresponsabilização do vendedor: reservas às reservas, portanto. Assim, o vendedor não pode, v. g., pretender a eficácia das suas reservas às qualidades do bem tal como são publicamente declaradas pelo produtor ou pelo próprio vendedor. Substancialmente, a medida de admissão da eficácia dessas reservas passará pela consideração do regime do artigo 2/3 do DL 67/2003.

III. Presume-se, igualmente, a não conformidade quando [artigo 2//2, alínea b)] os bens *não sejam adequados ao uso específico para o qual o consumidor os destine* e do qual tenha informado o vendedor quando celebrou o contrato e que o mesmo tenha aceitado. Como é claro face à letra da lei – e o é também face à do artigo 2/2, alínea b) da Directiva[47] – estamos perante um critério que pressupõe um acordo entre o vendedor e o comprador relativamente à adequação do bem ao uso específico que o consumidor lhe destina.

Diversamente da solução que encontramos na alínea b), *in fine*, do artigo 35/2 da Convenção de Viena, não é ressalvada a situação em que resulte das circunstâncias que o comprador não confiou na competência e apreciação do vendedor, ou que não era razoável da sua parte fazê-lo[48].

IV. De acordo com a alínea c) do artigo 2/2, presume-se igualmente a não conformidade quando os bens *não sejam adequados às utilizações habitualmente dadas aos bens do mesmo tipo*.

É uma noção objectiva de defeito, que já encontramos no artigo 913/2 CC. Presume-se falta de conformidade sempre que falte essa adequação e ainda que o fim específico referido pelo comprador não se enquadre nessa

---

[47] Cf., v. g., MARTÍN LÓPEZ, *El carácter vinculante de las declaraciones públicas en la venta de bienes de consumo*, *cit.*, p. 220.

[48] Para a justificação da não inclusão da ressalva, cf., v. g., MENEZES LEITÃO, *Direito das obrigações*, III⁴, *cit.*, p. 143. A ressalva da Convenção de Viena é assim explicada por CESARE MASSIMO BIANCA, Comentário citado, p. 149: "Em geral, o comprador não tem razão para confiar na capacidade e experiência do vendedor quando este último seja manifestamente incompetente ou quando os fins a que os bens se destinam exorbitam da capacidade profissional e experiência que normalmente se pode esperar naquele sector comercial".

utilização habitual[49]. A alínea refere-se a *utilizações*: quando os bens tiverem mais do que uma utilização habitual, terão de ser idóneos para todas elas.

Alguma doutrina sustenta a excessiva rigidez do critério[50], já que se o consumidor declarar ao vendedor que pretende utilizar a coisa para determinado fim, poderá, ainda assim, reclamar falta de conformidade. A conclusão é, de facto, correcta, não nos parecendo, contudo, que o critério em causa seja excessivo ou irrazoável. Na verdade, não é de presumir que o consumidor que adquire um bem declaradamente para um dos fins habituais dos bens do mesmo tipo, pretenda renunciar às demais utilizações possíveis.

O artigo 2/2, alínea *c*) do DL 67/2003 aponta para um critério de *habitualidade*, ainda que a utilização habitual seja estranha àquelas para que foi fabricada, afastando-se, assim, da solução do artigo 913/2 CC ou do artigo 35/2, alínea *a*) da Convenção de Viena, que apontam, antes, para um critério de *normalidade*[51].

V. Presume-se também falta de conformidade, agora de acordo com a alínea *d*) do artigo 2/2 do DL 67/2003, quando *os bens não apresentem as qualidades e o desempenho habituais nos bens do mesmo tipo e que o consumidor razoavelmente pode esperar*, atendendo à natureza do bem e, eventualmente, às declarações públicas sobre as suas características feitas pelo vendedor[52], pelo produtor ou pelo seu representante, nomeadamente na publicidade ou na rotulagem.

Estão aqui em causa dois critérios[53]:

a) a correspondência das qualidades e desempenho com o habitual em bens do mesmo tipo;

b) as expectativas do consumidor face à natureza do bem, desde que razoáveis, e, eventualmente, face às declarações públicas sobre as suas características concretas.

---

[49] Cf., v. g., CALVÃO DA SILVA, *Venda de bens de consumo*[3], *cit.*, p. 65 e MENEZES LEITÃO, *Direito das obrigações*, III[4], *cit.*, pp. 143-144.

[50] Assim MENEZES LEITÃO, *Direito das obrigações*, III[4], *cit.*, p. 144.

[51] Para uma sucinta referência à diversidade de critérios e suas consequências, cf., v. g., MENEZES LEITÃO, *Direito das obrigações*, III[4], *cit.*, p. 144.

[52] Cf., sobre estas e a sua eficácia vinculativa, MARTÍN LÓPEZ, *El carácter vinculante de las declaraciones públicas en la venta de bienes de consumo, cit.*, p. 229 e ss..

[53] Cf. MENEZES LEITÃO, *Direito das obrigações*, III[4], *cit.*, p. 144 e ss..

Estes dois critérios são cumulativos? A questão não é pacífica[54]. Menezes Leitão[55] aponta para a alternatividade, posição que melhor defende o consumidor, mas há que reconhecer que essa solução é de compatibilidade difícil com a letra da alínea *d*) do artigo 2/2 do DL 67/2003 e, a montante, com a letra da alínea *d*) do artigo 2/2 da Directiva.

O artigo 2/4 da Directiva enuncia algumas situações em que o vendedor não fica vinculado pelas declarações públicas a que se refere a alínea *d*) do n.º 2. Do artigo 2/4 da Directiva resulta que, para serem relevantes para efeito da garantia de conformidade, as declarações públicas teriam que ser, *grosso modo*, imputáveis ao vendedor. De acordo com esse artigo 2/4, o vendedor não fica vinculado pelas declarações a que se refere a alínea *d*) do artigo 2/2, se: (*i*) demonstrar que não tinha conhecimento nem podia razoavelmente ter conhecimento da declaração em causa; (*ii*) demonstrar que, até ao momento da celebração do contrato, a declaração em causa fora corrigida; (*iii*) ou demonstrar que a decisão de comprar o bem de consumo não poderia ter sido influenciada pela declaração em causa.

O legislador nacional não procedeu à transposição dessas exclusões. Daqui decorre, como bem observa Menezes Leitão[56], que o vendedor passa, *ex vi* artigo 2/2, alínea *d*) do DL 67/2003, a estar sujeito a responder por declarações de terceiro nas quais não teve qualquer intervenção, tendo, assim, uma *responsabilidade objectiva por facto de terceiro*.

A dimensão dessa responsabilidade leva Calvão da Silva[57] a sustentar que a lei portuguesa, com a preocupação de não fazer recair sobre o consumidor possíveis descoordenações da cadeia vendedora, se revela demasiado protectora do consumidor.

VI. O artigo 2/4 do DL 67/2003, seguindo, *ipsis verbis*, a solução do artigo 2/5 da Directiva, prevê, em determinadas circunstâncias, uma extensão da garantia de conformidade a prestar pelo vendedor aos *bens objecto de instalação*: a falta de conformidade resultante da má instalação do

---

[54] Cf., v. g., CALVÃO DA SILVA, *Venda de bens de consumo*³, *cit.*, p. 66 e ss..

[55] *Direito das obrigações*, III⁴, *cit.*, p. 145 e *O novo regime da venda de bens de consumo*, *cit.*, p. 51.

[56] *Direito das obrigações*, III⁴, *cit*, p. 146 e *O novo regime da venda de bens de consumo*, *cit.*, pp. 52-53.

[57] *Venda de bens de consumo*³, *cit.*, p. 66.

bem de consumo é equiparada a uma falta de conformidade do bem, quando a instalação fizer parte do contrato de compra e venda e tiver sido efectuada pelo vendedor, ou sob sua responsabilidade, ou quando o produto, que se prevê que seja instalado pelo consumidor, for efectivamente instalado por este e a má instalação se dever a incorrecções existentes nas instruções de montagem.

O objecto da garantia vai, então, para além do próprio bem objecto de alienação, abrangendo a prestação de serviços de instalação do bem (*facere*), bem como situações de instalação do bem pelo próprio consumidor[58]. Assim, o regime da falta de conformidade resulta aplicável a situações em que o dever defeituosamente cumprido é, se olharmos o conteúdo do contrato, um mero dever lateral: o de instalação ou o de fornecimento de instruções de montagem correctas.

5. Momento relevante para a verificação da conformidade ou da falta dela

Resulta do artigo 3/1 do DL 67/2003 que a conformidade deve verificar--se *no momento em que a coisa é entregue ao consumidor*. A solução do diploma coincide integralmente com a gizada no artigo 3/1 da Directiva, cuja redacção é, de resto, reproduzida. Contudo, o regime do artigo 3/1 afasta-se do regime comum da compra e venda, uma vez que, de acordo com o artigo 882/1 CC, a coisa vendida "deve ser entregue no estado em que se encontrava ao tempo da venda"; em coerência com este regime, o artigo 918 CC, com referência às situações de *defeito superveniente*, dispõe que se a coisa se deteriorar, depois de vendida e antes de entregue, adquirindo vícios ou perdendo qualidades, ou a venda respeitar a coisa futura ou a coisa indeterminada de certo género, são aplicáveis as regras relativas ao não cumprimento das obrigações.

Prima facie, o regime consagrado no artigo 3/1 do DL 67/2003, centrando a conformidade no momento de entrega do bem, implica que os riscos relativos a defeitos da coisa, ocorridos entre a venda e a entrega,

---

[58] Cf., v. g., CALVÃO DA SILVA, *Venda de bens de consumo*[3], *cit.*, pp. 70-71 e MENEZES LEITÃO, *O novo regime da venda de bens de consumo, cit.*, p. 53.

corram por conta do vendedor, o que constituirá um desvio em relação ao regime do artigo 796/1 CC, que faz correr o risco por conta do adquirente, a partir da celebração do contrato[59].

Não obstante, o Considerando 14 da Directiva parece contrariar esta ideia, já que dele consta que as referências à data da entrega não implicam que os Estados-Membros devam alterar as suas normas sobre transferência do risco. A questão está em saber qual é a verdadeira força e sentido do dito Considerando, parecendo-nos, mesmo atendo-nos estritamente à Directiva, que na ponderação entre o Considerando da Directiva e o seu artigo 3/1, há que dar primazia a este último[60].

Face ao regime transposto, mais concretamente, face ao disposto no artigo 3/1 do DL 67/2003, a doutrina nacional mostra-se maioritariamente inclinada no sentido de o mesmo consubstanciar uma excepção, quanto à venda de bens de consumo, ao regime geral do artigo 796/1 do CC, correndo o risco pelo vendedor, entre a celebração do contrato e a entrega do bem[61]. Divergente é a posição de Calvão da Silva[62], para quem não existe qualquer contradição entre o Considerando 14 da Directiva e o artigo 3/1 da mesma ou o artigo 3/1 do DL 67/2003, já que uma coisa seria a responsabilidade do vendedor pelos vícios ou defeitos da coisa no momento da entrega e

---

[59] Cf., sobre o regime geral do artigo 796/1 CC, entre outros, GALVÃO TELLES, *Direito das obrigações*, 7.ª ed., Coimbra Editora, Coimbra, 1997, p. 466 e ss., ANTUNES VARELA, *Das obrigações em geral*, II, 7.ª ed., Almedina, Coimbra, 1997, p. 85 e ss., RIBEIRO DE FARIA, *Direito das obrigações*, II, Almedina, Coimbra, 1990, p. 379 e ss. e PIRES DE LIMA / ANTUNES VARELA, *Código civil anotado*, II[4], *cit.*, pp. 50-51.

[60] Alertando, já antes do DL 67/2003, para "as perplexidades que podem emergir do confronto com o considerando 14 da Directiva" e concluindo que "a aferição da falta de conformidade no momento da entrega se apresenta como a única solução adequada", cf. PAULO MOTA PINTO, *Reflexões sobre a transposição da Directiva 1999/44/CE para o direito português*, *cit.* p. 199.

[61] Cf., neste sentido, embora considere o ponto duvidoso, PINTO MONTEIRO, *Garantias na venda de bens de consumo*, *cit.*, p. 135; cf. também, mas sem reservas, MENEZES LEITÃO, *Direito das obrigações*, III[4], *cit.*, p. 149 e PAULO MOTA PINTO, *Anteprojecto de diploma de transposição da Directiva 1999/44/CE para o direito português*, *cit.*, p. 207 e ss.. Na doutrina espanhola, ORTI VALLEJO, *La regla periculum est venditore en la Directiva 1999/44/CE*, *cit.*, p. 2766, fala da "absoluta incompatibilidad entre el articulado de la Directiva y el citado considerando", concluindo que "ha de darse prevalencia a la regla contenida en el corpus normativo".

[62] *Venda de bens de consumo*[3], *cit.*, p. 75 e ss..

134 Estudos de Direito das Garantias, II

outra, bem diferente, seria a "impossibilidade do cumprimento da obrigação de entrega conforme, pontual, em todos os termos devidos, em virtude do perecimento ou deterioração da coisa por caso fortuito ou força maior".

A hábil posição sustentada por Calvão da Silva não nos parece convincente. Ela tem o defeito de, contraditoriamente com a *ratio* do estabelecimento da filosofia da *conformidade com o contrato*, impor ao consumidor consequências gravosas que pressuporiam algo que não existirá, pelo menos na esmagadora maioria das situações: o controlo pelo consumidor do risco de perecimento ou deterioração da coisa, entre o momento da aquisição e o da recepção[63]. A vantagem que o consumidor tem face ao novo regime sairia inteiramente esvaziada pela brecha da aplicação do regime geral do artigo 796/1 do CC.

Cabe ao consumidor provar que a falta de conformidade já existia no momento da entrega. Contudo, o artigo 3/2 – por a considerar *probatio diabolica*[64] – estabelece uma presunção de falta de conformidade na data de entrega, que se manifeste no prazo de 2 ou 5 anos a contar da data de entrega de coisa móvel corpórea ou de coisa imóvel, respectivamente; são, porém, ressalvadas as situações em que tal for incompatível com a natureza da coisa ou com as características da falta de conformidade.

6. As vias de reacção do consumidor em caso de não conformidade

I. De acordo com o disposto no artigo 4/1 do DL 67/2003, em caso de falta de conformidade do bem com o contrato, o consumidor tem direito a que esta seja *reposta sem encargos* por meio de *reparação* ou de *substituição*, à *redução adequada do preço* ou à *resolução*[65-66].

---

[63] Acentuando particularmente este ponto, cf. PAULO MOTA PINTO, *Anteprojecto de diploma de transposição da Directiva 1999/44/CE para o direito português*, *cit.*, p. 208.

[64] Cf. CALVÃO DA SILVA, *Venda de bens de consumo*[3], p. 78.

[65] Quanto aos prazos para o exercício dos direitos, rege o artigo 5 do DL 67/2003, sobre cujo regime se remete para CALVÃO DA SILVA, *Venda de bens de consumo*[3], *cit.*, p. 92 e ss. e MENEZES LEITÃO, *Direito das obrigações*, III[4], *cit.*, pp. 154-155.

[66] Não curamos aqui do "day after", traduzido no direito de regresso e respectivo exercício (artigos 7 e 8 do DL 67/2003), uma vez que a riqueza dessas situações justifica uma atenção autónoma; cf., v. g., CALVÃO DA SILVA, *Venda de bens de consumo*[3], *cit.*, p. 116 e ss., MENEZES LEITÃO, *Direito das obrigações*, III[4], *cit.*, p. 158 e ss., PINTO DUARTE,

Em rigor, o artigo 12/1 da LDC, na redacção anterior ao DL 67/2003, já dava expressão a estes direitos do consumidor, ao dispor o seguinte: "O consumidor a quem seja fornecida a coisa com defeito, salvo se dele tivesse sido previamente informado e esclarecido antes da celebração do contrato, pode exigir, independentemente de culpa do fornecedor do bem, a reparação da coisa, a sua substituição, a redução do preço ou a resolução do contrato". O artigo 12/4 da LDC, ainda na redacção anterior ao DL 67/2003, complementava estas previsões, reconhecendo ao consumidor "direito à indemnização dos danos patrimoniais e não patrimoniais resultantes do fornecimento de bens ou prestações de serviços defeituosos".

Mesmo em sede comum, o regime do CC permitiu à doutrina construir uma doutrina geral do cumprimento defeituoso, reconhecendo ao credor os direitos enunciados, conquanto em termos não plenos[67].

Neste quadro, pode dizer-se, com Calvão da Silva[68], que o regime consagrado no artigo 3/2 da Directiva, transposto para o artigo 4/1 do DL 67/2003, não é inovatório para a lei portuguesa, conquanto o tenha sido para alguns dos outros Estados-membros da União Europeia[69].

O direito de regresso do vendedor final na venda para consumo, in "Themis", II (2001), 4., p. 173 e ss., PAULO MOTA PINTO, *O direito de regresso do vendedor final de bens de consumo*, in ROA 2002, p. 143 e ss.; no direito alemão, com referência ao regime do § 478 do BGB, cf. LORENZ, *Verbrauchsgüterkauf, cit.*, p. 511 e ss., justificando esse regime como constituindo uma "Kompensation der strengen Haftung des Unternehmers gegenüber dem Verbraucher"; cf. também MAULTZCH, *Schuldrechtsmodernisierung 2001/2002. Der Regresss des Unternehmers beim Verbrauchsgüterkauf*, in JuS 2002, p. 1171 e ss..

[67] Cf., por todos, CALVÃO DA SILVA, *Compra e venda de coisas defeituosas*[4], *cit.*, p. 50 e ss. e ROMANO MARTINEZ, *Cumprimento defeituoso em especial na compra e venda e na empreitada*, Almedina, Coimbra, 1994, pp. 161-162.

[68] *Venda de bens de consumo*[3], *cit.*, p. 81.

[69] Sobre as alternativas do comprador face ao vendedor, no direito alemão, após a modernização do direito das obrigações, cf., v. g., LORENZ, *Verbrauchsgüterkauf, cit.*, p. 487 e ss., CHRISTIAN SCHUBEL, *Schuldrechtsmodernisierung 2001/2002. Das neue Kaufrecht*, in JuS 2002, p. 315 e ss. e MENEZES CORDEIRO, *A modernização do direito das obrigações. III. A integração da defesa do consumidor*, in ROA 2002, p. 723 e ss.; em geral, sobre o novo direito das perturbações da prestação, cf., v. g., MENEZES CORDEIRO, *A modernização do direito das obrigações. II. O direito da perturbação das prestações*, in ROA 2002, p. 319 e ss., MEDICUS, *Die Leistungsstörungen im neuen Schuldrecht*, in JuS 2003, p. 521 e ss., MARTIN SCHWAB, *Das neue Schuldrecht im Überblick*, in JuS 2002, p. 2 e ss., HANSJÖRG OTTO, *Die Grundstrukturen des neuen Leistungsstörungsrechts*, in Jura 2002, p. 1 e ss. e MICHAEL JAENSCH, *Die Störung der Nacherfüllung im Kaufrecht*, in Jura 2005, p. 649 e ss..

O artigo 4 do DL 67/2003 não faz, na enunciação dos direitos do consumidor, qualquer alusão ao direito de indemnização por perdas e danos; contudo, não há qualquer dúvida de que esse direito de indemnização, por danos patrimoniais e não patrimoniais, assiste ao consumidor, independentemente dos direitos consagrados no artigo 4/1. Assim resulta do regime geral da responsabilidade civil, mantendo-se esse direito também consagrado no artigo 12 da LDC, agora no n.º 1, após a redacção dada pelo DL 67/2003.

II. Com referência aos direitos de reparação, substituição, redução de preço e resolução, o artigo 3 da Directiva consagra uma *gradação* no que respeita ao exercício de tais direitos: em primeiro lugar (artigo 3/3), o consumidor terá de exigir do vendedor a reparação ou substituição do bem, em qualquer caso sem encargos, a não ser que isso seja impossível ou desproporcionado; só após o insucesso de tal iniciativa é que poderá exigir uma redução adequada do preço ou a resolução do contrato (artigo 3/5).

Não sofre qualquer dúvida, portanto, que, face à Directiva, existe uma hierarquia, surgindo as soluções da redução adequada do preço e da resolução em termos *subsidiários* face à dupla de soluções reparação e substituição do bem[70].

Independentemente das dúvidas que o próprio texto da Directiva suscita, questiona-se se, face ao disposto no artigo 4 do DL 67/2003, o consumidor deve obedecer a uma hierarquia ou se, ao invés, tem *libera electio* entre as várias vias enunciadas no artigo 4/1.

Alguns autores[71] destacam, contra qualquer hierarquia no quadro de direitos do consumidor, o facto de o preâmbulo do diploma ter feito finca-pé na manutenção do "nível de protecção já hoje reconhecido entre nós ao consumidor", acentuando, neste quadro, que, no âmbito da LDC, o consumidor não estava sujeito a qualquer hierarquia.

---

[70] De resto, o Considerando 10 da Directiva mostra-se igualmente claro: "Considerando que, em caso de não conformidade do bem com o contrato, os consumidores devem ter o direito de obter que os bens sejam tornados conformes com ele sem encargos, podendo escolher entre a reparação e a substituição, ou, se isso não for possível, a redução do preço ou a rescisão do contrato".

[71] Assim MÁRIO FROTA, *Coisas móveis duradouras, cit.*, pp. 108-109 e *Garantias legais na compra e venda de imóveis na perspectiva do consumidor. Os remédios*, in RPDC n.º 42 (2005), pp. 66-67.

Contudo, o argumento do teor do artigo 12/1 da LDC (na redacção anterior ao DL 67/2003) não pode ser absolutizado, já que a actuação do consumidor deve pautar-se pelo princípio da boa fé, podendo, já então, em concreto, ser abusivo o exercício de um direito de resolução quando o defeito tivesse um escasso relevo.

A principal argumentação contra o estabelecimento de subsidiariedades no exercício dos direitos centra-se na letra do artigo 4 do DL 67/ /2003, quando confrontada com a letra do artigo 3 da Directiva, confronto esse que aponta para uma não hierarquização de princípio. Contudo, uma vez que o artigo 4/5 ressalva os casos de impossibilidade no exercício e o de *abuso de direito*, podemos dizer que a hierarquização acaba, *in fine*, por poder acontecer, não nos termos, digamos "step-by-step", da Directiva, mas em função do esgotamento de uma solução *a priori* mais adequada (pense-se na impossibilidade de substituir uma coisa, quando tenha havido esgotamento do estoque) ou da aplicação do *princípio da boa fé*.

Confrontando o regime hierarquizado da Directiva com o regime à partida não hierarquizado do DL 67/2003, identificamos, facilmente, *costs and benefits*. Se a solução da Directiva tem a aparente desvantagem de ser menos favorável ao consumidor, uma vez que, v. g., o direito à resolução surge como última solução subsidiária, ela tem a vantagem de "guiar" o consumidor para as soluções mais conformes com a normalidade das coisas e das situações, protegendo-o, também assim, contra soluções "radicais" ou precipitadas que podem ser contrariadas, se não mesmo paralisadas, pelo vendedor, em nome do princípio da boa fé, com os "danos" de contencioso que daí podem resultar.

Mas, por outro lado, a solução hierarquizada da Directiva não está isenta de escolhos para o consumidor, de resto dificilmente contornáveis, conforme resulta do facto de a Directiva utilizar vários conceitos indeterminados que terão de ser "pesados" nas situações concretas[72]: vejam-se, a título de exemplo, os conceitos de "desproporcionalidade", de "irrazoabilidade" ou de "grave inconveniente".

A não consagração, à partida, de vias subsidiárias, no DL 67/2003, revela-se, de facto, em princípio, mais favorável ao consumidor, mas terá o senão, pelo menos para consumidores pouco informados e também pouco razoáveis (que *los hay, los hay*!), de criar a ilusão de que têm um amplo

---

[72] Cf. também Calvão da Silva, *Venda de bens de consumo*[3], *cit.*, p. 87.

138 Estudos de Direito das Garantias, II

leque de vias de reacção em situações de *qualquer* desconformidade, quando as não têm, efectivamente.

III. Optando o consumidor por exigir a *reparação* ou a *substituição* do bem, quer uma quer outra deverão ser realizadas num prazo razoável e sem grave inconveniente para o consumidor, tendo em contra a natureza do bem e o fim a que o consumidor o destina. É o que resulta do artigo 4/2 do DL 67/2003, que reproduz o último parágrafo do artigo 3/3 da Directiva. Em qualquer dos cásos de reposição – reparação ou substituição – o consumidor não terá de suportar *quaisquer encargos* (artigo 4/1 do DL 67/2003), entendendo-se por tal (artigo 4/3) quaisquer despesas que sejam necessárias para repor o bem em conformidade com o contrato, incluindo, designadamente, as despesas de transporte, de mão-de-obra e material.

Conforme resulta da letra da lei, na opção pela reposição, quer a mesma se traduza em simples reparação ou em substituição, terão as partes de, de acordo com o princípio da boa fé, encontrar a melhor concretização para os conceitos indeterminados *prazo razoável* e *sem grave inconveniente para o consumidor*, sempre tendo em conta a natureza do bem e o fim a que o consumidor o destina.

O legislador português não consagrou *expressis verbis* a "proibição" de o consumidor exigir a reparação ou a substituição, nos casos em que tal seja "desproporcionado". O artigo 3/3 da Directiva presume que uma solução é desproporcionada se implicar para o vendedor custos que, em comparação com a outra solução, não sejam razoáveis, tendo em conta (*i*) o valor que o bem teria se não existisse falta de conformidade, (*ii*) a importância da falta de conformidade e (*iii*) a possibilidade de a solução alternativa ser concretizada sem grave inconveniente para o consumidor.

A não consagração, no diploma interno, da *presunção de despropor-cionalidade* resulta do facto, já assinalado, de o legislador nacional não ter, à partida, optado por uma hierarquização quanto às vias de reacção do consumidor e também por entender que tais situações de despropor-cionalidade estariam abrangidas pela proibição de actuação contra o *princípio da boa fé* (artigo 4/5)[73]. Apesar da não consagração a nível do direito interno, não haverá, porém, dúvida de que as específicas situações

---

[73] Em crítica, cf. MENEZES LEITÃO, *Direito das obrigações*, III⁴, *cit.*, p. 153.

referidas no artigo 3/3 da Directiva poderão ser tomadas em devida conta quando se questione, v. g., uma concreta exigência de substituição do bem[74] por parte do consumidor.

IV. Como vimos, face à Directiva, o recurso, pelo comprador, à redução adequada do preço ou à resolução do contrato está dependente do esgotamento das prévias soluções de reparação ou substituição do bem. De acordo com o artigo 3/5 da Directiva, tais soluções subsidiárias dependem da verificação de uma das seguintes condiçõess: (*i*) se o consumidor não tiver direito a reparação nem a substituição; ou (*ii*) se o vendedor não tiver encontrado uma solução num prazo razoável; ou (*iii*) se o vendedor não tiver encontrado uma solução sem grave inconveniente para o consumidor. Contudo, o consumidor não tem direito à resolução do contrato se a falta de conformidade for insignificante (artigo 3/6 da Directiva).

Também como vimos, não há, no sistema de garantia legal[75] consagrado no DL 67/2003, à partida, uma subsidiariedade da via da resolução do contrato, face às da reparação ou da substituição do bem.

De acordo com o artigo 5/4 do DL 67/2003, os direitos de resolução do contrato e de redução do preço podem ser exercidos mesmo que a coisa tenha perecido ou se tenha deteriorado por motivo não imputável ao comprador. Estamos perante uma disposição que causa alguma perplexidade, bem patente se pensarmos nos casos em que, após a entrega, acontece o perecimento da coisa por causa não imputável nem ao vendedor nem ao comprador. Poderá, ainda assim, o comprador pretender a resolução do contrato, exigindo a devolução do preço e nada restituindo ao vendedor,

---

[74] Cf., a propósito, também CALVÃO DA SILVA, *Venda de bens de consumo*[3], *cit.*, p. 83.

[75] Falamos aqui em *garantia legal*, por contraposição às *garantias voluntárias*, a que se referem os artigos 6 da Directiva e 9 do DL 67/2003, garantias essas que não abordamos aqui. A utilização da expressão *garantia legal* é, de resto, comum entre os autores: cf., v. g., CALAIS-AULOY, *De la garantie des vices cachés à la garantie de conformité*, *cit.*, p. 63. Entre nós, MENEZES LEITÃO, *Direito das obrigações*, III[4], *cit.*, pp. 134 e 160, prefere designar a garantia legal por "garantia contratual" e as garantias voluntárias por "garantias comerciais". Contudo, no nosso entender, estas alternativas de designação revelam-se equívocas: sendo embora certo que as garantias voluntárias do artigo 9 do DL 67/2003 são garantias comerciais, já não podemos dizer que a *garantia legal* constitua, pelo menos directamente, uma garantia contratual, já que é inequívoco que a sua fonte legitimadora directa é a lei, sendo o contrato um pressuposto para a sua aplicação.

porque nada há a restituir? De acordo com o regime comum do artigo 432/ /2 do CC, tal resolução não seria possível, uma vez que o perecimento não é imputável ao vendedor, mas já o será face ao artigo 4 do DL 67/2003.

Calvão da Silva lê o artigo 4/4 do DL 67/2003 como albergando um afastamento do regime do artigo 432/2 e, nesse quadro, sustenta mesmo que onde se lê "por motivo não imputável ao comprador" deveria, antes, ler-se "por motivo não imputável ao vendedor"[76]: "assim já se percebe o exercício do direito de resolução mesmo que a coisa tenha perecido por motivo não imputável ao vendedor: mesmo que a impossibilidade de restituição da coisa resulte de "circunstâncias (defeitos) não imputáveis ao outro contraente" (artigo 432.º, n.º 2 do Código Civil), o comprador pode resolver o contrato".

Não acompanhamos em pleno Calvão da Silva, não sendo de menos salientar que o artigo 4/4 tem um âmbito de aplicação que vai para além das situações de resolução pelo comprador: ele aplica-se também nas situações em que o consumidor opte pela redução do preço.

Assim sendo, no exemplo acima dado, em que o bem entregue perece por causa não imputável a qualquer das partes, o comprador – confortado que esteja pela presunção, não elidida, de que o defeito já existia à data da entrega (artigo 3/3) – pode resolver o contrato. Não o poderá fazer, porém – tal como não pode pretender a redução do preço – se o motivo de perecimento lhe for imputável; simplesmente, se tal acontecer, *rectius*, se o vendedor fizer essa prova, isso significará que está a elidir a presunção do artigo 3/2 e, então, o comprador não tem direito à resolução do contrato ou à redução do preço, porque está estabelecido que, no momento relevante – o da entrega – o bem era conforme.

Em resumo, concordamos com Calvão da Silva quando sustenta a prescindibilidade do artigo 4/4 – já que os direitos de resolução ou redução, nas situações aí previstas, resultam já do artigo 4/1, articulado com o artigo 3/1 e 3/2 – mas já não quando pretende ler "vendedor" em vez de "comprador".

Faculdade de Direito da Universidade de Lisboa, Novembro de 2007.

---

[76] *Venda de bens de consumo*[3], *cit.*, p. 86.

SOBRE A CIRCULABILIDADE DO CRÉDITO EMERGENTE DE GARANTIA BANCÁRIA AUTÓNOMA AO PRIMEIRO PEDIDO*

SUMÁRIO: 1. Introdução; 2. A posição do beneficiário da garantia; 3. O regime geral da cessão de créditos; 4. Cessão do crédito principal e destino do crédito de garantia; 4.1. O regime geral do artigo 582/1 do CC; 4.2. Cessão do crédito principal e destino do crédito de garantia autónoma; 4.3. Um crédito de garantia suspenso no ar?; 5. Cessão isolada do crédito de garantia; 5.1. As divergências doutrinais; 5.2. O regime da cessão do crédito de garantia nas Regras Uniformes da CCI e na Convenção UNCITRAL (CNUDCI); 5.3. O regime do AUG da OHADA; 6. A necessidade de distinguir no crédito de garantia entre o poder potestativo de interpelação e o crédito pecuniário decorrente do accionamento da garantia.

1. Introdução

I. Uma das várias dúvidas que a especial configuração das garantias bancárias tem gerado é a da livre *cedibilidade* do crédito emergente da

---

* Estudo destinado aos Estudos em Homenagem ao Prof. Doutor Paulo Cunha, por ocasião do centenário do seu nascimento.

Abreviaturas mais utilizadas: Ac.=Acórdão; AUG=Acto Uniforme da OHADA relativo à Organização das Garantias; BancaBT=Banca, Borsa e Titoli di Credito; BB=Betriebs-Berater; BGB=Bürgerliches Gesetzbuch; BMJ=Boletim do Ministério da Justiça; CCI=Câmara do Comércio Internacional; CJ=Colectânea de Jurisprudência; CNUDCI (ou UNCITRAL)=Comissão das Nações Unidas para o Direito do Comércio Internacional; DCI=Diritto del Commercio Internazionale; DDP-SCom=Digesto delle Discipline Privatistiche – Sezione Commerciale; DJ=Direito e Justiça; OHADA= Organi-

142   *Estudos de Direito das Garantias, II*

garantia, por parte, naturalmente, do respectivo beneficiário: estamos, assim, perante o problema da *circulabilidade* do crédito em causa, quando a mesma seja suscitada em função de um negócio *inter-vivos*. É frequente a negociação de garantias bancárias, por parte dos respectivos beneficiários, como via de obtenção de liquidez[1], não podendo, contudo, dizer-se que o enquadramento jurídico dessas situações seja claro. O equacionamento do problema objecto deste estudo tem como pressuposto o reconhecimento de que, no sistema jurídico, impera o princípio de que a mudança de titular do crédito não determina a perda da identidade objectiva do crédito[2].

Cônscios da, amiúde insuspeitada, complexidade e pluralidade de situações que se albergam sob a genérica designação de "garantias bancárias"[3], e após uma fase, já relativamente recuada, em que "garantia

---

sation pour l'Harmonisation en Afrique du Droit des Affaires; OR=Código Suíço das Obrigações; RDBF=Revue de Droit Bancaire et Financier; RDE=Revista de Direito e Economia; RDES=Revista de Direito e Estudos Sociais; RFDUL=Revista da Faculdade de Direito da Universidade de Lisboa; RivDC=Rivista di Diritto Commerciale; RL=Relação de Lisboa; ROA=Revista da Ordem dos Advogados; RS=Revue des Sociétés; ss.=seguintes; STJ=Supremo Tribunal de Justiça; ZBB=Zeitschrift für Bankrecht und Bankwirtschaft; ZIP=Zeitschrift für Wirtschaftsrecht.

[1] Cf., v. g., BYDLINSKI, *Die Übertragung der Rechte aus einer Bankgarantie*, in ZBB 1989, p. 154 e ALIBRANDI, *La circolazione delle garanzie bancarie autonome e i termini della sua ammissibilità nell'ordinamento italiano*, in BancaBT 1991, p. 559 e ss., relacionando a negociação de garantias com a prática de *forfaiting*. Em geral, sobre a cessão de créditos para obtenção de liquidez, pode ver-se, v. g., BUSSOLETTI, *Garanzie bancarie*, in DDP-SCom, VI, 1991, pp. 379-380.

[2] Cf., por todos, PERLINGIERI, *Il trasferimento del credito. Nozione e orientamenti giurisprudenziali*, Edizioni Scientifiche Italiane, 1981, p. 14.

[3] Não por acaso, DOLMETTA, *Garanzie bancarie*, in BancaBT, 2007, p. 514, observa que a categoria das garantias bancárias está ainda em construção; ou melhor "denuncia tratti non bene definiti ovvero un pò mobili: a seconda delle scelte effettuate dai singoli autori".

De resto, a doutrina, mesmo a nacional, não tem deixado de chamar a atenção para a grande amplitude da expressão "garantias bancárias", que impõe o esclarecimento da subárea em que cada autor se move, mesmo quando há o cuidado de limitar a designação ao universo das garantias pessoais; cf. MENEZES CORDEIRO, *Manual de direito bancário*, 3.ª ed., Almedina, Coimbra, 2006, p. 636, ROMANO MARTINEZ, *Garantias bancárias*, in "Estudos em homenagem ao Professor Doutor Inocêncio Galvão Telles", II, "Direito bancário", Almedina, Coimbra, 2002, p. 265 e o nosso *Assunção fidejussória de dívida. Sobre o sentido e o âmbito da vinculação como fiador*, Almedina, Coimbra, 2000, p. 66. Para uma

bancária" equivalia a "fiança bancária"[4], vamos centrar a nossa atenção sobre o caso mais perfeito de vantagem do beneficiário da garantia, que é o das garantias bancárias autónomas ao primeiro pedido. Para o caso, é indiferente que a quantia em dinheiro a cujo pagamento o banco se obriga, corresponda, total ou parcialmente, ao *quantum debeatur* a nível da relação entre o devedor-ordenante e o credor-beneficiário – caso em que haverá uma identidade objectiva e qualitativa entre a prestação principal e a prestação a cargo do garante[5] – ou que tal quantia corresponda, no modo como as partes na relação de base configuraram toda a operação, a uma indemnização *a forfait* fixada, a uma pena ou a outra qualquer natureza.

Para o caso, é também indiferente que o primeiro pedido do beneficiário seja puro ou dependente da verificação de requisitos objectivos, designadamente documentais[6].

Deixamos de lado a questão da correcção da expressão *garantia*[7] para qualificar uma figura em que a prestação do garante está autonomizada relativamente à prestação do dador de ordem no âmbito da relação de valuta, mesmo quando existe uma coincidência objectiva e qualitativa – que será mais fisionómica que real – com a mesma. Em qualquer caso, é

---

delimitação entre garantias bancárias activas e passivas, cf. SARAIVA MATIAS, *Garantias bancárias activas e passivas*, Edições Scripto, Lisboa, 1999, *passim*. Na doutrina estrangeira, cf., por todos, CANARIS, *Bankvertragsrecht*, I, 3.ª edição, Walter de Gruyter, Berlin, New York, 1988, p. 745 e ss.

[4] Cf., v. g., PAULO CUNHA, *Da garantia nas obrigações. Apontamentos das aulas de Direito Civil do 5.º ano da Faculdade de Direito da Universidade de Lisboa*, pelo aluno EUDORO PAMPLONA CÔRTE-REAL, Lisboa 1938-1939, pp. 79-80.

[5] Estamos a pensar, naturalmente, na *prestação primária* ou *principal*, que não na prestação secundária de ressarcimento; cf. o nosso *Assunção fidejussória de dívida, cit.*, pp. 55 e 117 e ss..

[6] Para a diferença entre garantia ao primeiro pedido e garantia ao primeiro pedido documentado, cf., v. g., BONELLI, *Le garanzie bancarie a prima domanda nel commercio internazionale*, Giuffrè, Milano, 1991, p. 47 e ss., ROMANO MARTINEZ, *Garantias bancárias, cit*, p. 274 e MENEZES LEITÃO, *Garantias das obrigações*, Almedina, Coimbra, 2006, p. 153.

[7] Expressão esta que, no domínio das garantias autónomas, surge normalmente desacompanhada da expressão "de cumprimento" ("garantia de cumprimento"); sobre a questão de saber se a garantia bancária autónoma será uma verdadeira garantia pessoal de cumprimento, cf. o nosso *Assunção fidejussória de dívida, cit.*, pp. 66-67, nota 253; cf. também FRANCISCO CORTEZ, *A garantia bancária autónoma. Alguns problemas*, in ROA, ano 52, 1992, p. 590 e ss..

144 *Estudos de Direito das Garantias, II*

seguro que, tal como no *Garantievertrag*[8], a função da garantia bancária autónoma "não é a de garantir o cumprimento da obrigação do devedor principal (como, ao invés, acontece na fiança, onde o fiador garante o cumprimento de um débito de outrem, obrigando-se a realizar uma prestação de conteúdo idêntico à do devedor principal) mas a de assegurar a satisfação do interesse económico do beneficiário"[9].

As considerações que fizermos poderão valer também – conclusão que, no entanto, não é possível firmar *ex ante*, em termos absolutos – para as garantias *não bancárias* autónomas ao primeiro pedido, já que, sendo, embora, o campo dos negócios bancários aquele em que a figura se desenvolveu, em termos internacionais, sobretudo no último quartel do século passado, não haverá dúvidas de que entidades não bancárias[10] podem vincular-se em garantias autónomas ao primeiro pedido. Não será, assim, por acaso, que o novo artigo 2.321 do *code civil* (subsequente à *Ordonnance* n.º 2006-346) tipifica legalmente a *garantie autonome*, que não, especifica-

---

[8] Sobre a utilização do *Garantievertrag* como uma espécie de *deus ex machina*, para explicar um conjunto heterónomo de situações, cf. PORTALE, *Fideiussione e Garantievertrag nella prassi bancaria*, in "Le garanzie bancarie internazionali", Giuffrè, Milano, 1989, pp. 8-9.

[9] Cf. MIRELLA VIALE, *I contratti autonomi di garanzia*, Separata de "I contratti in generale", a cura di Guido Alpa / Mario Bessone, UTET, Torino, p. 631; cf. também, entre muitos outros, BARILLÀ, *Causa esterna e garanzie bancarie autonome*, in BancaBT, 2006, p. 667; na doutrina alemã, cf., por todos, CANARIS, *Bankvertragsrecht*, I[3], *cit.*, p. 748. "dabei soll der Garant nicht etwa den von ihm garantierten Erfolg selbst herbeiführen bzw. für die Erhaltung des garantierten Zustandes sorgen, sondern lediglich im Falle des Nichteintritts bzw. der Nichtsfortdauer dem wirtschaftlichen Ausfall des anderen decken, d. h. sein "Interesse" ersetzen".

[10] O que não significa, necessariamente, admitir a respectiva emissão por quaisquer entidades. A questão tem sido polemizada sobretudo em relação a pessoas singulares; cf. o nosso *Assunção fidejussória de dívida*, *cit.*, p. 26, com referência à fiança ao primeiro pedido, mas valendo as considerações aí expostas para a garantia autónoma ao primeiro pedido; cf. também, entre nós, SEQUEIRA RIBEIRO, *Garantia bancária autónoma à primeira solicitação: Algumas questões*, in "Estudos em homenagem ao Professor Doutor Inocêncio Galvão Telles", II, "Direito bancário", Almedina, Coimbra, 2002, p. 378 e ss.. Revelador do melindre da questão, refira-se que o artigo 29 do AUG da OHADA proíbe, sob pena de nulidade, a emissão de cartas de garantia e de contragarantia por pessoas singulares; cf., a propósito, o nosso *O regime da carta de garantia no AUG da OHADA*, inserido in "Estudos de Direito das Garantias", I, Almedina, Coimbra, 2004, pp. 250-251.

mente, a *garantie bancaire autonome*[11]; também a *carta de garantia*, tipificada no AUG da OHADA, não está limitada ao campo bancário[12].

II. Embora a diferenciação entre autonomia e automaticidade atinja, por vezes, um fervor excessivo – na medida em que desconsidera a existência de múltiplas situações em que a "simples" autonomia, sem cláusula de automaticidade, protege eficientemente o beneficiário da garantia[13], ela tem plena razão de ser[14], ainda que a cláusula ao primeiro pedido não venha acompanhada de um mecanismo específico, seja ele compulsório-sancionatório, seja ele compensatório[15]. De resto, a figura da fiança ao primeiro pedido[16] – reveladora da tensão já não entre acessoriedade e autonomia, mas

---

[11] Sobre a tipificação legal da *garantie autonome*, cf., v. g., JEAN STOUFFLET, *La reconnaissance par l'ordonnance du 23 mars 2006 de deux types de garanties issues de la pratique: la garantie autonome et la lettre d'intention*, in RS, 3/2006, p. 473 e ss., ANDRÉ PRÜM, *L'autonomie légale des garanties à première demande*, in RDBF Mai.Juin 2006, p. 1, D. HOUTCIEFF, *Les sûretés personnelles*, RDBF Mai-Juin 2006, p. 57 e BARILLÀ, *Il Garantievertrag da prassi a legge: il caso francese*, in BancaBT, 2007, p. 217 e ss..

[12] Sobre a tipificação legal da carta de garantia no direito da OHADA, cf. o nosso *O regime da carta de garantia no AUG da OHADA, cit.*, p. 243 e ss..

[13] Não nos referimos, neste ponto, aos casos em que a utilização do figurino das garantias autónomas, em vez das garantias acessórias (fianças), tem vantagens mais aparentes que reais, *maxime* naqueles em que o funcionamento da garantia fica dependente do – quase sempre questionável – incumprimento do devedor; cf., por todos, PORTALE, *Fideiussione e Garantievertrag nella prassi bancaria*, pp. 10-11, identificando, assim, o aparecimento da cláusula ao primeiro pedido como factor de neutralização do risco do credor-beneficiário.

[14] Cf. CANARIS, *Bankvertragsrecht*, I[3], *cit.*, pp. 748-749, ALMEIDA COSTA / PINTO MONTEIRO, *Garantias bancárias. O contrato de garantia à primeira solicitação*, in CJ XI (1986), tomo 5, p. 19, CALVÃO DA SILVA, *Garantias acessórias e garantias autónomas*, in "Estudos de Direito Comercial (Pareceres)", Almedina, Coimbra, 1996, p. 340 e ss., ROMANO MARTINEZ, *Garantias bancárias, cit.*, p. 273 e ss., o nosso *Assunção fidejussória de dívida, cit.*, p. 66 e ss., SEQUEIRA RIBEIRO, *Garantia bancária autónoma à primeira solicitação, cit.*, p. 363 e ss.. e SÁNCHEZ-CALERO GUILARTE, *El contrato autónomo de garantía. Las garantías a primera demanda*, Centro de Documentación Bancaria Y Bursátil, Madrid, 1995, p. 74.

[15] A clara diferenciação entre mecanismos compulsório-sancionatórios e mecanismos indemnizatórios, na nossa doutrina, é feita por PINTO MONTEIRO, *Cláusula penal e indemnização*, Almedina, Coimbra, 1990, p. 601 e ss..

[16] Cf., v. g., os nossos *Assunção fidejussória de dívida, cit.*, pp. 717 e ss., 722 e ss. e 726 e ss. e *A chamada "fiança ao primeiro pedido"*, in "Estudos em Homenagem ao Professor Doutor Inocêncio Galvão Telles", IV, "Novos Estudos de Direito Privado", Almedina, Coimbra, 2003, p. 833 e ss..

entre acessoriedade e automaticidade – demonstra, também ela, a, digamos, "autonomia" da automaticidade face à autonomia da garantia[17]. Por outro lado, têm sido identificadas garantias com a aparência de garantias autónomas simples mas que, afinal, funcionam como garantias automáticas[18].

Como preliminar do estudo sobre a transmissibilidade ou circulabilidade do crédito emergente da garantia – operação que, na gíria comercial e bancária, é, por vezes, designada por "endosso"[19] – julgamos ser mister fazer algumas considerações prévias sobre a natureza da posição do beneficiário da garantia face ao garante, sobre o regime geral da cessão de créditos e ainda sobre o destino da garantia autónoma no caso de cessão do crédito resultante da relação subjacente.

---

[17] O exposto não prejudica, naturalmente, a discussão sobre o efeito da cláusula de pagamento *on first demand* na própria garantia, estando em equação a questão de saber se ela tem o efeito de *autonomizar* a garantia, conforme parece sugerir FERRER CORREIA, *Notas para o estudo do contrato de garantia bancária*, in RDE 8 (1982), p. 252 e ss.. A nossa posição é contrária a uma tal conclusão, sem prejuízo de entendermos que, na falta de outros elementos, a cláusula ao primeiro pedido indiciará a existência de uma garantia autónoma; cf. o nosso *Assunção fidejussória de dívida*, cit., p. 722 e ss.. No sentido que, em termos dogmáticos, temos por incorrecto, lê-se no texto do Ac. do STJ de 12.09.2006 (Proc. N.º 06A2211), in www.dgsi.pt: "Resulta da matéria de facto acima elencada estarmos perante uma garantia *on first demand*, isto é, uma *garantia autónoma*, por não acessória".

[18] Cf. o nosso A *chamada "fiança ao primeiro pedido"*, cit, p. 837.

[19] Designação esta que, não envolvendo embora qualquer confusão com o endosso cambiário, não deixa de apontar no sentido de uma certa similitude entre a lógica da garantia bancária autónoma *on first demand* e a lógica dos títulos de crédito, em cujo âmbito vigora, como é sabido, o princípio da literalidade; cf., por todos, FERRER CORREIA, *Lições de Direito Comercial*, III, *Letra de Câmbio*, Coimbra, 1975, p. 41 e ss., FERNANDO OLAVO, *Direito Comercial*, II-2.ª Parte, Fasc. I, *Títulos de crédito em geral*, Coimbra Editora, Coimbra, 1977, p. 25 e ss., OLIVEIRA ASCENSÃO, *Direito comercial*, III, *Títulos de crédito*, Lisboa, 1992, p. 26 e ss., PAIS DE VASCONCELOS, *Direito comercial. Títulos de crédito*, AAFDL, 1990, p. 6 e ss. e PINTO FURTADO, *Títulos de crédito. Letra. Livrança. Cheque*, Almedina, Coimbra, 2000, p. 36 e ss..

Sem estabelecer quaisquer reconduções de regime, designadamente a nível do modo de interpretar os títulos de crédito, a doutrina destaca a importância do texto, dos dizeres, do termo de garantia; cf., v. g., MENEZES CORDEIRO, *Manual de direito bancário*[3], cit., p. 642 e o nosso *Assunção fidejussória de dívida*, cit., pp. 70-71. Acentuando as vantagens da formalização, quer para o beneficiário quer para o banco, cf. SCHLECHTRIEM, *Rechtsnachfolge in auf erstes Anfordern zahlbare Garantien*, in "Festschrift für Hans Soll zum 75. Geburtstag", Mohr Siebeck, Tübingen, 2001, p. 363: "Auch diese Formaliesierung macht einerseits die Garantie auf erstes Anfordern zu zahlen zu einem scharfen Schwert in der Hand des Garantiebegünstigten Gläubigers, ist aber andererseits auch ein Schutz für den Garanten".

III. Impõe-se uma advertência terminológica: ao longo do texto, utilizaremos frequentemente expressões como "direito ao accionamento da garantia" ou "direito a executar a garantia".

Tais expressões são utilizadas quer na *praxis* bancária quer nas decisões dos tribunais, importando deixar claro que nenhuma delas carrega em si a necessidade de um procedimento judicial tendente ao exercício do direito de garantia por parte do respectivo beneficiário. Assim, *accionar*, *executar* ou *excutir* a garantia corresponde a exigir do garante ao primeiro pedido o pagamento, o que é feito através de um *pedido* ou *solicitação*, expressões estas que correspondem, juridicamente, à figura da *interpelação*[20].

2. A posição do beneficiário da garantia

I. É maioritário o entendimento doutrinal de que a garantia autónoma é estabelecida por contrato celebrado entre o garante e o beneficiário[21], não constituindo obstáculo a este entendimento o facto de, na esmagadora maioria dos casos, a garantia apresentar uma feição unilateral. Este entendimento radicou-se também na jurisprudência[22].

---

[20] Cf., sobre esta, por todos, LARENZ, *Lehrbuch des Schuldrechts*, I. *Allgemeiner Teil*, 14.ª edição, C. H. Beck, München, 1987, pp. 345-346, GIORGIANNI, *L'inadempimento. Corso di Diritto Civile*, 3.ª edição, Giuffrè, Milano, 1975, p. 126 e ss. e PESSOA JORGE, *Direito das obrigações*, I, AAFDL, Lisboa, 1975/76, p. 266.

[21] Cf. GALVÃO TELLES, *Garantia bancária autónoma*, in "O Direito", ano 120 (1988), III-IV, p. 287, FERRER CORREIA, *Notas para o estudo do contrato de garantia bancária, cit.*, p. 249, MENEZES CORDEIRO, *Manual de direito bancário*[3], *cit.*, p. 642, ROMANO MARTINEZ, *Garantias bancárias, cit.*, pp. 286-287, MENEZES LEITÃO, *Garantias das obrigações, cit.*, p. 151 e SARAIVA MATIAS, *Garantias bancárias activas e passivas, cit.*, p. 32. Na doutrina estrangeira, cf., por todos, CANARIS, *Bankvertragsrecht*, I[3], *cit.*, pp. 750 e 759, BÜLOW, *Recht der Kreditsicherheiten*, 6.ª edição, C. F. Müller Verlag, Heidelberg, 2003, p. 505 e SÁNCHEZ-CALERO GUILARTE, *El contrato autónomo de garantia, cit.*, p. 253 e ss..

No sentido de que a garantia bancária pode ser eficazmente prestada por declaração unilateral, não constituindo obstáculo a tal o disposto no artigo 457 CC, pode ver-se FERREIRA DE ALMEIDA, *Texto e enunciado na teoria do negócio jurídico*, II, Almedina, Coimbra, 1992, p. 775 e ss., EVARISTO MENDES, *Garantias bancárias. Natureza*, in RDES XXXVII (1995), p. 454 e ss. e SEQUEIRA RIBEIRO, *Garantia bancária autónoma à primeira solicitação, cit.*, p. 124 e ss..

[22] Cf., v. g., o Ac. STJ de 11.12.2003 (Proc. N.º 03A3632) in www.dgsi.pt.

148   *Estudos de Direito das Garantias, II*

Tal qual na fiança bancária[23], é destacado o facto de, normalmente, a aceitação por parte do beneficiário da garantia se processar tacitamente, aceitação essa que decorre da consideração da complexa operação negocial de que a garantia bancária autónoma é apenas uma das peças: em função das situações concretas, é equacionada a dispensa de declaração de aceitação, ficando o contrato concluído, na linguagem do artigo 234 CC, "logo que a conduta da outra parte mostre a intenção de aceitar a proposta" [24].

A emissão do termo de garantia por um banco tanto é identificada como proposta quanto como uma aceitação[25], sendo qualquer das hipóteses consentânea com o carácter contratual da relação entre o banco e o beneficiário da garantia[26].

O sobredito carácter contratual da relação entre o garante e o beneficiário, normalmente associada a uma identificada estrutura trilateral da

---

[23] Cf. o nosso *Assunção fidejussória de dívida*, *cit.*, p. 388; cf. ainda os nossos *A estrutura negocial da fiança e a jurisprudência recente*, in "Estudos em memória do Professor Doutor João de Castro Mendes", Lisboa, 1995, pp. 321 a 369 e, recentemente, *A questão da estrutura negocial da fiança revisitada*, in "O Direito", ano 138 (2006), III, p. 499 e ss..

[24] Cf., sobre este, MENEZES CORDEIRO, *Tratado de direito civil português*, I, *Parte Geral*, tomo I, 3.ª edição, Almedina, Coimbra, 2005, p. 559, referindo-se à "epígrafe incompreensível de dispensa de declaração de aceitação", e FERREIRA DE ALMEIDA, *Contratos*, I, *Conceito. Fontes. Formação*, 3.ª edição, Almedina, Coimbra, 2005, p. 109. Conforme também destacámos em *Assunção fidejussória de dívida*, *cit.*, p. 388, este não é um caso de dispensa de aceitação mas de dispensa de declaração de aceitação.

[25] É diversa a ideia de FERRER CORREIA, *Notas para o estudo do contrato de garantia bancária*, *cit.*, p. 249: "A carta de garantia tem o significado jurídico de uma proposta contratual".

[26] Já a relação entre o banco e o garantido – relação de cobertura – não suscita tantas dúvidas neste particular, sendo aquele normalmente identificado como mandatário, no âmbito de um mandato não representativo (cf., por todos, CANARIS, *Bankvertragsrecht*, I³, *cit.*, pp. 750 e 751 e ss.), actuando, assim, o banco em nome próprio e por conta do garantido, devedor na relação-base. Neste quadro, é um erro grosseiro, frequente nos textos de garantia, identificar o dador de ordem como representado, em nome de quem o banco actua, erro esse que, noutro local, designámos por "representativite"; cf. o nosso *Sobre a mora do garante na garantia bancária autónoma. A propósito do Acórdão do STJ 21.11.2002*, in "Estudos de Direito das Garantias", I, Almedina, Coimbra, 2004, p. 186-187, nota 4. Já no que respeita à qualificação da relação contratual entre o devedor dador de ordem e o banco como mandato, tivemos já oportunidade de emitir opinião discordante: cf. o nosso *Assunção fidejussória de dívida*, *cit.*, p. 362 e ss..

operação de garantia[27], surge, amiúde, descrito em termos rígidos, desconsiderando as plúrimas situações em que o banco garante não chega a estabelecer qualquer contacto com o beneficiário, desconhecendo-o até, e sendo-lhe mesmo indiferente, salvo situações de "apontes" negativos, se o beneficiário é F ou Z.

Na verdade, em grande número de situações de garantias bancárias ao primeiro pedido, o banco emitente não assenta a operação na "fisionomia" ou na solvabilidade do beneficiário[28] mas, antes, na do dador de ordem. Nestes casos, que pensamos corresponderem mesmo à maioria das garantias emitidas na *praxis* bancária, em que o banco emitente só virá, eventualmente, a ter contacto ou mesmo a "conhecer" o beneficiário aquando da interpelação para pagamento, pode parecer artificioso considerar que há um acordo de vontades entre o banco garante e o beneficiário da garantia, pelo menos nos termos do clássico modelo de formação do contrato assente numa proposta e numa aceitação[29].

Olhando para a *praxis* bancária, julgamos poder identificar *três tipos de situações*.

A *primeira* é aquela em que, entre o banco e o beneficiário é celebrado e formalizado, em documento único ou por troca de correspondência, um contrato de garantia. Trata-se de uma situação pouco frequente na *praxis* bancária nacional e mesmo internacional, estando a mesma tipicamente associada a negócios bancários que envolvem montantes muito elevados, normalmente de cariz internacional.

A *segunda* situação é aquela em que o contrato celebrado entre o devedor e o banco é um contrato preparatório e legitimador da emissão

---

[27] A literatura sobre este ponto é enorme, pelo que nos limitamos a remeter para GALVÃO TELLES, *Garantia bancária autónoma, cit.*, p. 289 e *Manual dos contratos em geral*, 4.ª edição, Coimbra Editora, Coimbra, 2002, p. 514.

[28] O que não significa que esteja de olhos fechados, já que os bancos não têm interesse em emitir "garantias suicidas", estando, normalmente atentos aos "sinais de perigo" associados a certas garantias; cf. CANARIS, *Bankvertragsrecht*, I[3], *cit.*, p. 755.

[29] Cf., sobre este, por todos, PESSOA JORGE, *Obrigações*, I, *cit.*, p. 163 e ss., MENEZES CORDEIRO, *Tratado*, I/I[3], *cit.*, p. 551 e ss. e, na literatura alemã, por todos, FLUME, *Allgemeiner Teil des bürgerlichen Rechts*, II, *Das Rechtsgeshäft*, 4.ª edição, Springer Verlag, Berlin, 1992, p. 635 e ss.. Em geral, sobre os modelos de formação do contrato, cf. ROPPO, *O contrato*, Almedina, Coimbra, 1988, p. 84 e ss. e FERREIRA DE ALMEIDA, *Contratos*, I[3], *cit.*, p. 95 e ss..

autónoma e subsequente de uma declaração de vontade por parte do banco, expressa e documentada no chamado *termo de garantia*; o devedor surge aqui, *hoc sensu*, como *ordenante* ou *dador de ordem*.

Nestes casos, que, dentro do universo atrás identificado, correspondem à maioria das situações, haverá, apesar de tal não ser, normalmente, perceptível, um contrato entre o banco e o beneficiário da garantia, beneficiário este com o qual o banco, normalmente, não estabelece nem estabelecerá qualquer contacto, a não ser, como vimos, que ocorra uma situação patológica a nível da relação credor-devedor. Teremos, então, um contrato entre o devedor e o banco no qual este assume o compromisso de emitir uma declaração, vinculando-se em dados termos, correspondentes àqueles que o credor exigiu ao devedor, no âmbito da relação de valuta.

Como é, então, possível identificar um contrato entre o banco e o beneficiário da garantia se, como vimos, o banco não só não estabelece contactos com o mesmo, como não assenta a sua decisão de risco da operação na pessoa e solvabilidade do beneficiário mas na do devedor?

Podemos aqui, tanto quanto nos é dado captar as diversas situações, identificar três hipóteses ou três vias tendentes ao contrato, todas elas explicáveis pelo clássico modelo de formação do contrato assente no encontro entre proposta e aceitação.

A primeira tem como ponto de partida uma declaração de aceitação da parte do credor relativamente a uma declaração de vinculação de garantia (que consubstanciaria uma proposta) que se processe em conformidade com as notas definidoras constantes da referida declaração de aceitação. Nesta lógica, entre o credor e o devedor passar-se-ia algo do género: o credor exige ao devedor, que aceita, a apresentação de um compromisso de um banco – de uma "garantia bancária" – no sentido X, nos termos Y, e desde logo declara que aceita a garantia que for emitida em conformidade com esses termos. Ainda nesta via, o banco, ao emitir o termo de garantia teria já conhecimento da aceitação da sua proposta, conhecimento esse que lhe é carreado pelo seu cliente, ou seja, pelo devedor dador de ordem.

A segunda via tendente ao contrato altera as posições relativas do credor e o do banco, sendo aquele proponente e este aceitante: o credor formula uma proposta com um determinado conteúdo a um banco, normalmente ainda não individualizado, uma vez que a sua escolha

Sobre a Circulabilidade do Crédito Emergente de Garantia Bancária ... 151

pertence ao devedor[30], proposta essa que é carreada pelo devedor ao banco, o qual a aceita, ao emitir o termo de garantia em conformidade com as exigências do credor-beneficiário.

A terceira via tendente ao contrato respeita às situações em que a declaração / exigência do credor ao devedor, no âmbito da relação de valuta, não é suficientemente precisa, não podendo, consequentemente, ser caracterizada como uma "pré-aceitação" ou como uma proposta. Nesses casos, a proposta de contrato será constituída pela declaração do banco, constante do termo de garantia, processando-se, então, a aceitação do beneficiário nos termos do artigo 234 do CC[31]: as circunstâncias do negócio permitem concluir uma aceitação da parte do credor-beneficiário, ainda que a mesma não seja especificamente declarada.

Independentemente da via adoptada, o banco, ao emitir o termo de garantia e ao proceder à respectiva entrega ao seu cliente está a vincular--se em termos de proposta ou de aceitação, respectivamente, em função do modo como perspectivamos a declaração / exigência do credor, feita ao devedor no âmbito da relação de valuta.

A vinculação do garante perante o beneficiário só nasce com a emissão do termo de garantia e respectiva entrega, normalmente feita ao dador de ordem, cliente do banco garante. Diversamente do que acontece no contrato a favor de terceiro, em que o terceiro adquire imediatamente o crédito, por força do contrato (artigo 444/1 CC)[32], o banco obriga-se perante o devedor, seu cliente, a emitir uma garantia a favor de terceiro.

---

[30] A liberdade de escolha, por parte do devedor, é, amiúde, delimitada, v. g., pela exigência de que se trate de um banco de determinada nacionalidade ou pela exigência de que o banco em causa seja um banco "de primeira ordem".

[31] Cf. o nosso *Assunção fidejussória de dívida*, cit., pp. 388-389. É pensando nesta situação mas, a nosso ver, com o defeito de a considerar praticamente a única, que se lê em FERRER CORREIA, *Notas para o estudo do contrato de garantia bancária*, cit., p. 249: "A carta de garantia tem o significado jurídico de uma proposta contratual, cuja aceitação é indiciada, como vemos, por factos altamente concludentes".

[32] Cf., por todos, GALVÃO TELLES, *Direito das obrigações*, 7.ª edição, Coimbra Editora, Coimbra, 1997, pp. 171-172, ANTUNES VARELA, *Das obrigações em geral*, I, 10.ª edição, p. 420 e ss., ALMEIDA COSTA, *Direito das obrigações*, 10.ª edição, Almedina, Coimbra, 2006, p. 354 e LEITE DE CAMPOS, *Contrato a favor de terceiro*, Almedina, Coimbra, 1980, p. 106 e ss..

É de reconhecer que a identificação de qualquer destas vias pode aparecer como um processo algo artificioso, tendente a "encaixar" a realidade da *praxis* das garantias bancárias no modelo tradicional de formação do contrato, traduzido na existência de uma proposta e de uma aceitação. Perguntamo-nos, por isso, se, tentando captar as situações reais, não estaremos, antes, em termos de tipicidade social, pelos menos nas situações das duas primeiras vias identificadas, perante um modelo *a se* de formação de contrato, diferente do clássico *iter* da proposta e da aceitação, mas não deixando de o ter como paradigma, postulando a intervenção de um terceiro – no caso o devedor, cliente do banco – e permitindo explicar a tendencial indiferença, para o banco, da pessoa do beneficiário e mesmo o desconhecimento da sua solvabilidade. Não se trataria, assim, de identificar uma proposta e uma aceitação, *qua tale*, mas, antes, de identificar duas declarações negociais sintonizadas ou conformes, uma, a do credor-beneficiário, contendo a exigência de requisitos específicos e outra, a do banco, declarando vincular-se em termos que são conformes com os exigidos pelo credor-beneficiário, tal qual "comunicados" pelo dador de ordem. Deixamos este ponto em aberto para um outro estudo.

Retomando a identificação de situações, vejamos agora a *terceira*.

II. A *terceira* situação identificável é aquela que corresponde a um genuíno *contrato a favor de terceiro*, havendo o propósito das partes de atribuir ao credor, no âmbito da relação de cobertura, por força do próprio contrato, o crédito de garantia, adquirindo, então o beneficiário um crédito e não uma posição contratual[33].

Na verdade, conquanto essa não constitua uma situação comum, o devedor e o banco podem ter gizado o contrato em termos de este não ter de emitir um termo de garantia, ficando o banco imediatamente vinculado com o contrato celebrado com o devedor[34].

---

[33] Cf., por todos, em geral, ANTUNES VARELA, *Obrigações*, I[10], *cit.*, p. 421.

[34] Admite, igualmente, esta hipótese CANARIS, *Bankvertragsrecht*, I[3], *cit.*, p. 759. Para MENEZES CORDEIRO, *Manual de direito bancário*[3], *cit.*, p. 642, esta parece corresponder à situação típica da garantia autónoma: "A garantia autónoma é, no essencial, um contrato celebrado entre o interessado – o mandante – e o garante, a favor de um terceiro – o garantido ou beneficiário. Por vezes, ela é configurada como um contrato celebrado entre o garante e o benficiário".

Sobre a Circulabilidade do Crédito Emergente de Garantia Bancária ... 153

A questão que se colocará nestes casos será a de saber se o banco pode, socorrendo-se do regime do artigo 448/1 do CC[35], revogar a garantia – a promessa de prestação – enquanto não houver manifestação de vontade do beneficiário. Pensamos que não: tal como na fiança a favor de terceiro[36], defendemos, por analogia com o regime do artigo 234 CC, a inaplicação, neste ponto, do regime do artigo 448/1 CC, o que conduz à dispensa de manifestação de adesão do beneficiário enquanto requisito preclusivo da revogação.

III. Temos, portanto, que, na abordagem do tema da circulabilidade do crédito do beneficiário da garantia, de distinguir consoante a posição do mesmo beneficiário resulte de um contrato celebrado directamente com o garante ou seja, antes, consequência de um contrato em favor de terceiro.

Vejamos a primeira situação. Nesta, o contrato identificado será um *contrato unilateral*, do qual apenas resultam obrigações a cargo do banco emitente[37].

Como é sabido, pelas regras gerais do artigo 424 e ss. CC, a cessão da posição contratual nos contratos com prestações recíprocas está dependente do acordo da contraparte. Como é também sabido, a disciplina da cessão da posição contratual tem vindo a ser estendida, por parte importante da doutrina, aos contratos não sinalagmáticos, destacando-se Mota Pinto[38], que acentua o facto de a posição contratual transcender o simples crédito ou o mero débito. Para o autor, a circunscrição da cessão da posição contratual à cessão de créditos ou à assunção de dívidas é reveladora de uma "atitude de inconsideração da natureza e do conteúdo próprios da relação contratual"[39].

---

[35] Cf., sobre este regime, v. g., GALVÃO TELLES, *Obrigações[7]*, *cit.*, p. 173, ANTUNES VARELA, *Obrigações*, I[10], *cit.*, p. 421, ALMEIDA COSTA, *Obrigações[10]*, *cit.*, p. 354 e LEITE DE CAMPOS, *Contrato a favor de terceiro*, *cit.*, p. 125 e ss..

[36] Cf. o nosso *Assunção fidejussória de dívida*, *cit.*, pp. 365-366.

[37] Cf., por todos, GALVÃO TELLES, *Garantia bancária autónoma*, *cit.*, p. 287 e FERRER CORREIA, *Notas para o estudo do contrato de garantia bancária*, *cit.*, p. 249.

[38] *Cessão da posição contratual*, Atlântida, Coimbra, 1970, pp. 437 e ss. e 442 e ss..

[39] MOTA PINTO, *Cessão da posição contratual*, *cit.*, p. 438; cf. também MENEZES CORDEIRO, *Direito das obrigações*, II, AAFDL, Lisboa, 1986, p. 126 ("um contrato com apenas uma prestação é algo mais vasto do que um simples crédito ou débito") e RIBEIRO DE FARIA, *Direito das obrigações*, II, Almedina, Coimbra, 1990, p. 628. Contra este entendimento expansivo do âmbito da cessão da posição contratual, pode ver-se PIRES DE LIMA / ANTUNES VARELA, *Código civil anotado*, I, 4.ª edição, Coimbra Editora, Coimbra, 1987, pp. 401-402 e ALMEIDA COSTA, *Obrigações[10]*, *cit.*, p. 834.

154   *Estudos de Direito das Garantias, II*

Tomando como boa a posição defendida por Mota Pinto, temos necessariamente de concluir que a *complexa posição contratual* derivada da posição de beneficiário da garantia só é cedível com o consentimento do banco prestador da garantia: a simples cessão do crédito emergente da garantia prestada não abrange, desde logo, os poderes potestativos conexos com a relação contratual, como será o caso do direito de resolução[40] ou o de denúncia do próprio contrato[41].

De tudo isto não decorre, de per si, que o (simples) crédito emergente da garantia não possa ser cedido: apenas decorre que a (simples) cessão do crédito, a ser possível face às regras da cessão de créditos, não engloba complexivamente os elementos da posição contratual que não se apresentem como acessórios do crédito[42]. Recordamos a impressiva lição de Antunes Varela[43]: "(...) há direitos potestativos que estão ligados ao crédito cedido, porque gravitam em torno dele como um satélite gira em volta do astro principal; e há outros que, transcendendo a órbita restrita do crédito cedido, estão ligados à *relação contratual* donde o crédito emerge"; ou de Mota Pinto[44], quando acentua que "há, efectivamente, direitos potestativos cuja função é auxiliar a realização do interesse creditório e outros há cuja finalidade consiste em possibilitar uma actuação instrumental em relação ao fim do contrato".

---

[40] Assim MOTA PINTO, *Cessão da posição contratual, cit.*, p. 443.

[41] Duvidosa já será a faculdade *extend or pay*: ao colocar o garante perante o dilema de aceitar a prorrogação da duração contratual ou de pagar, o beneficiário parece limitar-se às potencialidades derivadas do crédito, não recorrendo às "munições" da sua posição de parte no contrato; sobre o *extend-or-pay*, cf. CANARIS, *Bankvertragsrecht*, I[3], *cit.*, p. 766, o nosso *Assunção fidejussória de dívida*, p. 712, n. 503 e p. 735 e SEQUEIRA RIBEIRO, *Garantia bancária autónoma à primeira solicitação, cit.*, p. 367 e ss.; cf. também SÁNCHEZ-CALERO GUILARTE, *El contrato autónomo de garantía, cit.*, p. 359 e ss., CARRASCO PERERA, *Las nuevas garantías personales: Las cartas de patrocínio y las garantias a primer requerimiento*, in "Tratado de garantías en la contratación mercantil", tomo I "Parte general y Garantias personales", Civitas, Madrid, 1996, p. 759 e, na doutrina francesa, CABRILLAC / MOULY / CABRILLAC / PÉTEL, *Droit des sûretés*, 8.ª edição, Litec, Paris, 2007, pp. 329-330.

[42] Esta ideia é, de algum modo, contrariada por MENEZES LEITÃO, *Cessão de créditos, cit.*, p. 314, quando, aderindo à posição manifestada por Dörner, considera que "com o crédito ocorre simultaneamente a transmissão para o cessionário de pelo menos uma parte da posição contratual, ainda que outra parte se mantenha na esfera do cedente".

[43] *Das obrigações em geral*, II, 7.ª edição, Almedina, Coimbra, 1997, p. 325.

[44] *Cessão da posição contratual, cit.*, pp. 234-235.

Sobre a Circulabilidade do Crédito Emergente de Garantia Bancária ... 155

Se, ao invés, estivermos perante um *contrato a favor de terceiro*, o beneficiário não é parte num contrato mas "mero" titular do crédito emergente da garantia, o que quer dizer que, então, o problema da circulabilidade não passa pela cessão da posição contratual nem pela "separação", dentro desta, do crédito cedível face a outros elementos mas, pura e simplesmente, pelo regime da cessão de créditos.

3. O regime geral da cessão de créditos

I. Independentemente da causa que anime a cessão de créditos[45], o credor pode, nos termos do artigo 577/1 CC, ceder a terceiro, com ou sem o consentimento do devedor, a totalidade ou parte do crédito, salvo se a cessão for interdita por determinação da lei ou convenção das partes e salvo ainda o caso em que o crédito esteja, pela própria natureza da prestação[46], ligado à pessoa do credor.

De particular interesse para o nosso estudo é o caso em que as partes convencionaram a insusceptibilidade de cessão. Não há, na verdade, nenhuma razão de ordem pública que imponha um regime imperativo de livre circulabilidade dos créditos, em termos de ser inválido o *pactum de non cedendo*[47]. O credor, como dono do crédito, pode, eficazmente prescindir da "prerrogativa" de o transmitir; o devedor, por sua vez, como vinculado à realização da prestação, pode ter interesse e, nessa medida, exigir – *rectius*,

---

[45] ANTUNES VARELA, *Obrigações*, II[7], *cit.*, p. 299, refere-se-lhe como "contrato policausal ou polivalente", enquanto que ALMEIDA COSTA, *Obrigações*[10], *cit.*, p. 816, apresenta-o como tendo "causa variável". Especificamente quanto à cessão fiduciária, cf. VAZ SERRA, *Cessão de créditos ou de outros direitos,* in BMJ, Número especial, 1955, p. 146 e ss.. Sobre a causa da cessão de créditos, pode ver-se, na doutrina italiana, entre outros, DIEGO PASTORE, *Riflessioni a proposito di struttura e causa della cessione de credito,* in RivDC XCVII,1999, p. 74 e ss..

[46] Cf., por todos, VAZ SERRA, *Cessão de créditos, cit.*, p. 89 e ss. e MENEZES LEITÃO, *Cessão de créditos*, Almedina, Coimbra, 2005, p. 311 e ss..

[47] Cf., por todos, PERLINGIERI, *Il trasferimento del credito, cit.*, p. 18 e ss., colocando em confronto o *pactum de non cedendo* e o *pactum de non alienando*; cf., entre nós, v. g., VAZ SERRA, *Cessão de créditos, cit.*, p. 94 e ss., PESTANA DE VASCONCELOS, *A cessão de créditos em garantia*, Coimbra Editora, Coimbra, 2007, p. 378 e ss. e ASSUNÇÃO CRISTAS, *Transmissão contratual do direito de crédito. Do carácter real do direito de crédito*, Almedina, Coimbra, 2005, p.484 e ss..

ter exigido – ao credor a subsistência do crédito na esfera jurídica deste até à consumação dos seus desenvolvimentos possíveis[48]. Certo é, porém, como princípio – conforme resulta, aliás, do disposto no artigo 577/2 CC – que o *pactum de non cedendo* não pode ser oposto a um cessionário de boa fé, que o desconhecesse no momento da cessão, admitindo alguma doutrina que o conhecimento pelo cessionário não prejudica uma eventual conversão do *pactum*[49].

II. No que respeita à posição do devedor perante o negócio de cessão, o artigo 583/1 CC refere que a cessão só produz efeitos em relação a ele desde que lhe seja notificada, ainda que extrajudicialmente, ou desde que ele a aceite; o artigo 583/2 dá, por sua vez, particular relevo – para efeitos da eficácia da cessão em relação ao devedor – ao mero conhecimento da cessão, ainda que não notificada nem aceite.

A dúvida de fundo que se levanta – com importância para vários aspectos de regime[50] – é a de saber se a notificação ao devedor (ou a sua aceitação ou conhecimento, nos termos em que relevam) é mera condição de eficácia em relação a ele ou se é, estruturalmente, requisito da própria cessão de créditos. A posição que nos parece adequar-se melhor às soluções do CC[51] – similares, neste particular, às do BGB (§ 398)[52] e do *codice*

---

[48] Independentemente e sem prejuízo das dúvidas que suscita (cf. Vaz Serra, *Cessão de créditos, cit*, p. 200 e ss.), a própria mera cessão para cobrança pode ser objecto de pacto impeditivo. Em geral, sobre as razões que presidem à validade do *pactum de non cedendo*, cf. Menezes Leitão, *Cessão de créditos, cit.*, p. 305 e ss..

[49] Assim Carvalho Fernandes, *A conversão dos negócios jurídicos*, Quid Juris, Lisboa, 1993, p. 868.

[50] Cf. v. g. Carvalho Fernandes, *A conversão dos negócios jurídicos, cit.*, p. 866 e ss..

[51] Cf., neste sentido, Antunes Varela, *Obrigações*, II[7], *cit.*, p. 310 e ss., Menezes Cordeiro, *Obrigações*, II, *cit.*, pp. 96-97, Ribeiro de Faria, *Obrigações*, II, *cit.*, p. 516 e ss., Menezes Leitão, *Cessão de créditos, cit.*, p. 315 e ss. e Pestana de Vasconcelos, *A cessão de créditos em garantia, cit.*, p. 386 e ss.. Para uma perspectiva funcional da notificação, veja-se Assunção Cristas, *Transmissão contratual do direito de crédito, cit.*, p. 85 e ss..

[52] Cf., v.g., Karl Larenz, *Schuldrecht*, I[14], *cit*, p. 577 ("Die Folge des Abtretungsvertrages ist also der *Wechsel der Rechtszuständigkeit*. Die Forderung scheidet damit aus dem Vermögen des bisherigen Gläubigers aus und geht in das des neuen Gläubigers über. Der Schuldner ist fortan ihm, nicht mehr dem früheren Gläubiger, zur

Sobre a Circulabilidade do Crédito Emergente de Garantia Bancária ... 157

(artigo 1376)[53] – é a de que a cessão opera em consequência do acordo entre o credor cedente e o cessionário e em função do tipo de negócio que serve de base à cessão. Uma vez que a *denuntiatio* concerne à eficácia da operada cessão em relação ao devedor, o pagamento feito ao ex-credor cedente pelo devedor que não tenha conhecimento da cessão vale como cumprimento[54].

III. Questiona-se se o credor cedente garante ao cessionário o cumprimento pelo devedor cedido. A resposta é, em princípio, negativa, tudo dependendo, porém, do acordo entre o cedente e o cessionário.

O artigo 587/2 do CC – ao estabelecer que "o cedente só garante a solvência do devedor se a tanto expressamente se tiver obrigado" – permite resolver a dúvida, conquanto não trate, de forma directa, do problema aqui suscitado, problema esse que, recorda-se é o da *garantia de cumprimento*.

Na verdade, o artigo 587/2 do CC reporta-se, pelo menos literalmente, à *garantia de solvência* – ou de *solvabilidade* – *do devedor*, coisa bem diferente, conquanto tenha, com a mesma, evidentes conexões, da *garantia de cumprimento*[55], quer se trate de *garantia de cumprimento primário* ou de *garantia de cumprimento secundário*, também designada por *garantia de indemnização*[56].

Leistung verpflichtet") e DIETER MEDICUS, *Schuldrecht*, I. *Allgemeiner Teil*, 9.ª edição, C. H. Beck, München, 1996, p. 344 ("Primäre Rechtsfolge der Abtretung ist der Übergang der Forderung; der neue Gläubiger tritt an die Stelle des bisherigen").

[53] Cf., v. g., DOLMETTA / PORTALE, *Cessione del credito e cessione in garanzia nell'ordinamento italiano*, in BancaBT 1985, p. 260; na jurisprudência italiana é também, segundo CLAUDIO TURCO, *In tema di adempimento liberatorio del ceduto al cedente e tutela del cessionario*, in RivDC, XCVII, 1999, pp. 267-268, constante o entendimento de que o efeito translativo do crédito decorre do simples acordo entre cedente e cessionário.

[54] Sobre a discussão, na doutrina italiana, sobre se o regime do artigo 1264 do *codice* (equivalente ao do artigo 583 CC) constitui ou não aplicação do do artigo 1189 (sobre o pagamento ao credor aparente), cf., v. g., DIEGO PASTORE, *Riflessioni a proposito di struttura e causa della cessione di credito, cit.*, p. 80; cf. também DOLMETTA / PORTALE, *Cessione del credito e cessione in garanzia nell'ordinamento italiano, cit.*, pp. 262-263.

[55] Cf. o nosso *Assunção fidejussória de dívida, cit.*, pp. 55-56.

[56] Garantia, por sua vez, diferente da *fideiussio indemnitatis*, pelo menos na forma como esta é normalmente vista pela doutrina; cf. o nosso *Assunção fidejussória de dívida, cit.*, p. 149 e ss..

Parece-nos, porém, que o regime traçado no artigo 587/2 vale também para a garantia de cumprimento, ou seja: dependente de vinculação expressa do cedente está, não apenas a garantia de solvência do cedido, mas também, a montante desta – ou do momento em que esta pode ser executada – a *garantia de cumprimento* pelo cedido. Isto corresponde a dizer que não é possível extrair da letra do artigo 587/2 – que, de facto, se reporta apenas à garantia de solvência[57] – a conclusão de que, no que respeita à garantia de cumprimento, a mesma resultaria, naturalmente, da própria cessão de créditos. Esta conclusão, apenas assente na letra da lei, ignoraria o facto de, à partida, as garantias de cumprimento serem também garantias de solvência[58], reconhecendo-se, não obstante, que a inversa não é verdadeira.

De resto, a não ser assim, haveria uma inexplicada desarmonia entre o regime constante do artigo 426/2, em sede de cessão da posição contratual – de acordo com o qual "a garantia do cumprimento das obrigações só existe se for convencionada nos termos gerais" – e o regime do artigo 587/2. Não se compreenderia, de facto, que, em sede de *cessão da posição contratual*, o cedente não garantisse, naturalmente, o cumprimento pelo cedido mas que essa garantia já existisse, também natural e, logo, supletivamente, na cessão de créditos.

Não havendo, embora, garantia de cumprimento pelo cedente ou, sequer, uma "mera" garantia de solvência do cedido, nem por isso deixa o cedente de ser garante: ele garante a existência e exigibilidade do *quid* cedido, ou seja do crédito, conforme resulta do artigo 587/1 do CC. Essa garantia é duplamente conformada. É-o, em primeiro lugar, pela data da cessão: o cedente só garante a existência e a exigibilidade do crédito a essa data[59]. Em segundo lugar, essa garantia é conformada pelos termos aplicáveis

---

[57] Cf. o nosso *Assunção fidejussória de dívida*, cit., pp. 55-56. Sobre a natureza das garantias pessoais de solvabilidade, cf. também Vaz Serra, *Cessão de créditos*, cit., p. 300 e ss., Menezes Leitão, *Cessão de créditos*, p. 355 e ss. e Pestana de Vasconcelos, *A cessão de créditos em garantia*, cit., p. 533 e ss..

[58] É o que ocorre com a fiança; cf. o nosso *Assunção fidejussória de dívida*, cit., p. 118.

[59] Admite-se, porém, nos termos gerais, que o cedente possa ser responsabilizado por situações posteriores à cessão, na medida em que as mesmas lhe sejam imputáveis ou quando tenha havido da sua parte incumprimento de deveres, como seja o de informação plena, impostos pelo princípio da boa fé. Assim acontecerá se, por exemplo, o cedente não avisou o cessionário de que o crédito estava na iminência de prescrição; cf., v. g., Vaz Serra, *Cessão de créditos*, cit., p. 290, nota 538 e, sufragando a mesma posição, Menezes Leitão, *Cessão de créditos*, cit., p. 352, nota 174.

Sobre a Circulabilidade do Crédito Emergente de Garantia Bancária ... 159

ao negócio, gratuito ou oneroso, em que a cessão se integra. Em resumo, trata-se, como refere a doutrina[60], de uma garantia por vícios do direito, cujos termos variam consoante o negócio que serve de base à cessão.

4. Cessão do crédito principal e destino do crédito de garantia

4.1. *O regime geral do artigo 582/1 do CC*

De acordo com o regime estabelecido no artigo 582/1 do CC, na falta de convenção em contrário, a cessão do crédito importa a transmissão, para o cessionário, das *garantias* e *outros acessórios* do direito transmitido, que não sejam inseparáveis da pessoa do cedente.

Substancialmente, o regime do artigo 582/1 dá expressão à regra *acessorium sequitur principale*, subsistindo algumas dúvidas na doutrina relativamente às situações de garantia englobadas na previsão do artigo[61], mesmo quando se trate de garantias acessórias ou, mais latamente, usando a terminologia de Becker-Eberhard[62], de garantias *ligadas ao crédito*[63]. Já no que respeita aos "outros acessórios" do crédito cedido não têm sido suscitadas grandes dúvidas[64].

Centrando-nos no universo das garantias e, dentro destas, no seio do sub-universo das garantias pessoais, a nossa atenção irá incidir sobre os

---

[60] Assim, v. g., VAZ SERRA, *Cessão de créditos, cit.*, p. 288 e MENEZES LEITÃO, *Cessão de créditos, cit.*, p. 325 e ss..

[61] Cf., v. g., VAZ SERRA, *Cessão de créditos, cit.*, p. 110 e ss., MENEZES LEITÃO, *Cessão de créditos, cit.*, p. 325 e ss. e PESTANA DE VASCONCELOS, *A cessão de créditos em garantia, cit.*, p. 487 e ss..

[62] BECKER-EBERHARD, *Die Forderungsgebundenheit der Sicherungsrechte*, Werner und Gieseking, Bielefeld, 1993, p. 39 e ss.; cf., a pp. 48 e ss., a referência à acessoriedade como especial técnica de ligação de garantias ao crédito; cf. também o nosso *Assunção fidejussória de dívida, cit.*, p. 107 e ss..

[63] Interessante é constatar o destaque dado por ANTUNES VARELA, *Obrigações*, II[7], *cit.*, p. 325, à "ligação ao crédito", conquanto o faça com referência a direitos potestativos, que não em relação a garantias.

[64] Cf., v. g., VAZ SERRA, *Cessão de créditos, cit.*, p. 113 e ss., MENEZES LEITÃO, *Cessão de créditos, cit.*, p. 335 e ss. e PESTANA DE VASCONCELOS, *A cessão de créditos em garantia, cit.*, p. 493 e ss..

casos em que as garantias sejam autónomas, mormente naqueles em que exista o *plus* da cláusula ao primeiro pedido.

4.2. *Cessão do crédito principal e destino do crédito de garantia autónoma*

I. A questão da sorte da garantia autónoma no caso de cessão do crédito garantido, tem sido objecto de larga polémica nas doutrinas de vários países.

Por razões de proximidade de regime, interessa-nos atentar particularmente nas doutrinas alemã e italiana, não sendo, naturalmente, de desconsiderar o contributo da doutrina e da jurisprudência portuguesas.

Na doutrina nacional recente, reconhecendo, embora, que a maioria da doutrina aponta em sentido inverso, Menezes Leitão[65] considera convincentes os argumentos de um sector minoritário da doutrina alemã, no sentido da cessão automática da garantia autónoma, com o argumento de que "a garantia autónoma é uma garantia como outra qualquer, pelo que constituiria um formalismo exigir um segundo acto para se obter a sua transmissão". A fundamentação de Menezes Leitão não nos parece convincente, ficando por compreender, por exemplo, porque é que a mesma conclusão não vale para as alienações fiduciárias em garantia, relativamente às quais o autor sustenta a necessidade de um acto autónomo de transmissão[66].

Também Romano Martinez se inclina no sentido de que a garantia acompanha normalmente o crédito, nos termos do artigo 582/1 do CC, não aduzindo explicações complementares, mas admitindo que, por acordo, o crédito de garantia permaneça na esfera do beneficiário da garantia, apesar da cessão do crédito subjacente[67].

Importa, assim, ver mais em detalhe, os argumentos de alguns autores.

II. Numa interessante dissertação dos idos anos 60, Boetius[68] coloca a questão da sorte da garantia, havendo cessão do crédito principal ("Die

---

[65] *Cessão de créditos*, cit., p. 328.

[66] *Cessão de créditos*, cit., p. 333.

[67] *Garantias bancárias*, cit., p. 278.

[68] *Der Garantievertrag*, München, 1966, p. 102 e ss.. Aparentemente, Boetius equaciona três hipóteses, mas elas reconduzem-se às duas a que se alude no texto. Na

Frage ist, was mit der Garantie geschieht"), equacionando substancialmente duas hipóteses: a simultânea e automática cessão do crédito de garantia ou a extinção do crédito de garantia com a cessão do crédito principal.

Para Boetius, o crédito de garantia não pode ser considerado um *Nebenrecht* para efeitos do § 401 BGB. Para o autor, é decisivo o facto de a garantia estar ligada ao interesse do credor ("Sie erhält Sinn und Inhalt vorwiegend aus dem Interesse des Gläubigers")[69], relacionando-se com a esfera deste, diversamente do que acontece na fiança, que está orientada predominantemente em função da esfera do devedor. Assim, porque uma mudança de credor não deixa de ter consequências para o garante, a cessão do crédito de garantia para o cessionário do crédito principal está dependente de um negócio de cessão autónomo, nos termos do § 398 BGB[70], suscitando-se, a partir daí, a questão de saber se o acordo de cessão tem de ser expresso.

Firme é também a posição de Bülow[71], para quem o § 401 do BGB não é aplicável, sendo necessário, para que o crédito de garantia seja cedido, um outro contrato de cessão. *Grosso modo* no mesmo sentido, são as posições de Larenz[72], de Reinicke / Tiedtke[73] ou de Habersack[74], entre outros.

---

verdade, ao equacionar a necessidade de um contrato (*Abtretungsvertrag*) entre o cedente e o cessionário do crédito principal, afasta a primeira hipótese colocada: a da cessão automática, acompanhando o crédito principal. A terceira hipótese a equacionar seria a de, não havendo acordo de cessão, o crédito de garantia se manter, ainda assim, na esfera do beneficiário indicado, cedente do crédito principal; contudo, tal hipótese não é trabalhada no texto.

[69] BOETIUS, *Der Garantievertrag*, *cit.*, p. 103.

[70] BOETIUS, *Der Garantievertrag*, *cit.*, p. 103 e ss..

[71] *Recht der Kreditsicherheiten*[6], *cit.*, p. 512: "Wird die gesicherte Forderung, die der Gläubiger gegen den Hauptschuldner hat, abgetreten, geht der Anspruch aus der Garantie nicht von selbst mit über".

[72] *Schuldrecht*, I[14], *cit.*, p. 577, nota 5.

[73] *Kreditsicherung durch Schuldbeitritt, Bürgschaft, Patronaterklärung, Garantie, Sicherungsübereignung, Sicherungsabtretung, Eigentumsvorbehalt, Pool-Vereinbarungen, Pfandrecht an beweglichen Sachen und Rechten, Hypotek und Grundschuld*, Luchterhand, Berlin, 2000, n.º 441.

[74] *Bürgschaft*, in "Münchener Kommentar zum Bürgerlichen Gesetzbuch", Band 5, "Schuldrecht. Besonderer Teil III" (§§ 705-865), C. H. Beck'ssche Verlagsbuchhandlung, München, 1997, p. 824.

162 *Estudos de Direito das Garantias, II*

Em sentido diverso da maioria da doutrina alemã[75], Canaris[76] considera que a garantia autónoma é, ao invés, tão semelhante ("so ähnlich") à fiança que deve ser equiparada a esta para efeitos de aplicação do § 401 BGB. Determinante é, para o autor[77], o facto de o § 401 BGB considerar simplesmente a vontade típica das partes, a qual não é certamente menor no sentido da cessão do crédito de garantia do que no caso da fiança; a esta luz, exigir um segundo acordo para que a garantia seja objecto de cessão seria artificioso e um formalismo vazio ("ein leerer Formalismus"). Conclui, então, no sentido da aplicação analógica do § 401 BGB ao caso da garantia.

No direito austríaco, Koziol[78] afasta a hipótese de uma automática transmissão do crédito de garantia, uma vez que a garantia não é acessória, não constituindo um "Nebenrecht".

No direito suíço, destacamos a posição de Dohm[79], para o qual a cessão do crédito emergente da relação principal não determina a *cessio legis* do crédito resultante da garantia bancária de pagamento, uma vez que "o contrato de garantia constitui uma relação contratual distinta e independente da relação contratual de base (…) e não um direito de preferência ou um direito acessório segundo o artigo 170, al. 1 CO". Em consequência, ainda para Dohm[80], tal cessão deverá "faire l'objet d'une cession de créance expresse et séparée".

---

[75] Cf. o "ponto da situação" feito, neste sentido, por Hadding / Häuser / Welter, *Bürgschaft und Garantie*, in "Gutachten und Vorschläge zur Überarbeitung des Shuldrechts, Band III, Bundesanzeiger Verlagsges.mbH., Köln, 1983, pp. 716-717. Estes autores acompanham a posição maioritária da doutrina alemã, conforme decorre do seguinte trecho (p. 717): "Wird die gesicherte Forderung abgetreten, geht daher die Garantieforderung grundsätzlich *nicht* entsprechend § 401 Abs. 1 BGB auf den neuen Gläubiger über. Nur wenn das Garantieversprechen ausdrücklich oder aufgrund einer Auslegung auch den Gläubigerwechsel bei der gesicherten Forderung umfasst, ist § 401 Abs. 1 BGB ausnahmsweise entsprechend anwendbar". No estudo de direito comparado de Thietz-Bartram, *Die Bankgarantie im italienischen Recht. Eine rechtsvergleichende Untersuchung*, Duncker & Humblot, Berlin, 1989, pp. 45-46, também se lê que, quanto ao problema em análise, a maioria da doutrina alemã nega a cessão automática da garantia, por lhe faltar a acessoriedade.

[76] *Bankvertragsrecht*, I, 3.ª ed. Walter de Gruyter, Berlin, New York, 1988, pp. 786-787.

[77] Claus-Wilhelm Canaris, *Bankvertragsrecht*, I³, *cit.*, pp. 786-787.

[78] *Der Garantievertrag*, Manzsche Verlags- und Universitätsbuchhandlung, Wien, 1981, p. 69, nota 11.

[79] Jürgen Dohm, *Les garanties bancaires dans le commerce international*, Editions Staempli & Cie SA, Berne, 1986, p. 98.

[80] *Les garanties bancaires*, *cit.*, p. 98.

Ainda no direito suíço, é conhecida a posição de Kleiner[81]. Para este autor, a justificação da não cessão automática do crédito de garantia, acompanhando o crédito que esta garante, apresenta-se simples: diversamente do que acontece com a fiança, que corporiza um "Nebenrecht", para efeitos do artigo 170 do OR, a *Garantie* não garante um crédito principal ("Hauptforderung") mas uma prestação, que, de qualquer modo, é objecto, ela própria, de um "crédito principal".

Na doutrina italiana, avulta o ensinamento de Portale[82], autor que afasta a aplicação, ainda que analógica, do regime do artigo 1263 do *codice* – de acordo com o qual, com a cessão do crédito, se transferem automaticamente as garantias pessoais do crédito – uma vez que "a mudança de credor pode comportar um agravamento dos riscos assumidos pelo garante", situação que é ainda agravada pelo facto de, pela natureza do seu próprio vínculo, o garante não poder opor ao novo credor (cessionário) os meios de defesa relativos à relação principal.

No mesmo sentido conclusivo de Portale, conquanto com fundamentação diversa, Bonelli[83] considera que é a autonomia da relação de garantia face à relação principal que dita a não cessão automática da garantia, quando o crédito principal é transmitido. Para Bonelli, o argumento, invocado por Portale, do agravamento do risco da parte do garante não conta, já que "rimane pur sempre il rischio di dover pagare la garanzia".

III. É altura de tomarmos posição quanto ao problema em apreço. Como vimos acima, quer Romano Martinez quer Menezes Leitão são favoráveis ao entendimento que, conforme resulta do exposto, corresponde aos entendimentos minoritários nas doutrinas alemã e italiana. No mesmo sentido destes autores, podemos ainda apontar o nome de Sampaio Caramelo[84], mas defendendo, neste âmbito[85], uma cisão entre o direito

---

[81] *Bankgarantie. Die Garantie unter besonderer Berücksichtigung des Bankgarantiegeschäftes*, 4.ª edição, Schulthess Polygraphisscher Verlag, Zürich, 1990, p. 243.

[82] *Nuovi sviluppi del contratto autonomo di garanzia*, in "Le garanzie bancarie internazionali", Giuffrè, Milano, 1989, pp. 55-56.

[83] *Le garanzie bancarie a prima domanda, cit.*, p. 70.

[84] *A garantia bancária à primeira solicitação. Sua autonomia e instrumentalidade*, in RDES XLIV (n.os 3 e 4), 2003, p. 106 e ss.

[85] Esta dissociação é frequentemente feita, conforme veremos *infra* (pontos 5 e 6), quando se discute um outro problema: o da cessão autónoma ou isolada do crédito de

164   *Estudos de Direito das Garantias, II*

potestativo de chamar a garantia – direito este que não seria automaticamente cedido – e o direito ao montante que deverá ser pago após o accionamento da garantia, direito este que acompanharia o crédito subjacente cedido.

Não se pense, porém, que a doutrina nacional adere, pacificamente, a este entendimento; em contrário, no sentido de que o âmbito de aplicação do artigo 582/1 do CC não engloba as garantias autónomas, pode ver-se António Ferreira[86], Fátima Gomes[87] ou Mónica Jardim[88].

No nosso entender, as posições favoráveis a uma cessão automática do crédito de garantia autónoma desconsideram de forma desconcertante a diferença ou a especificidade dessas garantias, que assenta no pilar da *autonomia* relativamente à relação subjacente.

Assim sendo, independentemente da "simpatia" que possa merecer a posição contrária, não podemos ser incoerentes, defendendo, à partida, a autonomia da garantia autónoma face à fiança – garantia acessória por excelência[89] – e esquecendo a mesma autonomia quando surgem situações de circulação[90].

---

garantia. Em crítica a esta dissociação, na discussão centrada sobre o âmbito de aplicação do artigo 582/1 CC, pode ver-se Mónica Jardim, *A garantia autónoma*, Almedina, Coimbra, 2002, p. 133, nota 234.

[86] *Direito bancário*, Quid Juris, Lisboa, 2005, pp. 668-669.

[87] *Garantia bancária à primeira solicitação*, in DJ, VIII, tomo 2, 1994, p. 185.

[88] *A garantia bancária*, *cit.*, p. 127 e ss..

[89] Conquanto a acessoriedade tenha de "conviver" com o fim de garantia ou segurança; cf. o nosso *Assunção fidejussória de dívida*, *cit.*, p. 116 e ss.. Sobre o sentido da acessoriedade na fiança, cf., v. g., Larenz / Canaris, *Lehrbuch des Schuldrechts*, II/2, *Besonderer Teil*, 13.ª edição, C. H. Beck, München, 1994, p. 11 e ss. e Giusti, *La fideiussione e il mandato di credito*, Giuffrè, Milano, 1998, p. 33 e ss.; cf. também Schmidt, *Die sogenannte Akzessorietät der Bürgschaft. Ein Beitrag zur Lehre vom Rechstgrung beim Verpflichtungsgeschäft*, Duncker & Humblot, Berlin, 2001, *passim*.

[90] No sentido criticado no texto, pode ver-se, na jurisprudência, o Ac. RL de 11.12.2002 (CJ XXVII, 2002/V, p. 97 e ss.) e o Ac. STJ de 05.06.2003 (Processo 03B1466, in www.dgsi.pt), tendo o segundo sido proferido em revista sobre o primeiro. Centrando-nos na questão em discussão e esquecendo outras que, noutro contexto, poderiam ser objecto de análise (cf. as críticas, no geral pertinentes, de Sampaio Caramelo, *A garantia bancária à primeira solicitação*, *cit.*, p. 97 e ss.), tanto o Ac. da RL quanto o do STJ entendem que as "garantias" mencionadas no artigo 582/1 do CC não são apenas as acessórias – *maxime* a fiança – mas também as autónomas. O Ac. do STJ vai mesmo ao

Para nós, a garantia autónoma não é assim tão semelhante ("so ähnlich") à fiança quanto o sustenta Canaris[91] – representando, aliás, um sector minoritário na doutrina alemã – e não é também, como alvitra, entre nós, Menezes Leitão[92], "uma garantia do crédito como outra qualquer". Para sustentar esta posição, basta-nos o argumento da autonomia: se o crédito de garantia acompanhasse automaticamente, sem necessidade de um acordo específico nesse sentido, isso significaria que o crédito de garantia autónoma não seria ... autónomo.

Sempre se dirá, contudo, para quem considere serem necessários argumentos adicionais, que a própria letra do artigo 582/1 do CC aponta no sentido da conclusão exposta, quando alude a "garantias e *outros acessórios* do crédito" (itálicos nossos), tudo apontando no sentido de que as situações jurídicas que acompanham o crédito cedido são as que lhe são acessórias ou, indo um pouco mais longe – mas não a ponto de abranger as garantias autónomas – as que estão *ligadas ao crédito* em termos de regime[93].

De resto, acompanhando Kleiner[94], quando a garantia é autónoma, o crédito garantido não é o "crédito principal", de que o crédito de garantia seja o crédito, digamos "secundário" – já que não poderíamos dizer "acessório": o crédito de garantia é um crédito *a se stante*.

Do exposto resulta que, não acompanhando o crédito de garantia, natural e automaticamente o crédito subjacente cedido, se as partes na cessão de créditos pretenderem a efectivação dessa cessão devem negociá-

---

ponto (cf. nota 35) – forçando a nota, no nosso entender – de invocar o princípio *accesorium sequitur principale* para justificar o enquadramento, no âmbito de aplicação do artigo 582/1 do CC, de garantias ... autónomas.

[91] *Bankvertragsrecht*, I³, *cit.*, p. 786.

[92] *Cessão de créditos*, *cit.*, p. 328.

[93] Cf., v. g., Larenz, *Schuldrecht*, I¹⁴, *cit.*, p. 577, nota 5, autor que, com referência ao regime do § 401 do BGB, não coloca a questão em termos de acessoriedade mas de dependência: "Im Betracht kommen jedoch nur solche Rechte, die in ihrem Inhalt oder Bestand bis zu einem gewissen Grade abhängig von der Forderung sind". Exactamente por não revestir estas características, Larenz afasta a cessão automática da garantia autónoma: "Daher geht nicht ohne weiteres mit über der Anspruch des Zedenten gegen seinen Vormann aus einem von diesem erteilten Garantieversprechen; er muss selbständig abgetreten werden". A questão suscita, no entanto, dúvidas várias, no âmbito das garantias ligadas ao crédito, conforme se vê em Becker-Eberhard, *Die Forderungsgebundenheit der Sicherungsrechte*, *cit.*, p. 522 e ss..

[94] *Bankgarantie*⁴, *cit.*, p. 243.

166   *Estudos de Direito das Garantias, II*

-la autonomamente ou conjuntamente com a negociação do crédito subjacente. Pode, em concreto, acontecer que a conclusão da negociação do crédito de garantia não seja clara, mas que tal conclusão resulte da interpretação do negócio. É este, de resto, o regime consagrado no novo artigo 2321 do *code civil* (após a *Ordonnance* n.º 2006-346), cujo último parágrafo estabelece que, salvo convenção em contrário, a *garantie autonome* "*ne suit pas l'obligation garantie*"[95].

Questiona-se se, pretendendo as partes "incluir" a garantia autónoma no negócio de cessão, é necessário o acordo do garante ou do dador de ordem[96]. *A priori*, diríamos que não será necessário o acordo do devedor (garante) e menos ainda de um terceiro (o dador de ordem); contudo, a resposta a esta questão passa pela identificação do regime aplicável no âmbito do problema da cessão isolada do crédito de garantia, a que aludiremos adiante[97]: uma vez que, por virtude da cessão do crédito de garantia, se reúnem (de novo) o crédito de garantia e o garantido, o transmissário tem meios para poder invocar fundadamente o *Garantiefall* e para accionar a garantia, não fazendo, assim, sentido a exigência de consentimento do garante.

Ocorrendo a cessão do crédito de garantia, o devedor cedido é o garante, colocando-se, a partir desta constatação, a questão da oponibilidade, centrada no regime do artigo 583 do CC[98]. Ou seja, nos termos do artigo 583/1 do CC, a cessão produz efeitos em relação ao devedor desde que lhe seja notificada, ainda que extrajudicialmente, ou desde que ele a aceite[99].

---

[95] Cf., em comentário, v. g., HOUTCIEFF, *Les sûretés personnelles, cit.*, p. 58.

[96] Cf., sobre esta polémica, Mónica Jardim, *A garantia autónoma, cit.*, p. 131 e ss..

[97] Cf. *infra*, pontos 5 e 6.

[98] Cf., sobre este, por todos, MENEZES LEITÃO, *Cessão de créditos, cit.*, p. 359 e ss. e PESTANA DE VASCONCELOS, *A cessão de créditos em garantia, cit.*, p. 386 e ss..

[99] Contra este entendimento, o Ac. RL de 11.12.2002 (CJ XXVII, 2002/V, p. 97 e ss.) veio sustentar (p. 100) que a desnecessidade de notificação ao garante resultaria do próprio artigo 582/1 CC, prevendo o artigo 583/1 "a notificação referente à cessão do crédito garantido e não às garantias desse crédito". No nosso entender, esta posição desconsidera, patentemente, a relação obrigacional autónoma existente entre o garante e o beneficiário e o facto de o garante ser um *devedor*; cf., quanto à fiança, o nosso *Assunção fidejussória de dívida, cit.*, p. 121 e ss.; cf. também VAZ SERRA, *Cessão de créditos, cit.*, p. 319.

4.3. **Um crédito de garantia suspenso no ar?**

Importa, agora, tomar posição sobre a sorte da garantia autónoma que não acompanha o crédito subjacente: extingue-se a garantia, conforme sustenta, v. g., Portale[100] ou mantém-se, conforme defende, por sua vez, Bonelli[101], na esfera do beneficiário?

A acontecer esta segunda hipótese, como explicar que o crédito de garantia possa ficar "no ar", na titularidade de um sujeito que já não é titular do crédito subjacente?

A questão coloca-se em termos diversos daqueles que ocorrem na fiança, no âmbito da qual admitimos a hipótese de o cedente do crédito principal reservar para si o crédito de fiança[102]; sendo a garantia autónoma e não acompanhando a mesma o crédito cedido, a questão está em saber se a garantia se extingue de forma automática em consequência da cessão de créditos ou se subsiste e em que termos.

No nosso entender, a garantia subsiste na esfera do beneficiário, apesar de o mesmo já não ser titular do crédito cedido. Neste sentido aponta, de novo, a autonomia da garantia e a circunstância de, conforme veremos adiante[103], admitirmos outras situações de dissociação entre o crédito garantido e o crédito de garantia, em consequência da isolada negociação do crédito de garantia.

De qualquer modo, o crédito de garantia que permanece na esfera do cedente é, digamos, um "crédito-zombie", já que o respectivo beneficiário não o poderá fazer actuar, uma vez que já não é titular do crédito cedido,

---

[100] *Nuovi sviluppi del Garantievertrag, cit.*, p. 56; o autor admite, porém, que possa ser correcto o entendimento segundo o qual o cedente, cujo crédito cedido está assistido de uma garantia autónoma, esteja obrigado a diligenciar no sentido da obtenção do consentimento do garante. A posição de Portale é coerente com a sua defesa da identidade de esfera patrimonial, sendo a sua argumentação seguida, entre nós, por MÓNICA JARDIM, *A garantia autónoma, cit.*, p. 133. Também FÁTIMA GOMES, *Garantia bancária à primeira solicitação, cit.*, p. 185, defende a extinção da garantia prestada.

[101] *Le garanzie bancarie a prima domanda, cit.*, p. 71.

[102] Cf. o nosso *Assunção fidejussória de dívida, cit.*, p. 782 e ss.; cf. também MENEZES LEITÃO, *Cessão de créditos, cit.*, p. 326 e PESTANA DE VASCONCELOS, *A cessão de créditos em garantia, cit.*, p. 488. Na doutrina de língua alemã, continua a ser importante o estudo de BYDLINSKI, *Verjährung und Abtretbarkeit von Bürgschaftesansprüchen*, in ZIP 1989, p. 953 e ss..

[103] Cf., *infra*, pontos 5 e 6.

168   *Estudos de Direito das Garantias, II*

não podendo invocar o correspondente incumprimento, ainda que exista um cláusula de pagamento ao primeiro pedido; por sua vez, o novo titular do crédito subjacente – o cessionário – também não pode fazer actuar o crédito de garantia, uma vez que o mesmo não lhe pertence, por não lhe ter sido cedido[104].

Apesar de tudo, o crédito de garantia mantém interesse para o beneficiário, que o pode negociar autonomamente com o transmissário do crédito subjacente cedido ou que pode, simplesmente, "guardá-lo" para um previsto, quiçá acordado, "regresso" do crédito cedido à sua esfera jurídica.

5. Cessão isolada do crédito de garantia

5.1. *As divergências doutrinais*

I. Quando se equaciona a autónoma cessão do crédito de garantia autónoma, com ou sem cláusula ao primeiro pedido, as discussões doutrinais avolumam-se, estando, no entanto, perfeitamente identificado o campo de discórdia.

Na verdade, estando identificado, dentro do crédito de garantia, o direito a accionar a garantia ou a interpelar o garante (*Recht auf Abruf*) e o direito ao pagamento (*Zahlungsanspruch*)[105], o pomo da discórdia doutrinal está em saber se o beneficiário da garantia pode ceder, globalmente, o

---

[104] Cf., sobre esta situação, KOZIOL, *Der Garantievertrag*, *cit.*, p. 70. Admite, porém, o autor que o garante possa, nalgumas situações, accionar a garantia, apesar de já não ser titular do crédito subjacente, quando, por interpretação do texto da garantia, seja de concluir que o garante assegura que aquele que seja credor à data do *Garantiefall* recebe a prestação pecuniária ("der jeweilige Gläubiger der als bestehend angenommenen Forderung gegen den Dritten erhält"). Diversamente, ainda para Koziol, tratando-se de situações em que o garante visa compensar o beneficiário pelos prejuízos sofridos em consequência do incumprimento da prestação a nível da relação de valuta, a cessão do crédito subjacente determinará a extinção da garantia autónoma, a não ser que algo diverso tenha sido acordado; para Koziol, não será de presumir que o garante tenha querido cobrir também essa situação na esfera doutro sujeito que não o beneficiário com quem contratou.

[105] Cf., por todos, ALIBRANDI, *La circolazione delle garanzie bancarie autonome*, *cit.*, p. 571 e ss. e BYDLINSKI, *Die Übertragung der Rechte aus einer Bankgarantie, cit*, p. 153 e ss..

direito de interpelação e o direito ao crédito pecuniário derivado do (já ou ainda não ocorrido) accionamento da garantia, ou se, ao invés, está circunscrito à cessão deste último, posição esta que congrega apoios de relevo[106].

II. Na doutrina alemã, Hadding / Häuser / Welter, depois de darem nota da posição largamente dominante da doutrina no sentido da cedibilidade do crédito de garantia, uma vez que o mesmo corporiza, afinal, um crédito de natureza pecuniária, não consideram obstáculo a tal entendimento a circunstância de, aquando da cessão, poder ainda não ter ocorrido o *Garantiefall*.[107] Para estes autores[108], a interpelação pelo beneficiário (*Anforderungserklärung*) é apenas um pressuposto para o vencimento do dever de pagamento pelo garante, circunstância que não determina uma alteração do "conteúdo da prestação", para efeitos do que dispõe o § 399 do BGB[109], não havendo, por outro lado, um aumento de risco relevante da posição do garante, pelo facto de a interpelação ser feita pelo cessionário e já não pelo beneficiário inicial.

Zeller[110] começa por dar nota do estado da doutrina alemã no sentido do genérico reconhecimento da possibilidade de cessão da pretensão resultante de uma garantia, recusando a interpretação de que uma cessão do direito de accionar a garantia (*Erklärungsrecht*) seria uma inadmissível mudança do conteúdo do crédito subjacente, no sentido do § 399 do BGB; considera, antes, Zeller[111] que o conteúdo da prestação, tratando-se, como é o caso, do pagamento de uma determinada quantia em dinheiro, não se altera pelo facto da substituição do credor, sendo a declaração de interpelação (*Anforderungserklärung*) do beneficiário apenas um pressuposto para o vencimento do dever de pagamento pelo garante. Por outro lado, ainda segundo Zeller[112], o risco do garante não aumenta

---

[106] Cf. ALIBRANDI, *La circolazione delle garanzie bancarie autonome*, cit., p. 571 e ss..

[107] *Bürgschaft und Garantie*, cit., p. 715.

[108] HADDING / HÄUSER / WELTER, *Bürgschaft und Garantie*, cit., p. 715.

[109] Cf, em comentário a esta disposição, ROTH, in "Münchener Kommentar zum Bürgerlichen Gesetzbuch", Band 2. "Schuldrecht. Allgemeiner Teil", §§ 241-432, 4.ª edição, C. H. Beck, München, 2001, p. 1904 e ss..

[110] SVEN ZELLER, *Probleme ber der Abtretung einer Garantie "auf erstes Anfordern"*, in BB 1990, pp. 363 e 364.

[111] *Probleme bei der Abtretung einer Garantie*, cit., p. 364.

[112] *Probleme bei der Abtretung einer Garantie*, cit., p. 364.

irrazoavelmente, uma vez que a sua confiança se baseia, fundamentalmente, na capacidade patrimonial do dador de ordem. Assim, na esteira de Hadding / Häuser / Welter, Zeller[113] conclui que a relação do banco com o garante não é de natureza tão pessoal que impossibilite a sua cessão, nos termos do § 399 do BGB.

Também para Bülow[114], com a cessão da garantia é também cedido o direito de a accionar (*Recht zum Abruf*), uma vez que o mesmo não tem carácter pessoal.

Posição não coincidente com a exposta é, por exemplo, a de Canaris[115], autor que começa por vincar não ser problemática a cessão negocial do crédito de garantia, já que as relações entre o banco e o beneficiário não são de natureza tão estreita e pessoal que fosse de concluir no sentido de uma proibição de cessão ou numa alteração de conteúdo da prestação, no sentido do § 399 do BGB[116].

Questão diversa, pondera Canaris[117], é a de saber se, numa garantia ao primeiro pedido, o respectivo accionamento – ou seja a declaração de que ocorreu o *Garantiefall* e a consequente exigência de pagamento ("die Erkärung dass der Garantiefall eingetreten sei") – pode ser feito pelo cessionário ou se deve ser pelo beneficiário, apesar da cessão. Para Canaris[118], uma vez que esta declaração pode facilmente ser abusiva, estando, assim, fortemente associada a uma confiança antecipada na seriedade do declarante, na dúvida, ela não pode ser feita pelo cessionário mas apenas, mesmo após a cessão, pelo beneficiário, já que, normalmente, só este tem o suficiente conhecimento da relação de valuta para ajuizar da verificação dos pressupostos para o accionamento da garantia. Acentua, nesta linha, Canaris que os pressupostos para um abuso no accionamento da garantia determinam-se na pessoa do beneficiário e não na do cessionário.

---

[113] *Probleme bei der Abtretung einer Garantie*, cit., p. 364.

[114] *Recht der Kreditsicherheiten*[6], *cit.*, p. 513: "da man dem Abruf kaum höchstpersönliche Natur beimessen kann".

[115] *Bankvertragsrecht*, I[3], *cit.*, p. 786.

[116] Admite, porém, CANARIS, *Bankvertragsrecht*, cit., I[3], p. 786, que, excepcionalmente, a cessão do crédito de garantia possa estar excluída, nos termos do § 399, como, entre outros, no caso em que o garante apenas quer garantir uma pessoa determinada ("wenn der Garant nur eine ganz bestimmte Person sicherstellen will").

[117] *Bankvertragsrecht*, I[3], *cit.*, p. 786.

[118] *Bankvertragsrecht*, I[3], *cit.*, p. 786

Assim, ainda segundo Canaris[119], a cessão do direito de accionar a garantia necessita do consentimento do banco, uma vez que se trata de uma alteração do conteúdo da garantia ("Eine inhaltliche Änderung des Garantieverprechens"); só assim não será se, numa situação concreta, a garantia tiver sido moldada em termos de o direito de accionar a garantia poder passar para o cessionário sem consentimento do banco.

No direito suíço, Dohm[120] considera que, salvo o caso em que o banco tenha expressamente excluído no próprio texto da garantia a cedibilidade do crédito que da mesma decorre, o beneficiário pode cedê-lo, nos termos do artigo 164 e ss. do OR. Contudo, uma vez que tal cessão não pode ter por consequência uma modificação respeitante à natureza do negócio, não pode ser objecto de cessão o crédito emergente de uma garantia ao primeiro pedido na qual o beneficiário deva declarar ao banco garante o incumprimento, pelo dador de ordem, das obrigações contraídas a nível da relação de base. Nesse caso, considera Dohm[121] que o crédito contra o banco está expressamente subordinado à condição de o beneficiário mencionado declarar o incumprimento por parte do garantido dador de ordem. Assim, o banco garante, face a uma cessão feita à revelia do exposto, pode sempre recusar o pagamento ao cessionário por motivo de "insuficiência"[122].

Na doutrina austríaca, Koziol[123] começa por deixar claro que o direito de crédito do beneficiário contra o garante, subsequente ao accionamento da garantia, não levanta quaisquer dúvidas ("ist nichts zu bezweifeln"); o mesmo acontece, segundo o autor, no que respeita à cessão do crédito futuro que decorrerá do accionamento da garantia.

Koziol levanta, porém, dúvidas à aceitação da cedibilidade do crédito de garantia, tendo em conta o facto de a doutrina considerar incedível o crédito decorrente do crédito documentário, atenta a especial confiança que a prestação contra a entrega de documentos pressupõe. Para este autor[124], o garante e o terceiro mandante merecem protecção similar à que se verifica no crédito documentário: o dador de ordem está interessado "que apenas

---

[119] *Bankvertragsrecht*, I³, *cit.*, p. 786.

[120] JÜRGEN DOHM, *Les garanties bancaires, cit.*, pp. 98-99.

[121] *Les garanties bancaires, cit.*, p. 98.

[122] DOHM, *Les garanties bancaires, cit.*, p. 99.

[123] *Der Garantievertrag, cit.*, p. 66.

[124] *Der Garantievertrag, cit.*, p. 67, com referência aos especiais perigos da cessão do crédito emergente de um crédito documentário.

o beneficiário por ele indicado, no qual tem confiança, possa accionar a garantia e não qualquer cessionário determinado pelo beneficiário"; aliás, ainda segundo Koziol[125], normalmente o cessionário não está em situação de se certificar se a pretensão de pagamento é ou não fundada ("gerechtfertigt"), de acordo com a relação fundamental. O autor vai mais longe[126], ponderando que a confiança que está presente na garantia é, frequentemente, maior do que acontece no crédito documentário; e uma vez que a vinculação do garante é, de acordo com a natureza da garantia, subsidiária, ele só deve prestar quando o terceiro o não fizer; ora, considerando que o beneficiário não precisa fazer a prova da ocorrência do *Garantiefall* através de documentos, bastando a sua simples declaração[127], há, consequentemente, o perigo de o beneficiário exigir ao garante o pagamento, apesar de o terceiro já ter pago.

Face a estas considerações, conclui Koziol[128] que, tratando-se de garantias abstractas envolvendo três sujeitos, nas quais o beneficiário pode exigir o pagamento da garantia sem ter de provar que tem – ainda – contra o terceiro (dador de ordem) uma pretensão, e em que o garante não beneficia de quaisquer excepções, está estabelecida uma especial posição de confiança (" eine ganz besondere Vertrauensposition") na pessoa do beneficiário, por parte do garante e do dador de ordem; esta situação de confiança conduz a que o direito do beneficiário de accionar a garantia deva ser visto como estritamente pessoal ("höchtspersönlich"), não sendo assim possível a sua cessão à revelia daqueles em cujo interesse existe a incedibilidade.

Sempre no sentido da insusceptibilidade de cessão, Koziol[129] aduz ainda um outro argumento: uma vez que o garante não pode opor quaisquer excepções e deve pagar de imediato, assume particular significado a possibilidade de exigir em regresso a quantia indevidamente paga, pelo que a abstracção do vínculo acarreta que a capacidade de pagamento (*Zahlungsfähigkeit*) do beneficiário desempenha um papel importante.

---

[125] *Der Garantievertrag*, *cit.*, p. 67.

[126] *Der Garantievertrag*, *cit.*, p. 67: "Das Vertrauen, das in den Begünstigten bei der Garantie gesetzt wird, ist häufig sogar noch wesentlich grösser als beim Akkreditiv".

[127] KOZIOL, *Der Garantievertrag*, *cit.*, p. 68.

[128] *Der Garantievertrag*, *cit.*, p. 68.

[129] *Der Garantievertrag*, *cit.*, p. 68: "Die Abstraktheit der Verpflichtung bringt daher mit sich, dass die Zahlungsfähigkeit des Begündtigten eine besonders grosse Rolle spielt".

III. Na doutrina italiana, abordando o problema da cessão autónoma do crédito de garantia, Portale[130] considera que a posição doutrinal que admite a cedibilidade do crédito contra o garante transcura o prejuízo que, da cessão, pode derivar para o dador de ordem, posição esta que é necessário ter em conta, atento o carácter triangular da operação de garantia. Na verdade, para Portale, no caso de excussão abusiva da garantia, o mandante estaria constrangido a agir contra o cessionário, o qual, diversamente do cedente, beneficiário originário, pode não estar em condições de restituir a soma paga pelo garante[131].

Reagindo contra esta posição, Bonelli[132] considera que a autonomia da garantia justifica amplamente a possibilidade de o beneficiário dispor do seu direito. O autor afasta o entendimento de que só seria cedível o crédito decorrente da garantia já accionada, que não a "legitimação" para a accionar: para Bonelli[133], este entendimento não é partilhável, pelo menos nos casos em que a garantia ao primeiro pedido preveja que a excussão consiste num simples pedido ao banco garante para que pague a garantia.

Adoptando, embora, uma solução favorável à livre cessão da garantia, Bonelli[134] acaba por ter como decisivo o texto da garantia; considera, contudo, que mesmo nos casos em que o texto da garantia preveja um pedido justificativo ou documentado, não existem normas imperativas que impeçam a cessão: "o cessionário deve, contudo, assegurar a colaboração do beneficiário originário para estar em posição de respeitar as formalidades a que está sujeita a excussão".

---

[130] *Nuovi sviluppi del contratto autonomo di garanzia, cit.*, p. 53 e ss.. A posição de Portale teve e continua a ter larga influência e não apenas na doutrina italiana; cf., no âmbito desta, no mesmo sentido, v. g., MIRELLA VIALE, *I contratti autonomi di garanzia, cit.*, p. 645.

[131] PORTALE, *Nuovi sviluppi del contratto autonomo di garanzia, cit.*, pp. 54-55, vai mesmo mais longe e considera muito problemática a cedibilidade do crédito, mesmo com uma previsão contratual nesse sentido, "in quanto il credito contro il debitore e quello contro il garante non possono che interessare una sola sfera patrimoniale"; cf. ainda, do mesmo autor, *Le Sezione Unite e il contratto autonomo di garanzia ("Causalità" ed "Astratteza" nel Garantievertrag)*, in "Le garanzie bancarie internazionale, Giuffrè, Milano, 1989, pp. 127-128.

[132] *Le garanzie bancarie, cit.*, p. 67.

[133] *Le garanzie bancarie, cit.*, p. 68.

[134] *Le garanzie bancarie, cit.*, p. 69.

Também Pontiroli[135] se pronuncia no sentido da livre admissibilidade da cessão do crédito de garantia, não considerando aplicáveis ao caso da garantia bancária autónoma as razões que justificam a limitação da cessão do crédito no regime dos créditos documentários.

Alibrandi[136], ao invés, adverte para o facto de a cessão do *Garantievertrag* permitir a execução da garantia por parte de quem não está em condições de controlar os eventos da relação garantida, aumentando, assim, sensivelmente, o risco de "chamadas" injustificadas. Já no que respeita à cessão do direito de crédito derivado da excussão da garantia, a autora não vê quaisquer reservas derivadas do princípio da causalidade, permanecendo a legitimidade para excutir a garantia na esfera do primeiro beneficiário[137], sendo o cessionário o destinatário do pagamento.

IV. Na doutrina francesa anterior à *Ordonnance* n. 2006-346, Simler, depois de admitir que a autonomia da garantia conduziria, à primeira vista, à possibilidade de cessão isolada do crédito de garantia, acaba por afastar essa possibilidade, atenta a função de garantia[138]: "Une garantie, même autonome, est au service de la créance"; e ainda: "sa fonction interdit de la faire circuler isolément".

Para o autor, o carácter *intuitu personae* da relação entre o garante e o devedor teria o efeito de impedir que o beneficiário da garantia a coloque ao serviço de outrem sem o acordo do garante[139]: de outra forma, refere, estaríamos perante uma nova garantia.

Simler[140] já não vê obstáculos à admissibilidade da cessão do crédito do montante da garantia, tornado exigível após a intimação do garante para a honrar: o que não é possível é a "cession de la garantie en cours d'effet"; quanto à "cession de son montant, devenu exigible suite à l'appel de la garantie", ela já estaria sujeita ao regime geral da cessão de créditos. O autor invoca neste sentido o artigo 4 das Regras Uniformes da CCI e o artigo 10 do projecto de convenção da CNUDCI.

---

[135] *Garanzia (contratti autonomi di)*, in DDP-SCom, VI (1991), p. 363.

[136] *La circolazione delle garanzie bancarie autonome, cit.*, p. 602.

[137] ALIBRANDI, *La circolazione delle garanzie bancarie autonome, cit.*, p. 603.

[138] *Cautionnement et garanties autonomes*, 3.ª ed., Litec, Paris, 2000, p. 797.

[139] O acordo do garante pode ser traduzido numa cláusula à ordem; já uma "clause d'agrément" constituiria uma solução intermédia; cf. SIMLER, *Cautionnement*[3], *cit.*, p. 797.

[140] *Cautionnement*[3], *cit.*, p. 797.

Em Espanha, Carrasco Perera / Cordero Lobato / Marín López[141] entendem que não é possível ceder a garantia isoladamente face à cessão do crédito subjacente, uma vez que a mesma está vinculada a uma determinada obrigação principal, "siendo su causa la de garantizar al acreedor frente al incumplimiento de la miesma". Além disso, referem que o beneficiário da garantia deve afirmar que exige o pagamento, em virtude do incumprimento da obrigação subjacente, o que o impede de exigir o pagamento para outros fins. Os mesmos autores admitem, contudo, salvo cláusula em contrário, a cessão do "credito dinerario" subsequente à exigência de pagamento, mas já não a cessão do "derecho a formular la reclamación".

V. Na doutrina portuguesa, o tema da cedibilidade isolada do crédito de garantia bancária autónoma ao primeiro pedido não tem merecido suficiente atenção. Encontramos uma sucinta referência ao problema em Fátima Gomes[142], autora que, sem distinguir entre o direito de accionar a garantia e o direito de crédito decorrente do respectivo accionamento, refere que "as posições defendidas são unânimes na afirmação da sua admissibilidade, porquanto não existe, em princípio, nenhuma relação *intuitu personae* identificável no contrato de garantia que justifique que o garante só esteja interessado em prestar a garantia em favor de um determinado beneficiário e já não em favor de qualquer outro".

Diversa é a perspectiva de Mónica Jardim[143], autora que, depois de dar uma panorâmica da doutrina e da jurisprudência estrangeiras, adere integralmente à posição de Portale, negando a possibilidade de cessão do direito de garantia quando não haja cessão do direito de crédito garantido, mais considerando que "a defesa da incedibilidade do direito de garantia neste caso, para além de acautelar os interesses do garante e do dador de ordem e, assim, o equilíbrio de interesses *ab initio* acordado pelas partes, é a única posição compatível com a causa do contrato de garantia"[144].

Aparentemente favorável à livre negociação isolada do crédito de garantia é Romano Martinez[145], para quem valem aqui as regras da cessão

---

[141] *Tratado de los derechos de garantía*, Aranzadi, Cizur Menor (Navarra), 2002, p. 366.

[142] *Garantia bancária à primeira solicitação, cit.*, p. 184.

[143] *A garantia autónoma, cit.*, p. 134 e ss..

[144] Mónica Jardim, *A garantia autónoma, cit.*, p. 146.

[145] *Garantias bancárias, cit.*, p. 278.

de créditos, "nos termos das quais, salvo cláusula em contrário, o beneficiário pode livremente transmitir a sua posição creditícia a terceiro, sem necessidade de consentimento do garante nem do devedor garantido".

Finalmente, Menezes Leitão, depois de dar nota da polémica existente na doutrina alemã relativamente à transmissão da faculdade de exigência automática nas garantias ao primeiro pedido, considera[146] que a mesma "deve considerar-se *intuitu personae*, não podendo assim essa faculdade ser transmitida sem o consentimento do garante, pelo que permanecerá sem esse consentimento na esfera do cedente".

5.2. *O regime da cessão do crédito de garantia nas Regras Uniformes da CCI e na Convenção UNCITRAL (CNUDCI)*

I. Como é sabido, a matéria das garantias ao primeiro pedido tem sido objecto da atenção quer da Câmara de Comércio Internacional (CCI), quer da Comissão das Nações Unidas para o Direito do Comércio Internacional (CNUDCI).

Pese embora a diversa natureza e força dos documentos emanados das duas Organizações – contratual no primeiro caso, de direito uniforme no segundo[147] – é importante ver os termos em que os mesmos tratam a questão da cedibilidade do crédito emergente das garantias ao primeiro pedido.

O documento mais relevante da CCI nesta matéria são as "Regras Uniformes Relativas às Garantias à Primeira Solicitação" (*Uniform Rules for Demand Guarantees*), constantes da publicação n.º 458[148], cuja aplicação

---

[146] Menezes Leitão, *Cessão de créditos*, cit., p. 329.

[147] Cf., v.g., Francisco Vicente Chuliá, *Introducción al estudio de las garantías personales en el Ordenamiento español*, in "Tratado de garantias en la contratación mercantil", tomo I, "Parte general y garantias personales", Civitas, Madrid, 1996, p. 398. Em geral, sobre a especificidade do Direito comercial internacional, cf., por todos, Lima Pinheiro, *Direito comercial internacional. O Direito privado da globalização económica*, Separata da RFDUL, Coimbra Editora, Coimbra, 2006, *passim* e *Direito comercial internacional. Contratos comerciais internacionais. Convenção de Roma sobre a venda internacional de mercadorias. Arbitragem transnacional*, Almedina, Coimbra, 2005, pp. 15 a 34.

[148] O texto, em língua inglesa (uma das que, juntamente com o francês, constituem versão oficial), pode ser consultado em Bertrams, R. I.V.F., *Bank Guarantees in International Trade*, 3.ª edição, ICC Publishing S.A., Kluwer, The Hague, 2004, p. 467 e ss.; cf.,

depende de específica previsão no texto da garantia[149]. De acordo com o artigo 4 (1.º parágrafo), o direito do beneficiário de demandar com base na garantia só é cedível se tal possibilidade estiver expressamente prevista no texto da garantia ou numa alteração ou adenda ao mesmo. Contudo, de acordo com o artigo 4 (2.º parágrafo), este regime não prejudica o direito do beneficiário de ceder quaisquer "proceeds" de que seja ou possa ser titular, com base na garantia. Isto significa[150] que as Regras distinguem entre transferência do direito de garantia – englobando o direito de a accionar – e transferência do direito de exigir o pagamento da garantia já accionada: enquanto que a primeira conhece os condicionamentos do artigo 4 (1.º parágrafo), a segunda não conhece tais limitações.

No que respeita à UNCITRAL (CNUDCI), há que considerar a "Convenção sobre Garantias Independentes e "Stand-by Letters of Credit"", aprovada em Nova Iorque em 11 de Dezembro de 1995 e que entrou em vigor em 1 de Janeiro de 2000, após a ratificação pelo Equador, São Salvador, Kuwait, Panamá e Tunísia[151]. De acordo com o artigo 9(1) a cessão do "right to demand payment" por parte do beneficiário só é possível na medida em que seja autorizada pela garantia e nos termos especificados na mesma ("and only to the extent and in the manner authorized in the undertaking"). Contudo, nos termos do artigo 9(2), havendo simples indicação de cedibilidade sem especificação se, para a efectivação da cessão, é necessário o consentimento do garante ou de outro sujeito, o garante não fica obrigado a dar execução às disposições do beneficiário, relativas à transferência.

---

sobre o tema, LUCIANO PONTIROLI, *Prime considerazioni sulle Uniform Rules For Demand Guarantees della Camera di Commercio Internazionale*, in BancaBT, 1993, Parte I, p. 377 e ss..

[149] Assim resulta do artigo 1: "These rules apply to any demand guarantee and amendment thereto which a Guarantor (as hereinafter described) has been instructed to issue and which states that it is subject to the Uniform Rules for Demand Guarantees of the International Chamber of Commerce (Publication n.º. 458) and are binding on all parties thereto except as otherwise expressly stated in the Guarantee or any amendment thereto".

[150] Cf. PONTIROLI, *Prime considerazioni, cit.*, p. 386 e ss..

[151] O texto, em língua inglesa, pode ser consultado em BERTRAMS, *Bank Guarantees*[3], *cit.*, p. 505 e ss. e, v.g., em PAOLO TERRILE, *L'entrata in vigore della United Nations Convention on Independent Guarantees and Stand-by Letters of Credit e la disciplina delle garanzie indipendenti*, in DCI, 13.3, 1999, p. 636 e ss. ou ainda em ALBERTO GIAMPIERI, *La convenzione UNCITRAL sulle garanzie autonome e le stand-by letters of credit. Prime considerazioni*, in DCI 9.3-4, 1995, p. 820 e ss..

Diversa é a solução quanto à cessão dos direitos de crédito para pagamento de qualquer soma devida ou que se torne devida ao abrigo dos termos da garantia: o artigo 10(1) prevê a sua livre cedibilidade, salvo diversa previsão na garantia ou noutro acordo[152].

5.3. *O regime do AUG da OHADA*

De acordo com o artigo 31 do AUG da OHADA, salvo estipulação em contrário, o direito do beneficiário à garantia não é transmissível, salvo estipulação expressa em contrário. Dispõe ainda o mesmo artigo, na sua segunda parte, que "a intransmissibilidade do direito à garantia não afecta, contudo, o direito do beneficiário ceder qualquer montante a que tenha direito, em virtude da relação subjacente".

Atenta a clara e assumida influência que as Regras da CCI tiveram no texto do AUG da OHADA[153], no que concerne à carta de garantia, parece-nos defensável[154] que, conquanto de forma imperfeita, a primeira parte do artigo 31 se refere à cessão do "right to make a demand under a Guarantee", que, de acordo com o artigo 4/1 daquelas Regras, só é cedível se tal estiver expressamente previsto no texto da garantia. Aliás, só em relação a esse direito de accionar a garantia – que não já em relação ao direito de crédito pecuniário decorrente do accionamento – é que se poderia falar num carácter *intuitu personae*[155].

---

[152] É o seguinte o texto do artigo 10(1), cuja proximidade com a redacção do artigo 4 (2.º parágrafo) das Regras da CCI é evidente: "Unless otherwise stipulated in the undertaking or elsewhere agreed by the guarantor/issuer and the beneficiary, the beneficiary may assign to another person any proceeds to which it may be, or may become, entitled under the undertaking"; cf., v. g., TERRILE, *L'entrata in vigore*, *cit.*, p. 617 e GIAMPIERI, *La convenzione UNCITRAL*, *cit.*, p. 812.

[153] Assim ISSA-SAYEG, no comentário ao "Acte Uniforme du 17 Avril 1997 portant Organisation des Sûretés", in *OHADA – Traité et Actes Uniformes commentés et annnotés*, coordenação de JOSEPH ISSA-SAYEG, PAUL-GÉRARD POUGOUÉ e FILIGA MICHEL SAWADOGO, 3.ª edição, Juriscope, Paris, 2008, p. 677: "La réglementation (légère, afin de ne pas la rendre rebutante) est empruntée aux règles suggérées par la Chambre de commerce internationale de Paris pour la rédaction de telles garanties".

[154] Cf. o nosso *O regime da carta de garantia no AUG da OHADA*, *cit.*, p. 258.

[155] Assim ISSA-SAYEG, *Sûretés*, *cit.*, p. 680 e LAMB, *La lettre de garantie*, in "OHADA – Sûretés", por FRANÇOIS ANOUKAHA / JOSEPH ISSA-SAYEG / AMINATA CISSE-NIANG / ISSAC

Sobre a Circulabilidade do Crédito Emergente de Garantia Bancária ... 179

A segunda parte do artigo 31 do AUG causa perplexidade, já que, na linha do artigo 4 das Regras da CCI, seria suposto que se referisse ao direito de ceder os créditos pecuniários decorrentes do accionamento da garantia; contudo, a citada segunda parte cura da cedibilidade do crédito do credor a nível da relação subjacente. Assim, conforme já referimos noutro local[156], partindo do princípio de que a redacção do artigo 31, 2.ª parte, não resulta de um lapso de compreensão da expressão "under the Guarantee" (do artigo 4 das Regras da CCI), é manifesto que a segunda parte do artigo 31 não constitui qualquer ressalva à primeira, já que esta se refere à relação de garantia e aquela à relação subjacente.

Assim sendo, ou interpretamos a segunda parte do artigo 31 no sentido do artigo 4/2 das regras da CCI, o que não é fácil, atenta a clareza do texto no sentido da referência à relação subjacente ou, ao invés, conforme nos parece mais curial, deixamos à segunda parte do artigo 31 do AUG a simples e inglória função de afirmar uma evidência.

A esta luz, o artigo 31 do AUG apenas regula, no âmbito do crédito decorrente de uma carta de garantia, o direito de accionar a mesma, fazendo depender a validade da respectiva cessão de uma estipulação expressa no texto; já quanto ao crédito pecuniário decorrente do accionamento, o mesmo será cedível nos termos gerais de direito.

6. A necessidade de distinguir no crédito de garantia entre o poder potestativo de interpelação e o crédito pecuniário decorrente do accionamento da garantia

I. Conforme resulta amplamente do já exposto, a questão polémica, quando se equaciona a cessão isolada do direito de garantia autónoma à primeira solicitação, centra-se no chamado direito de accionar a garantia (*Recht auf Abruf, right to demand payment*), que não já no direito de crédito resultante do ocorrido accionamento. Quanto a este último (*Zahlungsanspruch*), trata-se da cessão de um crédito pecuniário presente, que não suscita reservas.

YANKHOBA NDIAYE / MESSANVI FOLI / MOUSSA SAMB, Coordenação de JOSEPH ISSA-SAYEG, Bruylant, Bruxelles, 2002, p. 51.

[156] Cf. o nosso *O regime da carta de garantia no AUG da OHADA, cit.*, p. 259.

180   *Estudos de Direito das Garantias, II*

Também não suscita dúvidas que o beneficiário da garantia possa, igualmente sem o consentimento do garante, ceder o futuro (e eventual) crédito decorrente do (futuro e eventual) accionamento da garantia[157]: nesse caso, o direito de accionar a garantia continuará na esfera do cedente, beneficiário da garantia, adquirindo o cessionário o crédito enquanto futuro e eventual.

Nesta última situação, admitindo que a cessão do crédito não é oculta[158], o garante fica constituído no dever de pagamento ao transmissário, uma vez que ocorra o *Garantiefall* e a garantia seja efectivamente accionada pelo cedente, beneficiário inicial. Se, ao invés, a cessão for oculta, o beneficiário--cedente ficará obrigado para com o cessionário a entregar-lhe as quantias recebidas em execução da garantia.

Admitindo que não ocorreu ainda a circunstância, a nível da relação de valuta, que permite ao beneficiário interpelar o garante – que não ocorreu, ainda, portanto, o *Garantiefall* – *quid juris* quando o beneficiário cede o crédito de garantia, globalmente sem qualquer dissociação ou quando cede discriminadamente os direitos de "chamar" a garantia (*Recht auf Abruf*) e o direito de crédito pecuniário decorrente do accionamento? A questão que nos interessa aqui focar é, apenas, a de saber se o *Recht auf Abruf* é, respectivamente, integrado na cessão e objecto da cessão.

Na nossa opinião, é indiferente que o *Recht auf Abruf* seja englobado, de forma não discriminada no *quid* cedido ou seja aí incluído de forma discriminada, sendo absurdo que o mesmo seja ou não cedível em função de se integrar "anonimamente" num conjunto ou de ser isoladamente iden-tificado e negociado.

De resto, se o enquadramento não dissociado no conjunto permitisse afastar as reservas que a doutrina tem colocado, o problema acabaria, na prática, por ser anulado pela constante opção, por parte dos operadores, de uma, digamos, cessão global.

Há, portanto, que enfrentar directamente o direito de "chamar" a garantia, em ordem a uma fundada tomada de posição.

---

[157] Sobre a cessão de créditos futuros, cf., por todos, Vaz Serra, *Cessão de créditos, cit.*, p. 36 e ss., Menezes Leitão, *Cessão de créditos, cit.*, p. 414 e ss. e Pestana de Vasconcelos, *A cessão de créditos em garantia, cit.*, p. 456 e ss..

[158] Sobre a "cessão silenciosa", cf., v. g., Pestana de Vasconcelos, *A cessão de créditos em garantia, cit.*, p. 441 e ss. e Assunção Cristas, *Transmissão contratual do direito de crédito, cit.*, p. 289 e ss..

Na análise desta questão, importa, em ordem à respectiva delimitação, chamar a atenção para dois pontos importantes. O primeiro consiste numa ressalva: estamos a partir do princípio de que o contrato de garantia – cujo *texto* consta, tipicamente, do *termo de garantia* – não regula o problema. É que se este pressuposto não se verificar, isto é, se as partes tiverem previsto que o chamado direito de accionar a garantia acompanha o crédito de garantia em caso de cessão, ou se, ao invés, tiverem proibido que tal acompanhamento tenha lugar, então não se suscitarão dúvidas de regime.

O segundo ponto respeita à fase da relação de garantia em que o crédito de garantia é cedido. Tomando como referência as fases enunciadas por Becker-Eberhard[159], é indiferente que o beneficiário ceda ou pretenda ceder o crédito de garantia ainda antes de ocorrido o *Garantiefall* – caso em que estaremos ainda na fase de segurança ou garantia (*Sicherungsphase*) – ou que o queira fazer já após a verificação do *Garantiefall*, mas antes do accionamento da garantia – caso em que já haverá condições para a fase de exercício (*Ausübungsphase*).

Na esmagadora maioria das situações, os créditos emergentes de garantias bancárias são cedidos antes da verificação do *Garantiefall*; após essa verificação, não há obstáculo a que o beneficiário accione a garantia e ceda o crédito pecuniário daí decorrente.

II. Importa, neste quadro, acentuar o facto de o chamado direito de accionar a garantia autónoma ao primeiro pedido constituir um *direito potestativo*[160] – *rectius*, no nosso entender, mais rigorosamente, um *poder*

---

[159] *Die Forderungsgebundenheit der Sicherungsrechte, cit.*, p. 251 e ss; cf. também o nosso *Assunção fidejussória de dívida, cit.*, p. 394 e ss. e *A fiança no quadro das garantias pessoais. Aspectos de regime*, in "Estudos de Direito das Garantias", I, Almedina, Coimbra, 2004, p. 26 e ss..

[160] Cf., v. g., BYDLINSKI, *Die Übertragung der Rechte aus einer Bankgarantie, cit.*, p. 154. Sobre a delimitação entre *Gestaltungsrechte* ligados ao crédito e *Gestaltungsrechte* ligados à posição contratual, cf., v. g., STEINBECK, *Die Übertragbarkeit von Gestaltungsrechten*, Duncker & Humblot, Berlin, 1994, p. 45 e ss. e, entre nós, MOTA PINTO, *Cessão da posição contratual, cit.*, pp. 234 e ss. e 240 e ss. Também VAZ SERRA, *Cessão de créditos, cit.*, p. 116, se refere a *direitos potestativos ligados ao crédito* que passam para o cessionário como acessórios do crédito.

182   *Estudos de Direito das Garantias, II*

potestativo[161] – a que corresponde, da parte do garante, uma *sujeição*[162]: a constituição no dever de honrar a garantia, ou seja do dever de pagar. O poder potestativo em causa é um poder de interpelação. Não sendo uma interpelação de obrigação pura, já que o credor não pode, em rigor, exigir o cumprimento quando lhe aprouver[163], a declaração feita pelo beneficiário contém os ingredientes dessa figura: é uma declaração de vontade recipienda ou receptícia, através da qual o beneficiário exige o pagamento da garantia. Trata-se, *hoc sensu*, de uma *exigência*[164] – de uma *Anforderung zur Leistung*[165].

Admite-se, porém, que o garante possa paralisar essa situação de sujeição, nas situações limite em que lhe é dado recusar o pagamento[166].

A circunstância de o *right to demand payment* constituir um poder potestativo[167] é impedimento à respectiva cessão[168]? Ou é-o a circunstância

---

[161] Cf. o nosso *Assunção fidejussória de dívida, cit.*, p. 1181; cf. também OLIVEIRA ASCENSÃO, *Direito civil. Teoria geral*, III, *Relações e situações jurídicas*, Coimbra Editora, Coimbra, 2002, p. 72: "Na nossa terminologia, seriam sempre poderes incluídos nos verdadeiros direitos subjectivos".

[162] Cf., por todos, OLIVEIRA ASCENSÃO, *Direito civil. Teoria geral*, III, *cit.*, p. 102.

[163] Cf., por todos, GALVÃO TELLES, *Obrigações*[7], *cit.*, p. 254.

[164] Cf. PESSOA JORGE, *Obrigações*, I, *cit.*, p. 267.

[165] Cf. LARENZ, *Schuldrecht*, I[14], *cit.*, p. 345.

[166] Cf., sobre estas, v. g., GALVÃO TELLES, *Garantia bancária autónoma, cit.*, pp. 289-290, FERRER CORREIA, *Notas para o estudo do contrato de garantia bancária, cit.*, p. 257, ALMEIDA COSTA / PINTO MONTEIRO, *Garantias bancárias, cit.*, pp. 20-21, ROMANO MARTINEZ / FUZETA DA PONTE, *Garantias de cumprimento*, 5.ª edição, Almedina, Coimbra, 2006, p. 144 e ss. e EVARISTO MENDES, *Garantias bancárias, cit.*, p. 464 e ss.. Na inabarcável literatura estrangeira, remete-se, v. g., para CANARIS, *Bankvertragsrecht*, I[3], *cit.*, p. 772 e ss., KOZIOL, *Der Garantievertrag, cit.*, p. 61 e ss., SCHINNERER / AVANCINI, *Bankverträge*, II, 3.ª edição, Mansche Verlag- und Universitätsbuchhandlung, Wien, 1978, p. 312 e ss., HEINSIUS, *Zur Frage des Nachweises der rechtsmissbräuchlichen Inanspruchnahme einer Bankgarantie auf erstes Anfordern mit liquiden Beweismitteln*, in "FS für Winfried Werner zum 65. Geburtstag am 17. Oktober 1984", Walter de Gruyter, Berlin, 1984, *passim*, BONELLI, *Le garanzie bancarie a prima domanda, cit.*, p. 90 e ss., SÁNCHEZ-CALERO GUILARTE, *El contrato autónomo de garantía, cit.*, p. 387 e ss. e CABRILLAC / MOULY / / CABRILLAC / PÉTEL, *Droit des sûretés*[8], *cit.*, p. 331 e ss..

[167] A ideia de que o direito de interpelação constitua um direito potestativo é, porém, posta em causa por MOTA PINTO, *Cessão da posição contratual, cit.*, pp. 244-245, nota 2, com o argumento de que estamos perante "uma faculdade integrada no conteúdo do direito de crédito".

[168] Parece ser esta, entre nós, a posição de SAMPAIO CARAMELO, *A garantia bancária à primeira solicitação, cit.*, pp. 125-126.

Sobre a Circulabilidade do Crédito Emergente de Garantia Bancária ... 183

de se tratar de um poder potestativo ligado ao crédito de garantia, integrado na posição de beneficiário da garantia? Não há, *a priori*, impedimentos a que os direitos potestativos ligados ao crédito circulem, acompanhando o mesmo crédito[169]; antes pelo contrário: estando ligados ao crédito, o que é lógico é que, como princípio, circulem com o mesmo. Ninguém contestará, por exemplo, que, sendo *A* credor de *B* de uma quantia pecuniária e sendo a obrigação pura, se *A* ceder a *C* o mesmo crédito, que seja *C* e não *A* a poder interpelar *B*.

O que importa esclarecer é se o poder que tem o beneficiário da garantia de a accionar, não sendo um poder autónomo[170], constitui um poder potestativo puramente ligado ao crédito de garantia ou se está também ligado a outra realidade.

III. Conforme vimos, um dos argumentos invocados por parte da doutrina contrária a que o *Recht auf Abruf* acompanhe a cessão isolada do crédito de garantia, centra-se no carácter *intuitu personae* de tal direito, característica que impediria a cessão, por a tal se opor a natureza da prestação (artigo 577/1 do CC). Contudo, o carácter *intuitu personae* tem de ser demonstrado, não sendo de presumir, tanto mais que, conforme tem sido também justamente destacado, na maioria das situações, o banco garante desconsidera a pessoa do beneficiário aquando da prestação da garantia, desconhecendo-o mesmo. Ora, neste quadro, não faz sentido uma posição de princípio contrária à cessão, com base num pretenso e não demonstrado carácter *intuitu personae*; contudo, como parece óbvio, se, por interpretação do negócio, for de concluir no sentido desse carácter pessoal, então a transmissão não será possível.

Já faria mais sentido equacionar, como regra, em termos de normalidade das situações, o carácter *intuitu personae*, não em função da pessoa do beneficiário mas do dador de ordem: a cessão do direito de accionar a garantia não seria cedível porque a garantia teria sido prestada em consideração da pessoa do devedor dador de ordem[171]. Contudo, não obstante ser

---

[169] Cf., entre nós, por todos, VAZ SERRA, *Cessão de créditos, cit.*, p. 30 e, particularmente, MOTA PINTO, *Cessão da posição contratual, cit.*, pp. 234 e ss. e 240 e ss..

[170] Sobre os direitos potestativos autónomos, cf., por todos, MOTA PINTO, *Cessão da posição contratual, cit.*, p. 235 e ss..

[171] É esta, como vimos supra, a posição de SIMLER, *Cautionnement*[3], *cit.*, p. 797.

184 Estudos de Direito das Garantias, II

certo que, na esmagadora maioria das situações, as garantias são prestadas em função da "fisionomia" e da solvabilidade do dador de ordem, essa circunstância não se comunica à relação entre o garante e o beneficiário, não se compreendendo que *A* não possa ceder um crédito que tem sobre *B* em virtude de uma relação *intuitu personae* existente entre *B* e *C*.

Merece já atenta consideração o argumento de que a livre cedibilidade do crédito de garantia e, dentro deste, em particular do *Recht auf Abruf*, teria o efeito de aumentar o risco de accionamento indevido ou mesmo abusivo da garantia, piorando, assim, a situação do garante e, reflexamente, do dador de ordem. Importa recordar que estamos a falar de situações em que, por força da cessão, passa a existir uma dissociação entre o crédito de garantia e o crédito subjacente, a nível da relação de valuta; neste quadro, uma autonomia extrema – fundamentalista, digamos – conduziria a admitir que a dissociação em apreço não acarretaria qualquer problema ou dificuldade, tudo sendo explicável em função, precisamente, da autonomia.

Contudo, o accionamento de uma garantia bancária ao primeiro pedido não é o exercício do arbítrio por parte do beneficiário: ainda que não tenha de fazer prova documental da verificação da situação que permite a execução da garantia – a circunstância de eventualidade[172], o *Garantiefall* – o beneficiário tem de a invocar: ou seja, a execução da garantia pressupõe que aquele que a acciona tenha conhecimento efectivo de uma situação, em princípio patológica, que ocorre no âmbito da relação de valuta entre o credor e o devedor.

Dir-se-á que a simples invocação da ocorrência do *Garantiefall* tanto pode ser feita pelo beneficiário inicial da garantia quanto pelo cessionário, o que viabilizaria a cessão em equação. Não é assim, porém, no nosso entender: a lisura de procedimentos que deve presidir aos negócios – enquadrada no princípio da boa fé – impõe que quem invoca o *Garantiefall* tenha efectivo conhecimento do mesmo: impõe que, como sugere Duarte Pinheiro[173], quem invoca o evento que permite accionar a garantia saiba do que fala.

Ora, não se vê como é que, numa situação em que o crédito, a nível da relação subjacente, se mantém na esfera do credor, beneficiário original

---

[172] Cf. Ferreira de Almeida, *Texto e enunciado na teoria do negócio jurídico*, I, Almedina, Coimbra, 1992, pp. 353-354.

[173] *Garantia bancária autónoma*, in ROA, ano 52 (1992), p. 451.

da garantia, não se vê, dizíamos, como é que o transmissário do crédito de garantia pode estar, com o mínimo de conhecimento efectivo – diríamos também, com o mínimo de seriedade negocial – em condições de invocar o sobredito *Garantiefall*. Admitir, à partida, que o cessionário possa accionar a garantia numa situação dessas é, na prática, legitimar que o mesmo cessionário possa "inventar" a verificação da dita ocorrência: é, no fundo, dar cobertura a situações de accionamento infundado da garantia, mesmo à luz do próprio contrato de garantia.

Não é, de resto, por acaso que, conforme é mais ou menos pacífico, o garante autónomo, mesmo quando a garantia é automática, tem direito a beneficiar de um prazo razoável para tomar posição face à interpelação do beneficiário[174], direito esse que permite, aliás, ao garante dar cumprimento ao dever – identificável no âmbito da relação de cobertura[175] – de consultar o dador de ordem antes de pagar.

O exposto não significa, note-se, exigir a verificação efectiva do *Garantiefall* no âmbito da relação de valuta, exigir um "materieller Garantiefall"; o funcionamento da garantia bancária autónoma ao primeiro pedido basta-se, na verdade, com a interpelação pelo beneficiário, na qual invoque a verificação do *Garantiefall* – basta, portanto, o "formeller Garantiefall"[176].

O que não nos parece aceitável é, como dissemos, legitimar situações em que aquele que interpela o garante não tem, por não ser titular do crédito subjacente, conhecimento de causa para preencher o mínimo formal: para produzir a afirmação de que ocorreu o *Garantiefall*, *maxime* para afirmar que o seu devedor, a nível da relação de valuta, incumpriu.

Admitimos, porém, excepcionalmente, que o poder de accionamento de uma garantia autónoma ao primeiro pedido possa acompanhar a cessão do crédito de garantia, se, nos termos do contrato, o accionamento da

---

[174] Cf. o nosso *Sobre a mora do garante na garantia bancária autónoma*, cit., p. 193 e ss.. Refira-se, a propósito – ponto este que é, de resto, pacífico – que o garante não só não vai ajuizar do cumprimento ou incumprimento a nível da relação de valuta, como não o pode, sequer, fazer; cf., v. g., MENEZES CORDEIRO, *Manual de direito bancário*[3], cit., p. 642.

[175] Cf., por todos, CANARIS, *Bankvertragsrecht*, I[3], cit., p. 751; cf. também o nosso *Sobre a mora do garante na garantia bancária autónoma*, cit., p.195.

[176] Cf. CANARIS, *Die Bedeutung des "materiellen" Garantiefalles für den Rückforderungsanspruch bei der "Garantie auf erstes Anfordern"*, in ZIP, 1998, pp. 493 e 495.

garantia não pressupuser, sequer, a mera invocação de uma ocorrência – v. g., um incumprimento – a nível da relação de valuta[177] ou então se bastar ao beneficiário a invocação de uma ocorrência objectiva, inquestionável, externa à sobredita relação. Não se tratando de qualquer destas situações de excepção, a cessão do poder potestativo de accionar a garantia bancária autónoma ao primeiro pedido necessita do consentimento do garante.

IV. O exposto em III supra permite-nos concluir que o poder potestativo de interpelar o garante está ligado ao crédito de garantia mas que essa não constitui a sua única ligação. Na verdade, conforme decorre do exposto, o accionamento da garantia pelo beneficiário está, na maioria das situações, dependente de uma ocorrência a nível da relação entre o credor e o devedor – tipicamente um incumprimento ou um cumprimento defeituoso – conquanto, nos termos do contrato, expressos no texto da garantia, não tenha de ser uma ocorrência *provada* pelo beneficiário mas apenas *dita* ou *anunciada* pelo mesmo. Assim sendo, não há dúvida de que o poder potestativo de interpelar o garante para pagamento da garantia está intrinsecamente dependente de algo que está fora da estrita relação de garantia, pressupondo um *apport* da relação de valuta[178].

Não obstante, o poder potestativo em análise não está ligado à posição contratual do credor, no âmbito da relação subjacente, uma vez que o mesmo se integra na posição do mesmo sujeito, já não enquanto credor a nível da relação de valuta mas enquanto beneficiário a nível da relação de garantia, enquanto titular de um crédito de garantia.

Assim, diversamente do que ocorre nas simples situações de cessão de créditos, sendo a obrigação pura, o poder potestativo de interpelar o

---

[177] Refira-se, porém, que as garantias deste jaez são efectivamente excepcionais, o que não é de estranhar, uma vez que os efeitos pretendidos pelos intervenientes ficam, normalmente, mais bem salvaguardados através do recurso a títulos de crédito, cujas regras de circulação são bem conhecidas; especificamente sobre o endosso cambiário, cf., v. g., FERRER CORREIA, *Lições de Direito Comercial*, III, cit, p. 179 e ss., OLIVEIRA ASCENSÃO, *Direito comercial*, III, cit, p. 141 e ss., PAIS DE VASCONCELOS, *Direito comercial*, cit., p. 117 e ss. e PINTO FURTADO, *Títulos de crédito*, cit., p. 162 e ss.. Em geral, sobre a circulação cambiária, cf. PAULO SENDIN, *Letra de câmbio. L. U. de Genebra. I. Circulação cambiária*, Universidade Católica Portuguesa / Almedina, Coimbra, 1980, *passim*.

[178] Conforme refere BERTRAMS, *Bank guarantees in international trade*[3], *cit.*, p. 286, "the request for payment must relate to the contract and/ or obligation that has been secured by the guarantee".

Sobre a Circulabilidade do Crédito Emergente de Garantia Bancária ...   187

garante de garantia autónoma ao primeiro pedido não prescinde totalmente da relação de valuta, circunstância que, ao fim e ao cabo, é explicada pelo carácter causal da garantia[179].

V. No pressuposto de que não se transmite para o cessionário o *Abrufsrecht*, aquando da negociação isolada do crédito de garantia, considera-se inválido ou ineficaz o negócio de cessão em que o beneficiário e o cessionário tenham incluído esse poder potestativo na cessão?

No nosso entender, é de afastar claramente esse entendimento: de acordo com o princípio da conservação dos negócios jurídicos[180], o negócio fica circunscrito à cessão da *Zahlungsanspruch*, ficando o cessionário investido na titularidade de um crédito futuro.

Face a essa situação, o cedente, que se mantém titular do crédito garantido, fica ou continua obrigado a colaborar com o cessionário[181], estando adstrito a informá-lo sobre o "estado" da relação de valuta, no que seja relevante para a ocorrência do *Garantiefall*, bem como, naturalmente, a, ocorrendo o *Garantiefall*, executar a garantia. Para esse accionamento, o titular do *Recht auf Abruf* não precisa obter o consentimento do titular da *Zahlungsanspruch*, sendo o efeito do accionamento da garantia o surgimento, na esfera deste último, do direito de crédito pecuniário que lhe fora cedido como crédito futuro[182].

---

[179] Cf., v. g., LARENZ / CANARIS, *Schuldrecht*, II/2[13], *cit.*, pp. 75-76; cf. ainda BECKER-EBERHARD, *Die Forderungsgebundenheit der Sicherungsrechte*, *cit.*, p. 8, GALVÃO TELLES, *Garantia bancária autónoma*, *cit.*, pp. 287-288, FERRER CORREIA, *Notas para o estudo do contrato de garantia bancária*, *cit.*, p. 249, ALMEIDA COSTA / PINTO MONTEIRO, *Garantias bancárias*, *cit.*, pp. 21-22, MENEZES CORDEIRO, *Manual de direito bancário*[3], *cit.*, p. 643, MENEZES LEITÃO, *Garantias das obrigações*, *cit.*, p. 151 e EVARISTO MENDES, *Garantias bancárias*, *cit.*, 451.

[180] Cf., em geral, MENEZES CORDEIRO, *Tratado*, I/I[3], *cit.*, p. 878 e ss., MOTA PINTO, *Teoria geral do direito civil*, 4.ª edição por ANTÓNIO PINTO MONTEIRO e PAULO MOTA PINTO, Coimbra Editora, Coimbra, 2005, p. 632 e ss. e CARVALHO FERNANDES, *Teoria geral do direito civil*, II, *Fontes, conteúdo e garantia da relação jurídica*, 4.ª edição, Universidade Católica Editora, Lisboa, 2007, p. 511 e ss..

[181] Em geral, sobre os deveres de cooperação na cessão de créditos, cf., v. g., DOLMETA / PORTALE, *Cessione del credito e cessione in garanzia nell'ordinamento italiano*, *cit.*, pp. 271-272.

[182] Sobre as teorias da imediação e da transmissão, cf., por todos, MOTA PINTO, *Cessão da posição contratual*, *cit.*, p. 227 e ss., MENEZES LEITÃO, *Direito das obrigações*,

Como forma de ultrapassar a insegurança que esta solução pode trazer para o transmissário, é frequente a emissão de procuração irrevogável a favor deste[183], dando-lhe poderes para accionar a garantia. Nesta situação, a informação sobre a verificação do *Garantiefall* deverá correr no âmbito da relação de representação.

Faculdade de Direito da Universidade de Lisboa, Janeiro de 2008.

II – *Transmissão e extinção das obrigações. Não cumprimento e garantia do crédito*, 5.ª edição, Almedina, Coimbra, 2007, p. 18 e ss. e ainda PESTANA DE VASCONCELOS, *A cessão de créditos em garantia, cit.*, p. 463 e ss..

[183] Sobre a procuração irrevogável, cf., v. g., OLIVEIRA ASCENSÃO, *Direito civil. Teoria geral*, II, *Acções e factos jurídicos*, 2.ª edição, Coimbra Editora, Coimbra, 2003, p. 274 e ss., PAIS DE VASCONCELOS, *Teoria geral do direito civil*, 3.ª edição, Almedina, Coimbra, 2005, p. 723 e ss., PEDRO DE ALBUQUERQUE, *A representação voluntária em direito civil (Ensaio de reconstrução dogmática)*, Almedina, Coimbra, 2004, p. 969 e ss., PESTANA DE VASCONCELOS, *A cessão de créditos em garantia, cit.*, p. 72 e ss. e PEDRO LEITÃO P. VASCONCELOS, *A procuração irrevogável*, Almedina, Coimbra, 2002, *passim*; cf. ainda, conquanto centrado no mandato irrevogável, o nosso *Em tema de revogação do mandato civil*, Almedina, Coimbra, 1989, p. 169 e ss..

SOBRE A VINCULAÇÃO *DEL CREDERE**

SUMÁRIO: 1. Introdução; 2. A vinculação *del credere* do comissário; 2.1. Introdução; 2.2. Aspectos de regime; 2.3. A convenção *del credere*; 3. A vinculação *del credere* do agente comercial; 3.1. Aspectos de regime; 3.2. A convenção *del credere*; 4. A responsabilidade *del credere* do transitário; 4.1. Introdução e aspectos de regime; 4.2. A vinculação *del credere* legal; 5. Conclusões.

1. Introdução[1]

I. A vinculação *del credere* suscita dúvidas e curiosidades, *maxime* em sede de regime e de natureza jurídicas, que justificam uma atenção específica, tanto mais que se trata de uma quase misteriosa figura que não tem merecido a devida atenção por parte da doutrina nacional.

---

* Inserido nos "Estudos em Homenagem ao Prof. Doutor Martim de Albuquerque", II Vol., Faculdade de Direito da Universidade de Lisboa, Coimbra Editora, Coimbra, 2010.

[1] Principais abreviaturas utilizadas: AAFDL=Associação Académica da Faculdade de Direito de Lisboa; BMJ=Boletim do Ministério da Justiça; CC=Código Civil; CCom=Código Comercial de 1888; CCom 1833= Código Comercial de 1833; CDP=Cadernos de Direito Privado; DDP-SC=Digesto delle Discipline Privatistiche – Sezione Civile; DDP-SCom= =Digesto delle Discipline Privatistiche – Sezione Commerciale; DI=Il Digesto Italiano; DL=Decreto-Lei; DM=Il Diritto Marittimo; ED=Enciclopedia del Diritto; GRL=Gazeta da Relação de Lisboa; NDI=Nuovo Digesto Italiano; NssDI=Novissimo Digesto Italiano; RDCom=Rivista di Diritto Commerciale; RDE=Revista de Direito e Economia; RP=Relação do Porto; SI=Scientia Iuridica; ss.=seguintes; STJ=Supremo Tribunal de Justiça; TJ=Tribuna da Justiça.

Na doutrina portuguesa recente, encontramos autores que enquadram a obrigação *del credere*[2] no campo das garantias. É esta a posição de Menezes Cordeiro[3], em relação à convenção *del credere* no domínio da agência, ao referir-se a uma "garantia de cumprimento por terceiro". Também Pinto Monteiro[4], ainda no domínio da agência, alude a uma garantia, "uma vez que o agente responderá pelo cumprimento das obrigações do cliente independentemente de culpa sua na angariação do mesmo". Contudo, Romano Martinez / Fuzeta da Ponte[5], num enfoque mais amplo, não circunscrito ao contrato de agência, consideram-na "similar à fiança", independentemente de a respectiva fonte ser convencional ou legal.

Conforme veremos adiante, têm sido apresentadas outras explicações para a natureza da convenção *del credere*, desde o *seguro*, à *cláusula penal*, passando pela *solidariedade passiva* e pela convenção *sui generis*, sendo, assim, natural que possamos dizer, com Dupichot[6], que "la convention de ducroire revêt une nature et un regime juridiques assez énigmatiques".

II. Parece claro que a fonte da obrigação *del credere* tanto pode ser a *lei* quanto uma *convenção* ou os *usos*. Esta constatação impõe logo, de per si, prudência no que tange à tentativa – quiçá à tentação – de atribuir à vinculação *del credere* uma conformação e uma natureza jurídica unitárias.

---

[2] Sobre a origem do *star del credere*, no quadro da comissão, cf., v. g., Vidari, *Corso di Diritto Commerciale*, IV, 5.ª edição, Ulrico Hoepli, Milano, 1903, p. 435 e ss., Sraffa, *Del mandato commerciale e della commissione*, IV Vol. do "Commentario al codice di commercio" redatto da E. Bensa, A. Bruschettini, G. Bonelli, L. Franchi, P. Manfredi, U. Navarrini, C. Pagani, G. Segrè e A. Sraffa, Casa Editrice Dottore Francesco Vallardi, Milano, s/d, p. 203 e ss. (refutando a origem na *fideiussio indemnitatis* do direito romano e colocando a sua origem provável "in occasione di operazioni su denaro"), Luminoso, *Mandato, commissione, spedizione*, Giuffrè, Milano, 1984, p. 353, nota 416 (referindo a velha fórmula "stare mallevadore del credito"), Roberto Baldi, *Il contratto di agenzia. La concessione di vendita. Il franchising*, 7.ª edição (com a colaboração de Alberto Venezia), Giuffrè, Milano, 2001, p. 165 e ainda, com certo desenvolvimento, Peinado Gracia, *La commisión de garantia en el Ordenamiento español [Cooperación y conflicto en el contrato de comisión]*, in "Tratado de garantias en la contratación mercantil", Tomo I, "Parte general y garantias personales", Civitas, Madrid, 1996, p. 1012 e ss..

[3] *Manual de direito comercial*, 2.ª edição, Almedina, Coimbra, 2007, p. 666.

[4] *Contrato de agência. Anotação*, 6.ª edição, Almedina, Coimbra, 2007, p. 86.

[5] *Garantias de cumprimento*, 5.ª edição, Almedina, Coimbra, 2006, pp. 116-117.

[6] *Le pouvoir des volontés individuelles en droit des sûretés*, L. G. D. J., Paris, 2005, p. 360.

Se pensarmos na vinculação de base convencional, poderá, na verdade, numa análise apriorística, não fazer muito sentido encarar da mesma forma a convenção *del credere* celebrada entre o comitente e o comissário, conforme previsto no artigo 269 do CCom e a convenção *del credere* celebrada entre o principal e o agente comercial, conforme prevê o artigo 10 do DL 178/86, de 3 de Julho: surge, na verdade, sempre a uma primeira análise, como perturbador da unidade da figura, o facto de o comitente não ser parte no contrato celebrado entre o comissário e a pessoa com quem este contratou, diversamente da realidade típica da agência, em que o cliente angariado pelo agente surge como contraparte do principal.

Parece-nos, assim, prudente analisar separadamente estes dois casos de vinculação *del credere*, seguindo-se a análise de uma situação de vinculação *del credere* legal: só então estaremos em posição de formular um juízo fundado, no que concerne à dimensão e natureza da responsabilidade *del credere*, bem como à respectiva natureza.

Neste estudo, limitamo-nos a abordar três situações usuais de vinculação *del credere*, sendo, no entanto, importante deixar claro que as mesmas não esgotam o universo do *star del credere*[7]. Importante é também acentuar que a figura em apreço não é de natureza exclusivamente comercial, sendo também identificável no mandato (civil) sem representação[8].

---

[7] Cf., por exemplo, quanto ao *star del credere* bancário, TETTI, *La fideiussione e le garanzie personali del credito*, Cedam, Padova, 2000, p. 534 e ss. e TARTAGLIA, *I negozi atipici di garanzia personale*, Giuffrè Editore, Milano, 1999, p. 58 e ss.; cf. ainda BONNEAU, *Droit bancaire*, 4.ª edição, Montchrestien, Paris, 2001, p. 410 e a referência de VIEGAS CALÇADA, *Fiança prestada por bancos e casas bancárias*, in GRL n.º 3 (1937), p. 33.

Quanto ao *star del credere* marítimo, cf., v. g., RAMELLA, *Del contratto di conto-corrente. Del mandato commerciale. Della commissione*, UTET, Torino, 1928, pp. 480-481.

[8] Cf. o nosso *Contrato de mandato*, Reimpressão da edição de 1999, AAFDL, Lisboa, 2007, pp. 24-25 e 117; quanto ao regime do *codice*, onde a figura vem incidentalmente prevista mesmo fora da comissão, no artigo 1715, cf., v. g., LUMINOSO, *Mandato, commissione, spedizione, cit.*, p. 352 e ss..

2. A vinculação *del credere* do comissário

2.1. *Introdução*

I. Conforme resulta, desde logo, da noção de comissão constante do artigo 266 do CCom[9], o comissário-mandatário executa o mandato mercantil sem menção ou alusão alguma ao mandante, contratando por si e em seu nome, como principal e único contraente[10].

O comissário é um mandatário[11], o que significa que pratica os actos de gestão[12] por conta do mandante[13], sendo que, porque a comissão é um

---

[9] Diversamente do artigo 266 do CCom, que dá a noção de contrato de comissão, o artigo 39 do CCom 1833 colocava a tónica no "negociante de comissão". "Negociante de comissão é propriamente aquele, que em seu próprio nome ou debaixo duma firma social, sem menção do comitente, pratica actos de comércio por ordem e conta de comitente, carregando por isso comissão". Na linha lógica desta definição, estabelecia o artigo 45 do mesmo código o seguinte: "Quando o negociante comissário obra em nome expresso dum comitente, deixa de ser o rigoroso comissário mercantil ou negociante de comissão: nesse caso, os seus direitos e obrigações, como simples mandatário e como mandatário mercantil, são regulados pelas disposições do título – *Do mandato*".

[10] Sobre a figura da comissão, cf., entre nós, v. g., CUNHA GONÇALVES, *Comentário ao código comercial português*, II, Empresa Editora José Bastos, Lisboa, 1916, p. 74 e ss., PESSOA JORGE, *O mandato sem representação*, Livraria Ática, Lisboa, s/d, mas 1961, p. 643 e ss., MENEZES CORDEIRO, *Manual de direito comercial*[2], *cit.*, pp. 248 e 582-583 e o nosso *Contrato de mandato comercial. Questões de tipologia e regime*, in "Operações comerciais", Almedina, Coimbra, 1988, pp. 504-505.

[11] Cf., v. g., OLIVEIRA ASCENSÃO, *Direito comercial*, I, *Institutos gerais*, Lisboa, 1998/99, p. 257, MENEZES CORDEIRO, *Manual de direito comercial*[2], *cit.*, pp. 248 e 582 e o nosso *Contrato de mandato comercial*, *cit.*, p. 478 e ss.. Sobre a comissão como tipo especial de mandato no sistema do *codice civile*, cf., v. g., LUMINOSO, *Mandato, commissione, spedizione*, *cit.*, p. 597 e ss. e FORMIGGINI, *Commissione (contratto di)*, in ED VII, Giuffrè, Milano, 1960, p. 862 e ss., referindo-se à comissão como "manifestação típica, histórica e actual do mandato sem representação" e questionando, depois, se o regime do *codice* tem, atenta a noção do artigo 1731, aplicação apenas ao comissário profissional ou se é também aplicável ao mandatário sem representação que pratique ocasionalmente uma venda. Menos afirmativa é COSTANZA, *Commissione (contratto di)*, in DDP-SCom III (1988), p. 167 e ss., que coloca a hipótese de a comissão não ser, em rigor, um subtipo do mandato, pese embora a noção e o enquadramento do artigo 1731 do *codice*. Sobre a posição da comissão face ao mandato no direito anterior ao *codice civile*, ou seja no domínio dos códigos comerciais, cf., v. g., PIOLA, *Commissione (contratto di)*, in DI VII (1896-1899), pp. 14-15.

[12] Sobre o mandato como tipo legal de contrato de gestão, cf., por todos, LUMINOSO, *Mandato, commissione, spedizione*, *cit.*, p. 41 e ss., FRANCESCO ALCARO, *Il mandato*.

Sobre a Vinculação Del Credere   193

mandato comercial não representativo, os pratica em nome próprio[14]. Os interesses geridos pelo mandatário são, natural e tipicamente, os do mandante, sem prejuízo de situações em que intervêm também interesses do próprio mandatário ou de um terceiro[15].

Profili d'inquadramento, in "Il mandato", a cura di Francesco Alcaro, Giuffrè, Milano, 2000, p. 5 e ss. e o nosso *Contrato de mandato, cit.*, p. 16 e ss.. Sobre a área da cooperação gestória, cf., v. g., Santagata, *Mandato. Disposizioni generali*, Zanichelli Editore, Bologna, Il Foro Italiano, Roma, 1985, p. 493 e ss..

Pronunciando-se sobre a questão de saber se o mandato para a prática de operações comerciais que não constituam actos jurídicos deve ser regido pelas regras do mandato civil ou comercial, cf. Pais de Vasconcelos, *Mandato bancário*, in "Estudos em homenagem ao Prof. Doutor Inocêncio Galvão Telles", Vol. II, "Direito bancário", Almedina, Coimbra, 2002, pp. 131-132.

[13] Pessoa Jorge, *O mandato sem representação, cit.*, p. 192 e ss., o nosso *Contrato de mandato, cit.*, p. 16 e ss., Luminoso *Mandato, commissione, spedizione, cit.*, p. 17 e ss., Santagata, *Mandato, cit.*, pp. 70 e ss, 80 e ss., 91 e ss. e 100 e ss. e o nosso *Em tema de revogação do mandato civil*, Almedina, Coimbra, 1989, p. 92 e ss..

[14] Cf., por todos, Oliveira Ascensão, *Direito comercial*, I, *cit.*, p. 257: "Vemos, assim, que a característica da comissão é não haver representação. Mas há um verdadeiro mandato sem representação, pois o comissário está incumbido de praticar esses actos para o comitente"; cf. também o nosso *Contrato de mandato, cit.*, p. 42. Sobre as "interferências" entre mandato e representação, cf. o nosso *Em tema de revogação do mandato civil, cit.*, p. 227 e ss., Santagata, *Mandato, cit.*, pp. 13 e ss. e 180 e ss. e Luminoso, *Mandato, commissione, spedizione, cit.*, p. 17 e ss., colocando em confronto a *gestão* como instrumento legal de actuação por conta e a *representação* como instrumento legal de actuação em nome de outrem; cf. também Alcaro, *Il mandato, cit.*, p. 10 e ss..

Sobre o comissário como *representante indirecto* do comitente, cf. Helena Brito, *O contrato de concessão comercial*, Almedina, Coimbra, 1990, pp. 111-112.

[15] Sobre o mandato *in rem propriam* ou no interesse de terceiro, cf. os nossos *Em tema de revogação do mandato civil, cit.*, p. 269 e ss. e *Contrato de mandato, cit.*, p. 97 e ss., Pessoa Jorge, *O mandato sem representação, cit.*, p. 179 e ss., Luminoso, *Mandato, commissione, spedizione, cit.*, p. 92 e ss., Menezes Cordeiro, *Tratado de direito civil português*, I, *Parte geral*, tomo IV, Almedina, Coimbra, 2005, pp. 70-71, Menezes Leitão, *Direito das obrigações*, III. *Contratos em especial*, 4.ª edição, Almedina, Coimbra, p. 473 e ss., Pedro Albuquerque, *A representação voluntária em direito civil (Ensaio de reconstrução dogmática)*, Almedina, Coimbra, 2004, p. 969 e ss. (conquanto mais centrado na *procuratio* irrevogável), Videira Henriques, *A desvinculação unilateral ad nutum nos contratos civis de sociedade e de mandato*, Universidade de Coimbra / Coimbra Editora, Coimbra, 2001, p. 150 e ss., Irene Seiça Girão, *Mandato de interesse comum*, in "Faculdade de Direito da Universidade de Coimbra. Comemorações dos 35 anos do Código Civil e dos 25 anos da Reforma de 1977", III. "Direito das obrigações", Coimbra Editora, Coimbra,

194   *Estudos de Direito das Garantias, II*

Resulta do artigo 268 do CCom que o comissário fica directamente obrigado com as pessoas com quem contrata, como se o negócio fosse seu, não tendo estas acção contra o comitente, nem este contra elas, ficando, porém, salvas as que possam competir, entre si, ao comitente e ao comissário[16].

Independentemente da questão de se saber se o disposto no artigo 268 do CCom não se deverá considerar "aggiornato", conforme nos parece, pela previsão da sub-rogação directa prevista no artigo 1181/2 do CC[17], a verdade é que esta disposição delimita, literal e aparentemente de forma estanque, as relações jurídicas identificáveis: a relação entre o comissário e o terceiro não pode ser "invadida" pelo comitente, assim como na relação entre o comitente e o comissário não se pode "introduzir" o terceiro com quem o comissário contrate.

O regime previsto no CCom em sede de comissão não se afasta, assim, neste particular, do regime do CC em sede de mandato sem representação[18], cujo artigo 1180 dispõe que se o mandatário agir em nome próprio, adquire os direitos e assume as obrigações decorrentes dos actos que celebra, embora o mandato seja conhecido dos terceiros que participam nos actos ou que sejam destinatários destes. Por sua vez, o regime do artigo 1181/1 do CC, que obriga o mandatário a transferir para o mandante os direitos adquiridos em execução do mandato, tem também lugar em sede de comissão[19]. O artigo 1182[20], ainda do CC, fecha a cúpula, ao impor ao

---

2007, p. 369 e ss., Durval Ferreira, *Do mandato civil e comercial*, Edição do Autor, Vila Nova de Famalicão, 1967, p. 209 e ss. e Crespo Allue, *La revocación del mandato*, Editorial Montecorvo, Madrid, 1984, p. 217 e ss..

[16] O artigo 268 do CCom corresponde, *grosso modo*, à fusão entre os artigos 42 e 43 do código de Ferreira Borges. O artigo 42 estabelecia o seguinte: "O comissário é directamente obrigado para com as pessoas com quem contrata: e não tem obrigação de declarar a pessoa do comitente, salvo no caso de seguros"; estabelecia, por sua vez, o artigo 43: "O comerciante só pode ter acção contra as pessoas que tratarem com o comissário por cessão deste. Da mesma forma, estas pessoas não têm acção contra o comitente".

[17] Cf., sobre este, v. g., o nosso *Contrato de mandato, cit.*, p. 113 e ss. e Menezes Leitão, *Direito das obrigações*, III[4], *cit.*, p. 458.

[18] Cf. o nosso *Contrato de mandato, cit.*, p. 113 e ss..

[19] Cf., quanto a este ponto, por todos, Oliveira Ascensão, *Direito comercial*, I, *cit.*, p. 258 e Menezes Cordeiro, *Manual de direito comercial*[2], *cit.*, pp. 582-583.

[20] C., sobre este, v. g., Menezes Leitão, *Direito das obrigações*, III[4], *cit.*, p. 455 e ss..

Sobre a Vinculação Del Credere 195

mandante que assuma, por qualquer das formas indicadas no artigo 595/1, as obrigações contraídas pelo mandatário em execução do mandato, mais estabelecendo que, se o não puder fazer, deve entregar ao mandatário os meios necessários para as cumprir ou reembolsá-lo do que este houver despendido nesse cumprimento.

II. É neste quadro de incoincidência entre a realidade jurídica e a realidade dos interesses presentes – ou seja, num quadro de *interposição*[21], em que, centrando-nos no contrato celebrado entre o comissário e o terceiro, o comitente não é "parte jurídica" mas é "parte económica" – que o corpo do artigo 269 do CCom estabelece que "o comissário não responde pelo cumprimento das obrigações contraídas pela pessoa com quem contratou, salvo pacto ou uso contrários".

O regime estabelecido no corpo do artigo 269 surge, assim, na linha lógica da separação entre a relação comitente-comissário e a relação comissário-terceiro.

A partir daqui, a comunicação entre as duas relações opera em virtude e no desenvolvimento do mandato mercantil: o comissário fica adstrito a executar o mandato sem menção ou alusão alguma ao mandante, contratando por si e em seu nome como principal e único contraente (artigo 266 do CCom); simplesmente, essa actuação do comissário surge em gestão de um ou mais assuntos do comitente, havendo, consequentemente, lugar a uma prestação de contas[22] e a uma transferência dos efeitos da actuação gestória para a esfera jurídica do mandante[23].

III. O comissário é contratualmente responsável, face ao comitente, pelo não cumprimento ou cumprimento defeituoso do mandato, curando algumas disposições do CCom de certos aspectos cuja relevância é patente.

---

[21] Cf., sobre a figura da *interposição*, por todos, PESSOA JORGE, *O mandato sem representação, cit.*, p. 162 e ss., LUMINOSO, *Mandato, commissione, spedizione, cit.*, p. 76 e ss. e SANTAGATA, *Mandato, cit.*, p. 197 e ss..

[22] Cf., quanto ao mandato em geral, o nosso *Contrato de mandato, cit.*, p. 76 e ss, LUMINOSO, *Mandato, commissione, spedizione, cit.*, p. 348 e ss. e POLITANO, *Le obbligazioni delle parti e esecuzione dell'incarico. La sostituzione del mandatario*, in "Il mandato", a cura di Francesco Alcaro, Giuffrè, Milano, 2000, p. 329 e ss..

[23] Cf., v. g., PESSOA JORGE, *O mandato sem representação, cit.*, p. 283 e ss., o nosso *Contrato de mandato, cit.*, p. 113 e ss. e LUMINOSO, *Mandato, commissione, spedizione, cit.*, p. 346 e ss..

O artigo 270 do CCom faz correr por conta do comissário, sem prejuízo dos efeitos normais do negócio por este celebrado – isto é, sem prejuízo de os mesmos se radicarem na esfera jurídica do mesmo comissário nas relações com o terceiro – nos termos dos seus diversos números, "todas as consequências prejudiciais derivadas de um contrato feito com violação ou excesso dos poderes da comissão". Ou seja, agindo o comissário em desrespeito pelas instruções recebidas ou em termos que não correspondem aos de um bom gestor, o comissário, que age, naturalmente, por conta do comitente, suporta as consequências desse incumprimento: ou seja, na linguagem do artigo 270 do CCom, as mesmas passam a correr por sua própria conta.

Assim:

a) Se o comissário alienar, por conta do comitente[24], a preço menor do que lhe fora indicado ou, na falta de fixação de preço, por valor menor do que o corrente, deverá "abonar" ao comitente a diferença de preço, podendo, porém, eximir-se a essa "abonação", fazendo a prova da impossibilidade da venda por outro preço e provando ainda que, dessa forma, evitou que, a final, o comitente sofresse prejuízos (artigo 270/1.º);

b) Se o comissário, tendo sido encarregado pelo comitente para adquirir um bem, exceder o preço que lhe fora fixado, o comitente pode optar entre aceitar a aquisição, ainda que não aprove a gestão, e deixá-la por conta do comissário, que, assim, não poderá proceder à transferência para o mandante (artigo 270/2.º);

c) A mesma solução referida na alínea *b)*, supra, valerá para os casos em que o excesso do mandatário se traduza "em não ser a coisa comprada da qualidade recomendada" (artigo 270/3.º).

2.2. *Aspectos de regime*

I. O artigo 271 do CCom refere-se à situação em que o comissário faça empréstimos, adiantamentos ou vendas a prazo sem autorização do

---

[24] O artigo 270/1.º do CCom refere-se a "por conta de outrem", que não a "por conta do comitente"; contudo, não parece haver dúvidas de que é a esta situação que o artigo 270 do CCom se refere.

Sobre a Vinculação Del Credere

comitente: nesse caso, ele corre o risco da cobrança e pagamento das quantias emprestadas, adiantadas ou fiadas, podendo o comitente exigi-las à vista, cedendo no comissário todo o interesse, vantagem ou benefício que resultar do crédito por este concedido sem a sobredita autorização. Porém, o § único do artigo 271 excepciona o *uso das praças* em contrário, caso em que valerão os termos desses usos, a não ser que o comitente tenha dado ordem expressa ao comissário para não fazer adiantamentos nem conceder prazos[25].

Podemos dizer, no geral, que o artigo 271 se refere às situações em que o comissário dá crédito a terceiro à revelia do comitente: este poderá, então, optar por assumir os efeitos do crédito concedido, como se tivesse dado autorização, ou por exigir ao comissário o imediato pagamento das quantias. Se optar pela segunda alternativa, não poderá, então, ficar com as vantagens do crédito concedido, as quais aproveitarão ao comissário[26]; como escreve Luminoso, com referência ao segundo parágrafo do artigo 1732 do *codice*, este regime justifica-se plenamente, uma vez que o comitente tem já a vantagem que decorre do pagamento imediato[27].

O artigo 272 do CCom impõe ao comissário que tenha autorização para vender a prazo, um dever de actuação como um gestor diligente e prudente. Por um lado, proíbe-o de vender a pessoas reconhecidamente

---

[25] O caminho seguido pelo artigo 1732 do *codice* é diferente, conquanto, a final, o regime acabe por ser muito semelhante. O primeiro parágrafo do artigo 1732 ("Operazioni a fido") consagra, a favor do comissário, uma presunção de autorização para concessão de dilações de pagamento; contudo, essa presunção – que não funciona se o comitente dispuser diversamente – está dependente da respectiva conformidade com os usos do lugar em que a operação tem lugar; cf., a propósito, LUMINOSO, *Mandato, commissione, spedizione, cit.*, p. 603.

[26] Como parece óbvio, pese embora a redacção do artigo 271 do CCom (que é praticamente idêntica à redacção do artigo 52 do CCom 1833), não há aqui qualquer "cessão" do comitente ao comissário, desde logo porque os efeitos jurídicos dos actos celebrados estavam – e assim permaneceram – na esfera deste último. A situação é explicada por CUNHA GONÇALVES, *Comentário*, II, *cit.*, p. 88, através da figura da renúncia: "Mas como o preço nas vendas de contado é sempre inferior ao preço nas vendas a crédito, e, de igual modo, as compras a prazo com adiantamento de preço são feitas com preço mais vantajoso do que o pago na data da entrega, o comitente terá de renunciar a tais vantagens, desde que desaprove a gestão do comissário".

[27] LUMINOSO, *Mandato, commissione, spedizione, cit.*, p. 604.

198 *Estudos de Direito das Garantias, II*

insolventes; por outro, proíbe-o de expor os interesses do comitente a risco manifesto e notório. Em caso de incumprimento de qualquer das proibições, o mesmo artigo 272 prevê uma "responsabilidade pessoal" do comissário.

A imposição ao comissário dos enunciados deveres não suscita qualquer perplexidade: ainda que o artigo 272 do CCom os não previsse especificamente, os mesmos resultariam seguramente do princípio da boa fé e, mais especificamente, do dever, que impende sobre o comissário, de actuar como um bom gestor[28].

A dúvida que o regime do artigo 272 suscita é a de saber o que significa a "responsabilidade pessoal" aí prevista. Aparentemente, confrontando a redacção do artigo 272 com a do § 1.º do artigo 269 ("o comissário sujeito a tal responsabilidade fica pessoalmente obrigado"), pareceria estarmos perante uma situação de responsabilidade *del credere* de fonte legal, mais podendo aduzir-se neste sentido o facto de não fazer sentido que o legislador viesse, no artigo 272, firmar a evidência, como seria no caso de se tratar de estrita previsão de responsabilidade obrigacional por incumprimento do contrato de comissão.

O recurso à explicação da responsabilidade *del credere* legal parece-nos, porém, artificioso, parecendo tratar-se, antes, de um caso de culpa *in eligendo* por parte do comissário, situação essa que o artigo 272 vem sancionar com a consagração da sua responsabilidade. Trata-se, no caso, de responsabilidade por má gestão, responsabilidade esta que o legislador de 1888, tal qual, anteriormente, o de 1833 (artigo 53), entendeu por bem salientar, embora o mesmo efeito já resulte, pelo menos na dogmática actual, do regime da responsabilidade civil obrigacional.

O artigo 273 impõe ao comissário que venda a prazo deveres específicos de actuação e de organização[29]: o comissário deverá expressar nas

---

[28] Cf. o nosso *Contrato de mandato, cit.*, p. 69 e ss..

[29] O artigo 273 do CCom parece referir-se às situações em que o comissário está autorizado a vender a prazo ou em que seja esse o uso da praça. De outro modo, seria aplicável o regime do artigo 271 do CCom, podendo o comitente exigir, em consequência, as quantias "à vista". Apesar de o artigo 273 o não mencionar, parece-nos que o comissário deve expressar nas contas e avisos não apenas os nomes dos compradores mas também o prazo concedido, conquanto se admita que a falta desta menção não tenha o pesado efeito previsto no artigo.

Diverso, neste ponto, é o regime que resulta do terceiro parágrafo do artigo 1732 do *codice*, que exige ao comissário que concedeu dilações de pagamento, o dever de

Sobre a Vinculação Del Credere

contas e avisos os nomes dos compradores, sendo que, se o não fizer, entende-se que a venda se fizera a dinheiro de contado. A imposição destes deveres não tem, porém, lugar quando tenha havido convenção *del credere*: neste caso, respondendo o comissário pelo cumprimento das obrigações do terceiro, deixa de ter interesse a imposição de tais deveres.

Do regime do artigo 273 resulta que, estando o comissário autorizado a vender a prazo e tendo havido convenção *del credere*, a circunstância de o comissário não expressar, nas contas e avisos, os nomes dos compradores, não "transforma" as vendas em causa, relativamente ao comitente, em vendas a dinheiro de contado: a venda segue o regime estabelecido entre o comissário e o terceiro, sendo o comissário responsável *del credere*.

As exigências do corpo do artigo 273 do CCom valem, de acordo com o § único, em toda a espécie de contratos que o comissário fizer de conta alheia, uma vez que os interessados assim o exijam.

II. Os aspectos de regime referidos evidenciam a característica da comissão enquanto contrato de gestão: o comissário deve gerir prudentemente o assunto ou assuntos para que é mandatado, podendo ser responsabilizado pelo comitente num quadro de responsabilidade obrigacional.

Temos, assim, que a responsabilidade contratual do comissário perante o comitente constitui uma boa salvaguarda da posição deste. Contudo, a responsabilidade do comissário, admitindo que a sua gestão, desde logo *in eligendo*, foi prudente, não protege o comitente face a uma situação de incumprimento do terceiro, com quem o comissário haja contratado.

2.3. *A convenção* del credere

I. Como vimos, resulta do artigo 269 do CCom que pode haver um pacto ou um uso[30] no sentido de o comissário responder pelo cumprimento

---

indicar ao comitente a pessoa do contraente e o prazo concedido, sob pena de a operação ser considerada sem qualquer dilação, podendo, assim, o comitente exigir ao comissário o pagamento imediato, mas ficando, tal como no regime do artigo 271 do nosso CCom, impedido de exigir ao comissário "i vantaggi che derivano della concessa dilazione"; cf., por todos, LUMINOSO, *Mandato, commissione, spedizione, cit.*, p. 604.

[30] Sobre o *uso relevante*, face ao disposto no artigo 1715 do *codice*, em sede de comissão, cf., v. g., LUMINOSO, *Mandato, commissione, spedizione, cit.*, p. 605.

das obrigações do terceiro com quem contratou; estabelece, então, o § 1.º do artigo 269 do CCom que o comissário "fica pessoalmente obrigado para com o comitente pelo cumprimento das obrigações provenientes do contrato": é o *star del credere*.

A plena compreensão do regime plasmado no artigo 269 do CCom impõe que se atente não apenas no quadro económico da operação de comissão mas também no jurídico; de outra forma, teríamos uma situação de difícil sustentação jurídica: a de B ficar pessoalmente obrigado, face a A, pelo cumprimento das obrigações de que é devedor C e credor o próprio B (e não A).

Face ao regime legal, o comissário fica obrigado para com o comitente pelo cumprimento das obrigações de terceiros, como se a parte no contrato com o terceiro fosse o comitente e não o próprio comissário. Isto significa que o comissário fica pessoalmente obrigado para com o comitente a fazer repercutir na sua esfera jurídica os efeitos que decorrem do cumprimento de terceiros perante o próprio comissário, sabendo-se que, ocorrendo esse cumprimento, o comissário irá fazer repercutir – transferir, diz o artigo 1181/1 do CC – para a esfera jurídica do comitente os efeitos benéficos desse cumprimento.

A que situações é que se aplica a convenção *del credere*? Damos a palavra a Cunha Gonçalves[31]: "Em todo o caso, para ter lugar o *del credere* é preciso que as operações efectuadas pelo comissário sejam, a um tempo, a crédito e a termo, ou só a termo; pois que se a prestação e a contraprestação se realizassem simultaneamente, não haveria risco algum e faltaria um dos elementos essenciais do *del credere*".

Vinculando-se dessa forma – havendo *del credere* – o comissário assume o risco de o terceiro não cumprir. A sua gestão será arriscada, obrigando-o, porventura, a uma prudência superior à média, à normal.

Ao invés, já no que respeita à posição de comitente, a mesma torna-se mais confortável, uma vez transferido para o comissário o risco de

---

[31] *Comentário*, II, *cit.*, p. 83. Na lógica deste entendimento, o autor considera que, tendo estipulada a cláusula *del credere*, o comissário não tem direito à comissão respectiva se a venda se tiver efectuado a pronto pagamento; contudo "não perderá o direito a ela pelo facto de o comprador a termo haver antecipado o pagamento, usando da faculdade de desconto, pois até esse momento o risco existiu"; cf., neste sentido, os clássicos Piola, *Commissione (contratto di)*, *cit.*, p. 34 e Lyon-Caen / Renault, *Traité de droit commercial*, III, 4.ª edição, L.G.D.J., Paris, 1906, p. 404.

Sobre a Vinculação Del Credere

incumprimento pelo terceiro. Como diz Cunha Gonçalves[32], "Seja qual for a causa da inexecução do contrato pelo terceiro, o comitente, vencida a obrigação, não tem de indagar se o terceiro a cumpriu ou não; ele pode exigi-la directamente ao comissário; ao passo que sem a cláusula *del credere*, não teria aquele acção alguma, nem contra o comissário (excepto por perdas e danos), nem contra o terceiro, tornando-se, assim, aleatória a operação".

Compreende-se, assim, o regime do § 2.º do artigo 269 do CCom: compreende-se que o comissário tenha direito a carregar, além da remuneração ordinária, a remuneração *del credere*, que será determinada pela convenção ou, na falta desta, pelos usos da praça onde a comissão for executada.

II. Qual a natureza jurídica da convenção *del credere*? É, de algum modo, intuitiva a ideia de que o comissário *del credere* seria um garante. Contudo, tal caracterização depara, pelo menos *ictu oculi*, com um aparente obstáculo jurídico, de resto já assinalado: o de que o comissário não pode ser garante de si próprio enquanto devedor face ao comitente nem garante do cumprimento pelo terceiro de obrigações em que é o próprio garante que surge como credor[33]. O obstáculo está, há muito tempo, identificado, sendo assim resumido por Cunha Gonçalves[34]: "A fiança supõe a possibilidade de o credor poder demandar o devedor, ainda que o fiador seja principal pagador; e, no presente caso, o comitente não poderá jamais demandar o terceiro, de quem não é directo credor"; e ainda: "O comissário não é só fiador e principal pagador; é mesmo o único e exclusivo devedor".

Nesta linha "anti-fiança", podemos citar, entre muitos, autores como Piola[35], para quem não existe fiança, uma vez que não há nenhuma relação directa entre o comitente e o terceiro, de que a obrigação do comissário possa ser acessória. Também Lyon-Caen / Renault[36] afastam a natureza de fiança, já que, em virtude de o comissário actuar no seu próprio nome,

---

[32] *Comentário*, II, *cit.*, p. 82.

[33] Este obstáculo tem sido irrelevado por alguns autores; veja-se, por exemplo, BALDI, *Il contratto di agenzia*[7], *cit.*, pp. 165-166: "Poiché il commissionario agisce in nome proprio e per conto del committente, cui può essere ignoto il terzo contraente, della cui *bonitas* il commissionario si fa garante, appare indubbio il carattere fidejussorio dello star del credere nel rapporto di commissione".

[34] *Comentário*, II, *cit.*, p. 82.

[35] *Commissione (contratto di)*, *cit.*, p. 33.

[36] *Traité de droit commercial*, II[4], *cit.*, p. 403.

"on ne saurait donc parler d'un débiteur principal et d'une caution". Em Itália, já após o *codice*, destacamos Fragali[37]: "In tali casi, non costituendosi relazioni fra il terzo e il committente o il mandante, non convergono nella stessa persona le qualità di creditore del terzo (il preteso garantito) e di creditore del commissionario o del mandatario (il preteso fideiussore), come la persona del creditore del fideiussore si identifica in quella del creditore del garantito". Mais recentemente, Costanza[38] aponta também em sentido contrário ao da fiança, em virtude das dificuldades em explicar "a dupla posição do comissário", que seria, simultaneamente, credor e fiador do terceiro.

Mas os defensores da natureza fidejussória da convenção *del credere* não consideram convincentes os argumentos expostos. Assim, para Sraffa[39], o comissário que se vincula *del credere* "non è altro che un fideiussore"; a circunstância de o comitente não ser parte no contrato com o terceiro não impressiona Sraffa, para quem há que colocar em relevo a "reale appartenenza al commitente, nei rapporti col commissionario del credito verso il terzo contraente". A posição de Sraffa é comum a um relevante sector da doutrina, lendo-se, v. g., em Navarrini[40], aderindo à posição daquele, que a solução da fiança é a "opinione più accoglibile, come quella che si presenta più ovvia e che più si accorda colla tradizione"; quanto à objecção de que faltaria a obrigação principal, considera Navarrini que ela existe efectivamente, não em termos formais mas em termos substanciais: "è il credito verso il terzo che se, formalmente, appartiene, come si vide, al commissionario, è, nella realtà, nei rapporti fra committente e commissionario, del committente; quindi, quella repugnanza logica che altrimenti si presenterebbe, viene a scomparire". Mais recentemente, sem aduzir argumentos, Formiggini[41] limita-se a aderir à natureza fidejussória, conforme proposta por Sraffa, já que a mesma "non appare validamente contestata da qualche recente autore". Refira-se também o facto de alguns autores, cônscios

---

[37] *Fideiussione. Diritto privato*, in ED XVII, p. 349.

[38] *Commissione (contratto di), cit.*, p. 176.

[39] *Del mandato commerciale e della commissione, cit.*, pp. 205-206.

[40] *Trattato teorico-pratico di diritto commerciale*, III, *Diritto delle obbligazioni*, Fratelli Bocca Editori, Milano, Torino, Roma, 1917, p. 57.

[41] *Commissione (contratto di), cit.*, p. 873.

Sobre a Vinculação Del Credere

das dificuldades identificáveis neste âmbito, matizarem a natureza fidejussória, com a consideração de que se trataria, antes, de uma "fiança virtual"[42].

Em Espanha, Peinado Gracia[43] considera formalistas as objecções à qualificação da convenção *del credere* como fiança; para este autor, no âmbito das relações entre o principal e o agente (*lato sensu*), no âmbito da qual se insere a convenção de garantia como pacto acessório, não é relevante que o agente aja em nome próprio ou em nome do principal: "en tales relaciones se conviene que una obligación que en el futuro asumirá un tercero, deberá beneficiar al principal y, sí así no fuera, el agente se compromete a cumplir él como si del tercero se tratase".

Na doutrina alemã, onde o problema também é discutido, Canaris[44] considera, sem explicações adicionais, a *Delkrederehaftung*, em regra, como uma fiança ou como um contrato similar à fiança, admitindo, porém, que o negócio possa, em concreto, merecer outra qualificação (como "Garantievertrag" ou como "Schuldbeitritt").

As objecções à fiança geraram um "movimento" a favor da qualificação da convenção em análise como um seguro, ou então como uma figura situada algures entre a fiança e o seguro. É assim que se lê em Lyon-Caen / Renault[45] que a convenção em análise "rassemble à l'assurance et au cautionnement".

No sentido da qualificação da convenção *del credere* como *seguro*[46], é de destacar o nome de Vidari[47], para quem a convenção *del credere* "è una specie di assicurazione a premio"; e explica: "Infatti, il commissionario, obbligandosi a tenere indemne il commitente dal pericolo che il terzo non segua la obbligazione con esso conchiusa, e dichiarandosi tenuto ad eseguirla egli, assume la qualità di assicuratore".

---

[42] Cf., v. g., Armelani, *Il mandato commerciale e la commisssione*, UTET, Torino, 1885, p. 222, citando Casaregis.

[43] *La comisión de garantía, cit.*, pp. 1079-1080.

[44] *Handelsrecht*, 24.ª edição, C. H. Beck, München, 2006, p. 460.

[45] *Traité de droit commercial*, III[4], *cit.*, p. 407.

[46] Cf. referências em Cunha Gonçalves, *Comentário, cit.*, II, p. 82.

[47] *Corso di diritto commerciale*, IV[5], *cit.*, p. 439 e ss.. Em comentário a Caseregis, o célebre comercialista não deixa, contudo, de admitir a existência de "molti ponti di affinità con la fideiussione", considerando decisivo, no sentido do afastamento da fiança, o facto de não existir ainda uma relação obrigacional entre o credor-comitente e o devedor (terceiro).

Entre nós, destaque-se Adriano Anthero[48]: "N'esse caso, porém, tem direito à comissão *del credere* do § 2.º: porque toma sobre si o risco da execução do contrato, o que equivale a um seguro. E a comissão *del credere* é uma espécie de premio d'esse seguro, premio que será regulado nos termos do mesmo §". Embora não seja claro, mas aparentemente nesse sentido, podemos também citar Ferreira Borges[49]: "porque tem sido e é costume que entre negociantes, o que recebeu uma comissão, e deve garantir-lhe a segurança do contrato, como o de um seguro, câmbio, venda ou outro, em que se dê o fiar doutro contraente, tem direito a creditar-se contra o mandante por uma *provisão* ou *comissão*, a que se chama *del credere*, e que não é mais que o preço do risco da solvabilidade, que o comissário toma sobre si".

A favor da caracterização como seguro, poderia dizer-se que, tal como ocorre tipicamente no contrato de seguro de crédito, a convenção *del credere* é celebrada entre o credor e um terceiro (terceiro relativamente à dívida – no caso, o comissário) havendo também lugar ao pagamento de um *quid* – a comissão *del credere* – que, assim, poderia ser tida como *prémio de seguro*. É certo que também a fiança é celebrada por contrato celebrado entre o credor e um terceiro, o fiador; simplesmente, conquanto não seja impossível, o que é usual na fiança é que seja o devedor e não o credor a remunerar o garante[50]. Neste quadro, o risco segurado seria o não cumprimento da obrigação por parte do devedor[51].

Seria, assim, de salientar o facto de, diversamente do que acontece na fiança, em que, normalmente, o fiador intervém por iniciativa do devedor, o mesmo não acontece na convenção *del credere*, a cuja celebração o devedor é inteiramente alheio[52]. Claro que também pode haver uma fiança

---

[48] *Comentario ao codigo commercial portuguez*, II, 2.ª edição, Companhia Portuguesa Editora, Porto, p. 71.

[49] In *Diccionario juridico-commercial*, 2.ª edição, Typographia de Sebastião José Pereira, Porto, 1856, verbete "Credere".

[50] Cf. o nosso *Assunção fidejussória de dívida*, cit., p. 391.

[51] Em geral, sobre os *riscos obrigacionais*, cf., v. g., CASTRO MENDES, *Acerca do seguro de crédito*, Lisboa, 1972, p. 8 e ss..

[52] Cf., v. g., castro mendes, *Acerca do seguro de crédito*, cit., p. 18, com referência à delimitação entre o *seguro-caução* e o *seguro de crédito*: "Entendemos portanto que o seguro-caução é em rigor o seguro, pelo não cumprimento, celebrado pelo devedor, e o seguro de crédito o seguro, pelo não cumprimento, celebrado pelo credor".

à revelia do devedor e mesmo contra a sua vontade[53]; simplesmente, conforme se disse, tal não corresponde às situações comuns ou típicas.

Vemos, assim, que, *prima facie*, não existem obstáculos de fundo à qualificação da convenção *del credere* como seguro. Mas a verdade é que, para além de não vermos argumentos decisivos que impeçam a caracterização da convenção em causa como *garantia*, os argumentos favoráveis a esta qualificação surgem-nos como mais convincentes.

Na verdade, para além de a letra da lei apontar (ou, pelo menos, poder ser interpretada) neste sentido – do artigo 269 do CCom retira-se que o comissário *del credere* fica *pessoalmente obrigado pelo cumprimento das obrigações* – já vimos acima que a circunstância de a convenção ser celebrada à revelia do devedor (ou seja, daquele com quem o comissário contrata) não é impeditiva da existência de uma garantia, assim como não o é o facto de ser o credor a pagar a comissão *del credere*.

Estamos, assim, perante uma figura na qual se identificam difíceis traços de fronteira entre a garantia, *maxime* a fiança, e o seguro de crédito[54], o que apontaria para a qualificação da convenção *del credere* como uma figura *a se*, ou *sui generis*, conforme sustentava Cunha Gonçalves, no quadro da comissão[55], rendendo-se à prudência[56].

Julgamos, porém, que nos devemos inclinar no sentido da caracterização da convenção *del credere* como uma *garantia*, uma vez que há razões de vária índole que apontam nesse sentido, quer razões de substância quer razões de ordem, digamos, formal. Como argumento substancial, podemos, com Peinado Gracia[57], destacar o facto de a convenção *del*

---

[53] Cf. o nosso *Assunção fidejussória de dívida, cit.*, p. 367 e ss.; cf. também Ravazzoni, *Fideiussione. Diritto civile*, in NssDI VII, p. 280.

[54] Cf., em geral, Fragali, *Assicurazione del credito*, in ED III, p. 528 e ss. e Castro Mendes, *Acerca do seguro de crédito, cit., passim.*

[55] Cunha Gonçalves, *Comentário*, II, *cit.*, p. 83.

[56] Entre os clássicos, encontramos a mesma posição, v. g., em Piola, *Commissione (contratto di), cit.*, p. 33: O melhor seria não classificar o *star del credere* com outra convenção e considerá-lo como "una convenzione formante classe a sè".

[57] *La comisión de garantía, cit.*, p. 1072. Já não nos parece convincente um outro argumento invocado pelo mesmo autor, para negar a qualificação como seguro de crédito: o de que faltaria um elemento essencial, mais concretamente a demonstração do dano efectivamente sofrido. Na verdade, tendo as partes erigido o *não cumprimento* como *sinistro*, tanto bastará para se poder dizer que estará, então, verificado o "risco obrigacional"; cf., v. g., Castro Mendes, *Acerca do seguro de crédito, cit.*, p. 9 e ss..

credere ser – diversamente do que acontece com o seguro, incluindo o seguro de crédito – um pacto acessório. É, de resto, neste sentido, o argumento do clássico e autorizado Fragali[58]: "Lo *star del credere* si aggiunge quale patto accessorio alla commissione, a differenza della convenzione assicurativa che è oggetto di un rapporto autonomo".

Podemos também invocar, designadamente com Piola[59] e Navarrini[60], o facto de a comissão *del credere* – que, no dizer do § 2.º do artigo 269 do CCom, o comissário tem direito a carregar – não ser imperativa, diversamente do que ocorre com o *prémio* no seguro.

Outras razões, estas de índole primacialmente de ordem formal, afastam também a respectiva caracterização como *seguro*. Na verdade, o regime do seguro de créditos, constante do DL 183/88, de 24 de Maio, na redacção do DL 31/2007, de 14 de Fevereiro, está estruturado no pressuposto de o segurador ser uma companhia de seguros e ainda no pressuposto da utilização da específica técnica das companhias de seguros. É certo que, de acordo com o artigo 9/1 do citado DL 183/88, o seguro de créditos é celebrado com o credor – diversamente do que acontece com o seguro de caução (artigo 9/2)[61]; é também certo que um dos riscos seguráveis é a "falta ou atraso no pagamento dos montantes devidos ao credor" [artigo 3/1, alínea *c*)][62]; simplesmente, a caracterização de um negócio como *seguro* pressupõe, actualmente, que o mesmo seja celebrado por companhias de seguros ou por outras entidades autorizadas por lei para o efeito[63]. Ora, manifestamente

---

[58] *Assicurazione del credito, cit.*, pp. 553-554.

[59] *Commissione (contratto di), cit.*, p. 33.

[60] *Trattato di Diritto Commerciale*, III, *cit.*, pp. 56-57.

[61] Cf., quanto a este, ALVES DE BRITO, *Seguro-caução. Primeiras considerações sobre o seu regime e natureza jurídica*, in "Estudos em Memória do Professor Doutor José Dias Marques", Almedina, Coimbra, 2007, p. 414 e ss..

[62] Por sua vez, a alínea e) do artigo 4/1 do mesmo DL 183/88, considera constituir facto gerador de sinistro "o incumprimento, ou mora, que prevaleça pelo prazo constitutivo do sinistro indicado na apólice".

[63] A caracterização da convenção *del credere* como *seguro* também tem sido afastada por parte relevante da doutrina italiana com base na falta de requisitos subjectivos de tal contrato; cf., v. g., LUMINOSO, *Mandato, commissione, spedizione, cit.*, p. 356, nota 426, considerando, porém, que a tese do seguro, no seu núcleo central, é muito próxima daquela que propõe, mais salientando o estreito parentesco entre a chamada obrigação de garantia e a obrigação de tipo segurador.

não é nada disso que ocorre na convenção *del credere*, na qual o principal não é (ou não tem de ser) uma seguradora, não sendo, por outro lado, o contrato celebrado de acordo com a técnica seguradora.

Assim sendo, na dicotomia seguro-garantia, a balança penderá para a qualificação como *garantia*, sendo agora mister identificar de que tipo de garantia estamos a falar. Contudo, antes dessa tarefa, importará enfrentar a objecção, de que se deu nota, de que o comissário não pode ser, a um tempo, fiador e credor, ou seja, como refere Costanza[64], a circunstância da "dupla posição do comissário". Ora, a circunstância da dupla posição, a ser obstáculo à fiança, sê-lo-á também, mais genericamente, em relação a qualquer outra garantia pessoal.

III. Importará, em primeiro lugar, frisar que, através da convenção *del credere*, o comissário se constitui *devedor*. É certo que, à data, o comissário já é parte no contrato de comissão, sendo devedor da prestação a que, nesse quadro, se vinculou. Não é, porém, a essa *dívida* que nos reportamos quando associamos a convenção *del credere* à constituição de uma dívida: reportamo-nos ao *plus* que resulta da convenção, ou seja, ao facto de o comissário passar a responder para além do que responderia se não fora a convenção.

A redacção do artigo 269 do CCom não deixa, neste particular, qualquer dúvida: não será mister invocar o princípio *Wer schuldet haftet auch*[65] para que tal conclusão seja evidente.

Sendo assim, e uma vez que, nas relações com o terceiro, o comissário surja como credor, em função do específico acto gestório praticado[66], teremos, então, aparentemente, uma situação deveras heterodoxa: o comissário seria, a um tempo, credor do terceiro e, em relação ao comitente, devedor do *idem* que lhe é devido pelo mesmo terceiro.

Julgamos que as perplexidades diminuem se tivermos em linha de conta o facto de, como vimos, o mandatário-comissário estar obrigado a

---

[64] *Commissione (contratto di), cit.*, p. 176.

[65] Cf. o nosso *Assunção fidejussória de dívida, cit.*, p. 5 e ss..

[66] Sobre a questão da identificação do acto gestório no mandato, cf., v. g., MINERVINI, *Due contributi alla dottrina del mandato*, in "Scritti giuridici in onore di A. Scialoja per il suo XLV anno d'insegnamento", III "(Diritto Civile)", Zanichelli Editore, Bologna, 1953, p. 321 e ss., LUMINOSO, *Mandato, commissione, spedizione, cit.*, p. 337 e ss. e o nosso *Em tema de revogação do mandato civil, cit.*, p. 155 e·ss..

transferir para o mandante-comitente os direitos adquiridos em execução do mandato (artigos 268 do CCom e 1181/1 do CC). Neste quadro, tudo se simplifica. Se, por exemplo, em consequência da prática do acto gestório, o comissário ficar credor do terceiro, está vinculado, por força da comissão, a ceder esse crédito ao mandante, o qual assume, assim, em consequência, a posição de credor[67]. Isto significa, então, que, através da convenção *del credere*, o comissário aceitou vincular-se relativamente a um crédito futuro do comitente. Se pensarmos em termos de garantia e, mais especificamente, em termos de fiança, é inequívoco que a dívida fidejussória pode ter por objecto uma obrigação futura (artigo 628/2 do CC)[68].

Nesta linha de raciocínio, e tendo por referência o exemplo exposto, não há nenhuma "dupla posição" do comissário, já que ele garante, *ab ovo*, o crédito futuro do comitente sobre o terceiro, crédito esse que surgirá na esfera do beneficiário da garantia em consequência da cessão do crédito.

Que figura temos então? *A priori* será uma fiança, já que não é de presumir que o comissário-garante se quis vincular em termos diferentes dos do devedor principal, beneficiando, assim, o comissário dos meios de defesa que lhe são fornecidos por via da acessoriedade[69]. Sendo uma *fiança de crédito futuro*[70], é, então, de questionar se o comissário-fiador goza do *benefício da excussão*, ou seja, se ele pode *subsidiarizar* a sua responsabilidade[71]. No nosso entender, sem prejuízo de acordo em contrário, tal subsidiarização não é possível, já que estamos perante uma *fiança comercial*, a que se aplica o regime do artigo 101 do CCom[72].

---

[67] Sobre o regime da cessão de créditos, cf., por todos, Antunes Varela, *Das obrigações em geral*, II, 7.ª edição, Almedina, Coimbra, 1997, p. 294 e ss., Menezes Leitão, *Cessão de créditos*, Almedina, Coimbra, 2005, *passim*, e Pestana de Vasconcelos, *A cessão de créditos em garantia e a insolvência. Em particular da posição do cessionário na insolvência do cedente*, Coimbra Editora, Coimbra, 2007, p. 367 e ss..

[68] Cf., v. g., Vaz Serra, *Fiança e figuras análogas*, *cit.*, Lisboa, 1957 (Separata BMJ 71), p. 46 e ss. e o nosso *Assunção fidejussória de dívida*, *cit.*, pp. 300 e ss. e 305 e ss..

[69] Cf., quanto a estes, o nosso *Assunção fidejussória de dívida*, *cit.*, 121 e ss..

[70] Também Peinado Gracia, *La comisión de garantía*, *cit.*, pp. 1080-1081, se pronuncia no sentido da natureza de fiança de obrigação futura, mas não estabelece a articulação com o regime da transferência, para o comitente, dos direitos adquiridos em execução do mandato.

[71] Cf. o nosso *Assunção fidejussória de dívida*, *cit.*, p. 964 e ss..

[72] Cf., sobre este, o nosso *Assunção fidejussória de dívida*, *cit.*, pp. 716 e 1119 e ss..

Avulta aqui o facto, que já assinalámos noutro local, de a fiança ser a estrela de primeira grandeza no universo das garantias das pessoais, servindo de paradigma e de referência para outras situações de garantia[73]. Ela é também, quer no código civil, quer no código comercial, a garantia pessoal que contempla de modo mais equilibrado as posições dos intervenientes na operação de garantia, sendo, neste quadro, aquela que melhor salvaguarda a posição do garante, atenta, sobretudo, a característica da *acessoriedade*[74].

A qualificação da convenção *del credere* como fiança, na situação analisada, não é, naturalmente, forçosa. Na verdade, como refere Canaris[75], as partes, aquando da convenção, podem gizar a responsabilidade do garante de outro modo; assim podem construí-la como *garantia autónoma*, como *assunção cumulativa de dívida* ou como *solidariedade passiva em garantia*[76]. O que não nos parece corresponder ao regime do CCom e ao regime do direito das garantias, é presumir, à partida, que a garantia assume um figurino mais gravoso do que aquele que foi erigido pelo legislador, incluindo o comercial, como regime paradigmático das garantias pessoais: o da fiança[77].

Pode e deve pergunta-se se a qualificação como fiança é compatível com o facto de, aquando da convenção *del credere* ser desconhecido o terceiro com quem o comissário irá contratar – ou seja, o devedor. Como é que o comissário pode garantir o cumprimento das obrigações por parte de uma pessoa que não conhece? É esta circunstância que leva, por exemplo, Dupichot[78] a afastar o carácter de fiança, a favor da natureza de "garantie indemnitaire", uma vez que considera imperativo que a pessoa do devedor

---

[73] Cf. o nosso *Assunção fidejussória de dívida, cit.*, p. 63 e ss..

[74] Cf., sobre esta, o nosso *Assunção fidejussória de dívida, cit.*, p. 121 e ss..

[75] *Handelsrecht*[24], *cit.*, p. 460; cf. também Sonnenschein, in "Heymann Handelsgesetzbuch Kommentar", Walter de Gruyter, Berlin, New York, 1989, p. 482.

[76] Neste sentido, ou próximo dele, é a posição de Costanza, *Commissione (contratto di)*, p. 177, quando entende que entre o comissário e o terceiro ocorre uma relação de solidariedade passiva, estruturada no esquema da solidariedade unisubjectiva. Sobre a figura da solidariedade passiva em garantia, cf. o nosso *Assunção fidejussória de dívida, cit.*, p. 101 e ss..

[77] Cf., sobre aquele a que chamámos o princípio *in dubio pro fideiussione*, o nosso *Assunção fidejussória de dívida, cit.*, pp. 744-745.

[78] *Le pouvoir des volontés individuelles en droit des sûretés, cit.*, p. 359 e ss.; a mesma razão é apresentada pelo autor para negar a natureza de *promesse de porte-fort*.

esteja determinada ou seja determinável à data da fiança. Admitindo que não é possível estender à comissão a exigência constante do artigo 10/2 do DL 178/86, de 3 de Julho – extensão essa que, no entanto, mereceria ser estudada, à luz das modernas preocupações em sede de direito das garantias – parece-nos que a especificidade da situação do comissário justifica que se dispense a determinação do devedor à data da comissão, sem prejuízo da necessidade da sua determinabilidade.

Ora, podemos dizer que essa determinabilidade acontece, uma vez que a determinação pertence ao próprio comissário. Ou seja: sendo o próprio comissário a "seleccionar" as pessoas com quem contrata, não se pode dizer que, em função das razões que presidem, *in casu*, à necessidade de determinação do devedor, ele possa ser surpreendido por um nível de risco com que não contava[79]. De resto, na teoria geral da fiança, já defendemos que, tratando-se de fiança prestada *intuitu personae* relativamente ao credor, se mostra dispensável a indicação da pessoa do devedor, sendo também defendida tal dispensa nos casos de fiança prestada por profissional, "que sabe bem o risco que assume, retirando, porventura vantagens (normalmente mediatas) duma tal aparentemente cega assunção fidejussória de dívida"[80].

IV. Contra a qualificação da garantia *del credere* como fiança, poderá dizer-se que a mesma não explica as situações anteriores à transferência dos efeitos para o comitente, nos termos do artigo 1181/1 do CC. Nessa situação verificar-se-ia a já referida concentração na pessoa do comissário da dupla posição de credor e de fiador.

Como vimos, mesmo com referência a esta situação, há autores que perspectivam a existência de uma garantia; neste quadro, independentemente de as partes a poderem construir conforme entenderem, de acordo com o princípio da liberdade contratual e dentro dos limites do sistema, a "garantia natural" – cujo regime deveria ser seguido – seria a fiança, caso as partes a não afastassem.

---

[79] Podemos, neste particular, estabelecer um paralelo com as situações na fiança *omnibus*, em que o fiador controle o fluxo da sua vinculação; cf. o nosso *O mandamento da determinabilidade na fiança omnibus e o AUJ n.º 4/2001*, in "Estudos de Direito das Garantias", I, Almedina, Coimbra, 2004, p. 133 e ss..

[80] Cf. o nosso *Assunção fidejussória de dívida, cit.*, p. 519.

Em Itália, Luminoso[81], partindo do princípio de que o *star del credere* se destina a que o mandatário seja mais prudente na procura do outro contraente, considera que a função da cláusula *star del credere* deve ser identificada como uma forma de operar uma deslocação do risco, que normalmente correria por conta do mandante, para o mandatário. Assim[82], mediante a cláusula *star del credere*, o mandatário "assume o risco de eventual incumprimento de terceiro, vinculando-se ao mesmo tempo a manter o mandante indemne relativamente às perdas económicas que sofreria em consequência de tal incumprimento".

Em termos de natureza jurídica, Luminoso enquadra a situação na *promessa de cumprimento por terceiro*, regulada no artigo 1381 do *codice*, construção esta que, no entender do autor, permite superar as dificuldades suscitadas pelas demais construções[83], ao mesmo tempo que permite oferecer uma reconstrução da figura do *star del credere*, "maggiormente aderente, pensiamo, alla sua attuale funzione". Colocando a questão em termos de risco contratual, Luminoso entende ser, assim, justificado que a obrigação de indemnização só recaia sobre o mandatário em caso de incumprimento imputável ao terceiro e não também por eventos estranhos à esfera de competência deste[84].

Sem esquecer as reservas que poderão ser colocadas, neste quadro, à figura da promessa de facto de terceiro, já que, à data da convenção *del credere*, o terceiro é desconhecido do comissário[85], não pode desconsiderar--se o facto de o comissário se vincular a dar ao comitente um *resultado*

---

[81] *Mandato, commissione, spedizione, cit.*, p. 355.

[82] LUMINOSO, *Mandato, commissione, spedizione, cit.*, p. 355.

[83] LUMINOSO, *Mandato, commissione, spedizione, cit.*, p. 356. Sobre figura da *promessa de facto de terceiro*, cf., na doutrina portuguesa recente, FERREIRA DE ALMEIDA, *Contratos* II, *Conteúdo. Contratos de troca*, Almedina, Coimbra, 2007, pp. 45-46; sobre a assimilação da figura ao universo das garantias, cf. o nosso *Assunção fidejussória de dívida, cit.*, p. 126 e ss.. Na rica doutrina italiana, pode ver-se, sobre a figura, v. g., os clássicos STOLFI, *La promessa del fatto di un terzo*, in RDCom, 1927 (I), p. 203 e ss., NICOLÒ, *Sulla promessa di pagare il debito altrui*, in "Raccolta di Scritti", I, Milano, Giuffrè, 1980, p. 467 e ss. e ainda MARELLA, *Promessa del fatto del terzo*, in DDP-SC XV (1997), p. 381 e ss..

[84] LUMINOSO, *Mandato, commissione, spedizione, cit.*, pp. 356-357.

[85] Cf., v. g., DUPICHOT, *Le pouvoir des volontés individuelles en droit des sûretés, cit.*, p. 361.

da gestão, sem que, no *intermezzo*, haja lugar à transferência para o comitente dos direitos adquiridos em execução do mandato (artigo 1181/1 do CC) – sem que, consequentemente, o comitente passe a ficar juridicamente em contacto com o terceiro com quem o comissário contratou. Assim, não parece possível falar-se em fiança ou noutro contrato de garantia, *maxime* autónoma, uma vez que, conforme têm advertido vários autores, falta a relação principal da qual a convenção *del credere* seria acessória ou, mais latamente, de garantia.

A figura da promessa de facto de terceiro não faria sentido também pelo facto de, à partida, o comissário se vincular a um resultado que é assumido como independente do efectivo cumprimento pelo terceiro.

Assim sendo, porque limitados ao âmbito das relações entre comitente e comissário, estamos perante uma *cláusula de garantia*, entendida, segundo Pinto Monteiro[86], como uma cláusula que "tem por finalidade assegurar ao resultado prometido, protegendo o credor contra qualquer eventualidade, na medida em que o devedor não pode alegar falta de culpa ou a ocorrência de qualquer circunstância de força maior a fim de se exonerar".

3. A vinculação *del credere* do agente comercial

3.1. *Aspectos de regime*

I. Como é sabido, o regime da agência consta do DL 178/86, de 3 de Julho, diploma entretanto alterado pelo DL 118/93, de 13 de Abril.

Passada a fase da tipicidade social, atingida a emancipação face ao generoso e inquieto tipo mandato[87], a agência constitui, agora, um tipo legal particularmente importante no âmbito da mais ampla família dos contratos de distribuição. A noção de agência é-nos dada pelo artigo 1/1 do citado DL 178/86: "Agência é o contrato pelo qual uma das partes se obriga a promover por conta da outra a celebração de contratos, de modo autónomo e estável e mediante retribuição, podendo ser-lhe atribuída certa zona ou determinado círculo de clientes".

---

[86] *Cláusula penal e indemnização*, Almedina, Coimbra, 1990, p. 276.

[87] Cf. o nosso *Contrato de mandato comercial, cit.*, p. 473 e ss..; sobre a agência como contrato socialmente típico antes do DL 178/86, cf. Helena Brito, *O contrato de concessão comercial, cit.*, p. 92 e ss..

Sobre a Vinculação Del Credere

Conforme é pacífico, o agente diferencia-se claramente quer do mandatário, incluindo o comissário, quer do representante – *hoc sensu*, apesar da frequente referência ao agente como "representante comercial" – quer, naturalmente, das figuras de cooperação que é costume delimitar, face, v. g., ao contrato de mandato[88].

Por sua vez, o *agente comercial* de que curamos distingue-se de outros agentes que laboram nessa enorme e algo difusa área do comércio, como sejam os "agentes comerciais" definidos na alínea *g*) do artigo 2/2 do DL 247/78, de 22 de Agosto, quer do "agente de comércio" definido no artigo 1/5 do DL 339/85, de 21 de Agosto, quer ainda dos "agentes" a que se refere a alínea *d*) do artigo 3 do DL 144/83, de 31 de Março[89].

A prestação a cargo do agente está claramente identificada no artigo 1/1 do DL 178/86, constituindo a mesma um claro traço distintivo da figura, designadamente face ao mandato e à representação: o agente está vinculado a realizar uma actividade de promoção de celebração de contratos, actividade esta que é desenvolvida por conta do principal. Essa actividade é desenvolvida de modo autónomo e estável e é onerosa, já que de uma actividade comercial e não civil se trata[90].

II. Sendo a actividade do agente comercial uma actividade de cariz primacialmente material, que não jurídica, diversamente do que ocorre com o mandatário, nem por isso está o agente impedido de celebrar os contratos cuja celebração promove, em nome do principal, desde que este lhe tenha conferido os necessários poderes, o que é, naturalmente, feito através de procuração (artigo 2/1 do DL 178/86). Contudo, na lógica da agência, o conferimento de poderes representativos não faz parte da natureza do

---

[88] Sobre os elementos típicos da agência, cf., entre nós, v. g., OLIVEIRA ASCENSÃO, *Direito comercial*, I, *cit.*, p. 267 e ss., MENEZES CORDEIRO, *Manual de direito comercial*[2], *cit.*, p. 660 e ss., PINTO MONTEIRO, *Contrato de agência*[6], *cit.*, p. 47 e ss., o nosso *Apontamentos sobre o contrato de agência*, in TJ, n.º 3 (1990), p. 15 e ss., HELENA BRITO, *O contrato de concessão comercial*, *cit.*, p. 94 e ss. e *O contrato de agência*, in "Novas perspectivas do direito comercial", Almedina, Coimbra, 1988, p. 114 e ss. e LACERDA BARATA, *Anotações ao novo regime do contrato de agência*, Lex, Lisboa, 1994, p. 12 e ss.. Na doutrina italiana, remete-se, por todos, para BALDI, *Il contratto di agenzia*[7], *cit.*, p. 25 e ss. e BALDASSARI, *Il contratto di agenzia*, Cedam, Padova, 2000, p. 8 e ss..

[89] Cf., por todos, PINTO MONTEIRO, *Contrato de agência*[6], *cit.*, pp. 50-51 e o nosso *Da qualidade de comerciante do agente comercial*, Separata BMJ 313, 1982, p. 25 e ss..

[90] Cf. o nosso *Da qualidade de comerciante do agente comercial*, *cit.*, *passim*.

contrato, constituindo uma situação eventual[91]: quando isso acontecer, e se acontecer, o agente que, na angariação do contrato, actuou por conta do principal, passa, na fase da celebração, a agir *contemplatio domini*, ou seja em nome deste último. Contudo, se isso acontecer, estaremos, como refere Pinto Monteiro[92], perante "funções *acessórias* e *complementares* da obrigação fundamental de promover a celebração de contratos". Conforme escrevemos noutro local[93], o conferimento de poderes de representação não vem descaracterizar a actividade e a figura do agente, não havendo uma conversão ou transformação da agência noutro tipo contratual.

3.2. *A convenção* del credere

I. Conforme resulta do exposto, a celebração de contratos com os terceiros – no caso da agência, com os clientes angariados – processa-se, na agência, em termos claramente diferentes daqueles que acontecem na comissão: diversamente do que acontece nesta, em que o comissário é – ainda que actuando por conta do comitente – *sempre* parte no contrato celebrado com o terceiro, na agência tal *nunca* acontece, já que a parte no contrato é sempre o principal. É certo que quando age com poderes de representação, o agente intervém no contrato; simplesmente fá-lo como *agente*, no sentido literal do termo[94], e não como parte no contrato, parte

---

[91] O contrato de agência era, porém, conhecido – e reconhecido – antes do DL 178/86 sobretudo como contrato de *representação comercial*, sendo o agente, consequentemente, *representante comercial*; cf., por todos, GOMES DA SILVA, *O "Representante Comercial" e sua remuneração. Proposta e aceitação da venda*, in SI, 1953, tomo II, n.º 8, p. 357 e ss., o nosso *Apontamentos sobre o contrato de agência, cit.*, p. 21 e ss. e HELENA BRITO, *O contrato de concessão comercial, cit.*, p. 88 e ss.

[92] *Contrato de agência[6], cit.*, p. 59.

[93] *Apontamentos sobre o contrato de agência, cit.*, p. 23.

[94] Cf., por todos, OLIVEIRA ASCENSÃO, *Direito civil. Teoria geral*, II. *Acções e factos jurídicos*, 2.ª edição, Coimbra Editora, Coimbra, 2003, p. 281: "A determinação da parte não oferece dificuldades. Parte é o titular dos interesses. O titular dos interesses é o representado, nas hipóteses típicas, mas pode ser também e/ou o representante (ou um terceiro). Pelo contrário, é inegável a qualificação de agente do representante. O acto é dele; é dele a declaração. Por isso a lei determina que a falta ou vício da vontade, ou o conhecimento ou ignorância dos factos que podem influir nos efeitos do negócio, no que respeita à nulidade ou anulabilidade, se hão-de apurar em relação ao representante (artigo 259/1)".

Sobre a Vinculação Del Credere

essa que é o principal, por força dos efeitos típicos da actuação *nomine alieno* com poderes[95].

Independentemente de o agente gozar de poderes de representação, o artigo 10/1 do DL 178/86 prevê que o mesmo possa garantir, através de comissão reduzida a escrito, o cumprimento das obrigações de terceiro, desde que respeitantes a contrato por si negociado ou concluído.

O obstáculo lógico – ou se quisermos, lógico-formal – existente na comissão, a que o agente seja garante, não existe no caso da agência, pela sobredita razão de que o agente não é parte no contrato celebrado com o cliente: sendo o agente um terceiro relativamente ao contrato que angariou e, porventura que concluiu, está identificada uma relação subjacente, nada obstando, *a priori*, à qualificação da convenção *del credere* como garantia e, mais especificamente, como fiança.

Porventura cônscio disso, o artigo 10/1 do DL 178/96 abandona a, se não incolor, pelo menos pouco impressiva, linguagem do artigo 269 do CCom – nas referências que faz ao "responder" pelo cumprimento e à "obrigação pessoal" – e refere-se ao agente que se vinculou *del credere* como *garante*.

A partir daqui, reunidos que estão os identificados ingredientes para estarmos perante uma operação (digamos, sem compromisso[96]) *principal* e uma outra (esta entre o principal e o agente) que a própria lei qualifica como de *garantia*, a questão estará em saber se a mesma é autónoma ou acessória[97], já que se não suscitará qualquer dúvida de que se trata de uma *garantia pessoal*[98]. Voltamos a este ponto mais adiante.

---

[95] Cf., v. g., FLUME, *Allgemeiner Teil des bürgerlichen Rechts*, II. *Das Rechtsgeschäft*, 4.ª edição, Springer Verlag, Berlin, Heidelberg, 1992, p. 763 e ss. e LARENZ / WOLF, *Allgemeiner Teil des bürgerlichen Rechts*, 9.ª edição, C. H. Beck, München, 2004, p. 829 e ss..

[96] Cf. KLEINER, *Bankgarantie, Die Bankgarantie unter besonderer Berücksichtigung des Bankgarantiegeschäftes*, 4.ª edição, Schulthess Polygraphissher Verlag, Zürich, 1990, p. 243, para quem, em virtude da característica da autonomia, não se pode dizer que a *Garantie* garanta um crédito principal (*Hauptforderung*).

[97] Cf., em geral, o nosso *Assunção fidejussória de dívida*, cit., p. 106 e ss..

[98] Cf. os nossos *Assunção fidejussória de dívida*, cit., p. 38 e ss. e *A fiança no quadro das garantias pessoais*, in "Estudos de Direito das Garantias", I, Almedina, Coimbra, 2004, p. 8 e ss..

II. De acordo com o artigo 10/2 do DL 178/86, a convenção *del credere* só é válida se especificar o contrato ou se individualizar as pessoas garantidas.

São manifestas as preocupações de salvaguarda da posição do agente. Sendo, embora certo que a convenção *del credere* visa acautelar o principal face à angariação de clientes pouco recomendáveis, *maxime* em termos de solvabilidade, obrigando-o, desse modo, a uma prudente promoção de negócios[99], a verdade é que também seria excessivo – pese embora o facto de a convenção *del credere* conferir o direito a auferir uma comissão especial – que o agente ficasse genericamente garante pelo cumprimento das obrigações dos terceiros cujos contratos angariou ou concluiu.

Manifestam-se aqui as preocupações que têm perpassado pela doutrina e pela jurisprudência dos países europeus, desde há mais de vinte anos, relativamente a situações de garantias pessoais excessivamente gravosas e desproporcionais, de que são principal exemplo as fianças *omnibus*[100], sendo questionada a validade de tais garantias, designadamente em função da necessidade de determinação ou, pelo menos, determinabilidade do objecto dos negócios jurídicos.

É certo que, no caso, é determinável o nível de vinculação do garante: em princípio, bastará considerar o número de contratos negociados e as quantias pecuniárias em dívida em cada um deles. Por outro lado, sempre seria possível trazer à colação o argumento, que tem sido invocado em sede de algumas fianças *omnibus* – de que o garante domina e controla o seu nível de vinculação ou de endividamento, já que o mesmo varia em função do volume de negócios angariados ou concluídos[101].

Simplesmente, ainda assim, o legislador entendeu, prevenindo situações de precipitação do agente, por um lado, e situações de imposição por parte do principal, por outro, que seria de delimitar – e, logo, limitar – as situações de garantia, exigindo a especificação dos contratos garantidos ou a individualização das pessoas garantidas.

---

[99] Cf., v. g., por todos, *Contrato de agência*[6], *cit.*, p. 86.

[100] Cf. os nossos *Assunção fidejussória de dívida*, *cit.*, pp. 597 e ss. e 621 e ss. e *O mandamento da determinabilidade na fiança omnibus e o AUJ n.º 4/2001*, *cit.*, p. 109 e ss..

[101] Sobre a fiança como *dívida* e o fiador como *devedor*, cf. o nosso *Assunção fidejussória de dívida*, *cit.*, p. 121 e ss.; cf. também o nosso *O mandamento da determinabilidade na fiança omnibus e o AUJ n.º 4/2001*, *cit.*, p. 133 e ss., relativamente ao "fiador-controlador do fluxo de vinculação".

Mais longe foi o legislador italiano que, na nova redacção do artigo 1746 do *codice* (dada pelo artigo 28 da Lei 526/1999), começa por excluir a aplicação à agência do *star del credere* previsto no artigo 1736 para a comissão, disposição esta que era aplicável à agência por remissão do mesmo artigo 1746[102].

Essa exclusão é complementada pela previsão de um novo regime bem mais restritivo, visando tutelar a posição do agente. O mesmo artigo 1746 passou, agora, a proibir qualquer pacto que coloque a cargo do agente uma responsabilidade, ainda que apenas parcial, pelo incumprimento por parte do terceiro, admitindo, no entanto, com carácter excepcional, a prestação de garantia pelo agente nos seguintes apertados termos:

a) a prestação de garantias não pode ser constante, mas ocasional; só ocasionalmente ("di volta in volta") é que as partes podem acordar a concessão de uma correspondente garantia por parte do agente, desde que tal aconteça em relação a negócios específicos, individualmente determinados e na medida em que tais negócios sejam de particular natureza e montante;

b) em qualquer caso, a responsabilidade do agente garante está limitada, não podendo ser superior à comissão que, para aquele negócio, o próprio agente teria direito a receber.

Conforme é evidente, a nova redacção do artigo 1746 do *codice* veio, na prática, reduzir substancialmente, se não mesmo anular, o interesse do *star del credere* na agência[103], o que significa que os operadores passaram a ter de recorrer a outras vias para garantir a diligência do agente na angariação de clientes solventes[104].

III. Vejamos, então, a natureza jurídica da convenção *del credere* na agência, sendo que, como já vimos, há razões de arquitectura contratual

---

[102] Cf. BALDI, *Il contratto di agenzia*[7], *cit.*, p. 165 e ss.. Segundo o autor, eram diferentes as razões que determinavam a necessidade do *star del credere* na comissão e na agência: naquela "era uma exigência de garantia do cumprimento das obrigações do terceiro, desconhecido do comitente"; na agência "era uma exigência de cautela do proponente contra a ligeireza do agente na promoção e conclusão de negócios".

[103] Cf., v. g., BALDI, *Il contratto di agenzia*[7], *cit.*, p. 165, para quem a intervenção do legislador italiano de 1999 "ha stravolto completamente la nozione di *star del credere* sino a quel momento esistente".

[104] Cf., por todos, BALDI, *Il contratto di agenzia*[7], *cit.*, p. 170.

para a encarar autonomamente face à natureza jurídica da convenção paralela na comissão.

Pinto Monteiro[105] começa por dar nota da polémica sobre a natureza jurídica da figura, referindo-se às dúvidas sobre se a convenção em causa consubstancia uma *garantia* ou uma *cláusula penal*.

O autor propende, "pelo menos em princípio", no sentido da caracterização da convenção como garantia, "uma vez que o agente responderá pelo cumprimento das obrigações do cliente independentemente de culpa sua na angariação do mesmo". Admite, porém, o mesmo autor, estarmos perante uma "figura *híbrida* ou *mista*, caso se fixe, antecipadamente, a soma a pagar pelo agente".

No que respeita à modalidade de garantia, o autor toma uma posição pela negativa, vincando que não é uma garantia autónoma, *maxime* à primeira solicitação ou pedido, referindo, no entanto, nada obstar a que, "por ordem do agente, em cumprimento de um eventual acordo com o principal, venha a ser prestada uma garantia deste tipo".

Também Lacerda Barata[106] propende no sentido de a convenção ter uma função de garantia, "independentemente da sua concreta e específica caracterização". Contudo, a partir daqui o autor alarga, porventura em demasia, o leque de figuras jurídicas perspectiváveis, nas quais tanto inclui a fiança como o seguro, como a modificação convencional das obrigações de diligência e de responsabilidade civil, como também a cláusula penal.

IV. Importa, antes de tomar posição, abordar a hipótese de qualificação da convenção *del credere* como *cláusula penal*[107].

A equacionação da convenção *del credere* como cláusula penal parece, *a priori*, não fazer muito sentido, mesmo se circunscrevermos a análise à chamada cláusula penal indemnizatória, que não também à *penalty clause*; ou melhor, se tivermos presente a trilogia proposta por Pinto Monteiro[108], diríamos que as cláusulas penais em equação serão a *cláusula*

---

[105] *Contrato de agência*[6], *cit.*, p. 86.

[106] *Anotações ao novo regime do contrato de agência*, *cit.*, p. 37.

[107] Cf., sobre esta figura, por todos, *Das obrigações em geral*, II[7], *cit.*, p. 139 e ss., GALVÃO TELLES, *Direito das obrigações*, 7.ª edição, Coimbra Editora, Coimbra, 1997, p. 437 e ss., PINTO MONTEIRO, *Cláusula penal e indemnização*, *cit.*, *passim*, e MENEZES LEITÃO, *Direito das obrigações*, II, *Transmissão e extinção das obrigações. Não cumprimento e garantias do crédito*, Almedina, Coimbra, 2007, p. 287 e ss..

[108] PINTO MONTEIRO, *Cláusula penal e indemnização*, *cit.*, p. 601 e ss..

Sobre a Vinculação Del Credere

penal como fixação antecipada da indemnização, a *cláusula penal em sentido estrito*, mas já não a sobredita *penalty clause*, ou seja a *cláusula penal compulsivo-sancionatória*.

Afastamos, à cabeça, a hipótese de estarmos perante uma cláusula penal compulsivo-sancionatória, já que, manifestamente, a "pena" que está aqui em equação não seria aplicável ao devedor mas a um terceiro – ao agente. Ora, só faz sentido uma *penalty clause* se a mesma for sofrida – ou for susceptível de ser sofrida – pelo próprio devedor[109], o que, como vimos, não seria o caso.

Mas também as outras modalidades de cláusula penal não parecem adequadas para explicar cabalmente a convenção *del credere*. Limitamo- -nos a chamar a atenção para duas dificuldades de relevo. A primeira centra-se no facto de a cláusula penal dever estar previamente quantificada[110] ou, pelo menos, ser facilmente quantificável, o que não acontece na con- venção *del credere* comum, em que o agente se limita a garantir o cumpri- mento das obrigações a cargo do cliente. A segunda dificuldade decorre do facto de, a ser cláusula penal, o devedor da pena ser diferente do devedor da obrigação principal, havendo assim, uma estranha e indesejada dissociação entre o devedor da indemnização decorrente do incumprimento e o devedor da pena convencional reportada à mesma indemnização.

Não há dúvida de que são inteiramente legítimas as intervenções de terceiros, mas cremos que as mesmas são, antes, explicáveis no quadro das garantias, que não no da cláusula penal[111]. O exposto não impede,

---

[109] Cf., por todos, Pinto Monteiro, *Cláusula penal e indemnização, cit.*, p. 604 e ss., abordando também a questão da validade da cláusula penal compulsivo-sancionatória. Sobre este ponto, cf. também o nosso *Assunção fidejussória de dívida, cit.*, p. 607 e ss..

[110] Cf., v. g., Galvão Telles, *Direito das obrigações*[7], *cit.*, p. 439.

[111] Baldi, *Il contratto di agenzia*[7], *cit.*, p. 167, com referência ao *star del credere* anterior à alteração de redacção do artigo 1746 do *codice*, entendia que o mesmo tinha natureza de *pena*, "per il comportamento negligente dell'agente, che aveva procurato affari com terzi risultati inadempienti". Não obstante, reconhecia que essa *penale* constituía "una ipotesi del tutto particolare, in cui l'obbligazione del soggetto tenuto alla penale è in relazione alla inadempienza di un terzo". Diversa era a posição, v. g., de Ghezzi, *Del contratto di agenzia*, Zanichelli / Il Foro Italiano, 1970, p. 123, apontando para o cariz fidejussório ou próximo dele: "Se, tuttavia, non di fideiusione si tratta, non può per altro concludersi che, delle norme, dettate in materia di fideiussione, non si debba condurre volta per volta un analitico esame, al fine di decidere la loro applicabilità o no in sede analogica".

220   *Estudos de Direito das Garantias, II*

contudo, que um terceiro seja garante do cumprimento da obrigação de pagamento de uma cláusula penal[112]; simplesmente, não é isso que está em causa quando se equaciona a recondução da convenção *del credere* a tal figura.

Como dissemos acima, Pinto Monteiro admite a hipótese de podermos estar perante uma figura *mista* ou *híbrida*, no caso de ser fixada antecipadamente a quantia a pagar pelo agente[113]. Não vemos, porém, base para uma tal construção. Na verdade, se, conforme admite o próprio Pinto Monteiro[114], a convenção *del credere* é uma garantia, então o agente-garante será *devedor* de uma dívida de garantia, independentemente de se tratar de uma fiança ou de uma garantia autónoma[115]; por sua vez, a circunstância de a soma a pagar pelo agente estar antecipadamente fixada não quer dizer mais do que isso mesmo, podendo, a partir daí, equacionar-se a existência de uma cláusula de responsabilidade ou mesmo uma cláusula penal, pré-fixando a sua responsabilidade do agente enquanto garante[116].

---

[112] Cf., v. g., o nosso *Assunção fidejussória de dívida, cit.*, p. 607 e ss..

[113] Pinto Monteiro, *Contrato de agência*[6], *cit.*, p. 86. Anteriormente, em *Cláusula penal e indemnização, cit.*, p. 274 e ss., Pinto Monteiro admitia uma figura híbrida ou mista, no caso de os contraentes fixarem antecipadamente a soma devida. Tal construção surgia na sequência do confronto da cláusula penal com a cláusula de garantia, confronto esse que acontecia no delimitado campo das relações entre credor e devedor. Já no que respeita ao caso da agência e da convenção *del credere*, o mesmo autor, na nota 569 da última obra citada, abordando o caso em que entre o principal e o agente é fixado um montante determinado "em caso de incumprimento do cliente", apontava para a qualificação da figura como cláusula penal – sem identificar qualquer carácter misto ou híbrido. A mesma solução é defendida pelo autor para o caso em que o agente garante ao principal um determinado volume mínimo de negócios.

Ora, mais uma vez, temos reservas à qualificação do acordo como cláusula penal sem a prévia identificação do sujeito à mesma obrigado como devedor – seja ele devedor principal ou devedor de garantia.

[114] Pinto Monteiro, *Contrato de agência*[6], *cit.*, p. 86.

[115] A afirmação é mais polémica quanto à fiança do que quanto à garantia autónoma; cf., no sentido do texto, os nossos *Assunção fidejussória de dívida, cit.*, p. 121 e ss. e *A fiança no quadro das garantias pessoais, cit.*, p. 11 e ss. e também Menezes Leitão, *Garantias das obrigações*, Almedina, Coimbra, 2006, pp. 117-118. Quanto à garantia autónoma, cf., por todos, Canaris, *Bankvertragsrecht*, I, 3.ª edição, Walter de Gruyter, Berlin, New York, 1988, p. 751, Galvão Telles, *Garantia bancária autónoma*, in "O Direito", ano 120 (1998), III--IV, p. 287 e ss., e Pinto Monteiro, *Cláusula penal e indemnização, cit.*, p. 272.

[116] Conforme é evidente, a tratar-se de fiança, estas construções ou caracterizações não dispensariam a intervenção, eventualmente correctora, do princípio da acessoriedade;

Sobre a *Vinculação* Del Credere

V. Propende-se, assim, no sentido da caracterização da convenção *del credere* como uma *convenção de garantia*. A dúvida estará no tipo de garantia.

Importa precisar um aspecto importante, aspecto este que não é meramente terminológico: ao falarmos em convenção de garantia, estamos a pensar num acordo entre o credor (que, no caso, é o principal) e um terceiro, que não entre o credor e o devedor. Ora, no caso da agência, o *devedor* é o cliente angariado, surgindo o agente como *terceiro*. Afastamo--nos, assim, do campo da estrita *cláusula de garantia* acordada entre o credor e o devedor, cláusula essa que visa assegurar o resultado pretendido, não podendo o devedor invocar, face ao credor, falta de culpa ou a verificação, *in casu*, de qualquer circunstância de força maior[117]. Afastamos, em consequência, a hipótese, que nos parece artificiosa, de identificação da convenção *del credere* com uma cláusula de garantia, relativamente ao cumprimento das obrigações do próprio agente comercial, *maxime* na boa escolha dos clientes.

No nosso entender, a dimensão da responsabilidade que advém da convenção *del credere* está para além da medida exigível de diligência de qualquer agente, que, normalmente, não estará em condições de medir a solvabilidade dos clientes angariados e, muito menos, a respectiva honorabilidade. Assim, a convenção *del credere* traz para o terreno uma vinculação suplementar, que não pode ser explicada à luz da diligência exigível ao agente, que, como diz o artigo 3/1 da Directiva 86/653/CEE, deve "zelar pelos interesses do comitente e agir lealmente e de boa fé".

A partir daqui, importará saber se estamos perante um *contrato de garantia tout court* – e, no caso afirmativo, em que modalidade – ou perante uma *fiança*[118].

---

cf., sobre este, e especificamente sobre a relação entre a obrigação principal e a de garantia, o nosso *Assunção fidejussória de dívida*, *cit.*, p. 107 e ss. e Menezes Leitão, *Garantias das obrigações*, *cit.*, pp. 120-121. Já se se tratar de garantia autónoma, a existência de uma fixação à partida faz parte da fisionomia normal da figura; cf., por todos, Ferrer Correia, *Notas para o estudo do contrato de garantia bancária*, in RDE 8 (1982), p. 250 e Galvão Telles, *Garantia bancária autónoma*, *cit.*, pp. 288-289.

[117] Cf. Pinto Monteiro, *Cláusula penal e indemnização*, *cit.*, p. 276.

[118] Sobre a delimitação entre as duas figuras, cf. já Vaz Serra, *Fiança e figuras análogas*, *cit.*, p. 282 e ss..

Face à letra do artigo 10/1 do DL 178/86, não nos parece haver dúvidas de que se trata de uma *garantia de cumprimento*, avultando aqui a figura da *fiança*, enquanto garantia pessoal de primeira grandeza. De resto, face à expressa afirmação, constante do artigo 10/1, de que, através da convenção *del credere*, o agente *garante* "o cumprimento das obrigações de terceiro", cremos que nem será necessário invocar o princípio *in dubio pro fideiussione*[119], já que o pressuposto para a respectiva aplicação – a dúvida (*dubio*) – não existe. Na verdade, não sendo a garantia autónoma, em rigor, por força da própria autonomia, uma garantia de cumprimento[120], não chega a colocar-se a dúvida sobre se o artigo 10/1 se reporta a uma garantia acessória ou a uma garantia autónoma, já que uma genuína garantia de cumprimento não é autónoma: a figura que está aí prevista é, assim, a *fiança*.

Importa ainda esclarecer se se trata de fiança de *cumprimento primário*, de fiança de *cumprimento secundário* ou de *indemnização* ou, ainda, se estamos perante a figura da *fideiussio indemnitatis*[121].

Afastando-se, à partida, a figura da *fideiussio indemnitatis*, ainda que enquanto fiança de resíduo[122], uma vez que nada no artigo 10/1 do DL 178/86 permite um tal direccionamento, inclinamo-nos no sentido de que se trata de um fiança de cumprimento primário, sendo o agente *del credere* garante da própria realização da prestação (primária) por parte do devedor-cliente e não (apenas) um garante do cumprimento da prestação secundária de ressarcimento.

---

[119] Cf. o nosso *Assunção fidejussória de dívida, cit.*, pp. 744-745.

[120] Cf. o nosso *Assunção fidejussória de dívida, cit.*, pp. 56 e 66 e ss..

[121] Cf. o nosso *Assunção fidejussória de dívida, cit.*, pp. 55-56 e, sobre a *fideiussio indemnitatis*, p. 149 e ss.. Sobre esta última, cf. ainda, entre outros, RAVAZZONI, *La fideiussione*, Giuffrè, Milano, 1957, p. 192 e ss. e BRIGANTI, *Fideiussione e promessa fatto altrui*, Edizioni Scientifiche Italiane, 1981, p. 72 e ss..

[122] Conforme concluímos noutro local (*Assunção fidejussória de dívida, cit.*, pp. 156--157), as situações tradicionalmente enquadradas na *fideiussio indemnitatis* ou são verdadeiras fianças (*fiança do resíduo*) ou poderão constituir figuras mais próximas do contrato de seguro ou do contrato de garantia autónoma. Quando recondutível à fiança, estaremos perante uma modalidade de fiança traduzida no facto de a responsabilidade do fiador ser intrinsecamente subsidiária, não estando a subsidiariedade dependente da invocação de uma excepção de excussão: é o credor que, ao demandar o fiador, deve provar o montante do "resíduo" e ainda que excutiu previamente o património do devedor sem sucesso, apesar da sua diligência.

A fiança em análise será uma *fiança comercial* (artigo 101 do CCom), na qual o fiador não goza do benefício da excussão[123]: não só o agente-fiador é comerciante[124], como é comercial a obrigação garantida.

Pode perguntar-se se as partes podem constituir uma garantia diferente. Não vemos porque não: de acordo com o princípio da liberdade contratual, as partes podem – mas sempre sem ultrapassar as balizas fixadas no artigo 10/2 do DL 178/86 – moldar a garantia *del credere* como garantia autónoma, assim como, mantendo-se a garantia como fiança, podem construí-la como *fiança de cumprimento secundário*, como fiança *com benefício da excussão* a favor do agente ou mesmo como *fiança do resíduo*.

4. A responsabilidade *del credere* do transitário

4.1. *Introdução e aspectos de regime*

I. É quase um lugar comum a qualificação do transitário como *arquitecto do transporte*[125], lendo-se no preâmbulo do revogado DL 43/ /83, de 25 de Janeiro, que "a prestação da actividade transitária exige, por parte dos respectivos agentes económicos, profundos conhecimentos no âmbito das várias e complexas operações necessárias à expedição, recepção e circulação de bens e mercadorias". Antes regulados pelo citado DL 43/

---

[123] Sobre a especificidade da fiança comercial e o regime do artigo 101 do CCom, cf. o nosso *Assunção fidejussória de dívida, cit.*, pp. 716 e 1119 e ss..

[124] Cf. o nosso *Da qualidade de comerciante do agente comercial, cit., passim.*

[125] Cf., entre nós, v. g., GARCIA MARQUES, *O agente transitário*, BMJ 360 (1986), p. 6 ("Cabe-lhe arquitectar a teia de linhas e elos por vezes invisíveis através da qual o comércio flui e a actividade económica se desenvolve"), CASTELLO-BRANCO BASTOS, *Direito dos transportes*, Almedina, Coimbra, 2004, p. 80 e AZEVEDO MATOS, *Princípios de direito marítimo*, I, Edições Ática, Lisboa, s/d mas 1955, p. 168. A importância da actividade dos transitários resulta eloquente na seguinte passagem de MENEZES CORDEIRO, *Manual de direito comercial*[2], *cit.*, p. 721: "Em termos práticos, todo o sector dos transportes acaba por ficar na mão dos transitários".

Sobre as origens e evolução da figura do transitário, matéria deveras estimulante, pode ver-se, entre nós, COSTEIRA DA ROCHA, *O contrato de transporte de mercadorias. Contributo para o estudo da posição jurídica do destinatário no contrato de transporte de mercadorias*, Almedina, Coimbra, 2000, p. 70 e ss.; na doutrina italiana, cf., v. g., SILINGARDI, *Spedizione (contratto di)*, in DDP-SCom XV (1998), pp. 111-112.

/83, o acesso e o exercício da actividade transitária constam, actualmente, do DL 255/99, de 7 de Julho, diploma que, cumulativamente com o regime do licenciamento da actividade, não deixa de conter disposições substantivas de direito privado, de particular importância.

Diversamente do revogado DL 43/83, que privilegiava a designação *transitário*, o DL 255/99 privilegia a expressão *empresa transitária*, sem deixar, porém, de se referir, nalgumas disposições (cfr. artigos 13/3 e 16), simplesmente, ao *transitário*, designação esta que adoptamos aqui, quer por razões de maior facilidade quer por corresponder à designação corrente.

De acordo com o artigo 1/2 do DL 255/99, a actividade transitária consiste na "prestação de serviços de natureza logística e operacional, que inclui o planeamento, o controlo, a coordenação e a direcção das operações relacionadas com a expedição, recepção, armazenamento e circulação de bens ou mercadorias, desenvolvendo-se nos seguintes domínios de inter- venção:

a) Gestão dos fluxos de bens ou mercadorias; *b*) Mediação entre expedidores e destinatários, nomeadamente através de transportadores com quem celebre os respectivos contratos de transporte; *c*) Execução dos trâmites ou formalidades legalmente, inclusive no que se refere à emissão do documento de transporte unimodal ou multimodal".

A caracterização da actividade transitária, tal qual feita no artigo 1/2 do DL 255/99, não tendo, embora, um cariz estritamente jurídico, permite logo identificar a actividade transitária como uma prestação de serviços e o transitário como um *intermediário* em operações de transporte, sendo particularmente ilustrativa a referência, constante da alínea *b*), à mediação entre expedidores e destinatários, nomeadamente através de transportadores com quem celebre os respectivos contratos de transporte.

É certo que, em geral, tipicamente, a *mediação* não passará pela celebração de contratos[126]; contudo, a referência à celebração de contratos de transporte por parte do "mediador" (o transitário) demonstra que não houve, neste artigo 1/2, grandes preocupações de rigor jurídico, mas tão

---

[126] Em geral sobre a figura da mediação, cf., v. g., PESSOA JORGE, *O mandato sem representação*, *cit.*, p. 231 e ss., MENEZES CORDEIRO, *Manual de direito comercial*[2], *cit.*, p. 584 e ss. e LACERDA BARATA, *Contrato de mediação*, in "Estudos do Instituto de Direito do Consumo", Almedina, Coimbra, 2002, p. 185 e ss..

Sobre a Vinculação Del Credere

só de caracterização económica da actividade. A análise jurídica da posição do transitário, enquanto intermediário, passará também pelo disposto no artigo 13[127].

II. O contrato de expedição ou trânsito é regulado no *codice*, nos artigos 1737 a 1741, como tipo especial de mandato[128]: de acordo com o artigo 1737, expedição é o mandato no qual o transitário assume a obrigação de concluir, em nome próprio e por conta do mandante, um contrato de transporte e de praticar as operações acessórias. Como refere Luminoso[129], sendo a "prestação essencial e fisionómica" do contrato a estipulação de um ou mais contratos de transporte, serão acessórias "todas as operações que resultem funcionalmente subordinadas em relação à conclusão do negócio de transporte"[130].

O regime do *codice* opta, assim, por uma aparente pureza de traços da figura da *spedizione*, e, logo, do *spedizioniere*, já que o transitário surge como um mandatário sem representação que assume em termos principais a obrigação de praticar um acto jurídico consistente na celebração, em nome próprio, de um contrato de transporte, surgindo as "operações acessórias" aparentemente como isso mesmo: como acessórias do dito contrato de transporte.

Face ao regime imediatamente anterior ao *codice* – que admitia uma actuação do transitário tanto em nome próprio quanto em nome do

---

[127] Os artigos 2 a 11 do DL 255/99 curam do licenciamento para exercício da actividade. Os requisitos gerais – que condicionam a emissão e manutenção de alvará – estão condensados na formulação do artigo 3: só podem ter acesso à actividade transitária as sociedades comerciais que reúnam os requisitos de idoneidade, capacidade técnica e profissional e de capacidade financeira traçados no diploma.

[128] Cf., v. g., Luminoso, *Mandato, commissione, espedizione, cit.*, p. 627 e ss., Asquini, *Spedizione (contratto di)*, in NssDI XVII (1970), p. 1100, Carbone, *Il Diritto Marittimo atravverso i casi e le clausole contrattuali*, 3.ª edição, G. Giappichelli Editore, Torino, 2006, p. 327 e ss., Chiomenti, *Spedizione (contratto di)*, in ED XLIII (1990), p. 284 e Silingardi, *Spedizione (contratto di)*, *cit.*, p. 113.

[129] *Mandato, commissione, spedizione, cit.*, p. 630.

[130] Sobre a importância extraordinária das operações acessórias na *spedizione*, cf., v. g., Chiomenti, *Spedizione (contratto di)*, *cit.*, p. 287 e ss. e Silingardi, *Spedizione (contratto di)*, *cit.*, p. 116 e s..

mandante[131] – a figura da *spedizione* resulta mais circunscrita. É, porém, questionado se essa circunscrição, aliada à colocação da tónica no acto jurídico consistente na celebração do contrato de transporte, não restringe em demasia o leque de actividades do transitário[132], já que não parece haver dúvidas na doutrina (e muito menos na prática) de que a intervenção do transitário, ou seja a sua actividade, se desenrola ao longo do "arco temporal"[133] que vai da preparação do contrato à entrega da mercadoria ao destinatário, integrando uma vasta gama de operações.

Não espanta, assim, que na doutrina, em consequência desta dissociação entre o que está plasmado "in book" e o que acontece "in action", por um lado, seja sustentado um entendimento, digamos pouco acessório das "operações acessórias" a que se refere o artigo 1737 do *codice*; e, por outro, que seja defendida a existência de um contrato de expedição que apenas tenha por objecto a prestação de operações acessórias e não também de celebração de um contrato de transporte[134].

A figura do transitário apresenta-se no direito português sem a singeleza da noção que encontramos no artigo 1731 do *codice*, podendo dizer-se, com Costeira da Rocha[135], apesar de o autor se ter pronunciado

---

[131] Cf., v. g., CHIOMENTI, *Spedizione (contratto di), cit.*, pp. 284-285-285. O autor reporta-se a uma lei de 1941 (n.º 1442), que definia o *spedizioniere* como o sujeito que se obrigava a "provvedere in proprio nome o in nome del commitente ed in ogni caso per conto del committente alla stipulazione del contratto di trasporto col vettore, al compimento della spedizione od alle operazioni accessorie"; note-se, porém, que, face ao regime do *codice di commercio*, então em vigor, o transitário era tido como um comissário, lendo-se em ASQUINI, *Spedizione (Contratto di)*, in NDI XVIII (1940), p. 719, que "il contratto di spedizione esclude tipicamente la rappresentanza del commitente da parte dello spedizioniere".

[132] Debruçando-se sobre a evolução da figura do *spedizioniere* até à solução do artigo 1747 do *codice*, que o qualifica como mandatário sem representação, ao arrepio da tradição anterior e também do direito comparado, RIGHETTI, *Tratatto di Diritto Marittimo*, II, Giuffrè, Milano, 1990, p. 149, entende que "la restrizione attuale è del tutto assurda, oltre che anacronistica".

[133] Cf. CHIOMENTI, *Spedizione (contratto di), cit.*, p. 285.

[134] Cf., recentemente, v. g., MARCO LOPEZ DE GONZALO, *Gli obblighi di diligenza dello spedizioniere (prima e dopo la conclusione del contratto di trasporto)*, in DM, ano CVIII (2006), p. 1277 e ss..; cf. também CHIOMENTI, *Spedizione (contratto di), cit.*, p. 287 e ss. e SILINGARDI, *Spedizione (contratto di), cit.*, p. 116 e ss..

[135] *O contrato de transporte de mercadorias, cit.*, p. 72.

com referência ao regime imediatamente anterior ao do DL 255/99, que a actividade dos transitários se consubstancia "em plúrimas e diversas operações", apresentando-se, assim, como uma "actividade multiforme".

III. Sobre o modo de actuação e intervenção do transitário, revela--se fundamental o regime traçado no artigo 13. De acordo com o artigo 13/1, os transitários podem praticar todos os actos necessários ou convenientes à prestação de serviços, bem como assumir em nome próprio ou em nome do cliente ou do destinatário, toda e qualquer forma legítima de defesa dos interesses correspondentes.

Sendo claro, em função da caracterização da actividade feita no artigo 1/2, que os actos susceptíveis de serem praticados pelos transitários têm uma índole complexa, tanto podendo ser materiais quanto jurídicos, torna-se evidente que a actuação *contemplatio domini* só se refere a estes últimos.

Das disposições citadas, podemos retirar uma conclusão: diversamente do que acontece no regime do *codice*[136], face ao direito português, o transitário surge como um mandatário que tanto pode actuar com poderes de representação como em nome próprio[137].

Uma outra conclusão se impõe: podemos identificar uma *noção estrita* e uma *noção ampla* de contrato de expedição ou trânsito e, consequentemente, de transitário[138]. A primeira coincidirá, *grosso modo*, com a noção do artigo 1737 do *codice*, com a já assinalada relevante diferença de o mandato tanto poder ser representativo como sem poderes: o tran-

---

[136] Refira-se, no entanto, que CARBONE, *Il Diritto Marittimo*[3], *cit.*, p. 329, admite que, em especiais circunstâncias, havendo utilização do nome do mandante, o transitário possa ser qualificado como mandatário com representação. Por sua vez, RIGHETTI, *Tratatto di Diritto Marittimo*, II, *cit.*, p. 153, admite contratos de trânsito com representação, recorrendo, designadamente, à interpretação extensiva, à especialidade da matéria e ao "diritto vivente".

[137] Assim também MENEZES CORDEIRO, *Manual de direito comercial*[2], *cit.*, p. 722 e, face ao regime anterior ao DL 255/99, COSTEIRA DA ROCHA, *O contrato de transporte de mercadorias*, *cit.*, p. 81.

[138] Assim também MENEZES CORDEIRO, *Manual de direito comercial*[2], *cit.*, p. 721 e, face ao regime anterior ao DL 255/99, COSTEIRA DA ROCHA, *O contrato de transporte de mercadorias*, *cit.*, pp. 79-80.

228   *Estudos de Direito das Garantias, II*

sitário obriga-se à celebração de um contrato de transporte[139], podendo, no entanto, praticar operações acessórias[140].

A noção ampla de contrato de expedição ou trânsito conduz-nos à identificação de um "simples" contrato de prestação de serviços, podendo o transitário obrigar-se à prática de um conjunto variado de operações que, tendo, embora, um contrato de transporte a montante ou a jusante, não inclui a respectiva prática, ou inclui-a em termos que, na dinâmica do contrato, surge como secundária.

Naquilo que constitui um desenvolvimento e uma concretização do disposto no n.º 1, o artigo 13/2 permite ao transitário "celebrar contratos com terceiros em nome próprio, por conta do expedidor ou do dono da mercadoria, bem como receber em nome próprio ou por conta do cliente, as mercadorias que lhe são entregues pelo transportador e actuar como gestor de negócios".

4.2. *A vinculação* **del credere** *legal*

I. De acordo com o disposto no artigo 15/1 do DL 255/99, as empresas transitárias respondem perante o seu cliente pelo incumprimento das suas obrigações, bem como pelas obrigações contraídas por terceiro com quem hajam contratado, sem prejuízo do direito de regresso.

---

[139] Sobre a diferença, na prática nem sempre clara, entre o contrato de expedição ou trânsito e o contrato de transporte, cf., v. g., Luminoso, *Mandato, commissione, spedizione, cit.*, pp. 632 e (sobre "le interferenze tra spedizione e trasporto"), p. 640 e ss., Asquini, *Spedizione (contratto di)*, in NssDI XVII (1970), p. 1098, Chiomenti, *Spedizione (contratto di), cit.*, p. 284 e ss. e Silingardi, *Spedizione (contratto di), cit.*, p. 113; entre nós, pode ver-se, por todos, Costeira da Rocha, *O contrato de transporte de mercadorias, cit.*, p. 78 e ss..

Com referência à interessante figura do transitário-transportador, cf., v. g., Carbone, *Il Diritto Marittimo*[3], *cit.*, p. 332 e ss., Luminoso, *op. cit.*, p. 642 e ss., Costeira da Rocha, *op. cit.*, p. 88 e ss. e Silingardi, *op. cit.*, p. 122 e ss.. Na jurisprudência nacional, destacamos os seguintes Acórdãos do STJ, retirados de www.dgsi.pt: de 11.03.1999 (Processo 98A797), de 25.09.2003 (Processo 03B2370), de 05.02.2004 (Processo 03B4302) e de 16.03.2004 (Processo 04A077); cf. também, na mesma fonte, os seguintes arestos da RP: de 22.06.2004 (Processo 0422871) e de 17.01.2005 (Processo 0456072).

[140] Em geral, sobre a prática de actos materiais acessórios ao acto jurídico gestório no mandato, cf. o nosso *Contrato de mandato, cit.*, p. 15.

O artigo 15/1 pode ser dividido em duas partes. Na primeira, em rigor desnecessária, uma vez que o regime aí plasmado já resultaria das regras gerais da responsabilidade obrigacional, é feita alusão à eventual responsabilidade obrigacional do transitário face ao expedidor ou carregador, pelo incumprimento do contrato. Cabem as situações gerais de incumprimento *lato sensu*, incluindo a mora, o cumprimento defeituoso e, naturalmente, o incumprimento definitivo[141]. Particularmente importante é a escolha do transportador por parte do transitário, sendo objecto de particular atenção na doutrina as situações de *culpa in eligendo*[142], sendo, porém, mais polémica a possibilidade de identificação de uma *culpa in vigilando*, na medida em que a prestação do agente se consuma na celebração do contrato de transporte[143].

Inovatório, face ao regime anterior ao DL 255/99, é aquele que resulta da segunda parte do artigo 15/1, que consagra a responsabilidade do transitário por actos de terceiros com quem haja contratado por conta do cliente. A situação tem claro paralelismo com a previsão da responsabilidade *del credere* do comissário (artigo 269 do CCom) e do agente comercial (artigo 10 do DL 178/86, de 3 de Julho), com a não pouco relevante diferença de que a responsabilidade *del credere* do comissário e do agente tem, necessariamente, uma base convencional – convenção *del credere* – sendo o acréscimo de risco do comissário e do agente compensado com uma remuneração suplementar [cfr., quanto à agência, a alínea *f*) do artigo 13 do DL 178/86].

Assim, diversamente do comissário ou do agente comercial que só responderão *del credere* se a tanto se tiverem vinculado, o transitário tem uma responsabilidade *del credere* legal. Trata-se, como vimos, de um regime introduzido pelo DL 255/99. Antes deste, ou seja, no domínio do DL 43/83, o comissário só respondia *del credere* se houvesse convenção nesse sentido.

---

[141] Cf., por todos, em geral, LARENZ, *Lehrbuch des Schuldrechts*, I, *Allgemeiner Teil*, 14.ª edição, C. H. Beck, München, 1987, p. 275 e ss., GIORGIANNI, *L'inadempimento. Corso di diritto civile*, Giuffrè, Milano, 1975, *passim*, e, entre nós, GALVÃO TELLES, *Direito das obrigações*[7], *cit.*, p. 299 e ss. e ALMEIDA COSTA, *Direito das obrigações*, 10.ª edição, Almedina, Coimbra, 2006, p. 1037 e ss..

[142] Cf., v. g., SILINGARDI, *Commissione (contratto di)*, cit., p. 118 e CHIOMENTI, *Commissione (contratto di)*, cit., p. 307 e ss..

[143] Sobre esta questão, cf., v. g., MARCO LOPEZ DE GONZALO, *Gli obblighi di diligenza dello spedizioniere*, cit., p. 1277 e ss..

230 *Estudos de Direito das Garantias, II*

Segundo se depreende da redacção do artigo 15/1 do DL 255/99, mormente na sua articulação com o artigo 15/2, esta responsabilidade *del credere* está intrinsecamente associada às situações em que o transitário celebra contratos de transporte, ou seja, está associada às situações, acima identificadas, de *contrato de expedição* ou *trânsito em sentido estrito*. Uma outra ponderação se pode extrair desta responsabilidade *del credere*: a de que, face ao regime português, pelo menos nos casos em que o transitário se vincula em termos principais a celebrar um contrato de transporte, os serviços do transitário não se esgotam no momento de tal celebração, podendo trazer-se aqui à colação a *culpa in vigilando* discutida no direito italiano face ao regime do *codice*.

II. Importa agora ponderar uma originalidade do *del credere* do comissário que na comissão e na agência está tipicamente associado a intermediários que actuam *nomine proprio*. Há, na verdade, que questionar se o transitário responderá também *del credere* nos casos em que aja como *representante* do expedidor ou carregador da mercadoria.

Contra a aplicação da responsabilidade do transitário a situações representativas, poderia invocar-se um argumento extraído da letra do artigo 15/1 do DL 255/99, que se reporta aos "terceiros com quem hajam contratado"; ora, num prisma jurídico, quando há representação, a contratação é feita pelo representado, surgindo o representante como um agente, razão pela qual a citada expressão do artigo 15/1 teria o efeito de circunscrever a responsabilidade *del credere* aos casos de actuação do transitário no seu próprio nome.

Pensamos, porém, que o artigo 15/1 não pretendeu cindir o regime da responsabilidade em função da actuação ou não actuação *contemplatio domini*, parecendo-nos que o mesmo associa a responsabilidade *del credere* à actuação do transitário *qua tale*, responsabilizando-o pelos contratos que celebre com terceiro, independentemente de a actuação ter ocorrido com representação. Trata-se, no fundo, de uma espécie de responsabilidade profissional, que não o impede de, por via de regresso[144], responsabilizar o terceiro em causa.

---

[144] Presumimos que a expressão "direito de regresso" é utilizada num sentido amplo, não sendo, assim, de excluir, à partida, a hipótese de, designadamente em função do regime estabelecido no artigo 592/1 do CC, podermos falar, especificamente, em sub-rogação legal. Sobre a sub-rogação e o regresso como institutos actuantes na liquidação de situações de pluralidade de devedores, cf. o nosso *Assunção fidejussória de dívida, cit.*, p. 874 e ss..

Sobre a Vinculação Del Credere

O transitário surge, assim, como um *garante legal* do cumprimento das obrigações por parte do terceiro, parecendo que a garantia em causa funciona em termos de acessoriedade[145]: não faria sentido que o transitário garante respondesse em termos mais gravosos do que o próprio terceiro – conclusão esta que, de resto, surge confirmada pelo disposto no artigo 15/2. Trata-se, portanto, de uma situação de responsabilidade de tipo fidejussório, de origem legal[146], funcionando a responsabilidade do transitário nos moldes da fiança comercial.

III. De acordo com o disposto no artigo 15/2 do DL 255/99, à responsabilidade emergente dos contratos celebrados no âmbito deste diploma aplicam-se os limites estabelecidos, por lei ou convenção, para o transportador a quem seja confiada a execução material do transporte, a não ser que as partes tenham convencionado outro limite.

Do regime do artigo 15/2 resulta que se se tratar de transporte marítimo de mercadorias sob conhecimento de carga, o transitário beneficiará dos limites previstos na Convenção de Bruxelas de 1924 (artigo 4/5.º) ou no DL 352/86, de 21 de Outubro (artigo 31)[147]. Já se o transitário celebrar, ao invés, um contrato de fretamento por viagem, aplicar-se-ão os limites que, eventualmente, resultem da *carta-partida*, já que do DL 191/87, de 9 de Abril, não resulta qualquer limite.

---

[145] Cf., sobre esta, o nosso *Assunção fidejussória de dívida, cit.*, pp. 107 e ss. e 121 e ss.; destacando a acessoriedade como "traço fundamental" da fiança, cf. ainda PAULO CUNHA, *Da garantia nas obrigações. Apontamentos das aulas de Direito Civil do 5.º ano da Faculdade de Direito da Universidade de Lisboa – Regência do Prof. Doutor Paulo Cunha*, pelo aluno EUDORO PAMPLONA CÔRTE-REAL, II, Lisboa, 1938-1939, p. 37.

[146] Se admitirmos a existência de "fianças legais", teremos então aqui um exemplo da mesma. Contra a figura da "fiança legal", pronuncia-se, entre nós, PAULO CUNHA, *Da garantia nas obrigações*, II, *cit.*, p. 37; contudo, ALMEIDA COSTA, *Direito das obrigações*[10], *cit.*, p. 890, aponta, no CC, o caso do mandato de crédito como constituindo um exemplo.

[147] Cf., v. g., MÁRIO RAPOSO, *Sobre o contrato de transporte de mercadorias por mar*, BMJ 376 (1988), p. 22 e ss., *Transporte internacional de mercadorias por mar. As Regras de Hamburgo de 1978*, in "Estudos sobre o novo Direito Marítimo. Realidades internacionais e situação portuguesa", Coimbra Editora, Coimbra, 1999, p. 273 e ss. e *Perda do direito à limitação legal da responsabilidade do transportador marítimo de mercadorias*, in "Estudos sobre arbitragem comercial e Direito Marítimo", Almedina, Coimbra, 2006, p. 139 e ss.; cf. ainda CARBONE, *Il Diritto Marittimo*[3], *cit.*, p. 295 e ss. e IGNACIO ARROYO MARTÍNEZ, *Curso de Derecho Marítimo*, 2.ª edição, Thomson / Civitas, 2005, p. 541 e ss..

Se, ao invés, ainda a título de exemplo, se tratar de transporte rodoviário de mercadorias, valerão os limites fixados na CMR ou no DL 239//2003, de 4 de Outubro, em função do regime aplicável ao contrato[148].

5. Conclusões

I. A vinculação *del credere* não se apresenta em termos uniformes, em matéria de fonte, de regime e de natureza jurídicas.

II. A vinculação *del credere* é historicamente associada a uma convenção adicional em sede de comissão, ficando o comissário pessoalmente obrigado perante o comitente pelo cumprimento das obrigações derivadas do contrato, tendo, em função do aumento de risco assumido, direito a uma comissão extra (comissão *del credere*).

III. A convenção *del credere* apresenta-se, no caso da comissão, ora como uma *fiança de obrigações futuras* ora como uma *cláusula de garantia*, sem prejuízo de as partes poderem moldar a figura em termos diversos.

IV. Independentemente de o agente comercial gozar ou não de poderes de representação, a convenção *del credere* no contrato de agência tem, em princípio, natureza de *fiança comercial*, sem prejuízo de as partes a poderem moldar em termos diversos.

V. A vinculação do transitário imposta no artigo 15/1 do DL 255/99 é uma vinculação *del credere*, de origem legal e de tipo fidejussório, que, nas situações de expedição ou trânsito em sentido estrito, funciona nos termos da fiança mercantil.

Faculdade de Direito da Universidade de Lisboa, Janeiro de 2008.

---

[148] Cf., v. g., CASTELLO-BRANCO BASTOS, *Direito dos transportes*, *cit.*, p. 104 e ss. e ALFREDO PROENÇA / J. ESPANHA PROENÇA, *Transporte de mercadorias*, Almedina, Coimbra, 2004, pp. 44 e ss. e 125 e ss..

GARANTIAS BANCÁRIAS NO CÓDIGO DOS CONTRATOS PÚBLICOS. BREVES NOTAS[*]

SUMÁRIO: 1. Introdução; 2. Prestação de caução através de garantia bancária; 2.1. Introdução; 2.2. Alguns aspectos de regime; 2.3. O texto e o contexto da garantia; 3. Em tema de substituição da caução; 4. Em tema de liberação da caução; 4.1. Introdução; 4.2. A autorização para a promoção da liberação da caução; 4.3. Sobre o direito de indemnização em caso de mora; 5. Execução da caução

1. Introdução

O Código dos Contratos Públicos, aprovado pelo Decreto-Lei 18//2008, de 29 de Janeiro e alterado, por último, pelo Decreto-Lei 278//2009, de 2 de Outubro, constitui, reconhecidamente, um importante marco do direito dos contratos públicos em Portugal. Esse marco, que muito deve ao labor e à ciência do homenageado, Professor Doutor José Manuel Sérvulo Correia, não pode desconsiderar o facto de o Código (adiante CCP) repousar, em partes importantes do seu regime, na dogmática civil do direito dos contratos[1] e da responsabilidade civil, em termos que

---

[*] Destinado aos Estudos de Homenagem ao Prof. Doutor José Manuel Sérvulo Correia.

[1] Temos presente o relevo dado por SÉRVULO CORREIA, *Legalidade e autonomia contratual nos contratos administrativos*, Almedina, Coimbra, 1987, p. 429 e ss., ao estudo da natureza e limites da liberdade contratual dos particulares, como ponto de partida para a abordagem da legalidade e autonomia contratual da Administração.

234   *Estudos de Direito das Garantias, II*

permitem fazer do CCP um interessante ponto de encontro entre privatistas e publicistas[2].

É, assim, neste ambiente, em que um privatista não deixa de se sentir em casa, que ousamos analisar um importante aspecto do regime dos contratos públicos, mais concretamente, um dos temas respeitantes ao, digamos, Direito Bancário do Direito dos Contratos Públicos: a *prestação de caução* através de garantia bancária.

2. Prestação de caução através de garantia bancária

2.1. *Introdução*

I. O CCP regula a *caução* a partir do artigo 88. De acordo com o artigo 88/1, no caso de contratos que impliquem o pagamento de um preço pela entidade adjudicante, *deve ser exigida* ao adjudicatário a prestação de uma caução[3], destinada a garantir a sua celebração, bem como o exacto e pontual cumprimento de todas as obrigações legais e contratuais que assume com a celebração[4]. Sendo o preço contratual

---

[2] Referindo-se, em geral, a uma aproximação dos paradigmas juspublicitas e jusprivatistas no Estado social de direito, cf. REBELO DE SOUSA / SALGADO DE MATOS, *Contratos públicos. Direito administrativo geral*, tomo III, 2.ª edição, Dom Quixote, 2009, p. 40 e ss.. Sustentando, antes do CCP, a emergência de um novo regime jurídico dos contratos públicos em Portugal, cf. MARIA JOÃO ESTORNINHO, *Direito europeu dos contratos públicos. Um olhar português*, Almedina, Coimbra, 2006, p. 281 e ss..

[3] Em geral, sobre o conceito de *caução*, cf. PAULO CUNHA, *Da garantia nas obrigações*, Lisboa, 1938-1939, p. 5 e ss. e VAZ SERRA, *Responsabilidade patrimonial*, BMJ 75 (1958), p. 121 e ss., lendo-se a pp. 122: "Aqui a palavra caução é sinónima de garantia, mas outras vezes a lei emprega-a para designar as garantias impostas por lei destinadas a assegurar o cumprimento de obrigações eventuais ou de amplitude determinada"; cf. também MENEZES LEITÃO, *Garantias das obrigações*, 2.ª edição, Almedina, Coimbra, 2008, pp. 102-103 e o nosso *Assunção fidejussória de dívida. Sobre o sentido e o âmbito da vinculação como fiador*, Almedina, Coimbra, 2000, pp. 44-45, nota 166.

[4] Sobre o carácter obrigatório da exigência de prestação de caução, nas situações previstas no artigo 88/1 do CCP, mas com ressalva das previsões dos números 2 e 3 do mesmo artigo, cf. PEDRO GONÇALVES, *Cumprimento e incumprimento do contrato administrativo*, in "Estudos de Contratação Pública", I, Faculdade de Direito de Coimbra, Coimbra Editora, 2008, pp. 585-586.

Garantias Bancárias no Código dos Contratos Públicos. Breves Notas   235

inferior a € 200.000, não é exigível a prestação de caução (artigo 88/2); contudo, de acordo com o artigo 88/3, a entidade adjudicante pode, se o considerar conveniente, proceder à retenção de até 10% do valor dos pagamentos a efectuar, desde que tal faculdade esteja prevista no caderno de encargos.

O artigo 88/4 identifica situações – que deverão estar previstas no programa do procedimento ou no convite – em que pode não ser exigida a prestação de caução: o adjudicatário pode não apresentar uma caução, desde que apresente um dos *sub-rogados* indicados no artigo 88/4: (*i*) seguro da execução do contrato a celebrar, emitido por entidade seguradora, que cubra o preço contratual[5] ou (*ii*) declaração de assunção de responsabilidade solidária com o adjudicatário, pelo mesmo montante, emitida opor uma entidade bancária. Quer a entidade seguradora quer a bancária deverão ter sede ou sucursal em Estado membro da União Europeia, o que deverá ser certificado pela entidade de supervisão respectiva.

As situações previstas no artigo 88/4 correspondem, no nosso entender, a falsas ou aparentes dispensas de prestação de caução: no que à assunção de responsabilidade solidária de um banco concerne, a mesma é encarada por este como um crédito de ou por assinatura[6], tal qual a prestação de caução feita através de garantia ao primeiro pedido. Substancialmente, ela corresponde, também, a uma prestação de caução[7].

O valor (*quantum*) da caução é, como regra (artigo 89/1), de 5% do preço contratual; contudo (artigo 89/2), quando o preço total resultante da proposta adjudicada seja considerado "anormalmente baixo"[8], o valor da

---

[5] O artigo 88/4 do CCP não o diz mas, logicamente, presume-se que o beneficiário do seguro a figurar na apólice deverá ser a entidade adjudicante.

[6] Cf., sobre esta modalidade de crédito, por todos, Schinnerer / Avancini, *Bankverträge*, II, 3.ª edição, Mansche Verlag- und Universitätsbuchhandlung, Wien, 1978, pp. 60 e ss. e 156 e ss., Simões Patrício, *Direito bancário privado*, Quid Juris, Lisboa, 2004, p. 309, José Maria Pires, *Direito bancário*, II, Rei dos Livros, 1995, p. 270 e ss. e Engrácia Antunes, *Direito dos contratos comerciais*, Almedina, Coimbra, 2009, p. 531 e ss.; cf. ainda o nosso *Assunção fidejussória de dívida*, p. 366.

[7] Sobre a *assunção cumulativa em garantia*, cf. o nosso *Assunção fidejussória de dívida*, p. 105.

[8] Há aqui, manifestamente, uma margem relativamente ampla de discricionariedade na determinação do seja "baixo" e do que seja "anormalmente". Esta indeterminação de partida não se compagina plenamente com o facto de, noutros pontos, o CCP ter optado pela fixação mais ou menos firme de valores: assim, *v. g.*, no artigo 88/2, que dispõe não ser a prestação de caução exigível quando o preço contratual for inferior a € 200.000.

caução a prestar pelo adjudicatário é de 10% do preço contratual. Decorre, por sua vez, do artigo 89/3 que quando for exigida prestação de caução em contratos que não impliquem o pagamento de um preço pela entidade adjudicante, o valor da caução não pode ser superior a 2% do montante correspondente à utilidade económica imediata do contrato para a entidade adjudicante[9].

No que concerne ao *quando* da prestação de caução, rege o artigo 90/1: ela deverá ser prestada no prazo de 10 dias a contar da notificação prevista no artigo 77/2, devendo o adjudicatário comprovar essa prestação junto da entidade adjudicante no dia imediatamente subsequente.

Refira-se ainda que, de acordo com o estabelecido no artigo 91/1, a adjudicação *caduca* se, por facto que lhe seja imputável, o adjudicatário não prestar, em tempo e nos termos estabelecidos nos dispositivos anteriores, a caução exigida. A formulação legal, feita pela positiva, não poderá, segundo nos parece, legitimar interpretações "generosas" da norma legal: assim, a título de exemplo, não deixará de ser imputável ao adjudicatário a não prestação de caução pela circunstância de o seu banco lhe ter recusado crédito através da emissão de uma garantia bancária.

II. De acordo com o que estabelece o artigo 90/2, a caução é prestada por depósito em dinheiro ou em títulos emitidos ou garantidos pelo Estado, ou mediante garantia bancária ou seguro-caução[10]. Há, claramente, uma *tipicidade taxativa*[11].

Diversamente da solução que fora adoptada no Decreto-Lei 55/99, de 2 de Março, que apresentava minutas ou modelos, não só de garantia

---

[9] Cf., a propósito, cf. PEDRO GONÇALVES, *Cumprimento e incumprimento do contrato administrativo*, *cit.*, p. 587.

[10] Cf., sobre esta última figura, por todos, MENEZES CORDEIRO, *Manual de direito bancário*, 3.ª edição, Almedina, Coimbra, 2006, p. 645 e ss. e, especificamente, ALVES DE BRITO, *Seguro-caução. Primeiras considerações sobre o seu regime e natureza jurídica*, in "Estudos em Homenagem ao Professor Doutor José Dias Marques", Almedina, Coimbra, 2007, pp. 387-490, em especial p. 550 e ss.; cf. ainda MÓNICA JARDIM, *A garantia autónoma*, Almedina, Coimbra, 2002, p. 213 e ss..

[11] Cf., sobre este conceito, por todos, OLIVEIRA ASCENSÃO, *A tipicidade dos direitos reais*, Lisboa, 1968, p. 51: "não há possibilidade de moldar novas formas além daquelas que forem especificadas por lei". Referindo-se também a uma enumeração taxativa, cf. ANDRADE DA SILVA, *Código dos contratos públicos comentado e anotado*, 2.ª edição, Almedina, Coimbra, 2009, p. 341.

Garantias Bancárias no Código dos Contratos Públicos. Breves Notas   237

bancária mas também de seguro-caução, o artigo 90/5 do CCP remete esses modelos para o programa do procedimento, o qual deve conter "os modelos referentes à caução que venha a ser prestada por garantia bancária, por seguro-caução ou por depósito em dinheiro ou títulos".

Aparentemente, haveria, depois, no programa do procedimento, uma ampla liberdade de modelação do conteúdo do modelo de garantia bancária. Não é assim, porém. Na verdade, de acordo com o que dispõe o artigo 90//8, das condições da garantia bancária – tal qual, de resto, do seguro-caução – "não pode, em caso algum, resultar uma diminuição das garantias da entidade adjudicante, nos moldes em que são assegurados pelas outras formas admitidas de prestação de caução".

Parece, assim, evidente que o modelo de garantia bancária constante do programa do procedimento não pode deixar de assegurar o efeito, a nível de segurança do credor, que é dado pela modalidade de caução constituída pelo depósito em dinheiro ou em títulos emitidos ou garantidos pelo Estado, o que só pode acontecer através da inserção de uma *cláusula de pagamento ao primeiro pedido*[12]. É só a aposição dessa cláusula que assegura ao credor o efeito de o banco ter de pagar de imediato, de olhos fechados – *rectius* "semi-cerrados"[13] – deixando ao adjudicatário o ónus de discutir com a entidade adjudicante a bondade do recurso à caução.

---

[12] Cf., por todos, os clássicos GALVÃO TELLES, *Garantia bancária autónoma*, in "O Direito" 120 (1988), pp. 275-293, FERRER CORREIA, *Notas para o estudo do contrato de garantia bancária*, in "Revista de Direito e Economia" VIII (1982), pp. 247-258 e ALMEIDA COSTA / PINTO MONTEIRO, *Garantias bancárias. O contrato de garantia à primeira solicitação*, in "Colectânea de Jurisprudência" XI (1986), tomo 5, pp. 15 a 34; cf. ainda os nossos *Assunção fidejussória de dívida*, pp. 66 e ss. e 717 e ss. e *A chamada fiança ao primeiro pedido*, in "Estudos de Direito das Garantias", I, Almedina, Coimbra, 2004, pp. 139-184, bem como EVARISTO MENDES, *Garantias bancárias. Natureza*, in Revista de Direito e de Estudos Sociais, ano XXXVII (1995), n.º 4, p. 458 e ss. e SEQUEIRA RIBEIRO, *Garantia bancária autónoma à primeira solicitação*, in "Estudos em Homenagem ao Professor Doutor Inocêncio Galvão Telles", II. "Direito bancário", Almedina, Coimbra, 2002, p. 363 e ss..

[13] Sobre os deveres de consulta ao "mandante", que impendem sobre o garante ao primeiro pedido, cf. o nosso *Sobre a mora do garante na garantia bancária autónoma*, in "Estudos de Direito das Garantias", I, Almedina, Coimbra, 2004, p. 193 e ss.; cf. também CALDERALE, *Fideiussione e contratto autonomo di garanzia*, Cacucci Editore, Bari, 1989, p. 249 e ss. e MÓNICA JARDIM, *A garantia autónoma, cit.*, p. 253 e ss..

238   *Estudos de Direito das Garantias, II*

De resto, o artigo 90/6 do CCP entendeu por bem deixar clara a necessidade de a garantia bancária dever ser *ao primeiro pedido*: o adjudicatário deverá apresentar um documento pelo qual um estabelecimento bancário autorizado assegure, até ao limite do valor da caução, o *imediato pagamento* de quaisquer importâncias exigidas pela entidade adjudicante em virtude do incumprimento de quaisquer obrigações a que o seguro respeita.

Em função da directriz – *rectius*, da imposição – constante do artigo 90/8 do CCP, parece-nos mesmo que *a cláusula de pagamento ao primeiro pedido deverá ser simples ou incondicionada*, não podendo ficar dependente da verificação ou apresentação de requisitos, designadamente documentais[14]. Inadmissível, por contrariar frontalmente a lógica de uma cláusula *on first demand*, é a hipótese de a entidade garante poder recusar-se a satisfazer, de imediato, o pedido, alegando, por exemplo – como se *garante fidejussório* fora[15] – que o incumprimento não é da entidade adjudicatária mas, antes, da adjudicante[16].

2.2. *Alguns aspectos de regime*

I. A diferença de redacções utilizadas pelo legislador no artigo 90/6, quanto à prestação de caução mediante garantia bancária, e no artigo 90//7, quanto à prestação através de seguro-caução, permite, *ictu oculi*, suscitar a dúvida sobre se o legislador formula o mesmo grau de exigência quanto

---

[14] Para a diferença entre cláusula de pagamento *simples* e *documentada*, cf., v. g., Bonelli, *Le garanzie bancarie a prima domanda nel commercio internazionale*, Giuffrè, Milano, 1991, pp. 51-52 e Menezes Leitão, *Garantias das obrigações*[2], *cit.*, p. 147.

[15] Cf. o nosso *Assunção fidejussória de dívida*, p. 1011 e ss.. Referimo-nos à fiança comum, que não à fiança ao primeiro pedido; cf., sobre esta, *infra*, ponto 2.2/III.

[16] Ressalvada a existência eventual de situações limite, nas quais a doutrina tem admitido, mas em termos limitados, a recusa lícita de cumprimento; cf., por todos, Canaris, *Bankvertragsrecht*, I, 3.ª edição, Walter de Gruyter, Berlin, New York, 1988, p. 775 e ss., Bonelli, *Le garanzie bancarie a prima domanda*, *cit.*, p. 90 e ss., Romano Martinez, *Garantias bancárias*, in "Estudos em Homenagem ao Professor Doutor Inocêncio Galvão Telles", II. "Direito bancário", Almedina, Coimbra, 2002, p. 280 e ss., Duarte Pinheiro, *Garantia bancária autónoma*, in "Revista da Ordem dos Advogados", ano 52 (1992), p. 443 e ss. e Francisco Cortez, *A garantia bancária autónoma. Alguns problemas*, in "Revista da Ordem dos Advogados", 52 (1992), p. 597 e ss..

às duas modalidades de caução ou se, ao invés, mantém uma certa ternura, que já antes detectáramos, no âmbito temporal de aplicação do Decreto-Lei 55/99[17], relativamente aos prestadores da segunda modalidade, no confronto com os da primeira.

Constata-se que o artigo 90/6, relativo à garantia bancária, impõe um *dever* de apresentação do documento (*"deve* apresentar"), enquanto que o artigo 90/7, relativo ao seguro-caução, utiliza uma expressão mais "soft": "o programa de procedimento *pode* exigir (...)". Trata-se, porém, de uma diferença de redacção que é anulada pela já citada exigência, feita no artigo 90/8, de que das condições da garantia bancária ou da apólice de seguro--caução não pode, *em caso algum*, resultar uma diminuição das garantias da entidade adjudicante, nos moldes em que são asseguradas pelo depósito em dinheiro ou em títulos emitidos ou garantidos pelo Estado: quer a garantia bancária quer o seguro-caução deverão conter a *cláusula de pagamento ao primeiro pedido*.

II. Pese embora o relevo central que tem a cláusula de pagamento ao primeiro pedido, não se fica, por aí, no nosso entender, o comando expresso no artigo 90/8 do CCP.

Na verdade, a proibição de diminuição das garantias da entidade adjudicante, nos moldes assegurados pelo depósito em dinheiro, impõe também

---

[17] Cf. o nosso *Sobre a mora do garante na garantia bancária autónoma, cit.,* p. 196 e ss.. Mais concretamente, a diferença de tratamento entre a garantia bancária ao primeiro pedido e o seguro-caução, no domínio de vigência do Decreto-Lei 55/99, de 2 de Março, notava-se nos correspondentes modelos aprovados pela Portaria 104/2001, de 21 de Fevereiro: enquanto que o modelo de *garantia bancária à primeira solicitação* – característica esta de *automaticidade* que, não constando, embora, do título, resultava do texto – dava ao banco garante um dia para pagar, no caso do "seguro-caução à primeira solicitação" eram atribuídos à companhia de seguros cinco dias úteis. Ademais, no caso de mora, o "modelo de garantia bancária" mandava contar juros moratórios "à taxa mais elevada praticada pelo Banco para as operações activas, sem prejuízo da execução imediata da dívida assumida por este", mas no caso do "modelo de seguro-caução à primeira solicitação" era patente o silêncio relativamente aos juros de mora. Certo é, quanto a este aspecto, que a não menção a juros moratórios não isentava a companhia seguradora do respectivo pagamento nos termos gerais; contudo, o paralelismo de situações e a fungibilidade entre os "produtos" em causa exigia um regime similar. Mais correcta, nesse estrito particular, era a total fungibilidade no recurso a garantia bancária ou a seguro--caução, expressa na Portaria 949/99, de 28 de Outubro (em complemento ao Decreto-Lei 197/99, de 8 de Junho).

a desconsideração das cláusulas da garantia que violem essa correspondência. As cláusulas a ter em conta são, sobretudo, as que respeitem ao *prazo* da garantia[18]: parece claro que não pode ser aceite uma garantia bancária que, *à revelia do modelo aprovado*, estabeleça um prazo de vigência que, na prática, imponha uma constante renovação da garantia – ou seja, que, na prática, e ao arrepio daquele modelo, não assegure a perenidade da garantia, pautada, *per relationem*, pela duração das obrigações garantidas.

III. Pode também questionar-se se a garantia bancária ao primeiro pedido tem de ser autónoma ou se pode ter a característica da *acessoriedade*, ainda que "diferida": *fiança (bancária) ao primeiro pedido*, portanto[19]. A favor da admissão de uma fiança ao primeiro pedido, dir-se-á que esta assegura, do mesmo modo que a garantia autónoma automática, o objectivo de colocar dinheiro líquido nas mãos do credor beneficiário da garantia (*Liquiditätsfunktion*)[20], ou seja da entidade adjudicante.

No entanto, contra essa admissão, poderá retorquir-se que a fiança ao primeiro pedido coloca o beneficiário na posição de ter de responder[21] – em função da lógica *solve et repete* – mais tarde, face ao fiador que, apesar de, aquando do pagamento, ter, eventualmente, à mão excepções oponíveis em termos fidejussórios, as não pôde utilizar por força da cláusula ao primeiro pedido[22]. Ora, esse "perigo" para a beneficiária da garantia (a entidade adjudicante, no caso) não existe se a garantia for autónoma.

---

[18] Cf., em sede de balizamento temporal da garantia, conquanto com referência específica à fiança, o nosso *Assunção fidejussória de dívida*, *cit.*, p. 710 e ss..

[19] Cf., sobre esta, os nossos *Assunção fidejussória de dívida*, *cit.*, p. 717 e ss. e *A chamada fiança ao primeiro pedido*, *cit.*, *passim*; cf. ainda CALDERALE, *Fideiussione e contratto autonomo di garanzia*, *cit.*, pp. 51-52 e MÓNICA JARDIM, *A garantia autónoma*, *cit.*, p. 184 e ss..

[20] A esta garantia é inteiramente aplicável o seguinte trecho de GALVÃO TELLES, *Manual dos contratos em geral*, 4.ª edição, Coimbra Editora, Coimbra, 2002, p. 509, conquanto com referência à garantia autónoma (e automática): "O requerente da garantia abdicou do depósito, mas fê-lo no pressuposto de este ser substituído por uma garantia que conduza a *resultado equivalente*, colocando nas suas mãos, *a posteriori*, também sem os incómodos e as demoras inerentes a um procedimento judicial, aqueles fundos que renunciou a receber *a priori*"; cf. também WETH, *Bürgschaft und Garantie auf erstes Anfordern*, in "Archiv für die civilistische Praxis" 189 (1989), p. 317.

[21] Cf. os nossos *A chamada fiança ao primeiro pedido*, *cit.*, p. 179 e ss. e *Assunção fidejussória de dívida*, *cit.*, p. 735 e ss..

[22] Cf. o nosso *Assunção fidejussória de dívida*, *cit.*, p. 717 e ss..

Não se vislumbram, contudo, contra-indicações relativamente à admissão de uma fiança ao primeiro pedido, já que o momento posterior àquele em que o fiador pagou ao primeiro pedido não parece fazer parte das preocupações que presidem à conformação da caução pelo CCP. Demonstra-o o facto de, ainda que o garante autónomo que tenha pago esteja impedido de agir contra a entidade adjudicante, não o está seguramente o adjudicatário, ordenante da garantia. De resto, as excepções do devedor (co-contratante) que o fiador ao primeiro pedido possa fazer valer, após o pagamento, contra a entidade adjudicante beneficiária da garantia – meios de defesa comunicáveis pela via da acessoriedade[23] e invocáveis *ex post* – são, *grosso modo*, as mesmas que o adjudicatário poderá fazer valer contra o credor, beneficiário da garantia, no caso da garantia autónoma ao primeiro pedido.

Acresce, finalmente, que não é pacífico na doutrina que mesmo na garantia autónoma, o garante que tenha pago não tenha direito de acção contra o beneficiário da garantia a quem tenha pago indevidamente[24]. Trata-se de um argumento que apresentamos em função da existência de posições doutrinárias que tal sustentam, mas ao qual não atribuímos um relevo decisivo, já que nos parece que as mesmas desconsideram os termos *autónomos* em que o garante se vincula.

2.3. *O texto e o contexto da garantia*

Coloquemos a questão nestes termos: há um dever – que mais seria uma sujeição – em nome da, digamos, solidariedade bancária com a coisa pública, de um banco, que tenha prestado uma garantia bancária, se ter – e ser tido – por vinculado para além dos termos resultantes, por interpretação, do *texto* da garantia[25]?

A questão, aparentemente esdrúxula, tem todo o sentido, na medida em que paira, por vezes, uma certa *contemplatio* relativamente ao estatuto

---

[23] Cf. o nosso *Assunção fidejussória de dívida*, *cit.*, pp. 717 e ss. e 735 e ss..

[24] Neste sentido, a favor da sub-rogação, mas dando nota da polémica doutrinal existente, cf. MENEZES LEITÃO, *Garantias das obrigações*[2], *cit.*, pp. 148-149.

[25] Sobre a importância do *texto* da garantia bancária para a interpretação do negócio e para a determinação do nível de vinculação do garante, cf. MENEZES CORDEIRO, *Manual de direito bancário*[3], p. 642.

do credor público, beneficiário da garantia, nem sempre em plena consideração dos termos em que a mesma foi prestada. A resposta a tal questão não pode, como princípio, deixar de ser negativa, desde logo porque o banco prestador da garantia não é parte no contrato público cujas obrigações a garantia tem, parcialmente, por objecto.

Parece-nos, na verdade, seguro que a medida da vinculação bancária é a que resulta do texto da garantia, sendo indiferente que o beneficiário da mesma seja uma entidade pública: como princípio, é esta que tem o ónus de considerar a garantia como "boa", recusando-a, se não corresponder às exigências formuladas.

Não obstante este princípio, importará distinguir situações. Assim, se a garantia bancária respeitar escrupulosamente o modelo de garantia constante do programa do procedimento, não pode a entidade pública pretender uma extensão (temporal ou material) da garantia para além dos respectivos termos, ainda que, em rigor, o modelo não respeite a exigência de fundo imposta pelo artigo 90/8 do CCP.

Ao invés, as inovações que sejam introduzidas pelo banco – em princípio inovações limitativas dos termos da sua responsabilidade – podem ser desconsideradas licitamente pela entidade pública, na medida em que não sejam conformes ao modelo aprovado. É, digamos, o sacrifício do texto pelo contexto, sendo patente que o banco emitente da garantia, conhecedor do modelo aprovado e da sua rigidez, só se poderá queixar de si próprio.

3. **Em tema de substituição da caução**

De acordo com o artigo 294/1 do CCP, o contraente público pode, a requerimento do co-contratante, autorizar a substituição da caução que tenha sido prestada, desde que fiquem salvaguardados os pagamentos já efectuados, sendo aplicável, com as necessárias adaptações, o disposto no artigo 90. Determina, no entanto, o artigo 294/2 que dessa substituição não pode resultar a diminuição das garantias do contraente público. Impede o artigo 294/2 que o contraente público aceite uma garantia de intensidade menor face à existente[26]?

---

[26] Sobre a hipótese inversa, que, de resto, não suscitará dúvidas, cf. ANDRADE DA SILVA, *CCPúblicos*[2], *cit.*, p. 652.

Garantias Bancárias no Código dos Contratos Públicos. Breves Notas   243

No nosso entender, se bem interpretamos a *ratio* do regime legal, a entidade pública não está impedida de aceitar uma garantia substitutiva de menor força quando, com tal substituição, não fique prejudicado o nível de segurança exigido pelo CCP. Para o efeito, parece-nos ser de considerar o seguinte critério: será admissível a substituição quando a nova caução pudesse ser considerada como admissível aquando da prestação da caução cuja substituição é pretendida. Assim, se foi prestada caução através de depósito em dinheiro, parece-nos admissível a substituição de tal caução por uma garantia bancária ao primeiro pedido, atenta a fungibilidade entre estas duas modalidades de prestação de caução, resultante do artigo 90/2.

Refira-se, no entanto, que essa fungibilidade não confere ao co--contratante uma posição potestativa que lhe permita impor a substituição: esta está dependente de autorização do contraente público, autorização que, em concreto, pode ser discricionariamente recusada. Não obstante, essa fungibilidade funciona como factor que torna lícita a substituição, salvas, naturalmente, as situações – que também podem ocorrer, a montante, na fase da prestação de caução – em que a entidade bancária prestadora da garantia (ou a entidade seguradora prestadora do seguro-caução) não ofereça, objectivamente, garantia de estar em condições de poder honrar os seus compromissos. Que há casos destes no mercado ... *los hay*.

Pois bem, salvo esses casos limite, a substituição de dinheiro por uma vinculação bancária corresponderá, num rigor absoluto, a uma dimi-nuição de garantia, mas nem por isso se pode considerar ilícita a substi-tuição, para efeitos do artigo 294 do CCP, tendo em conta o critério cuja adopção sugerimos.

Uma outra situação importará considerar: a da eventual existência de uma situação de *sobregarantia*[27], resultante do facto de ter sido prestada uma caução superior à que era exigível. Nestas situações, que, em geral, legitimarão uma liberação parcial, será sustentável a licitude de uma substituição, desde que – de novo – a garantia substituenda pudesse ter sido prestada inicialmente, nos termos do artigo 90 do CCP.

---

[27] Cf., sobre estas situações, com particular enfoque na fiança, o nosso *Assunção fidejussória de dívida*, p. 829 e ss..

244   *Estudos de Direito das Garantias, II*

4. Em tema de liberação da caução

4.1. *Introdução*

I. A liberação da caução surge regulada no artigo 295 do Código. De acordo com o artigo 295/1, o regime de liberação das cauções prestadas pelo co-contratante deve ser estabelecido no contrato, não podendo as partes acordar em regime diverso durante a fase de execução contratual, salvo havendo fundamento de modificação do contrato que justifique uma alteração do regime de liberação e desde que sejam respeitados os limites previstos no Código[28].

Os diversos e sucessivos números do artigo 295 estabelecem regimes específicos para a liberação, em função do tipo de caução. Assim:

> (*i*) O artigo 295/2 regula os termos da liberação progressiva da caução para *garantia de adiantamentos de preço*: esta é progressivamente liberada à medida que forem prestados ou entregues os bens ou serviços correspondentes ao pagamento adiantado que tenha sido efectuado pelo contraente público;
>
> (*ii*) O artigo 295/3 regula os termos da liberação da caução nos contratos em que *não haja obrigações de correcção de defeitos* pelo co-contratante, incluindo obrigações de garantia: o contraente público deve promover a liberação integral da caução destinada a garantir o exacto e pontual cumprimento das obrigações contratuais, no prazo de 30 dias após o cumprimento de todas as obrigações do co-contratante;

---

[28] Com um âmbito temporal de aplicação pré-delimitado, o Decreto Legislativo Regional 14/2009/A, de 29 de Julho – aplicável aos contratos de empreitada de obras públicas celebrados ou a celebrar, na Região Autónoma dos Açores, designadamente, ao abrigo do CCP até 31 de Dezembro de 2011 (artigos 2/1 e 5) – veio determinar (artigo 3/1) que nos contratos em que as obrigações de garantia estejam sujeitas a um prazo superior a dois anos, o dono da obra pode autorizar a liberação integral da caução, decorrido o prazo de três anos contado da data da recepção provisória da obra. Contudo, de acordo com o artigo 3/3, a liberação de caução depende da inexistência de defeitos da prestação do co-contratante ou da correcção daqueles que hajam sido detectados até ao momento da liberação, sem prejuízo de o contraente público poder decidir diferentemente, designadamente, por considerar que os defeitos identificados e não corrigidos são de pequena importância e não justificam a não liberação. Este regime especial transitório é justificado, no preâmbulo, em função da "conjuntura económica adversa".

Garantias Bancárias no Código dos Contratos Públicos. Breves Notas 245

(*iii*) O artigo 295/4 regula os termos da liberação da caução nos contratos em que *haja obrigações de correcção de defeitos* pelo co-contratante, incluindo obrigações de garantia, sujeitas a um *prazo igual ou inferior a dois anos*: o contraente público deve promover a liberação integral da caução destinada a garantir o exacto e pontual cumprimento das obrigações contratuais, no prazo de 30 dias após o termo do respectivo prazo;

(*iv*) O artigo 295/5 regula os termos da liberação da caução nos contratos em que *haja obrigações de correcção de defeitos* pelo co-contratante, incluindo obrigações de garantia, sujeitas a um *prazo superior a dois anos*: o contraente público promove a liberação da caução destinada a garantir o exacto e pontual cumprimento das obrigações contratuais, nos termos das alíneas a) e b) do mesmo artigo 295/5[29].

Refira-se, porém, que, de acordo com o artigo 295/8, a liberação da caução, prevista nos números 4 a 7 do mesmo artigo, depende da inexistência de defeitos da prestação do co-contratante ou da correcção daqueles que hajam sido detectados até ao momento da liberação, podendo, no entanto, o contraente público decidir diferentemente, designadamente por considerar que os defeitos identificados e não corrigidos são de pequena importância e não justificam a não liberação.

---

[29] Mais concretamente: 25% do valor da caução, no prazo de 30 dias após o termo do 2.º ano do prazo a que estão sujeitas as obrigações de correcção de defeitos, designadamente as de garantia [alínea *a*)] e os restantes 75% no prazo de 30 dias após o termo de cada ano adicional do prazo a que estão sujeitas as obrigações de correcção de defeitos, designadamente as de garantia, na proporção do tempo decorrido, sem prejuízo da liberação integral, também no prazo de 30 dias, no caso de o prazo referido terminar antes de decorrido novo ano [alínea *b*)]. Realce-se, porém, que, de acordo com o artigo 295/6, quando o prazo a que estão sujeitas as obrigações de correcção de defeitos, designadamente as obrigações de garantia, for superior a cinco anos, a caução destinada a garantir o exacto e pontual cumprimento das obrigações contratuais deve encontrar-se liberada em, pelo menos, 75% no prazo de 30 dias após o decurso desses cinco anos; contudo (artigo 295//7), nos contratos em que haja lugar a recepção provisória, a recepção definitiva ou a acto equivalente e no caso de estas ocorrerem apenas parcialmente, a liberação parcial prevista no artigo 295//6 é promovida na proporção do valor respeitante a cada um dos conjuntos de elementos que compõem a obra, designadamente estruturais, construtivos não estruturais ou instalações técnicas e equipamentos.

246 *Estudos de Direito das Garantias, II*

II. Outra questão que suscita a nossa atenção, sempre com referência à situação em que a caução tenha sido prestada através de garantia bancária, prende-se directamente com o regime estabelecido nos números 9 e 10 do artigo 295.

De acordo com o artigo 295/9, decorrido o prazo previsto nos números anteriores para a liberação da caução, sem que esta tenha ocorrido, o co--contratante pode notificar o contraente público para que cumpra a obrigação de liberação da caução, ficando autorizado a promovê-la, a título parcial ou integral, se, 15 dias após a notificação, o contraente público não tiver dado cumprimento à referida obrigação. Por sua vez, o artigo 295/10 prevê que a mora na liberação, total ou parcial, da caução confere ao co-contratante o direito de indemnização, designadamente pelos custos adicionais por este incorridos com a manutenção da caução prestada por período superior ao que seria devido.

Dentre as várias questões que os números 9 e 10 suscitam, referimo-nos a duas: (*i*) à autorização dada ao co-contratante para a promoção da liberação da caução e (*ii*) ao direito de indemnização do co-contratante pela mora na liberação, *maxime* no que se reporta à relação desse direito com a autorização para a promoção da liberação.

4.2. *A autorização para a promoção da liberação da caução*

I. Conforme decorre do artigo 295 do Código, o contraente público tem o *dever* de, decorridos os prazos aí previstos, promover a liberação integral da caução, podendo ser responsabilizado pelo co-contratante pela mora na liberação. No entanto, conforme vimos, o direito à liberação da caução que, *prima facie*, poderia decorrer do decurso do prazo, pode ser paralisado, *ab ovo*, nas situações em que haja defeitos da prestação do co--contratante ou da correcção, desde que detectados até ao momento da data prevista para a liberação (artigo 295/8). Em rigor, nessas situações, cuja identificação e comunicação cabe ao contraente público, o dever de liberação e o correspondente direito não chegam a constituir-se.

Sendo tais defeitos de "pequena importância", o artigo 295/8 deixa nas mãos do contraente público, à sua discricionária apreciação, a decisão sobre a liberação. Como é patente, esta situação pode, em concreto, revelar-se perturbadora para o co-contratante, nas situações em que a entidade pública considere, ao contrário daquele, que não está verificado o requisito

Garantias Bancárias no Código dos Contratos Públicos. Breves Notas 247

para o funcionamento da discricionariedade: ou seja, por entender que há defeitos e que os mesmos não são de "pequena importância". Naturalmente que o princípio da boa fé impõe que os contraentes "promovam" o melhor entendimento possível[30].

Independentemente disso, a entidade pública que entenda não estar obrigada a promover a liberação da caução terá, no entanto, por força do princípio da boa fé, o dever de tornar a situação o menos gravosa possível para o co-contratante, "retendo" apenas a parte presumivelmente necessária para garantir a remoção dos defeitos.

II. Como é que entidade pública promove a liberação da caução constituída por garantia bancária? Admitindo que o termo de garantia não regula esse ponto – já que se o fizer será aplicável o regime dele constante – a liberação deverá, em rigor, ser feita através de uma comunicação da entidade pública dirigida ao banco, na qual declara essa mesma liberação. Tal declaração deverá, também em rigor, ser acompanhada do termo de garantia que é, assim, devolvido ao banco. Contudo, e como princípio, pese embora o facto de, na *praxis* bancária, essa constituir normalmente um exigência dos bancos, a não devolução do termo de garantia não prejudica a cessação de vigência da caução, na medida em que a declaração da entidade pública seja clara nesse sentido. Cremos que essa exigência da prática bancária estará ancorada num – injustificado – paralelismo entre os documentos que titulam as garantias bancárias e os títulos de crédito, nos quais ocorre, como é sabido, a incorporação do – *rectius*, de um – direito no título[31].

Admite-se, contudo, que a declaração da entidade pública possa ser dirigida ao co-contratante, que não ao banco. Essa será mesmo a situação mais frequente. No entanto, quando assim seja, parece-nos que, ainda

---

[30] Sobre a aplicação do princípio da boa fé no direito público, cf. MENEZES CORDEIRO, *Subsídios para a dogmática administrativa como exemplo do equilíbrio financeiro*, in "Contratos Públicos", Cadernos "O Direito", n.º 2 (2007), Almedina, Coimbra, p. 94 e ss..

[31] Cf., sobre a característica da incorporação, por todos, FERRER CORREIA, *Lições de Direito Comercial*, II. *Letra de câmbio*, Coimbra, 1975, p. 39 e ss., OLIVEIRA ASCENSÃO, *Direito Comercial*, II. *Títulos de crédito*, Lisboa, 1992, pp. 25-25, PAIS DE VASCONCELOS, *Direito Comercial. Títulos de crédito*, AAFDL, 1988/1989, p. 16 e ss.; cf. ainda, recentemente, ENGRÁCIA ANTUNES, *Os títulos de crédito. Uma introdução*, p.17 e ss. e SOVERAL MARTINS, *Títulos de crédito e valores mobiliários*, Parte I. *Títulos de crédito*, Volume I. *Dos títulos de crédito em geral*, II. *A letra*, Almedina, Coimbra, 2008, p. 12 e ss..

assim, em termos jurídicos, o *destinatário real* será o banco – parte, com o beneficiário, no contrato de garantia bancária[32] – funcionando o co-contratante, quando comunica ao banco o teor da declaração, como agente, em sentido literal, ou como *núncio* da entidade pública.

Qual a natureza jurídica da liberação da caução pela entidade pública? Parece-nos que a mesma não é unitária: com a recepção da declaração de liberação, a entidade adjudicante (*i*) ou reconhece que está esgotada a função assegurada pela caução e a consequente caducidade da garantia; ou (*ii*) renuncia à mesma. No primeiro caso, temos uma declaração de ciência, no segundo temos uma renúncia, que tem cariz constitutivo e não já meramente declarativo. Em função do regime plasmado no artigo 295 do CCP, mesmo que, em concreto, seja possível concluir no primeiro sentido, ainda assim, a data da extinção da garantia – com as implicações que isso tem nas relações entre o banco e o seu cliente (co-contratante), designadamente a nível do pagamento de comissões – será a da recepção, pelo banco, da declaração de liberação.

III. Vimos que o artigo 295/9 *autoriza* o co-contratante, em determinados termos, a promover a liberação da garantia, a título parcial ou integral, quando o contraente público não tenha dado cumprimento à obrigação de liberação da caução.

A constituição da *autorização* – de fonte legal, *in casu* – está dependente de um pressuposto e de dois requisitos. O *pressuposto* é o decurso dos prazos fixados no artigo 295, sem que a entidade pública tenha liberado a caução. Quanto aos *requisitos*, há um *positivo* – ter o co-contratante notificado o contraente público para o cumprimento do dever de liberação – e um *negativo* – que, intimado, o contraente público não tenha cumprido o sobredito dever. Só então é que se considera o co-contratante *autorizado* a promover a liberação, promoção essa que faz em nome próprio, como é típico da autorização[33], que não em nome do contratante público.

Que efeito dar ao silêncio da entidade pública? O efeito será o da verificação do requisito negativo atrás indicado. Diversamente, uma tomada

---

[32] Sobre a natureza contratual da garantia bancária autónoma, cf., por todos, GALVÃO TELLES, *Manual dos contratos em geral*[4], *cit.*, p. 512.

[33] Cf., sobre a figura da *autorização*, por todos, PESSOA JORGE, *O mandato sem representação*, Ática, Lisboa, 1961, p. 387 e ss..

Garantias Bancárias no Código dos Contratos Públicos. Breves Notas 249

de posição da entidade pública sustentando a não verificação do pressuposto ou, pura e simplesmente, declarando não haver fundamento para a liberação, impede a constituição legal da autorização.

Juridicamente, a notificação à entidade pública para a liberação da caução corporizará uma *intimação*. Mais concretamente, é uma intimação peremptória e admonitória; *peremptória*, porque é dado ao contratante público um prazo firme (15 dias)[34] "para que este cumpra a obrigação de liberação da caução"[35]; *admonitória* porque, através dela, o contratante público fica ciente de que, se não cumprir tal obrigação, o co-contratante intimante ficará legalmente autorizado a promover tal liberação perante o banco.

Quanto ao *modus faciendi* da *promoção* da liberação por parte do co-contratante, a mesma começará, tipicamente, por uma notificação ao banco, na qual manifesta a pretensão do reconhecimento da liberação, por parte do banco, devendo tal notificação ser acompanhada de cópia da intimação feita ao contratante público.

Surgem, nesta fase, novas dificuldades, já que o banco, atenta a sua vinculação perante a entidade pública[36], não aceitará "libertar" a garantia sem ter a certeza da posição do beneficiário. Na verdade, não basta ao cliente (co-contratante) a demonstração da feitura da intimação[37] e a constatação do decurso de mais de 15 dias após a mesma: seria ainda necessário demonstrar um facto negativo (!): que, nesses 15 dias, a entidade pública não sustentou a manutenção da caução, por exemplo, para acudir a correcção de defeitos que tenham sido detectados (artigo 295/8). Ora, para o efeito, o banco não se poderá satisfazer com a afirmação do seu cliente de que não recebeu qualquer resposta da parte da entidade pública, sendo lógico que exija uma declaração desta que o resguarde de uma eventual futura sustentação de que a garantia ainda está em vigor.

---

[34] Parece-nos possível, em função da natureza e da razão de ser deste prazo, a indicação de um prazo diverso, desde que superior.

[35] Usamos aqui a impressiva redacção do artigo 295/9 do CCP.

[36] Sobre a complexa operação de garantia, cf. o nosso *Assunção fidejussória de dívida, cit.*, p. 360 e ss..

[37] Estamos, naturalmente, a pressupor que o co-contratante não se limita a provar o envio da intimação mas também a recepção da mesma por parte da entidade pública; sobre a recepção como momento que dita, como regra, o momento da eficácia da declaração, cf., por todos, MOTA PINTO / PINTO MONTEIRO / P. MOTA PINTO, *Teoria geral do direito civil*, 4.ª edição, Coimbra Editora, Coimbra, pp. 440 e 647 e ss. e PESSOA JORGE, *Direito das obrigações*, AAFDL, Lisboa, 1975/76, p. 163 e ss..

O legislador ficou, neste ponto, aquém daquilo que seria razoável exigir-lhe. Na verdade, julgamos que seria perfeitamente lógico colocar, a partir da intimação pelo co-contratante, o ónus de diligência na esfera da entidade pública, "obrigando-a" a, se tiver alguma reserva à liberação da garantia, comunicá-la, no prazo do artigo 295/9 (ou noutro), ao co-contratante e ao banco, considerando-se automaticamente liberada a caução se o não fizesse.

Pode, assim, gerar-se um impasse na situação em que a entidade pública nada diga, situação em que, como vimos, devemos ter por preenchido o requisito negativo acima apontado. A solução possível poderá estar numa nova intimação da entidade pública, desta vez por parte do banco. Assim, imaginando uma situação – que não será tão pouco usual – em que a entidade pública se recusa a entregar ao cliente (co-contratante) um documento reconhecendo a liberação ou a inexistência de defeitos, poderá o banco, também em defesa do seu cliente, intimar a entidade pública – sua contraparte no contrato de garantia – para se pronunciar, sob pena de considerar a caução extinta. Tendo recebido duas intimações sucessivas, uma do co-contratante e outra do banco prestador da garantia, e mantendo-se em olímpico silêncio no que respeita à liberação, deverá, se bem interpretamos, ter-se por liberada a caução no exercício da autorização legal dada no artigo 295/9 do CCP.

4.3. *Sobre o direito de indemnização em caso de mora*

I. Como vimos, de acordo com o artigo 295/10, em caso de mora na liberação, total ou parcial, da caução, o co-contratante tem o direito de indemnização, designadamente pelos custos adicionais em que tenha incorrido com a manutenção da caução por período superior ao que seria devido.

Naturalmente que a mora da entidade pública na liberação da caução pode ser altamente gravosa para o co-contratante, não só porque tem de continuar a pagar ao banco as comissões acordadas aquando da celebração do contrato para prestação de garantia[38], mas também porque pode ser prejudicado no recurso ao crédito bancário, em virtude da subsistência da

---

[38] Esclarece o artigo 90/9 do CCP, para quem tivesse dúvidas, que "todas as despesas relativas à prestação da caução são da responsabilidade do adjudicatário".

Garantias Bancárias no Código dos Contratos Públicos. Breves Notas   251

garantia[39]. Daí o regime do artigo 295/10 que faz, assim, pleno sentido; de resto, mesmo na falta de previsão expressa, o mesmo resultaria dos princípios gerais, atenta a consagração legal de um dever de liberação.

Dentre as várias questões que se podem suscitar neste domínio, preocupa-nos a de saber se o direito do co-contratante a indemnização moratória está dependente da prévia intimação nos termos do artigo 295/ /9: essa intimação destinar-se-ia, assim, de algum modo, a provocar o vencimento da obrigação de liberação, ficando a entidade pública em mora a partir da data do vencimento – a qual tenderia a coincidir com o 16.º dia posterior à notificação.

Parece-nos, porém, de rejeitar essa construção: em função das situações específicas em causa, a entidade pública conhece o prazo para a promoção da liberação (artigo 295 do CCP), promoção essa que constitui um *dever* e não uma mera faculdade. Isso é claro na redacção do artigo 295 do CCP, referindo-se, a título exemplificativo, a expressão, constante do artigo 295/9, reportada ao contraente público, "para que este cumpra a obrigação de liberação da caução".

Ou seja, o artigo 295 fornece ao contraente público, enquanto *devedor* da liberação, os critérios para a determinação da data do vencimento da obrigação, a qual não está, assim – por não ser uma obrigação pura[40] – dependente da interpelação pelo co-contratante. O exposto não significa, porém, que o co-contratante não tenha vantagem prática em fazer a interpelação – seguramente que a tem: a realização desta irá forçar o contraente público a uma tomada de posição, designadamente sobre a eventual existência de defeitos (artigo 295/8).

Finalmente, parece-nos claro, face à redacção do artigo 295/10 do CCP, que a indemnização não está limitada à cobertura dos "custos adicionais": ela cobre ainda, nos termos gerais, os demais prejuízos que sejam alegados e provados.

---

[39] Cf., a propósito, a justificação constante do preâmbulo do Decreto Legislativo Regional n.º 14/2009/A, para as medidas aí tomadas: "A verdade é que a prestação de caução, bem como a sua manutenção por períodos relativamente longos, tem custos significativos para as empresas que na actual conjuntura são penalizadores da sua estrutura financeira".

[40] Em geral, sobre o vencimento e a constituição em mora nas obrigações puras, cf., por todos, GIORGIANNI, *L'inadempimento. Corso di Diritto Civile*, Giuffrè, Milano, 1975, p. 119 e ss. e GALVÃO TELLES, *Direito das obrigações*, 7.ª edição, Coimbra Editora, Coimbra, 1997, p. 301 e ss..

252   *Estudos de Direito das Garantias, II*

II. Os prejuízos pela não liberação da caução podem comunicar-se ao banco, *maxime* em situação de insolvência do co-contratante, que não lhe permita continuar a pagar as comissões que sejam devidas.

A esta luz, tendo o banco intimado a entidade pública para a liberação da caução e tendo-se esta recusado injustificadamente a fazê-lo, poderá exigir indemnização à entidade pública pelos prejuízos que sofra em consequência dessa não liberação. É certo que o artigo 295/10 do CCP parece reservar o crédito de indemnização para o co-contratante. Contudo, no nosso entender, essa é uma reserva aparente, explicando-se a redacção do preceito em função do seu carácter genérico e do facto de a liberação estar, à partida, centrada nas relações entre as partes do contrato público. Importa não olvidar que a entidade pública beneficiária é parte num contrato de garantia com o banco, estando, nesse âmbito, sujeita a deveres de protecção, traduzidos, *in casu*, no dever de não "cativação" infundada da caução, em prejuízo da contraparte no contrato de garantia.

5. Execução da caução

I. De acordo com o artigo 296/1 do CCP, as cauções prestadas pelo co-contratante podem ser executadas pelo contraente público, sem necessidade de prévia decisão judicial ou arbitral, para satisfação de quaisquer importâncias que se mostrem devidas por força do não cumprimento, por aquele, das obrigações legais ou contratuais. A título exemplificativo, o mesmo artigo 296/1 elenca as seguintes obrigações:

a) Sanções pecuniárias aplicadas nos termos previstos no contrato;
b) Prejuízos incorridos pelo contraente publico, por força do incumprimento do contrato; e
c) Importâncias fixadas no contrato a título de cláusulas penais.

Tratando-se de garantia bancária ao primeiro pedido, ao contraente público que pretenda executar a garantia bastará, portanto, invocar perante o banco as obrigações incumpridas, exigindo o pagamento da quantia correspondente à situação concretamente verificada. O caso será de resolução fácil quando a obrigação incumprida dê lugar, nos termos do contrato, a uma sanção pecuniária ou quando tenha sido acordada uma cláusula penal, casos em que o contraente público, para além da obrigação incumprida, invocará, respectivamente, a sanção ou cláusula penal aplicável.

Garantias Bancárias no Código dos Contratos Públicos. Breves Notas   253

O caso será bem mais complexo quando o contraente público invoque o incumprimento de uma determinada obrigação, complementando essa referência com uma quantificação – naturalmente unilateral – de prejuízos. Já foi mesmo questionada a constitucionalidade da alínea *b*) do artigo 296/1 do CCP, entendendo Pedro Gonçalves[41] que, fora dos casos em que a lei atribui categoricamente ao contratante público um direito a ser ressarcido por *certos* e *determinados* prejuízos, as cauções não poderão ser executadas pelo contraente público para se indemnizar de prejuízos que não se sabe quem tem, em rigor, de suportar.

Reconhecendo, embora, que a questão não é líquida, importará, no entanto, referir que a desnecessidade de o beneficiário da garantia fazer a prova concreta dos prejuízos, constitui uma situação comumente aceite no funcionamento das garantias bancárias *on first demand*, onde nem sequer é tipicamente exigida a quantificação dos danos: ao beneficiário de uma garantia autónoma ao primeiro pedido bastará invocar o incumprimento do devedor, exigindo o pagamento imediato.

Pagamento imediato que, conforme sustentamos[42], não tem, *summo rigore*, de o ser, já que, dentro dos prazos indicados no termo de garantia, o banco terá de consultar o seu cliente, estando mesmo adstrito para com ele a essa consulta. Desta consulta podem resultar, de resto, elementos documentais que permitam ao banco recusar-se licitamente a cumprir, nos termos excepcionais em que essa recusa é admitida nas garantias automáticas[43].

Recorde-se que a caução (artigo 90/8 do CCP) deve colocar a entidade pública em situação não inferior, em termos de segurança do seu crédito, à que esta teria se a caução se processasse através de depósito em dinheiro.

Assim, o litígio sobre a bondade da execução da garantia – fora dos casos limite de excussão abusiva – concentrar-se-á na "área" do contrato público, nas relações entre a entidade pública e o co-contratante, estabele-

---

[41] Cf. Pedro Gonçalves, *Cumprimento e incumprimento do contrato administrativo*, *cit.*, p. 588.

[42] Cf.. o nosso *Sobre a mora do garante na garantia bancária autónoma*, *cit.*, p. 193 e ss..

[43] Cf., por todos, Galvão Telles, *Garantia bancária autónoma*, *cit.*, pp. 289-290 e Fátima Gomes, *Garantia bancária autónoma à primeira solicitação*, in "Direito e Justiça", VIII, tomo 2 (1994), p. 180 e ss.; cf. também *supra*, nota 16.

cendo, de resto, o artigo 296/3 que a execução indevida da caução (incluindo, naturalmente, garantia bancária) confere ao co-contratante o direito a indemnização pelos prejuízos daí advenientes. A montante desse momento, não está o co-contratante impedido de recorrer a uma providência cautelar destinada a impedir o pagamento da garantia[44].

II. De acordo com o artigo 296/2 do CCP, a execução parcial ou total da caução prestada pelo co-contratante implica a renovação do respectivo valor, no prazo de 15 dias após a notificação pelo contratante público para esse efeito.

Daqui decorre claramente que, executada uma caução – designadamente uma garantia bancária – o contraente público poderá notificar o co-contratante para "renovação do respectivo valor", no prazo de 15 dias[45]. O destinatário de tal dever – o obrigado – é, naturalmente, o co-contratante, que não a instituição de crédito que prestou a garantia bancária. Ou seja: salvo na situação em que esse compromisso – que constituirá, juridicamente, uma *promessa* – seja assumido pelo banco na garantia prestada e, entretanto, executada, o mesmo não está obrigada à prestação de uma nova garantia ou a reforçar a garantia parcialmente executada, não se nos afigurando sustentável a posição que aponte no sentido de fazer correr por conta do banco prestador da garantia o encargo de cobrir todas as novas situações que se revelem necessárias.

Faculdade de Direito da Universidade de Lisboa, Novembro de 2009.

---

[44] Cf., v. g., Francisco Cortez, *A garantia bancária autónoma*, *cit.*, p. 600 e ss. e Mónica Jardim, *A garantia autónoma*, *cit.*, p. 327 e ss..

[45] Entende Andrade da Silva, *CCPúblicos*[2], *cit.*, pp. 659-660 que isso constitui um *dever* da entidade pública.

A SOCIEDADE COM DOMÍNIO TOTAL
COMO GARANTE. BREVES NOTAS[*]

SUMÁRIO: 1. Introdução; 2. A não qualificação legal da responsabilidade da sociedade directora; 3. A identificação externa de um *devedor primário* e de um *devedor secundário*; 4. A prova dos nove da acessoriedade: a extensão ao devedor secundário dos meios de defesa do devedor principal; 5. Conclusão.

1. Introdução

I. De acordo com o artigo 501/1 do Código das Sociedades Comerciais (adiante CSC), a sociedade directora é responsável pelas obrigações da sociedade subordinada, constituídas antes ou depois da celebração do contrato de subordinação, até ao termo deste. Determina, porém, o artigo 501/2 que a responsabilidade da sociedade directora não pode ser exigida antes de decorridos 30 dias sobre a constituição em mora da sociedade subordinada.

O regime de responsabilidade da sociedade directora pelas dívidas da sociedade subordinada, nos temos citados, é aplicável, por força da remissão feita pelo artigo 491 do mesmo código, aos grupos constituídos por domínio total, aos quais é, de resto, mais amplamente, aplicável o regime dos artigos 501 a 504 do mesmo código, bem como o daquelas disposições que, por força dos artigos 501 a 504, sejam aplicáveis.

---

[*] Destinado aos Estudos em Homenagem ao Prof. Doutor Carlos Ferreira de Almeida.

Neste breve estudo, pretendemos abordar a natureza jurídica da responsabilidade consagrada nos números 1 e 2 do artigo 501 do CSC, tendo em mente a situação de responsabilidade da sociedade com domínio total[1].

II. A questão da natureza jurídica da responsabilidade da sociedade dominante, em situação de domínio total, pelo cumprimento das obrigações da sociedade dominada, tem sido objecto da atenção da doutrina nacional, a qual propende, maioritariamente, para a qualificação de tal responsabilidade como *solidária* com a dominada, havendo, depois, a partir deste, digamos, denominador comum ou quase comum, divergências que, no fundo, se centram no tipo de solidariedade: se solidariedade pura, se solidariedade imprópria ou se solidariedade *sui generis*.

Assim, para Raul Ventura[2], a responsabilidade em análise "não é perfeitamente solidária" (...) nem é meramente subsidiária": a não recondução à responsabilidade solidária "perfeita" resulta, no entender do autor, do facto de a mesma não poder ser exigida antes de decorridos 30 dias sobre a constituição da sociedade subordinada em mora; por sua vez, a não recondução à responsabilidade "meramente subsidiária" resulta do facto de a mesma não requerer a prévia excussão dos bens da sociedade dominada.

Nesta mesma linha, podemos incluir a última posição de Engrácia Antunes[3], para quem a responsabilidade da sociedade directora constitui

---

[1] Fora das preocupações deste estudo estão, assim, outros relevantes problemas que se podem centrar no regime do artigo 501 do CSC, na sua articulação com o disposto no artigo 491, designadamente a questão da aplicação do regime plasmado naquela disposição aos casos ditos de domínio qualificado; cf., em sentidos não coincidentes, OLIVEIRA ASCENSÃO, *Direito Comercial*, IV. *Sociedades comerciais. Parte geral*, Lisboa, 2000, p. 612 e ss., COUTINHO DE ABREU, *Curso de Direito Comercial*, II. *Das sociedades*, 3.ª edição, Almedina, Coimbra, 2009, p. 183, DIOGO PEREIRA DUARTE, *Aspectos do levantamento da personalidade colectiva nas sociedades em relação de domínio. Contributo para a determinação do regime da empresa plurissocietária*, Almedina, Coimbra, 2007, p. 346 e ss., ANA PERESTRELO DE OLIVEIRA, in *CSC / Clássica*, Almedina, Coimbra, 2009, anotação ao artigo 501, p. 1206 e VOGLER GUINÉ, *A responsabilidade solidária nas relações de domínio qualificado. Uma primeira noção sobre o seu critério e limites*, in Revista da Ordem dos Advogados, ano 66 (2006), p. 295 e ss..

[2] Cf. RAÚL VENTURA, *Contrato de subordinação*, in "Novos estudos sobre sociedades anónimas e sociedades em nome colectivo, Almedina, Coimbra, 1994, p. 123

[3] Cf. ENGRÁCIA ANTUNES, *Os grupos de sociedades. Estrutura e organização jurídica da empresa plurisocietária*, 2.ª edição, Almedina, Coimbra, 2002, pp. 801-802; cf. também

A Sociedade com Domínio Total como Garante. Breves Notas   257

uma "responsabilidade solidária *sui generis*": haveria solidariedade mas "com a particularidade de se haver previsto uma condição ou termo especial relativamente ao momento da sua exigibilidade a um dos condevedores (isto é, o decurso de um prazo de 30 dias contado a partir da mora do outro condevedor)". Para este autor, em resumo, "o nascimento da responsabilidade da sociedade directora pelas obrigações da sua subordinada está assim dependente de dois requisitos fundamentais: por um lado, que a sociedade subordinada não tenha querido ou não tenha podido cumprir a dívida em causa; por outro, que hajam decorrido 30 dias após a sua constituição em mora".

Ainda nesta linha, embora com flutuações terminológicas, cremos poder indicar as posições de Graça Trigo[4] e também, numa tónica aparentemente mais "purista", relativamente à solidariedade passiva, de Francisco B. Pereira Coelho[5], de Rosário Palma Ramalho[6] e de Ana Perestrelo de Oliveira[7].

---

pp. 805-806: "Dir-se-ia estarmos, portanto, perante uma *responsabilidade solidária sui generis*: muito embora as sociedades subordinada e directora respondam ambas pelo cumprimento integral das obrigações, os credores sociais deverão começar por fazer valer os respectivos direitos primeiramente perante a sociedade subordinada (*rectius*, por aguardar o vencimento dessas obrigações em face desta), os quais apenas se tornarão exigíveis junto da sociedade directora quando, não podendo ou não querendo aquela cumpri-las, tenha transcorrido um determinado prazo após a *mora debendi*". Era diversa – e, no nosso entender, mais fecunda – a posição sustentada por este autor na 1.ª edição da mesma obra (Almedina, Coimbra, 1993), encontrando-se, a pp. 667, a defesa da inexistência de razões absolutas na qualificação da responsabilidade da sociedade devedora, prevista no artigo 501, como *solidariedade* ou como modalidade *sui generis* de fiança. Nessa conformidade, o autor propugnava a adopção de um método *teleológico-casuístico*, como forma de determinação do regime aplicável à responsabilidade da sociedade directora: o regime não seria estabelecido em função de uma apriorística definição da natureza jurídica, mas caso a caso, "mediante o confronto dos resultados da aplicação das normas dos artigos 512 e seguintes e 627 e seguintes do Código Civil, por um lado, com as especificidades do regime e finalidades materiais subjacentes ao próprio preceito do artigo 501, por outro".

⁴ Cf. Maria da Graça Trigo, *Grupos de sociedades*, in "O Direito", ano 123.º (1991-I), p. 93.

⁵ Cf. Francisco B.Pereira Coelho, *Grupos de sociedades. Anotação preliminar aos artigos 488.º a 508.º do Código das Sociedades Comerciais*, in Boletim da Faculdade de Direito, ano LXIV (1988), p. 327. nota 71 e p. 350.

⁶ Cf. Maria do Rosário Palma Ramalho, *Grupos empresariais e societários. Incidências laborais*, Almedina, Coimbra, 2008, p.168 e também p. 629. A autora afirma, sem qualificativos, tratar-se, "de um sistema de responsabilidade solidária da sociedade mãe pelas dívidas da sociedade filha"; mais adiante, refere-se à "única condição que a lei

Numa linha de conjugação da solidariedade com a subsidiariedade, podemos, tanto quanto interpretamos, apontar também a posição de Maria Augusta França[8], autora que costuma ser infundadamente "segregada", por ter sustentado que a responsabilidade da sociedade directora é uma responsabilidade subsidiária. Ora, a autora é bastante clara sobre o sentido que atribui a "responsabilidade subsidiária" – de modo nenhum confundido com o de responsabilidade que exija a excussão prévia patrimonial prévia; substancialmente, o que autora sustenta[9] é a existência daquilo a que, noutro local, chamamos *subsidiariedade fraca* ou *média*, bem diferentes da *subsidiariedade forte*, esta sim associada ao benefício da excussão[10].

III. As referências doutrinais que acabam de ser feitas permitem concluir, com segurança, que, independentemente das colorações terminológicas utilizadas pelos diversos autores, a maioria destes identifica na responsabilidade consagrada no artigo 501 do CSC uma situação de solidariedade passiva, *ex vi legis*, com a especificidade – a que os autores emprestam diversas qualificações, desde a *condição* até à *subsidiariedade* (fraca ou média), passando por outras – de a responsabilidade da sociedade

---

impõe à reclamação do crédito perante a sociedade directora", constituída pela exigência de a sociedade subordinada já ter entrado em mora há mais de 30 dias.

[7] Cf. Ana Perestrelo de Oliveira, *CSC / Clássica, cit.*, p. 1207, afirmando tratar--se de solidariedade passiva, nos termos do artigo 512 e ss. do Código Civil, "não obstante o regime especial de exigibilidade fixado no artigo 501/2".

[8] Cf. Maria Augusta França, *A estrutura das sociedades anónimas em relação de grupo*, AAFDL, 1990, p. 67.

[9] Cf. Maria Augusta França, *A estrutura das sociedades anónimas em relação de grupo, cit.*, p. 67: "Trata-se, no entanto, de uma responsabilidade subsidiária. O n.º 2 do mesmo artigo fá-lo depender do decurso de trinta dias sobre a constituição em mora da sociedade subordinada (...)". A esta luz – que passa por identificar uma *subsidiariedade fraca* ou *média* – a posição da autora acaba por não ser substancialmente diferente daquela que expõe, por exemplo, Pereira de Almeida, *Sociedades comerciais e valores mobiliários*, Coimbra Editora, Coimbra, 2008, p. 584, ao escrever, com referência à *subsidiariedade forte*, associada ao benefício da excussão, que a responsabilidade da sociedade directora não é subsidiária.

[10] Sobre os graus de subsidiariedade, cf. o nosso *Assunção fidejussória de dívida. Sobre o sentido e âmbito da responsabilidade como fiador*, Almedina, Coimbra, 2000, p. 968.

A Sociedade com Domínio Total como Garante. Breves Notas   259

directora não poder ser exigida antes de decorridos 30 dias sobre a constituição em mora da sociedade subordinada (artigo 501/2).

Esta posição tem sido acompanhada pela jurisprudência sobre a matéria, jurisprudência essa que, de resto, se tem firmado nas posições sustentadas pela doutrina. Assim, no Acórdão do STJ de 31.05.2005[11] foi entendido, numa clara adopção da nova caracterização proposta por Engrácia Antunes, que a responsabilidade em causa é uma responsabilidade solidária *sui generis*, não constituindo óbice a tal caracterização o facto de o legislador não o ter dito expressamente. Idêntica caracterização surge efectuada no Acórdão da Relação de Lisboa de 19.06.2008[12], aresto que, de resto, acompanha, assumidamente, o Acórdão do Supremo atrás citado.

A nossa posição é diversa, já que identificamos na responsabilidade da sociedade dominante uma característica que, no nosso entender, não é compatível com o modo como o legislador nacional moldou a pluralidade de devedores em modo de solidariedade passiva: a *acessoriedade*[13].

Acontece até, singularmente, que alguns dos argumentos enunciados pela doutrina para a caracterização da responsabilidade da sociedade dominante como responsabilidade solidária são, *summo rigore*, argumentos no sentido da acessoriedade, o que vale dizer que são argumentos que, substancialmente, militam no sentido da existência, na situação em apreço, de uma responsabilidade de *tipo fidejussório*.

---

[11] Processo n.º 05A1413, in www.dgsi.pt.

[12] Processo 260/2007-6, in www.dgsi.pt.

[13] Sobre esta incompatibilidade, cf. o nosso *Assunção fidejussória de dívida, cit.*, p. 261 e ss. e 272-273. Neste particular, afastamo-nos da posição sustentada na Alemanha, por exemplo, por EHMANN, *Die Gesamtschuld. Versuch einer begrifflichen Erfassung in drei Typen*, Duncker & Humblot, Berlin, 1972, pp. 334-335, defendendo que a acessoriedade constitui uma especificidade dentro do *Oberbegriff* de *Gesamtschuld*. Similar posição pode ser vista, entre nós, em VAZ SERRA, *Pluralidade de devedores ou de credores*, in BMJ 69 (1957), pp. 101-102, para quem não há restrições quanto ao conteúdo das dívidas solidárias, podendo uma obrigação ser principal e a outra acessória que nem por isso estará posta em causa a acessoriedade. Realce-se, no entanto, que, a pp. 328 e ss., o autor refuta a autonomia da *solidariedade imperfeita*; cf. também o nosso *Assunção fidejussória de dívida*, p. 254 e ss.. Sobre a solidariedade imperfeita, cf., entre nós, por último, MENEZES CORDEIRO, *Tratado de Direito Civil português*, II. *Direito das obrigações*, tomo I, Almedina, Coimbra, 2009, pp. 721-722, inserindo nas "solidariedades impróprias ou não-autênticas" as situações em que existam vínculos distintos, um principal e outro acessório e até as situações mais extremas de subsidiariedade forte, associadas ao benefício da excussão.

260   *Estudos de Direito das Garantias, II*

Que tenhamos constatado, a abordagem da eventual natureza da responsabilidade da sociedade dominante como fidejussória ou de tipo fidejussório apenas é feita, na jurisprudência, no citado Acórdão da Relação de Lisboa de 19.06.2008, mas para afastar tal caracterização: para a Relação, diversamente do que era defendido, *in casu*, pelas recorrentes, a natureza da responsabilidade da sociedade dominante não era uma responsabilidade acessória ou de "segunda linha", sendo, antes, directa, ilimitada, objectiva e solidária. Não obstante, para além de não ser claro o que constitui, para a Relação, no citado aresto, responsabilidade de "segunda linha", desde logo porque a expressão surge entre aspas, parece-nos, conforme se verá adiante, que não haveria nenhuma incompatibilidade entre a caracterização de uma responsabilidade como de tipo *fidejussório*, por ser *acessória*, e a sua caracterização como directa, ilimitada, objectiva ou mesmo como solidária, se entendida a solidariedade em termos muito latos, como situação de responsabilidade plural em que há *libera electio* por parte do credor.

IV. Na discussão à volta da caracterização jurídica da responsabilidade da sociedade dominante, parece-nos inócuo o regime plasmado no artigo 501/3 do CSC, de acordo com o qual não pode mover-se execução contra a sociedade directora com base em título exequível contra a sociedade subordinada. Trata-se de uma solução que, independentemente da sua bondade – a qual, de resto, não acompanhamos inteiramente[14] – se limita a aplicar uma regra geral de direito processual civil, à qual, não são, contudo, estranhas, conforme se impõe reconhecer, preocupações substantivas. Também uma qualquer pretensão de estabelecer um paralelismo identitário entre o regime-regra do artigo 522 do Código Civil – de acordo com o qual

---

[14] O legislador optou aqui por deixar "sucumbir" a lógica substantiva ou material à lógica processual. Pensamos que uma boa compatibilização entre o substantivo e o adjectivo, considerando a peculiaridade do regime do artigo 501 do CSC, estaria numa solução intermédia, que admitisse a execução contra a sociedade totalmente dominante com base em título exequível contra a sociedade totalmente dominada, mas apenas no que respeitasse a obrigações constituídas após a situação de domínio total. Caberia, então, ao exequente instruir o requerimento de execução não só com o título executivo contra a sociedade dominada mas também com a prova documentada da verificação dos requisitos do domínio total, incluindo a data de início, e ainda com a prova documentada da data da constituição da obrigação. Não tendo feito esta opção, o legislador acaba, em certa medida, por retirar (conquanto não em termos definitivos) com a "mão processual" do artigo 501/3 o que dera com a "mão substantiva" do artigo 501/1.

A Sociedade com Domínio Total como Garante. Breves Notas 261

o caso julgado entre o credor e um dos devedores não é oponível aos restantes devedores[15] – e o do artigo 501/3 do CSC, não pode ser inteiramente acompanhada, já que o regime plasmado no citado artigo 522 não constitui, propriamente, uma especificidade da solidariedade passiva, sendo, ao fim e ao cabo, manifestação do regime geral em sede de limites do caso julgado. Nesta lógica, o artigo 522 deverá a sua existência à necessidade, sentida pelo legislador, de deixar claro que a situação de solidariedade passiva não inflecte esse regime geral[16].

2. A não qualificação legal da responsabilidade da sociedade directora

I. Na discussão sobre a natureza da responsabilidade da sociedade dominante pelo cumprimento das obrigações da sociedade dominada, não podemos deixar de, à partida, notar o facto de o artigo 501 do CSC não qualificar a responsabilidade da sociedade directora.

É essa não qualificação concludente no sentido da solidariedade ou noutro? Parece óbvio que não: a natureza jurídica dessa responsabilidade há-de ser encontrada a partir do regime, conforme é, de resto, pacífico na doutrina em geral. Aliás, conforme é também pacífico, a eventual qualificação que o legislador tivesse efectuado estaria sujeita a "sindicação" pelo intérprete[17]: ainda que, por hipótese, o legislador tivesse caracterizado a responsabilidade da sociedade dominante como solidária, nem por isso seria de afastar a sua "requalificação" noutros termos.

---

[15] Cf., por todos, VAZ SERRA, *Pluralidade de devedores ou de credores, cit.*, p. 179 e ss..

[16] Cf., a propósito, VAZ SERRA, *Pluralidade de devedores ou de credores, cit.*, p. 184, justificando assim a solução: "O caso julgado desfavorável a um condevedor não deve poder ser oposto aos outros devedores (...). É que, não tendo eles intervindo no pleito, não parece razoável que possa ser-lhes oposta uma decisão proferida sem a sua intervenção e apenas com a intervenção do seu condevedor, que podia ter-se defendido por maneira menos eficiente do que aquela por que eles mesmos o teriam feito"; cf. também HELENA TOMÁS, *O caso julgado nas obrigações solidárias. Sobre alguns aspectos da actuação judicial na solidariedade civil*, Faculdade de Direito da Universidade de Lisboa, 1993, p. 81 e ss..

[17] Cf., por todos, OLIVEIRA ASCENSÃO, *O Direito. Introdução e teoria geral*, 13.ª edição, Almedina, Coimbra, 2006, p. 391, em refutação ao pensamento que tem como bandeira o vetusto brocardo *in claris non fit interpretatio*, e p. 395, sobre a tensão entre a letra e o espírito da lei.

262   *Estudos de Direito das Garantias, II*

Na discussão sobre a natureza jurídica da responsabilidade da sociedade com domínio total, parece-nos que não pode ser atribuído relevo decisivo ao regime estabelecido no artigo 100 do Código Comercial, no seu confronto com o do artigo 513 do Código Civil[18]. Ninguém duvidará que o credor da sociedade dominada tem *libera electio*, podendo accionar esta última ou a sociedade com domínio total, pela totalidade da dívida: para o concluir, basta interpretar o artigo 501. A entrada em cena do artigo 100 do Código Comercial não logra explicar a relação existente entre a dívida da sociedade dominada e a da sociedade dominante – não explica o facto de, conforme veremos adiante, haver uma *dívida principal* e uma *dívida secundária*.

Nesta discussão, não deixa de dever ser apontado o facto de o CSC não se ter mostrado avaro na expressa qualificação de situações de responsabilidade como solidária, conforme ilustram várias previsões.

Assim: *a*) Artigo 36/1, relativo à responsabilidade *solidária e ilimitada* dos indivíduos que criem a falsa aparência de que existe entre eles um contrato de sociedade, relativamente às obrigações contraídas nesses termos por qualquer deles; *b*) Artigo 38/1, relativo à responsabilidade *solidária e ilimitada* dos sócios de sociedade em nome colectivo, no período entre a celebração do contrato e o seu registo definitivo, pelos actos praticados em nome dela com o acordo expresso ou tácito de todos os sócios; *c*) Artigo 38/2, relativo às situações já previstas no artigo 38/1, mas considerando a situação em que os negócios realizados não tenham sido autorizados por todos os sócios, caso em que respondem *pessoal e solidariamente* os sócios que realizaram ou autorizaram tais operações; *d*) Artigo 39/1, relativo à responsabilidade *pessoal e solidária* dos sócios comanditados pelos negócios realizados em nome de uma sociedade em comandita simples, no período compreendido entre a celebração do contrato de sociedade e o seu registo definitivo; *e*) Artigo 39/3, relativo às situações já previstas no artigo 39/1, mas considerando a situação em que os negócios realizados não tenham sido autorizados pelos sócios comanditados, caso em que respondem *pessoal e solidariamente* os sócios que realizaram ou autorizaram tais operações; *f*) Artigo 40/1, relativo à responsabilidade solidária e ilimitada dos sócios de sociedades por quotas, anónimas e em comandita simples, que tenham agido em representação da

---

[18] Cf. o nosso *Assunção fidejussória de dívida*, *cit.*, p. 164 e ss..

A Sociedade com Domínio Total como Garante. Breves Notas 263

sociedade, pelos negócios realizados no período entre a celebração do contrato e o seu registo definitivo; *g*) Artigo 71/1, relativo à responsabilidade *solidária* dos fundadores, gerentes ou administradores para com a sociedade pela inexactidão e deficiência das indicações e declarações prestadas com vista à constituição daquela; *h*) Artigo 71/3, relativo à responsabilidade *solidária* dos fundadores por todos os danos causados à sociedade com a realização das entradas, as aquisições de bens efectuadas antes do registo do contrato de sociedade ou nos termos do artigo 29 e as despesas de constituição, quando tenham actuado com dolo ou culpa grave; *i*) Artigo 72/4, relativo à responsabilidade *solidária* dos gerentes ou administradores que não tenham exercido o direito de oposição conferido por lei, quando estavam em condições de o exercer; *j*) Artigo 73/1, relativo à responsabilidade *solidária* dos fundadores, gerentes ou administradores; *l*) Artigo 81/2, relativo à eventual responsabilidade *solidária* dos membros de órgãos de fiscalização com os gerentes ou administradores da sociedade por actos ou omissões destes no desempenho dos respectivos cargos; *m*) Artigo 82, relativo à eventual responsabilidade *solidária* dos revisores oficiais de contas (remissão para o artigo 73); *n*) Artigo 83/1, relativo à eventual responsabilidade *solidária* do sócio com a pessoa por ele designada como gerente; *o*) Artigo 83/4, relativo à responsabilidade *solidária* de sócio que, só por si ou juntamente com pessoas a quem esteja ligado por acordos parassociais, tenha possibilidade de destituir ou fazer destituir gerente, administrador ou membro do órgão de fiscalização e pelo uso da sua influência determine essa pessoa a praticar ou omitir um acto; *p*) Artigo 114/1, relativo à responsabilidade *solidária* emergente da fusão para os membros dos órgãos de administração e para os membros dos órgãos de fiscalização de cada uma das sociedades participantes; *q*) Artigo 122/1, relativo à responsabilidade *solidária* da sociedade cindida por dívidas que, por força de cisão, tenham sido atribuídas à sociedade incorporante ou à nova sociedade; *r*) Artigo 122/2, relativo à responsabilidade *solidária* das sociedades beneficiárias das entradas resultantes da cisão, pelas dívidas da sociedade cindida anteriores à inscrição da cisão no registo comercial; *s*) Artigo 147/2, relativo à responsabilidade ilimitada e *solidária* dos sócios, aquando de partilha imediata na liquidação da sociedade, pelas dívidas de natureza fiscal ainda não exigíveis à data da partilha; *t*) Artigo 175/1, relativo à responsabilidade *solidária*, entre si, dos sócios das sociedades em nome colectivo; *u*) Artigo 179, relativo à admissão de expressa assunção, pelos sócios de sociedade em nome colectivo, responsabilidade *solidária* ("mas não subsidiária") pelo valor atribuído aos bens das entradas, como solução substitutiva da verificação das entradas em espécie determinada no artigo 28; *v*) Artigo 197/1, relativo à previsão tipológica da *responsabilidade solidária* dos sócios de sociedades por quotas pelas entradas convencionadas no contrato social; *x*) Artigo 198/1, relativo à admissibilidade de, nas sociedades por quotas, ser estipulado no contrato social que um ou mais sócios respondem perante os credores sociais, até um determinado montante, *solidariamente* com a sociedade; *z*) Artigo 206/1, relativo à responsabilidade *solidária* do sócio remisso excluído, com os anteriores titulares da quota, pela diferença entre o produto da venda e a parte da quota em dívida; *aa*) Artigo 207//1, relativo à responsabilidade *solidária* dos restantes sócios das sociedades por quotas pela parte de entrada que estiver em dívida, no caso de exclusão de sócio remisso ou de declaração de perda de parte da quota a favor da sociedade; *ab*) Artigo 222/3, relativo à responsabilidade *solidária* dos contitulares de quota, pelas obrigações legais ou contratuais inerentes à quota; *ac*) Artigo 242-F/2, relativo à responsabilidade *solidária* das socie-dades pelo cumprimento das obrigações fiscais, quando promovam registos de quotas em violação do disposto na parte final do artigo 242-E/2. *ad*) Artigo 286/1, relativo à responsabilidade *solidária* de todos aqueles que tenham antecedido na titularidade de uma acção pertença de um accionista em mora quanto às entradas, sendo essa solidariedade entre si e com aquele accionista pelas importâncias em dívida e respectivos juros, à data da perda da acção a favor da sociedade; *ae*) Artigo 303/3, relativo à responsabilidade *solidária* para com a sociedade dos contitulares de uma acção, pelas obrigações legais ou contratuais inerentes à acção; *af*) Artigo 316/5, sobre a responsabilidade *pessoal e solidária* pela liberação das acções dos administradores intervenientes nas operações proibidas pelo artigo 316/2.

II. O que é que esta expressa enunciação de situações, expressamente ditas como sendo de solidariedade passiva, demonstra?

Ela demonstra – apenas – que o legislador do CSC não teve quaisquer rebuços em assumir as situações de solidariedade passiva, qualificando-as como tal. O facto de o não ter feito no artigo 501, não demonstrando, é certo, *a contrario*[19], que a responsabilidade aí prevista não funciona nos

---

[19] Sobre os termos limitados em que este argumento pode funcionar, cf., por todos, OLIVEIRA ASCENSÃO, *O Direito. Introdução e Teoria Geral*[13], *cit.*, p. 470 e ss..

A Sociedade com Domínio Total como Garante. Breves Notas 265

termos da solidariedade passiva, constituirá um índice – meramente formal, é certo, mas, ainda assim, um índice – de não solidariedade.

3. A identificação externa de um *devedor primário* e de um *devedor secundário*

Na origem, *ab ovo*, a sociedade dominante e a sociedade totalmente dominada não são co-obrigadas: à partida, a obrigada é a sociedade dominada, que até se pode ter vinculado antes da situação de domínio[20]. Há, então, a partir daí, *ex vi legis*, um novo responsável, não em termos liberatórios mas cumulativos, encarnado na sociedade dominante.

Neste quadro, não poderão suscitar-se dúvidas de que a responsabilidade da sociedade dominante funciona tendo por referência e pressuposto a responsabilidade da sociedade dominada e respectivos termos. E uma vez que aquela responsabilidade é estabelecida[21] para aumentar as probabilidades da satisfação dos créditos de terceiros, a sociedade dominante funciona como *garante* do cumprimento das obrigações a cargo da sociedade dominada.

Podemos, com estes dados, concluir que a responsabilidade da sociedade dominante funciona em termos semelhantes aos fidejussórios, como

---

[20] Estamos a tomar como referência a situação em que a dívida da sociedade dominada advém do incumprimento ou do cumprimento defeituoso de um contrato desta com terceiro. Contudo, a doutrina tem vindo a sustentar que a responsabilidade da sociedade com domínio total abrange todas as obrigações da sociedade subordinada, ainda que não tenham natureza ou origem negocial; cf., por todos, ENGRÁCIA ANTUNES, *Os grupos de sociedades*[2], *cit.*, p. 802 e ss..

[21] Que a fonte é legal constitui um dado irrefutável, não tendo, assim, interesse directo discutir se, na falta de previsão legal, não chegaríamos a conclusões similares através do instituto do levantamento da personalidade colectiva; cf., sobre as situações que legitimam o levantamento, por todos, MENEZES CORDEIRO, *Manual de Direito das Sociedades*, I. *Das sociedades em geral*, 2.ª edição, Almedina, Coimbra, 2007, p. 375 e ss., COUTINHO DE ABREU, *Curso de Direito Comercial*, II[3], *cit.*, p. 176 e ss. e DIOGO PEREIRA DUARTE, *Aspectos do levantamento da personalidade colectiva*, *cit.*, p. 141 e ss.; explicando o regime do artigo 501 do CSC à luz da doutrina do levantamento da personalidade colectiva, cf. OLIVEIRA ASCENSÃO, *Direito Comercial*, IV, *cit.*, pp. 612-613, BRITO CORREIA, *Grupos de sociedades*, in "Novas perspectivas do Direito Comercial", Almedina, Coimbra, 1988, p. 395, ANA PERESTRELO DE OLIVEIRA, *CSC / Clássica*, *cit.*, p. 1205 e VOGLER GUINÉ, *A responsabilidade solidária nas relações de domínio qualificado*, *cit.*, p. 308.

se de fiança (legal, no caso) – sem benefício da excussão, naturalmente – se tratasse? Não, não podemos. Para que de responsabilidade de tipo fidejussório se possa falar será mister identificar a característica da *acessoriedade* que lhe é essencial[22].

Um paralelo civil[23] podemos aqui estabelecer: o do regime do artigo 501 do CSC com o do artigo 500 do Código Civil: há, sem prejuízo da patente diferença entre as situações, uma lógica similar, já que, em ambos os casos, a lei "dá" ao credor um outro devedor. Há, de qualquer modo, nos dois casos, sem prejuízo de outras diferenças centradas, por exemplo, nos âmbitos de aplicação, um devedor *primeiro* – digamos, nesse sentido, *principal* ou *primário* – relativamente ao qual são estabelecidos os pressupostos da responsabilidade civil. Há, depois, uma *imputação* secundária, *ex vi legis*, que, no caso do artigo 500 do Código Civil, passa pela existência de uma relação de comissão, enquanto que, no caso do artigo 501 do CSC, passa pela identificação de uma relação de subordinação ou de domínio total. Fora do âmbito e dos propósitos deste estudo está um outro desafio: o da identificação de (ou das) afinidades entre a relação pressuposta no artigo 501 do CSC e a relação de comissão do artigo 500 do Código Civil.

Em qualquer dos casos, a imputação ao segundo devedor – *devedor secundário* – é feita em termos *objectivos*[24]: em ambos as situações, o novo devedor surge como *garante*[25].

---

[22] Cf., por todos, o nosso *Assunção fidejussória de dívida, cit.*, pp. 63 e ss., 106 e ss., 107 e ss. e 121 e ss.; cf. também, entre muitos outros, CHRISTOPHER SCHMIDT, *Die sogenannte Akzessorietät der Bürgschaft. Ein Beitrag zur Lehre vom Rechtsgrung beim Verpflichtungsgeschäft*, Dunckler & Humblot, Berlin, 2001, *passim*.

[23] A doutrina especializada tem estabelecido outras similitudes, designadamente com o regime do artigo 84 do CSC; ENGRÁCIA ANTUNES, *Os grupos de sociedades*[2], *cit.*, p. 897 e ss., refere-se mesmo a uma "afinidade genealógica".

[24] Cf. o Ac. STJ de 31.05.2005 (Processo n.º 05A1413): "(...) que se está na presença de uma responsabilidade de natureza objectiva, assente num sistema de imputação automática do risco da exploração empresarial no âmbito dos grupos societários". Na doutrina, destaque-se ELISEU FERREIRA, *Disciplina jurídica dos grupos de sociedades. Breves notas sobre o papel e a função do grupo de empresas e sua disciplina jurídica*, in "Colectânea de Jurisprudência", ano XV (1990), tomo IV, p. 51: "Esta interpretação, no sentido objectivo, ou seja com imputação global do risco de empresa à sociedade dominante, já que a ela cabe o poder de gestão, é a posição mais adequada".

[25] Explicando a responsabilidade do comitente através da figura da *garantia*, surgindo, assim, o mesmo como *garante*, cf., por todos, ANTUNES VARELA, *Das obrigações em geral*,

A Sociedade com Domínio Total como Garante. Breves Notas 267

4. A prova dos nove da acessoriedade: a extensão ao devedor secundário dos meios de defesa do devedor principal

I. Conforme cremos ter demonstrado noutro local[26], a manifestação mais impressiva da acessoriedade nas garantias está nos meios de defesa do devedor: tomando como exemplo o caso paradigmático da fiança – na qual o legislador se afadiga em caracterizar como acessória a obrigação do fiador relativamente à do devedor principal (artigo 627/2 do CC)[27] – o garante tem, de acordo com o que estabelece o artigo 637/1 do CC, o direito de opor ao credor "os meios de defesa que competem ao devedor"; apenas são excepcionados aqueles que "forem incompatíveis com a obrigação do fiador".

Ora, é esta susceptibilidade de invocação dos meios de defesa do devedor que espelha, de modo mais eloquente, a acessoriedade da fiança. Dos meios de defesa do devedor, o fiador só não pode invocar aqueles que sejam incompatíveis com a função de segurança da fiança[28], sendo de destacar o "meio de defesa" consistente na impotência económica ou insolvência do devedor.

Fora do universo da acessoriedade estão, naturalmente, os meios de defesa próprios do garante, referidos, de resto, na primeira parte do artigo 637/1. Trata-se de meios de defesa que podem ser invocados por quaisquer garantes, quer as garantias prestadas sejam acessórias quer sejam autónomas[29].

I, 10.ª edição, Almedina, Coimbra, pp. 645-646, ALMEIDA COSTA, *Direito das obrigações*, 10.ª edição, Almedina, Coimbra, 2006, p. 620, RUI DE ALARCÃO, *Direito das obrigações*, Coimbra, 1983, pp. 296-297 (mas colocando reservas à sua suficiência), RIBEIRO DE FARIA, *Direito das obrigações*, II, Almedina, Coimbra, 1990, p. 19, MENEZES LEITÃO, *Direito das obrigações*, I. *Introdução. Da constituição das obrigações*, 8.ª edição, Almedina, Coimbra, 2009, p. 366. Sobre o "porquê é assim", cf., por último, ensaiando uma construção, MARIA DA GRAÇA TRIGO, *Responsabilidade civil delitual por facto de terceiro*, Coimbra editora, Coimbra, 2009, p. 402 e ss..

Sustentando, no que respeita à sociedade com domínio total (ou da sociedades directora), que a mesma é subsumível a uma *obrigação de garantia*, cf. PEREIRA DE ALMEIDA, *Sociedades comerciais e valores mobiliários*, *cit.*, p. 584. Referindo-se a uma *obligation de garantie*, no direito francês, cf. DOMINIQUE SCHMIDT, *La responsabilité civile dans les relations de groupe de sociétés*, in "Revue des Sociétés", ano 99 (1981), p. 736 e ss..

[26] Cf. o nosso *Assunção fidejussória de dívida*, *cit.*, pp. 107 e ss. e 1011 e ss..

[27] Cf. o nosso *Assunção fidejussória de dívida*, *cit.*, p. 107 e ss..

[28] Cf. o nosso *Assunção fidejussória de dívida*, *cit.*, p. 1021 e ss..

[29] Cf. o nosso *Assunção fidejussória de dívida*, *cit.*, p. 996 e ss..

268   *Estudos de Direito das Garantias, II*

II. Que meios de defesa *próprios* tem a sociedade dominante? São, como bem diz Engrácia Antunes[30], "os factos que possam bulir com a existência, a validade ou os pressupostos da sua própria responsabilidade ou obrigação legal". Podemos indicar como particularmente importantes os factos que respeitem ao estatuto da coligação intersocietária[31] ou as situações em que a sociedade directora ou totalmente dominante possa suscitar a satisfação do crédito, em virtude de relações próprias com o credor[32]. Já quanto aos pressupostos da responsabilidade civil, importará distinguir: se nos reportamos aos pressupostos da responsabilidade civil do devedor primário (da sociedade dominada, portanto), os meios de defesa que daí decorram são meios de defesa deste, que aproveitam ao devedor secundário (no caso, à sociedade com domínio total) pela via da acessoriedade; se, ao invés, estiverem em questão os pressupostos directos da imputação objectiva da responsabilidade ao devedor primário, então estaremos perante meios de defesa próprios da sociedade dominante. Exemplifiquemos com a *mora debitoris*: se estiver em causa a própria existência de mora do devedor primário, o meio de defesa correspondente é da sociedade dominada, aproveitando à sociedade dominante por via da acessoriedade; se, ao invés, for invocado o não decurso de 30 dias após a mora do devedor principal, então o meio de defesa é próprio da sociedade dominante.

É mister acentuar, no que aos pressupostos da responsabilidade civil respeita, que à sociedade dominante está vedada, pela própria natureza e razão de ser da sua responsabilidade – que, recorde-se, é *objectiva* – a invocação liberatória de que o incumprimento das obrigações pela sociedade dominada não lhe é imputável[33], não podendo mesmo constituir fundamento de exclusão da responsabilidade a prova de que deu instruções de pagamento à sociedade dominada e esta não cumpriu.

---

[30] Cf. ENGRÁCIA ANTUNES, *Os grupos de sociedades*[2], *cit.*, p. 813.

[31] Cf. ENGRÁCIA ANTUNES, *Os grupos de sociedades*[2], *cit.*, p. 813. O autor refere-se ainda, a título exemplificativo, à alegação e prova de que as dívidas reclamadas foram constituídas após o registo comercial do termo do contrato de subordinação ou do domínio total. Todas estas situações correspondem, na realidade, a meios de defesa próprios da sociedade directora ou da sociedade dominante.

[32] Cf. ENGRÁCIA ANTUNES, *Os grupos de sociedades*[2], *cit.*, p. 813, dando como exemplo uma compensação total ou parcial, decorrente da titularidade de um crédito sobre o credor da sociedade subordinada.

[33] Cf., acentuando estes pontos, ELISEU FIGUEIRA, *Disciplina jurídica dos grupos de sociedades*, *cit.*, p. 51.

III. Resulta do exposto que, sem prejuízo dos seus próprios meios de defesa, a sociedade com domínio total se pode socorrer dos meios de defesa da sociedade dominada, desde que os mesmos não contendam com a posição de responsabilidade da sociedade dominante, enquanto garante.

Trata-se de uma situação cuja ilustração com recurso ao regime do artigo 637/1 do Código Civil ("meios que competem ao devedor") surge como natural, parecendo-nos, nesta lógica, algo desfocado designar tais meios de defesa como "meios comuns de defesa"[34]. Na verdade, as situações enunciadas por Engrácia Antunes[35] como meios de defesa comuns correspondem a meios de defesa da sociedade devedora primária que, numa lógica de acessoriedade, aproveitam também à sociedade dominante, podendo, assim, ser invocados por esta. Vejamos algumas situações.

(i) – Sendo *nulo o negócio* donde emerge a obrigação, a invocação de tal nulidade constitui um meio de defesa do contratante – no caso da sociedade dominada – meio esse que lhe é *próprio*, já que respeita à *própria*. Ora, a situação de domínio total, da qual resulta, *ex lege*, a atribuição à sociedade dominante da qualidade de *responsável* pela dívida[36],

---

[34] Assim Engrácia Antunes, *Os grupos de sociedades*[2], *cit.*, p. 813. A solidariedade passiva não é, contudo, realce-se, incompatível com a existência de *meios de defesa comuns* ou de *excepções comuns* aos condevedores solidários; cf., a propósito, Vaz Serra, *Pluralidade de devedores ou de credores*, *cit.*, p. 135: "excepções comuns são, por exemplo, ser o contrato, de que resulta a obrigação solidária, nulo por vício de forma, incapacidade do credor, impossibilidade da prestação; estar o crédito extinto por uma causa eficaz em relação a todos os devedores solidários, como seja o pagamento ou a compensação por um dos devedores; não efectuar ou não oferecer o credor a sua contraprestação, tratando-se de contrato bilateral"; cf. ainda, entre outros, Ribeiro de Faria, *Direito das obrigações*, II, *cit.*, pp. 174-175.

[35] Cf. Engrácia Antunes, *Os grupos de sociedades*[2], *cit.*, p. 814, referindo-se, especificamente, a título exemplificativo, à nulidade ou anulabilidade do negócio jurídico concreto donde nasceu a obrigação, à excepção de não cumprimento do contrato, à resolução contratual por incumprimento do credor, à não verificação da condição ou termo apostos à obrigação, à impossibilidade de cumprimento ou mora por facto superveniente não imputável à sociedade e à extinção da obrigação por qualquer um dos meios possíveis. Saliente-se, no entanto, que o mesmo autor (*op. cit.*, p. 814, nota 1594) acaba – em termos bem mais coerentes com a posição que sustentara na 1.ª edição da sua obra – por colocar a questão em termos que temos por mais correctos, ao reconhecer que a admissibilidade de a sociedade directora se servir de meios pessoais de defesa da sociedade subordinada encontra na fiança um "regime mais consentâneo com a teleologia da figura" do que na responsabilidade solidária.

[36] A acentuação da *responsabilidade* não coenvolve aqui uma cedência à teoria da *Schuld und Haftung*, de cuja aplicação resultaria a consequência de a sociedade dominante

permite à mesma, tal como acontece em relação ao fiador (artigo 637/1 do Código Civil), a invocação dos meios de defesa do devedor principal.

Vale o mesmo regime quando o negócio celebrado entre a sociedade dominada e o terceiro seja *anulável*? Pensamos que sim: que a sociedade dominante pode invocar a anulabilidade da obrigação principal, não beneficiando, assim, de uma mera *excepção de impugnabilidade*, como acontece na fiança, por força do disposto no artigo 642/2 do Código Civil[37]. Na verdade, em função do regime de responsabilidade estabelecido no artigo 501 do CSC e do poder interventivo que a sociedade dominante tem na dominada, por força do artigo 503 do CSC[38], não faria sentido impedir aquela – para a qual está canalizada a responsabilidade, nos termos expostos – de invocar um meio de defesa do devedor principal, susceptível de a livrar da responsabilidade pela dívida.

(*ii*) – Também a invocação, pela sociedade dominante, da *exceptio non adimpleti contractus* – excepção essa que cabe, em primeira e directa mão, à sociedade dominada – decorre da extensão ao garante de tipo fidejussório dos meios de defesa próprios do devedor principal, tal como acontece, de resto, com o direito de retenção, a excepção de moratória (*Stundung*), a excepção de inexigibilidade do crédito ou a excepção de prescrição[39]. Trata-se de "aplicar" ao garante de tipo fidejussório os meios de defesa do devedor, quer corporizem simples oposições (*Einwendungen*) quer constituam verdadeiras excepções (*Einreden*).

(*iii*) – O caso da *resolução* contratual por inadimplemento do devedor (credor face à sociedade dominada, devedora primária) merece alguma prudência, importando distinguir entre o direito de resolver o contrato por incumprimento e o direito de invocar a efectivada resolução do contrato, feita pela sociedade dominada.

---

ser *responsável* mas não *devedora*; cf., em refutação, por último, MENEZES CORDEIRO, *Tratado de Direito Civil português*, II/I, *cit.*, p. 271 e ss..

[37] Cf. o nosso *Assunção fidejussória de dívida*, *cit.*, p. 1059 e ss..

[38] Cf., sobre este, v. g., RAÚL VENTURA, *Contrato de subordinação*, *cit.*, p. 116 e ss., ENGRÁCIA ANTUNES, *Os grupos de sociedades*[2], *cit.*, p. 719 e ss. e MARIA AUGUSTA FRANÇA, *A estrutura das sociedades anónimas em relação de grupo*, *cit.*, p. 31 e ss., PEREIRA DE ALMEIDA, *Sociedades comerciais e valores mobiliários*, *cit.*, p. 582 e ss. e MARIA DA GRAÇA TRIGO, *Grupos de sociedades*, *cit.*, p. 90 e ss..

[39] Cf. o nosso *Assunção fidejussória de dívida*, *cit.*, p. 1013.

A Sociedade com Domínio Total como Garante. Breves Notas   271

No nosso entender, apenas a segunda hipótese enunciada assiste à sociedade com domínio total, a qual não pode, substituindo-se à parte no contrato (à sociedade dominada, portanto), declarar a respectiva resolução. Um tal poder não lhe é dado pelo artigo 501 do CSC, que não coloca, *ex lege*, a sociedade dominante na titularidade das situações contratuais encabeçadas pela sociedade dominada, limitando-se a consagrar a sua responsabilidade por dívidas.

A resolução do contrato que liga a sociedade dominada a terceiro só poderá, assim, ser feita pela sociedade dominada, ainda que em obediência a instruções da sociedade dominante, nos termos do artigo 503/1 do CSC. Não prejudicada está, naturalmente, a hipótese – que é matéria de regime geral – de a sociedade dominante se sub-rogar à sociedade dominada no exercício do direito de resolução, nos termos do artigo 606 do Código Civil[40].

De resto, no que concerne ao regime da fiança, temos por pacífico que o fiador não pode resolver o contrato do devedor principal com o credor, sem prejuízo de poder, ao abrigo do artigo 642/2 do CC, recusar o cumprimento enquanto o devedor tiver direito a resolver o contrato[41].

(*iv*) – Também as demais situações referidas por Engrácia Antunes[42] constituirão meios de defesa próprios da sociedade dominada, que aproveitam à sociedade com domínio total, por via da acessoriedade; assim a não verificação da condição ou termo apostos à obrigação, a impossibilidade de cumprimento ou mora por facto superveniente não imputável à sociedade subordinada ou a extinção da obrigação por qualquer um dos meios possíveis, no âmbito das relações entre a sociedade dominada e o terceiro. Trata-se de situações em que, tal como na fiança, é possível à sociedade garante invocar meios de defesa que lhe são "extensivos", mas sem que, com isso, percam a sua pertença ao devedor principal.

Ora, no caso da fiança, pese embora o facto de o fiador poder invocar os meios de defesa do devedor – quando não incompatíveis com

---

[40] Cf., v. g., ANTUNES VARELA, *Das obrigações em geral*, II, 7.ª edição, Almedina, Coimbra, 1997, p. 440 e ss., MENEZES LEITÃO, *Garantias das obrigações*, 2.ª edição, Almedina, Coimbra, 2008, p. 63 e ss. e, monograficamente, PAULO NASCIMENTO, *A sub-rogação do credor ao devedor*, Faculdade de Direito da Universidade de Lisboa, 2002, *passim*.

[41] Cf. o nosso *Assunção fidejussória de dívida*, *cit.*, p. 1066 e ss..

[42] Cf. ENGRÁCIA ANTUNES, *Os grupos de sociedades*[2], *cit.*, p. 814.

272 *Estudos de Direito das Garantias, II*

a obrigação do fiador – nem por isso podemos, *summo rigore*, dizer que estes meios de defesa são *meios de defesa comuns*, como acontece na solidariedade passiva (artigo 514/1 do Código Civil): estamos, antes, perante meios de defesa *próprios do devedor* que são estendidos, em termos de invocabilidade, ao fiador.

IV. Uma nota ainda relativamente ao funcionamento da acessoriedade. Na fiança, a acessoriedade está limitada, no seu funcionamento, pelos fins de segurança ou garantia e ainda pelo facto de a fiança ser um negócio de risco[43].

Ora, no caso da responsabilidade da sociedade dominante, não faz sentido limitar a acessoriedade em função do carácter perigoso da sua responsabilidade, já que esta é legalmente estabelecida atenta a situação de domínio total: não é, de facto, possível estabelecer qualquer paralelo entre a perigosidade da fiança e uma qualquer putativa perigosidade da posição decorrente da situação de domínio total. Isso justificará que algumas inflexões que o Código Civil prevê à acessoriedade não tenham aqui aplicação: é o que ocorre, designadamente, com o regime do artigo 637/2[44], de acordo com o qual a renúncia do devedor a qualquer meio de defesa não produz efeitos em relação ao fiador. Ora, no caso de renúncia a um meio de defesa por parte da sociedade dominada, que recebe ou pode receber instruções vinculativas da sociedade com domínio total, faz sentido que essa renúncia possa ser invocada pelo credor nas relações directas com a sociedade dominante.

5. Conclusão

Considerando que a responsabilidade da sociedade dominante é acessória, que significado tem tal consideração quanto à qualificação dessa responsabilidade?

No nosso entender, uma tal conclusão aponta no sentido do carácter não solidário da responsabilidade da sociedade dominante, independentemente de se entender a solidariedade no sentido de solidariedade pura,

---

[43] Cf. o nosso *Assunção fidejussória de dívida, cit.*, p. 116 e ss..

[44] Assim também Engrácia Antunes, *Os grupos de sociedades*[2], *cit.*, p. 814, nota 1594, mas com outra fundamentação.

A Sociedade com Domínio Total como Garante. Breves Notas 273

imperfeita, *sui generis* ou outra. Na verdade, face ao regime plasmado no Código Civil, há, nas situações de pluralidade de devedores que respondem pela "prestação integral", para usarmos a expressão do artigo 512/1 daquele Código, dois grandes grupos: o da solidariedade passiva e o do "conjunto" formado pelo devedor principal e fiador. Sendo, embora, certo, que, numa interpretação ampla ou amplíssima do artigo 512 do Código Civil, o próprio fiador pode ser considerado um *devedor solidário*[45], a verdade é que o Código Civil autonomiza o "grupo" onde é identificável a acessoriedade: o grupo onde a responsabilidade de um dos devedores funciona em termos acessórios relativamente à dívida de um devedor primário, figurando os traços fundamentais dessa responsabilidade, em termos de paradigma, no regime da fiança. Assim, enquanto que a responsabilidade do fiador é uma responsabilidade secundária e acessória relativamente à do devedor principal, na solidariedade não há um devedor principal e um secundário; não há, sequer, no âmbito das relações externas – único que releva para a definição da situação de solidariedade passiva[46] – um *primus inter pares*: a posição e obrigação de um não é moldada pela posição e obrigação do outro, tendo, nessa medida, e sem prejuízo da existência de meios de defesa comuns aos devedores solidários, as obrigações autonomia entre si.

Não tinha de ser deste modo: assim acontece por razões históricas e de evolução dos institutos ao longo dos tempos. No limite, parece-nos que seria mesmo dispensável um regime específico para a fiança, ficando margem para, dentro de um conceito amplíssimo de solidariedade passiva, ser construída uma "solidariedade fidejussória", tendo como impressão digital a acessoriedade.

Contudo, a realidade é que a opção do legislador foi no sentido de dissociar os dois regimes, ditando a acessoriedade especificidades marcantes que o regime legal da solidariedade passiva não logra explicar.

Questionamos mesmo, retomando, agora, o limitado paralelismo com o regime da comissão, acima esboçado, se a responsabilidade do

---

[45] Assim Eнмann, *Die Gesamtschuld, cit.*, pp. 334-335 e Vaz Serra, *Pluralidade de devedores ou de credores, cit.*, p. 102. Os autores reportam-se aos regimes consagrados, respectivamente, no § 421 do BGB e no actual artigo 512 do Código Civil. Já quanto à qualificação do fiador como devedor *tout court*, temo-la por correcta: cf. o nosso *Assunção fidejussória de dívida, cit.*, p. 121 e ss. e, por último, Menezes Cordeiro, *Tratado de Direito Civil português*, II/I, *cit.*, p. 284.

[46] Cf. o nosso *Assunção fidejussória de dívida, cit.*, p. 232 e ss..

comitente, consagrada no artigo 500 do Código Civil – uma responsabilidade que, pela circunstância de haver *libera electio* por parte do credor lesado, é associada, diríamos que unanimemente, pela doutrina e jurisprudência[47], à solidariedade passiva – não será, também ela, *summo rigore*, uma responsabilidade de tipo fidejussório. Na verdade, tal como ocorre com a responsabilidade da sociedade com domínio total, a responsabilidade do comitente não pode deixar de ser tida como referenciada, em termos de acessoridade, à responsabilidade do devedor primário (ao comissário) – responsabilidade esta, cuja constituição faz funcionar, em termos de imputação, a canalização não liberatória da responsabilidade para o comitente.

Refira-se, finalmente, que a identificação de situações de responsabilidade de tipo fidejussório não significa mais do que isso: não passamos, por essa via, a ter "fianças legais" mas, tão só, um regime de responsabilidade que se "orienta" – no campo das *relações externas*[48], ou seja, face aos credores da sociedade totalmente dominada – pelo regime da fiança, com as adaptações impostas pela especificidade da situação de domínio total. Na verdade, é em sede de fiança que a lei plasma, de forma mais completa e organizada, o funcionamento de responsabilidade – e, logo, também da dívida[49] – *secundária* e *acessória*, tendo por referência a posição de um devedor principal.

Faculdade de Direito da Universidade de Lisboa, Novembro de 2009.

---

[47] Cf., na doutrina, por todos, RIBEIRO DE FARIA, *Direito das obrigações*, II, *cit.*, p. 9 e MARIA DA GRAÇA TRIGO, *Responsabilidade civil delitual por facto de terceiro*, *cit.*, p. 364 e ss..

[48] Já quanto às *relações internas* entre a sociedade com domínio total e a sociedade dominada, parece-nos artificiosa e formalista a automática recondução ao regime das relações internas da fiança ou da solidariedade passiva. A "liquidação" a nível das relações internas (cf., quanto à fiança, o nosso *Assunção fidejussória de dívida*, *cit.*, p. 874 e ss.) – problema que se colocará, com acrescido relevo, no "day after" à cessação da situação de domínio total – requer a ponderação de elementos que, manifestamente, extravasam o regime da fiança e da solidariedade passiva, colocando-se no interior da especificidade da situação de domínio total e da materialidade que a enforma.

[49] Cf. o nosso *Assunção fidejussória de dívida*, p. 6 e ss. e 121 e ss. e, por último, MENEZES CORDEIRO, *Tratado de Direito Civil português*, II/I, *cit.*, pp. 285-286.

A ESFERA DE BENS IMPENHORÁVEIS
E O *STATUS* DO DEVEDOR. BREVES NOTAS[*]

SUMÁRIO: 1. O património geral do devedor e as outras esferas patrimoniais; 2. A esfera de bens impenhoráveis; 3. O ónus de alegação e prova dos critérios de conexão específica do artigo 823/1 do CPC; 4. A abordagem da impenhorabilidade pelo lado do devedor.

1. O património geral do devedor e as outras esferas patrimoniais[1]

I. Sedimentada, na evolução do sistema de responsabilidade, a passagem da responsabilidade pessoal (*hoc sensu*, com a própria pessoa) do devedor para a da responsabilidade patrimonial[2], não sofre qualquer dúvida que, no ordenamento jurídico português, tal qual na generalidade dos ordenamentos de países civilizados, a responsabilidade por dívidas é reali-

---

[*] Destinado aos Estudos em Homenagem ao Prof. Doutor Luís A. Carvalho Fernandes.

[1] Principais abreviaturas utilizadas: Ac.=Acórdão; BMJ=Boletim do Ministério da Justiça; CC=Código Civil; CPC=Código de Processo Civil; DDP-SC=Digesto delle Discipline Privatistiche – Sezione Civile; ED=Enciclopedia del Diritto; JuS=Juristische Schulung: NssDI=Novissimo Digesto Italiano; RE=Relação de Évora; RL=Relação de Lisboa; RP=Relação do Porto; ss.=seguintes; STJ=Supremo Tribunal de Justiça.

[2] Cf., por todos, BETTI, *Teoria generale delle obbligazioni*, II. *Struttura dei rapporti dell'obbligazione*, Milano, Giuffrè, 1953, p. 105 e ss.. Sobre a função externa do património – servir de garantia comum dos direitos dos credores – cf. CARVALHO FERNANDES, *Teoria geral do Direito Civil*, I. *Introdução. Pressupostos da relação jurídica*, 5.ª edição actualizada, Universidade Católica Portuguesa, Lisboa, 2009, p. 152 e ss..

zada através do sacrifício do património do devedor, sacrifício esse disciplinado pelo ordenamento, quer em termos substantivos quer em termos processuais.

Sem prejuízo da eventual adjunção de outros patrimónios que dêem, assim, ao credor um aumento de probabilidade de satisfação do seu crédito[3], a situação que, *hic et nunc*, focamos é limitada ao devedor e ao seu património, independentemente de qualquer *apport* quantitativo, assegurado pela vinculação pessoal de terceiros. Fora de causa está também a consideração de situações de preferência propiciadas pelo benefício de garantias reais que assegurem ao credor – agora já não em termos quantitativos mas *qualitativos*, através da "reserva" de um objecto de satisfação[4] – o aumento da probabilidade de satisfação do crédito.

A nossa análise parte, em termos substantivos e processuais, do *princípio da responsabilidade patrimonial* consagrado no artigo 601 do CC, da acção de cumprimento e execução, cujo princípio geral é estabelecido no artigo 817 do mesmo Código e da relação destes dois princípios com a previsão legal de bens que estão subtraídos ou podem ser subtraídos à execução.

II. Da responsabilidade do património do devedor dizia Paulo Cunha[5] ser a "pedra de toque de todo o direito de crédito moderno". A partir daí, o autor destacava a importância da definição do âmbito da *garantia geral*.

Desse princípio decorre, conforme bem vinca a doutrina – a já clássica e a moderna – que o devedor responde com todos os seus bens: *Qui s'oblige, oblige le sien – Wer schuldet, haftet auch*. Não se trata, porém, de um princípio absoluto, cego, alheio ou insensível às situações das pessoas e às realidades sociais e políticas da sociedade em que vivemos:

---

[3] Sobre as garantias pessoais como reforço da garantia geral, cf., v. g., VAZ SERRA, *Responsabilidade patrimonial*, in BMJ 75 (1958), p. 119; cf. também o nosso *Assunção fidejussória de dívida. Sobre o sentido e o âmbito da vinculação como fiador*, Almedina, Coimbra, 2000, p. 38 e ss..

[4] Cf., v. g., BECKER-EBERHARD, *Die Forderungsgebundenheit der Sicherungsrechte*, Ernst und Werner Gieseking, Bielefeld, 1993, pp. 20-21 e PAULUS, *Grundfragen des Kreditsicherungsrechts*, in JuS 1995, p. 188. Acentuando a posição activa do credor beneficiário da garantia real, refere-se CARVALHO FERNANDES, *Teoria geral do Direito Civil*, I[5], *cit.*, p. 153, a um "poder particular sobre certa coisa".

[5] Cf. PAULO CUNHA, *Da garantia nas obrigações*, I, Lisboa, 1938-1939, p. 25.

A *Esfera de Bens Impenhoráveis e o* Status *do Devedor. Breves Notas*   277

daí a restrição – de que o próprio artigo 601 do CC dá nota – de não responderem os bens *insusceptíveis de penhora*; ou, se preferirmos, seguindo, literalmente, a formulação do citado normativo, retomada no artigo 821/1 do CPC, daí só responderem os *bens susceptíveis de penhora.*

Há, conforme se nota, duas abordagens possíveis relativamente à identificação de bens impenhoráveis e à sua posição no seio do património do devedor: uma centra-se em *todo* o património do devedor como garantia geral e, a partir daí, excepciona os bens impenhoráveis; outra – adoptada na formulação do artigo 601 do CC – considera como integrando a garantia geral o, digamos, "património penhorável".

Ora, independentemente do *approach*, a consequência parece ser a mesma: a de que, à partida, *todo o património do devedor* está sujeito à execução para satisfação dos credores, com a excepção – que é logo colocada à cabeça pelo próprio artigo 601, em função do respectivo relevo – dos bens impenhoráveis e ainda com a necessária consideração, também em termos de excepção, do regime de separação de patrimónios[6].

Ao referirmos "todo o património do devedor", importaria precisar: todo o património do devedor com *valor patrimonial*[7]. Lê-se, por exemplo, em Anselmo de Castro[8]: "A regra é a da penhorabilidade de todos os bens do devedor, sem discriminação entre eles, desde que sejam susceptíveis de produzir um qualquer valor (ou pertençam ao executado em propriedade plena ou limitada, ou constituam simples créditos, seja qual for a sua natureza)". Constata-se, no entanto, que não existe propriamente uma esfera específica de bens sem valor patrimonial, com autonomia relativamente à esfera de bens impenhoráveis, já que aqueles estão integrados nesta última esfera, por força da alínea *c*) do artigo 822 do CPC, que considera isentos de penhora os bens cuja apreensão "seja ofensiva dos bons costumes ou careça de justificação económica, pelo seu diminuto valor venal".

---

[6] Cf., sobre estas situações, por todos, PAULO CUNHA, *Da garantia nas obrigações, cit.*, I, p. 40 e ss., ANTUNES VARELA, *Das obrigações em geral*, II, 7.ª edição, Almedina, Coimbra, 1997, p. 423 e ss. e LEBRE DE FREITAS, *A acção executiva depois da reforma da reforma*, 5.ª edição, Coimbra Editora, Coimbra, 2009, p. 206 e ss..

[7] É, no entanto, mister que esse valor patrimonial seja detectável ou traduzível através de alienação; salientando a "íntima correlação" entre penhorabilidade e alienabilidade, cf. BAPTISTA LOPES, *A penhora*, Almedina, Coimbra, 1968, p. 19.

[8] Cf. ANSELMO DE CASTRO, *Acção executiva singular, comum e especial*, 3.ª edição, Coimbra Editora, Coimbra, 1977, p. 107.

278   *Estudos de Direito das Garantias, II*

Temos, assim, que, sem prejuízo do princípio da responsabilidade do património do devedor, pode ser identificada neste uma "esfera de bens impenhoráveis"[9] – bens que, pelo facto de aí estarem integrados, podem "fugir"[10] ao poder de execução dos credores.

III. Uma outra esfera identificada no artigo 601 do CC é a que se consubstancia e resulta da *separação de patrimónios*; quando *perfeita*, há uma massa de bens do devedor que *só responde* por certas dívidas, sendo que *só ela responde* por tais dívidas[11]; ou nas palavras de Oliveira Ascensão[12]: "o património autónomo responde perante certos credores mas é insensível aos credores comuns". Essa massa de bens consubstancia, ela própria, um património: para além do *património geral*, identifica-se um *património especial* ou, em função do fim, para além de um *património de afectação geral*, há um *património de afectação especial*[13].

Mas a separação de patrimónios não pressupõe a perfeição da esfera: não deixa de haver património separado na situação em que, na esfera patrimonial de uma pessoa[14], se identifica, para além do património geral, uma massa de bens sujeita a um regime de responsabilidade por dívidas *diferente* daquele a que está sujeito o património geral. Assim, se *só* determinada massa ou centro de bens responde por determinadas dívidas, estamos perante uma separação patrimonial – imperfeita, *in casu* – ainda que esses bens *também* respondam por outras dívidas[15].

---

[9] Cf. PAULO CUNHA, *Da garantia nas obrigações*, I, *cit.*, p. 29.

[10] Assim PAULO CUNHA, *Da garantia nas obrigações*, I, *cit.*, p. 29.

[11] Cf., por todos, MANUEL DE ANDRADE, *Teoria geral da relação jurídica*, I. *Sujeitos e objecto*, Almedina, Coimbra, 1974, p. 219, PAULO CUNHA, *Da garantia nas obrigações*, I, *cit.*, p. 40 e ss. e, na doutrina mais recente, CARVALHO FERNANDES, *Teoria geral do Direito Civil*, I[5], *cit.*, p. 158.

[12] Cf. OLIVEIRA ASCENSÃO, *Direito Civil. Teoria geral*, III. *Relações e situações jurídicas*, Coimbra Editora, Coimbra, 2002, p. 127.

[13] Cf., por todos, PAULO CUNHA, *Da garantia nas obrigações*, I, *cit.*, pp. 58-59 e MANUEL DE ANDRADE, *Teoria geral da relação jurídica*, I, *cit.*, pp. 219-220.

[14] Cf., sobre o conceito de "esfera patrimonial da pessoa", PAULO CUNHA, *Da garantia nas obrigações*, I, *cit.*, p. 59.

[15] Admitem-se, assim, gradações da autonomia patrimonial, o que leva MANUEL DE ANDRADE, *Teoria geral da relação jurídica*, I, *cit.*, p. 220, a considerar estas situações de autonomia relativa ou parcial como tendo "natureza mal definível". A doutrina mais recente admite também, sem dificuldades, a existência de manifestações imperfeitas de

A Esfera de Bens Impenhoráveis e o Status do Devedor. Breves Notas   279

A perspectiva tradicional é feita do lado dos credores, havendo mesmo quem sustente constituir o património separado uma situação de garantia das obrigações[16]. Temos, contudo, por mais certeira a posição daqueles que separam as duas figuras, destacando-se, neste particular, Vaz Serra[17]: "Mas a preferência que da separação resulta para determinado conjunto de credores é muito diferente da que existe, por exemplo, na hipoteca ou no penhor e, de uma maneira geral, em todas as chamadas garantias reais das obrigações". E ainda, depois de realçar que nas garantias reais existe uma "especial relação" entre uma coisa e um crédito: "Não é o que sucede na separação de patrimónios. Aí, é um conjunto de credores que se paga pelo produto de uma massa de bens, com preferência a outros credores. Não há nenhuma relação especial entre um crédito e uma certa coisa: o que há são duas massas patrimoniais, das quais uma está especialmente afectada ao pagamento de um conjunto de dívidas".

Parece-nos, porém, possível ir mais longe, questionando se o concurso entre credores do património separado e credores do património geral tem de ser, necessariamente, resolvido através de uma *preferência* dos primeiros sobre os segundos[18] – questão bem diferente destoutra, que não suscitará dúvidas, do acolhimento de preferências *no interior* de um determinado património separado.

---

patrimónios autónomos ou separados; cf., por todos, CARVALHO FERNANDES, *Teoria geral do Direito Civil*, I[5], *cit.*, pp. 159-160.

[16] Assim, recentemente, MENEZES LEITÃO, *Garantias das obrigações*, 2.ª edição, Almedina, Coimbra, 2008, pp.295-296: "Mas a verdade é que, analisada a questão sob o prisma dos credores que dela beneficiam, surge nítida a sua situação de garantia, uma vez que, além de concorrerem genericamente com os outros credores no âmbito do património geral do obrigado, beneficiam de um reforço específico dessa garantia que lhes advém da circunstância de o património autónomo aparecer primordialmente afecto à satisfação dos seus créditos". Ora, conforme se vê pelo trecho transcrito, Menezes Leitão parte aqui do princípio que, porventura, pode ter lugar em situações de autonomia imperfeita, em que os credores do património separado têm acção contra o património geral do devedor. Ora, não é isso que acontece na herança, onde o património geral não responde pelas dívidas da herança.

[17] Cf. VAZ SERRA, *Responsabilidade patrimonial*, *cit.*, p. 39.

[18] Refere-se PAULO CUNHA, *Do património. Estudo de direito privado*, I, Lisboa, 1934, p. 239, a uma causa legítima de preferência de credores, mas salienta que a mesma é "de mecanismo e natureza especial".

280   *Estudos de Direito das Garantias, II*

Importa, na verdade, recordar que estamos perante esferas diferentes, cada uma com os respectivos credores. Ora, partindo desta realidade, identificamos, *a priori*, dois modelos possíveis: o da *liquidação* e o da *preferência*. O modelo da liquidação afigura-se, à partida, mais consentâneo com a separação patrimonial perfeita, já que assegura, de modo mais eficaz do que no segundo, a satisfação primeira de todos os credores do património separado. Trata-se de um modelo que contempla não só a identificação dos bens do património separado mas também a sua liquidação[19], com pagamento aos respectivos credores (independentemente de terem causas legítimas de preferência ou de serem quirográficos), ingressando o saldo ou resíduo no património geral.

Terminada a liquidação, podem os credores do património geral fazer penhorar o saldo ou resíduo do património liquidado; contudo, nessa fase, já terá terminado a razão de ser da separação patrimonial: esta deixa de existir com a integração do saldo positivo eventual ou dos bens residuais no património geral. Podemos, nesta óptica, dizer que, enquanto a liquidação se não consuma, o eventual saldo ou resíduo do património separado será, quando muito, um activo futuro (e eventual) do património geral.

O segundo modelo – o da preferência – não assegura tão eficazmente a primária satisfação dos credores do património autónomo, já que não funciona globalmente em termos de património mas, atomisticamente, com referência a bens do mesmo que sejam objecto de penhora. Ou seja: ocorrendo a penhora de um bem do património separado, por um credor do património geral, é, então, reconhecida a preferência dos credores do património separado sobre os credores do património geral, pelo produto da venda do bem penhorado. Mas, por outro lado, se a penhora for promovida por um credor quirográfico do património separado, os demais credores quirográficos do mesmo património não são chamados à execução, por não serem titulares de garantias reais (artigo 865/1 do CPC).

Qual dos modelos acontece na herança, tida como exemplo de património autónomo perfeito[20]? A vigorar o modelo da liquidação[21], os cre-

---

[19] A liquidação do património, que postula a sua "transformação" em dinheiro, para pagamento aos credores, só se justificará, contudo, na medida do necessário para proceder a esse pagamento.

[20] Cf., por todos, CARVALHO FERNANDES, *Teoria geral do Direito Civil*, I[5], *cit.*, p. 159 e, nos clássicos, MANUEL DE ANDRADE, *Teoria geral da relação jurídica*, I, *cit.*, p. 220 e ss.. Esta recondução da herança à autonomia patrimonial perfeita é contestada por OLIVEIRA

A *Esfera de Bens Impenhoráveis e o* Status *do Devedor. Breves Notas* 281

dores do património geral deveriam, *summo rigore*, aguardar o decurso do prazo do artigo 2070/3 do CC e o pagamento dos créditos da herança[22], correspondentes a dívidas do *de cujus*, para então – e só então – poderem penhorar o remanescente ou resíduo, havendo-o.

Contudo, o legislador civil não construiu o regime *substantivo* da responsabilidade da herança, nos artigos 2070 e 2071 do CC, de acordo com o modelo de liquidação do património. O legislador substantivo optou, efectivamente, pelo modelo da preferência (artigo 2070/1). Ora, ao não optar pelo modelo da liquidação do património do *de cujus*, com necessária convocação de todos os credores da herança, e ao permitir que os credores pessoais do herdeiro (credores do património geral) penhorem bens do património hereditário[23], sem que haja o decurso do prazo do artigo 2070/3 do CC, contemporiza, na prática, com situações em que pode acontecer a satisfação dos créditos daqueles credores pessoais, sem que os credores do *de cujus* sejam satisfeitos por, entretanto, o património hereditário se ter tornado insuficiente.

Ou seja: ao tratar a matéria em termos de preferência, relativamente a cada um dos bens da herança que sejam penhorados, que não em termos globais de liquidação do património separado, com convocação de todos os credores da herança, tendo em vista a sua satisfação possível, *intra vires hereditatis*, o legislador compromete a perfeição da autonomia patrimonial da herança.

Constata-se, contudo, que este modelo da preferência, adoptado no artigo 2070 do CC, acaba, na realidade, por força de legislação adjectiva, por ter um âmbito de aplicação circunscrito aos casos em que não haja lugar a inventário: neste último caso, o modelo seguido é, claramente, o

---

Ascensão, *Direito Civil. Teoria geral*, III, *cit.*, p. 126, com o argumento de que "os bens acabam por responder perante credores comuns".

[21] Referimo-nos ao, digamos, regime geral. Contudo, tratando-se de herança vaga em benefício do Estado, o artigo 1132 e ss. do CPC prevê um processo de liquidação do património hereditário, com convocação de credores (incluindo comuns), para reclamação e graduação de créditos; cf., por todos, Salvador da Costa, *O concurso de credores. Sobre as várias espécies de concurso de credores e de garantias creditícias*, 4.ª edição, Almedina, Coimbra, p. 365 e ss..

[22] Sobre a defesa dos credores da herança, através da preferência, no domínio dos trabalhos preparatórios, cf. Vaz Serra, *Responsabilidade patrimonial*, p. 57 e ss..

[23] Cf., v. g., Pires de Lima / Antunes Varela, *Código civil anotado*, VI, Coimbra Editora, Coimbra, 1998, p. 122.

da liquidação do *quantum satis* do património hereditário para satisfazer os credores da herança[24], satisfação essa que só tem, naturalmente, lugar *intra vires hereditatis.*

2. A esfera de bens impenhoráveis

I. Não cabe nestas páginas filosofar sobre as razões de carácter social, político ou outro que presidem à definição – à selecção, *hoc sensu* – de bens como impenhoráveis: trata-se de matéria que, na literatura jurídica nacional, conhece excelentes contributos, para os quais se remete[25]. De resto, não são as opções do legislador, neste particular, que estão aqui em causa. Do mesmo modo, não estão aqui em análise as opções do legislador na "distribuição" dos bens impenhoráveis entre a sub-família dos absolutamente impenhoráveis (artigo 822 do CPC), dos relativamente impenhoráveis (artigo 823 do CPC), dos parcialmente penhoráveis (artigo 824 do CPC)[26] e, a outro nível, dos só subsidiariamente penhoráveis (artigo 828 do CPC).

---

[24] Assim decorre da Lei 29/2009, de 29 de Junho, diploma que aprovou o novo regime jurídico do processo de inventário. Veja-se, v. g., o artigo 1/1: "O processo de inventário destina-se a pôr termo à comunhão hereditária ou, não carecendo de se realizar a partilha da herança, *a relacionar os bens que constituem objecto de sucessão e a servir de base à eventual liquidação da herança*" (itálico nosso). Nesta lógica, os credores da herança são admitidos a intervir (artigo 5/3) e a reclamar os seus créditos (artigos 11/2 e 25), regulando a lei os termos da satisfação dos credores *intra vires hereditatis* (artigos 36 a 43). Eloquente o regime do artigo 39/2: "Não havendo na herança dinheiro suficiente e não acordando os interessados noutra forma de pagamento imediato, procede-se à venda de bens para esse efeito, designando o conservador ou notário os que hão-de ser vendidos, quando não haja acordo a tal respeito entre os interessados".

[25] Cf., por todos, ALBERTO DOS REIS, *Processo de execução*, I, Coimbra Editora, Coimbra, 1943, p. 313 e ss. e ANSELMO DE CASTRO, *Acção executiva singular, comum e especial*[3], *cit.*, p. 112; cf. ainda, com particular interesse, CARVALHO FERNANDES, *Teoria geral do Direito Civil*, I[5], *cit.*, pp. 150-151, acentuando o facto de a função interna do património poder surgir como limitação da sua função externa, com referência ilustrativa a situações, retiradas de disposições do CPC, em sede de penhora, que demonstram que, estando em causa o *sustento* do seu titular, prejudicada fica a função (externa) de garantia.

[26] A epígrafe do artigo 824 do CPC reporta-se a bens *parcialmente penhoráveis*, mas o artigo 824/1 identifica, antes, bens *parcialmente impenhoráveis*. Diríamos que a formulação do artigo 824/1 se apresenta como mais correcta, já que o princípio é o da penhorabilidade, princípio este que conhece, no citado artigo 824, excepções.

Importa, tão só, observar que, independentemente da bondade da "distribuição" dos bens penhoráveis, feita pelo legislador processual[27], designadamente entre o artigo 822 e o artigo 823 do CPC, se constata – mesmo no campo dos bens absolutamente impenhoráveis – uma diferença entre bens cuja impenhorabilidade é, digamos, natural ou intrínseca, estando-lhes "estampada no rosto", e bens cuja impenhorabilidade não é estabelecida com a estrita e objectiva identificação dos bens em si, exigindo, ainda, um *juízo de relação* ou de *conexão específica* entre tais bens e uma determinada utilização.

Vejamos, a título de exemplo, o caso dos túmulos [alínea *e*) do artigo 822 do CPC]: a penhorabilidade de tais bens brigaria com valores morais, éticos e religiosos que impõem, em função dos bens de que se trata, que devam ser retirados ao universo dos bens "sacrificáveis" na execução.

O mesmo se dirá dos bens [alínea *c*) do artigo 822 do CPC] cuja apreensão se revele ofensiva dos bons costumes ou careça de justificação económica, pelo seu diminuto valor venal: a penhora de tais bens, em homenagem a um mecânico e cego princípio da garantia patrimonial, revelar-se-ia intolerável, à luz dos valores sociais e morais vigentes na nossa civilização.

Mas encontramos bens impenhoráveis – mesmo no âmbito da impenhorabilidade absoluta – cujo carácter "insaisissable" não é, à partida, evidente em função do bem, isolada ou estritamente considerado, resultando, ademais, da consideração de outros factores, *maxime* da sua pertença ou da sua utilização, na medida em que a definição dessa pertença ou utilização seja feita pelo legislador como suficientemente relevante para justificar a subtracção de tais bens ao processo de execução.

Atentemos na alínea *f*) do artigo 822 do CPC, que considera impenhoráveis "os bens imprescindíveis a qualquer economia doméstica que se encontrem na residência permanente do executado (...)": o fogão de cozinha na residência permanente será tido por impenhorável, mas já não o fogão existente na "casa da terra" ou na casa utilizada para fins de vilegiatura.

---

[27] Apenas a este nos referimos aqui. Porém, como é sabido, a impenhorabilidade pode ser definida pela lei substantiva; cf., v. g., CARVALHO FERNANDES, *Teoria geral do Direito Civil*, I[5], *cit.*, pp. 154-155 e ANSELMO DE CASTRO, *Acção executiva singular, comum e especial*[3], *cit.*, p. 108 e ss..

A impenhorabilidade supõe aqui, mesmo no "coração" da norma sobre impenhorabilidade absoluta, um *juízo de relação*, uma aferição *per relationem*.

Atentemos também na alínea *g*) do artigo 822 do CPC, que tem por absolutamente impenhoráveis, entre outros, "os objectos destinados ao tratamento de doentes". Ora, ninguém contestará que uma máquina de hemodiálise pertença de um doente seja um "objecto" destinado ao tratamento de doentes. Contudo, nem por isso será possível, no nosso entender, impedir a penhora de aparelhos desse tipo acabados de sair da cadeia de produção, por dívidas do produtor, apesar de comungarem da citada "destinação", não podendo, também, haver dúvidas, da sua penhorabilidade enquanto elementos integrados num estabelecimento hospital[28]. É, assim, patente que a impenhorabilidade absoluta em referência deve ser entendida em termos ... relativos[29].

II. Mas a definição de impenhorabilidade pode ser, digamos, dependente de um *status* – não (imediatamente) do bem mas do *dominus*. Assim é na alínea *b*) do artigo 822, que considere impenhoráveis "os bens do domínio público do Estado e das restantes pessoas colectivas públicas".

Não obstante, a alínea *b*) do artigo 822 do CPC não se basta com o *status*: digamos que o *estatuto* do proprietário é condição necessária mas não suficiente. Não basta que os bens sejam pertença do Estado: é ainda necessário que os mesmos estejam integrados no *domínio público*, integração essa que não resulta do bem em si, em termos materiais ou físicos, mas da sua conformação ou estatuto jurídico.

---

[28] Situação esta última em que o objecto da penhora é o estabelecimento hospitalar, *qua tale*, que não os seus elementos individualizados; cf. o lugar paralelo da alínea *c*) do artigo 823/2 do CPC, que excepciona da isenção de penhora os instrumentos de trabalho e os objectos indispensáveis ao exercício da actividade ou formação profissional do executado, quando forem penhorados "como elementos corpóreos de um estabelecimento comercial". Admitiríamos, porém, a penhora de tais bens individualizados [cf. o lugar paralelo da alínea *f*) do artigo 822 do CPC] quando a execução se destine ao pagamento do preço da respectiva aquisição ou custo da sua reparação, na medida em que os aparelhos não estejam afectos a doentes específicos ou individualizados.

[29] Colocando em causa a boa arrumação entre bens absolutamente e relativamente impenhoráveis, cf., v. g., Baptista Lopes, *A penhora, cit.*, pp. 17-18.

A *Esfera de Bens Impenhoráveis e o* Status *do Devedor. Breves Notas*   285

III. É lógico que a impenhorabilidade que não flua directamente da natureza do bem – seja ela feita, ou não, com referência a um *status* – seja mais frequente nas situações qualificadas pelo artigo 823 do CPC como de *impenhorabilidade relativa*.

Exemplifiquemos com os bens do Estado que, não sendo absolutamente impenhoráveis, nos termos da alínea *b*) do artigo 822 do CPC, não tenham sido dados em garantia real: esses bens são penhoráveis (artigo 823/1 do CPC), salvo se se encontrarem *especialmente afectados à realização de fins de utilidade pública*, caso em que são impenhoráveis.

A especial afectação a fins de utilidade pública não decorre, obviamente, do bem, da sua natureza: ela é concreta, circunstancial, porventura temporária, tendo de ser demonstrada. Não basta, assim, ao Estado executado, colocado perante uma penhora de um bem do seu património não integrado no domínio público[30], demonstrar que o bem lhe pertence: o Estado executado terá o ónus de alegar e provar as razões concretas que justificam, considerando as opções e valorações do legislador processual, que um bem, *a priori* penhorável, deva ser tido por impenhorável.

Raciocínio similar vale, nos mesmos termos, para os bens pertença de pessoas colectivas de utilidade pública, nos termos do artigo 823/1 do CPC: a impenhorabilidade não é assim, singularmente definida em função do *status* do proprietário do bem. A esse requisito é necessário somar um outro: o de que o bem em causa se encontra *especialmente afectado à realização de fins de utilidade pública*. Só assim se faz juz à *excepcionalidade* das situações de impenhorabilidade: só assim se consideram as razões que, em termos de sistema, tornam justificável o *sacrifício* – quiçá definitivo – dos interesses do exequente em favor dos do executado.

Assim, uma pessoa colectiva de utilidade pública que pretenda retirar bens à penhora e execução, terá de fazer a alegação e prova da verificação *cumulativa* de dois requisitos: primeiro, da sua qualidade de pessoa colectiva de utilidade pública; segundo, de que o *bem em causa está – se encontra – especialmente afectado à realização de fins de utilidade pública*.

Este segundo requisito é *complexo*, desdobrando-se na necessidade de serem preenchidos os seguintes ingredientes: (*i*) que o bem "se encontra"; (*ii*) "especialmente afectado" e (*iii*) "a fins de utilidade pública".

---

[30] E não se tratando de execução para pagamento de dívida com garantia real.

Vejamos o *primeiro ingrediente*: se, conforme exige a lei, o bem tem de *se encontrar* especialmente afectado a fins de utilidade pública, isso significa que não é suficiente que o bem seja *idóneo* a ser afectado a tais fins. Antes é necessária a prova da *aplicação efectiva e presente* do bem, prova essa que cabe ao executado.

O *segundo ingrediente* é refinado ou selectivo: é necessário que o bem esteja *especialmente afectado* à realização de fins de utilidade pública. O advérbio "especialmente" não constitui uma exigência que o intérprete ou o julgador possa dispensar: ele postula uma conexão específica[31] e demonstra – num quadro em que, recorde-se, o princípio imperante é o do património como garantia geral dos credores – o carácter *excepcional* das situações em que há bens "dispensados" da execução.

Trata-se, de resto, de um advérbio com eficácia limitativa, que encontramos também na alínea *d*) do artigo 822[32] e que obedece, *grosso modo*, à mesma filosofia geral da excepcionalidade das situações de impenhorabilidade que está na base dos adjectivos – igualmente limitativos – que encontramos na alínea *f*) do artigo 822 ("imprescindíveis")[33] ou na alínea *g*) do mesmo artigo ("indispensáveis")[34].

O *terceiro ingrediente* consiste na afectação concreta ou especial a fins de utilidade pública, afectação essa que não decorre, também ela, *ipso facto*, do *status* da pessoa colectiva.

Em suma: o sistema admite que os bens pertencentes ao Estado ou a pessoas colectivas de utilidade pública possam ser subtraídos à execução, mas fá-lo *com parcimónia*, conforme, de resto se impunha, em homenagem ao princípio geral dos artigos 601 e 817 do CC e 821 do CPC[35].

---

[31] Cf., a propósito Teixeira de Sousa, *Acção executiva singular*, Lex, Lisboa, 1998, p. 211: "só estão submetidos à penhorabilidade adstrita aqueles bens que se encontrem especialmente afectados à realização de fins de utilidade pública (...), ou seja, os bens indispensáveis ao funcionamento da pessoa colectiva e à prossecução das suas finalidades".

[32] Segundo a qual são absolutamente impenhoráveis os objectos "especialmente destinados ao exercício de culto público".

[33] Segundo a qual são absolutamente impenhoráveis "os bens imprescindíveis a qualquer economia doméstica que se encontrem na residência permanente do executado, salvo se se tratar de execução destinada ao pagamento do preço da respectiva aquisição ou do custo da sua reparação".

[34] Segundo a qual são absolutamente impenhoráveis "os instrumentos indispensáveis aos deficientes e os objectos destinados ao tratamento de doentes".

[35] No Ac. da RL de 19.05.2009 (in www.dgsi.pt – Processo 642/04.5TBSXL-B-7), foi decidido, com um voto de vencido, numa situação de penhora de umas instalações

3. O ónus de alegação e prova dos critérios de conexão específica do artigo 823/1 do CPC

I. O *ónus da prova* de que o bem se encontra especialmente afectado a fins de utilidade pública cabe à entidade executada, quer se enquadre a situação pelo prisma do direito do exequente quer se a perspective pelo prisma do direito do executado[36].

Ora, sendo o exequente titular do direito à acção de cumprimento e execução (artigo 817 do CC) e tendo, nesse quadro, de acordo com o princípio da garantia patrimonial, direito a fazer penhorar os bens que integram o património do devedor (artigos 601 do CC e 821 do CPC), a concreta impenhorabilidade de um bem que integre esse património constituirá um *facto impeditivo*[37] do direito do credor de obter a satisfação do seu crédito através da penhora desse bem, pelo que cabe ao executado, nos termos do artigo 342/2 do CC, a prova dessa impenhorabilidade – *rectius*, a prova da verificação dos requisitos de que depende a formulação de uma conclusão no sentido dessa impenhorabilidade.

A montante dessa prova coloca-se, em termos lógicos, a questão da *alegação*, ou seja, como dizia Castro Mendes[38], da *afirmação*. Como é

---

desportivas pertencentes a uma pessoa colectiva de utilidade pública, em que esta executada se limitara a invocar o seu *status* (sem alegar e provar a afectação a fins de utilidade pública), que "a natureza inextrincável entre um edifício destinado à prática de desportos, com espaços para o efeito, balneários, secretaria e outros anexos, e o desenvolvimento da actividade desportiva de interesse público, demonstra, à partida a sua afectação à actividade de interesse público que persegue". Mais esclarecido nos parece, porém, o voto de vencido, segundo o qual cabia à executada (agravante) o ónus de alegação e prova, pelo que deveria ser mantida a penhora. Esta última corresponde, de resto, às posições do STJ, no Ac. de 11.05.2004 (in www.dgsi.pt – Processo 2849/2004-7), da RP, no Ac. de 22.05.2006 (in www.dgsi.pt – Processo 0651458), e da RE, no Ac. de 12.01.2006 (in www.dgsi.pt – Processo 1845/05-2).

[36] Em geral, sobre a razão de ser das regras sobre o ónus da prova, respectivo âmbito e sentido no processo, cf. ROSENBERG, *Die Beweislast auf der Grundlage des bürgerlichen Gesetzbuchs und der Zivilprozessordnung*, 5.ª edição, Beck, München, 1965, pp. 5 e ss. e MUSIELEK, *Die Grundlagen der Beweislast im Zivilprozess*, Walter de Gruyter, Berlin, 1975, pp. 1 e ss. e 32 e ss..

[37] Cf., por todos, TARUFFO, *Onere della prova*, in DDP-SC, XIII, UTET, Torino, 1995, p. 69.

[38] Cf. CASTRO MENDES, *Do conceito de prova em processo civil*, Lisboa, 1961, p. 531 e ss..

288 *Estudos de Direito das Garantias, II*

evidente, a prova e respectivo ónus só fazem sentido em relação àquilo que é afirmado[39]: se o executado nem sequer afirma que o bem penhorado se encontra especialmente afectado à realização de fins de utilidade pública, nem se colocará a questão da prova. Ainda seguindo Castro Mendes[40], "a alegação (processual) é (…) a afirmação de algo como verdadeiro, a qual carece para fins processuais de ser demonstrada". A intervenção do executado dá-se, material e processualmente, através de uma *exceptio*[41] – excepção impeditiva, *hoc sensu*.

Admitimos, porém, como possível uma outra abordagem, agora sob o prisma do direito do executado. Que direito estará então em causa? Seguramente que será o direito de colocar o bem penhorado na "esfera de bens impenhoráveis", de que fala Paulo Cunha. Nesta perspectiva, os requisitos acima identificados constituirão *factos constitutivos* do direito do executado relativamente ao bem penhorado, cabendo-lhe, assim, o ónus da prova, nos termos do artigo 342/1 do CC[42].

Naturalmente que, também nesta perspectiva, não é dispensável a prévia alegação – afirmação – da *situação de impenhorabilidade*.

II. Haverá situações que permitam concluir em termos diversos, no que respeita à alegação e prova?

Há, na realidade, situações jurídicas que, em tese geral, permitem perturbar e alterar as conclusões acima referidas, alterando ou prejudicando o funcionamento das regras do ónus da prova[43]. Isso acontece, fundamentalmente, quando exista uma *presunção legal* num determinado sentido e ainda quando estejamos perante *factos notórios*.

Quanto à primeira situação[44], haverá que distinguir consoante o tipo de presunção: se ela for *iuris et de jure*, nenhuma dificuldade haverá:

---

[39] Cf., v. g., Rosenberg, *Die Beweislast auf der Grundlage des bürgerlichen Gesetzbuchs und der Zivilprozessordnung*, cit., p. 43 e de Stefano, *Onere (Diritto processuale civile)*, in ED, XXX (1980), p. 120.

[40] Cf. Castro Mendes, *Do conceito de prova em processo civil*, cit., p. 541.

[41] Cf., v. g., Micheli, *L'onere della prova*, Cedam, Padova, 1943, p. 319 e ss..

[42] Cf., a propósito, v. g., Taruffo, *Onere della prova*, cit., pp. 68-69 e Micheli, *L'onere della prova*, cit., p. 319 e ss..

[43] Cf., em geral, Menezes Cordeiro, *Tratado de Direito Civil português*, I. *Parte Geral*, Tomo IV, 2005, p. 468 e ss. e Micheli, *L'onere della prova*, cit., p. 168 e ss..

[44] Cf., em geral, Menezes Cordeiro, *Tratado de Direito Civil português*, I/IV, cit., p. 477 e ss..

A Esfera de Bens Impenhoráveis e o Status *do Devedor. Breves Notas*   289

aplica-se o efeito "ditado" pelo carácter absoluto da presunção. Se, ao invés, a presunção for *iuris tantum* ou relativa, haverá, por interpretação, que determinar o seu sentido, podendo, a partir daí, haver uma inversão do ónus da prova.

Com referência às situações de penhora de bens pertença do Estado ou de pessoas colectivas de utilidade pública (artigo 823/1 do CPC), não existe nenhuma presunção legal, quer absoluta quer relativa, que permita inflectir as conclusões acima referidas em matéria de alegação e prova, não sendo, assim, por esta via, possível a qualquer dessas entidades, cujos bens tenham sido penhorados, invocar a seu favor uma presunção *jurídica* de que tais bens "se encontram especialmente afectados à realização de fins de utilidade pública"[45].

Inaplicável seria também aqui – independentemente da questão da respectiva valia – uma qualquer presunção *prima facie*[46], a qual, de resto, não seria idónea para perturbar ou alterar o funcionamento do regime do ónus da prova consagrado no artigo 342 do CC.

Quanto ao relevo dos *factos notórios*, o que se pode dizer, um pouco lapalisseanamente, é que os mesmos têm mesmo de ser ... *notórios*: tem de se tratar de factos que sejam do *conhecimento geral* (artigo 514 do CPC)[47] – ou seja[48], de factos conhecidos ou facilmente cognoscíveis pela generalidade das pessoas normalmente informadas, de determinado espaço geográfico[49].

---

[45] No Ac. RE de 12.01.2006 (in www.dgsi.pt – Processo 1845/05-2) foi decidido que a natureza dos bens do domínio privado do Estado e das demais pessoas colectivas de utilidade pública "não permite concluir ou presumir a afectação exclusiva ou sequer predominante a fins de utilidade pública". Ora, parece claro que a prova, através de certidão da Conservatória do Registo Predial, de que um prédio está inscrito, em termos de propriedade, a favor de uma determinada entidade, que já demonstrara ser pessoa colectiva de utilidade pública, não prova mais do que isso mesmo, não sendo possível daí extrair a conclusão, ou sequer a presunção, de que tal prédio se encontra especialmente afectado a fins de utilidade pública.

[46] Cf., por todos, MICHELI, *L'onere della prova, cit.*, p. 174 e ss..

[47] Cf., v. g., MENEZES CORDEIRO, *Tratado de Direito Civil português*, I/IV, *cit.*, p. 467, TARUFFO, *Onere della prova, cit.*, p. 70 e DE STEFANO, *Onere (Diritto processuale civile), cit.*, pp. 120-121.

[48] Cf. LEBRE DE FREITAS, *Código de Processo Civil anotado*, II, Coimbra Editora, Coimbra, 2001, p. 397.

[49] Uma situação deste jaez foi decidida no Ac. da RL de 02.03.2006 (in www.dgsi.pt – Processo 11989/2005-8), que considerou facto notório a afectação à realização de fins de utilidade pública de um edifício onde se situava o quartel de uma corporação de bombeiros.

290 *Estudos de Direito das Garantias, II*

4. A abordagem da impenhorabilidade pelo lado do devedor

I. As situações de impenhorabilidade ganham um novo enfoque se as perspectivarmos pelo lado do devedor executado. Ao Estado ou à pessoa colectiva de utilidade pública, reconhece a lei, nas situações do artigo 823/1 do CPC, o poder de, verificados determinados requisitos, retirar um bem da esfera de bens penhoráveis, colocando-o na dos impenhoráveis. Não se trata, como é evidente, de "manobra" que possa ser feita por qualquer devedor: ela está reservada a devedores específicos, por razões específicas – ela está reservada a devedores com um determinado *status*: a devedores, *hoc sensu*, privilegiados.

A abordagem pelo prisma da situação de "privilégio" torna-se mais patente se tivermos em mente o facto de esse devedor poder "recolocar" o bem na esfera dos bens penhoráveis, desde que (no caso do Estado e das pessoas colectivas de utilidade pública – artigo 823/1 do CPC) retire o bem da afectação específica que lhe confere imunidade ou desde que, mantendo, embora, essa afectação, onere o bem.

Tais "operações", que têm o efeito de recolocar o bem "no mercado", demonstram também que a situação de impenhorabilidade em referência é, para além de relativa, precária.

II. Referimo-nos, acima, ao devedor executado como sendo – *rectius*, como podendo ser – *privilegiado*. Contudo, falar em *privilégios* no Direito das Obrigações em geral e no Direito das Garantias em especial é, por antonomásia, referir os privilégios creditórios[50]. Por esta razão, a ideia de

---

[50] Destaque-se Paulo Cunha, *Da garantia nas obrigações*, II, Lisboa, 1938-1939, p. 257 e ss. e Vaz Serra, *Privilégios*, Lisboa, 1957, p. 5 e ss.; é sintomática a apresentação do tema feita por Vaz Serra: apesar do título genérico do seu estudo ("Privilégios"), logo na primeira frase do escrito, circunscreve os privilégios aos creditórios: "Os privilégios creditórios estão regulados (…)". Sobre a ligação do privilégio ao crédito, mas sem deixar de reconhecer a maior valência da expressão "privilégio", cf. Ciccarello, *Privilegio (Diritto privato)*, in ED XXXV (1986), pp. 723-724. Cf., mais recentemente, Carvalho Fernandes, *Lições de Direitos Reais*, 6.ª edição, Quid Juris, Lisboa, 2009, p. 161 e ss.. As raízes dos privilégios creditórios são longínquas, conforme manifestadas nos *privilegia exigendi* e no *ius singulare* do direito romano; cf., v. g., Ussani, *Privilegio (Diritto romano)*, in ED XXXV (1986), p. 709 e ss.; dando nota das polémicas entre os romanistas sobre a delimitação entre o *privilegium* e o *ius singulare*, cf. Melillo, *Privilegio. Diritto romano*, in NssDI XIII (1957), pp. 977-978; cf. também Arangio-Ruiz, *Istituzioni di Diritto Romano*,

A Esfera de Bens Impenhoráveis e o Status do Devedor. Breves Notas   291

associar o conceito de privilégios à posição do devedor que não à posição (activa) de um credor (ou de um conjunto de credores) pode surgir, *ictu oculi*, como bizarra, se não mesmo herética, ainda que, como é o nosso caso, utilizemos o substantivo *privilégio* ou o adjectivo *privilegiado* sem conotações valorativas.

Não obstante, temos por positivo um enfoque das posições de vantagem dos devedores relativamente aos respectivos credores, quando as mesmas se traduzam na inviabilização – total ou parcial, definitiva ou temporária – da satisfação dos créditos destes últimos.

O campo de acção dos privilégios creditórios é o da *responsabilidade patrimonial* e da sua efectivação. Não é por acaso que a primeira "apresentação" da figura no CC é feita no artigo 604/2, onde os mesmos constam da enumeração não taxativa das "causas legítimas de preferência". Os privilégios creditórios – sejam ou não direitos reais[51] – surgem como excepções ao princípio *par condicio creditorum*[52].

Diga-se que a expressão *privilégios creditórios* para designar um conjunto de situações jurídicas específicas, constitui uma convenção, encarnada no artigo 733 do CC: "privilégio creditório é a faculdade que a lei, em atenção à causa do crédito, concede a certos credores, independentemente do registo, de serem pagos com preferência a outros". É uma convenção porque, à partida, numa análise descomprometida com o conceito adoptado no citado artigo 733, todas as situações de garantias reais

---

14.ª edição, Casa Editrice Eugenio Jovene, Nápoles, 1998, pp. 32-33. Sobre a evolução histórica dos privilégios creditórios, cf., entre nós, CARNEIRO PACHECO, *Dos privilégios creditórios*, 2.ª edição, Jacintho Ribeiro dos Santos Editor, Rio de Janeiro, 1914, p. 18 e ss. e, por último, LUCAS PIRES, *Dos privilégios creditórios; regime jurídico e sua influência no concurso de credores*, Almedina, Coimbra, 2004, p. 19 e ss..

[51] Cf., sobre esta polémica, PAULO CUNHA, *Da garantia nas obrigações*, II, *cit.*, p. 262 e ss. e, recentemente, CARVALHO FERNANDES, *Lições de Direitos Reais*[6], *cit.*, pp. 162-163; cf. ainda OLIVEIRA ASCENSÃO, *Direito Civil. Reais*, 5.ª edição, Coimbra Editora, Coimbra, 1993, p. 553, MENEZES LEITÃO, *Garantia das obrigações*[2], *cit.*, p. 233 e ss., PINTO DUARTE, *Curso de Direitos Reais*, 2.ª edição, Principia, Estoril, 2007, p. 249 e LUCAS PIRES, *Dos privilégios creditórios*, *cit.*, p. 429 e ss..

[52] Cf., sobre este, v. g., PAULO CUNHA, *Da garantia nas obrigações*, I, *cit.*, p. 95 e ss., VAZ SERRA, *Responsabilidade patrimonial*, *cit.*, p. 114 e ss. e, eloquentemente, ANTUNES VARELA, *Das obrigações em geral*, II, 7.ª edição, Almedina, Coimbra, p. 429 e ss.: "Esta é a famosa regra da *par condicio creitorum*, que cava um abismo entre os direitos reais e os direitos de crédito".

corporizam ou são susceptíveis de corporizar *privilégios*, num sentido amplo do termo. Na verdade, à partida, qualquer crédito "guarnecido" da vantagem de uma garantia real é um crédito privilegiado relativamente aos créditos comuns: considerando os titulares dos créditos, haverá credores privilegiados e credores comuns.

Quando em privilégios creditórios em sentido estrito ou técnico--jurídico falamos, destacamos, dentro dos créditos privilegiados, num sentido amplo, aqueles que (*i*) como tal são definidos – escolhidos – pela lei, o que é feito (*ii*) em atenção à causa do crédito. A lei esclarece ainda que o carácter privilegiado desses créditos não depende de registo, ainda que – entenda-se – os mesmos incidam sobre coisas sujeitas a registo.

Em termos directos, os privilégios creditórios *stricto sensu* assistem os créditos: mediatamente, beneficiam os credores respectivos. O benefício de tais credores é estabelecido relativamente a outros credores, que assim ficam ou podem ficar preteridos no que respeita à satisfação dos respectivos créditos.

Daí referirmos que o palco de acção dos privilégios é o da responsabilidade patrimonial e da execução, seja ela singular ou universal.

III. Coloquemos, por confronto, os "privilégios debitórios" no mesmo palco da responsabilidade patrimonial, focando-se, agora, a posição que possa ter um devedor relativamente a um credor, que se consubstancie na faculdade de obstar à execução – total ou parcial, temporária ou definitiva – dos seus bens.

Contudo, para que de "privilégio debitório" se possa falar, é mister que se trate de situações em que um devedor esteja numa determinada situação de benefício, em termos de responsabilidade patrimonial, relativamente a outros devedores que na mesma situação debitória se encontrassem. Identificada essa situação, estaríamos perante um "privilégio debitório"; ora isso acontece, desde logo, sempre que um devedor possa obstar à execução de um bem, em virtude da afectação do bem penhorando a uma específica utilização por parte desse mesmo devedor, valorada pelo ordenamento como suficientemente relevante para justificar a imunização à execução. Ou seja: trata-se de situações em que o legislador, na ponderação ou valoração entre, por um lado, os interesses dos credores e o princípio da garantia patrimonial e, por outro, o interesse público na continuação da afectação do bem em causa à actividade da (daquela) pessoa executada, atribui maior relevo a este último.

A Esfera de Bens Impenhoráveis e o Status do Devedor. Breves Notas   293

Fora deste quadro estão as situações – de fonte convencional – dos artigos 602 e 603 do CC[53] trata-se de, por convenção ou por determinação de terceiro, permitir a subtracção de determinados bens à execução, apesar de os mesmos integrarem a garantia geral. Ora, no caso do artigo 602, esses bens ficam imunes à execução daquele credor pelas dívidas a que o acordo se refere, enquanto que no caso do artigo 603, os bens subtraídos ficam, *grosso modo*, imunes às execuções pelas dívidas anteriores à liberalidade. Não obstante essa imunização, estamos fora do campo dos "privilégios debitórios", já que, para além de se tratar, como se disse, de situações de fonte convencional, que não legal, não ocorre nas mesmas a beneficiação de um devedor, no cotejo com outros devedores que estivessem colocados na mesma posição debitória.

Faculdade de Direito da Universidade de Lisboa, Dezembro de 2009.

---

[53] Cf., sobre estas, por todos, ANTUNES VARELA, *Das obrigações em geral*, II[7], *cit.*, p. 426 e ss..

ÍNDICE GERAL

A QUESTÃO DA ESTRUTURA NEGOCIAL DA FIANÇA REVISITADA

1. Introdução	7
2. A jurisprudência do STJ após o Acórdão de 06.06.1990	10
2.1. *O Acórdão do STJ de 21.09.1993*	10
2.2. *O Acórdão do STJ de 10.11.1993*	12
2.3. *O Acórdão do STJ de 08.07.1997*	13
2.4. *O Acórdão do STJ de 15.12.1998*	14
2.5. *O Acórdão do STJ de 18.06.2002*	16
2.6. *O Acórdão do STJ de 27.05.2003*	16
2.7. *O Acórdão do STJ de 27.11.2003*	17
3. O argumento extraído do disposto no artigo 628/2 CC	19
4. O argumento da harmonização com o regime do artigo 767/1 CC	21
5. A articulação de regimes: assunção cumulativa de dívida, *maxime* em garantia, e assunção fidejussória de dívida	24
6. O *princípio do contrato* consagrado no artigo 457 CC	29

PLURALIDADE DE FIADORES E LIQUIDAÇÃO DAS SITUAÇÕES FIDEJUSSÓRIAS

1. Introdução	31
2. A pluralidade de situações de pluralidade de fiadores	35
2.1. *Introdução*	35
2.2. *Pluralidade de fiadores em parciariedade*	39
2.3. *Pluralidade de fianças em conjunção*	40
2.4. *Pluralidade de fianças em solidariedade*	41
3. As vinculações fidejussórias "isoladas" e as vinculações fidejussórias "conjuntas"	42
3.1. *Introdução*	42
3.2. *O regime do artigo 649 do CC*	45
3.3. *O benefício da divisão*	50
4. A liquidação das situações fidejussórias	53

Estudos de Direito das Garantias, II

4.1. A dupla sub-rogação prevista no artigo 650/1 CC 53
4.2. O benefício da divisão e a liquidação das situações fide-
jussórias 59
5. A incompletude do regime dos artigos 649 e 650 para regular
a pluralidade de situações de pluralidade de fianças 62

A FIANÇA DO ARRENDATÁRIO FACE AO NRAU

1. Introdução 67
2. Os regimes dos artigos 654 e 655 do CC: uma relação geral-
-especial? 75
3. O regime do artigo 655 CC 77
4. As situações fidejussórias relativas a arrendamentos anteriores,
face às "Normas Transitórias" da Lei 6/2006 86
5. A fiança do arrendatário em arrendamento de duração indeter-
minada 88
    5.1. *A fiança do arrendatário e o regime da denúncia pelo arren-*
datário 88
    5.2. *A fiança do arrendatário e o regime da denúncia pelo senho-*
rio 92
    5.3. *A fiança do arrendatário em arrendamento de duração inde-*
terminada e o regime (a um tempo geral e especial) do
artigo 654 do CC 95
6. A fiança de arrendatário de arrendamento com prazo certo 98
    6.1. *O regime da oposição à renovação pelo senhorio e pelo*
arrendatário 98
    6.2. *Fiança do arrendatário e o regime da oposição à renova-*
ção 100
    6.3. *Fiança do arrendatário e o regime da denúncia pelo arren-*
datário 103
7. Algumas situações específicas 104
    7.1. *O destino da fiança no caso de trespasse* 104
    7.2. *O destino da fiança no caso de morte do arrendatário* 108
    7.3. *Agravamento da situação patrimonial do devedor* 109

SER OU NÃO SER CONFORME, EIS A QUESTÃO. EM TEMA DE GARANTIA LEGAL DE CONFORMIDADE NA VENDA DE BENS DE CONSUMO

1. Introdução 113
2. O diploma de transposição e o seu âmbito de aplicação 117
3. A "conformidade com o contrato" como motor do novo regime 122
4. Presunção de não conformidade 126

Índice Geral

5. Momento relevante para a verificação da conformidade ou da falta dela 132
6. As vias de reacção do consumidor em caso de não conformidade 134

SOBRE A CIRCULABILIDADE DO CRÉDITO EMERGENTE DE GARANTIA BANCÁRIA AUTÓNOMA AO PRIMEIRO PEDIDO

1. Introdução 141
2. A posição do beneficiário da garantia 147
3. O regime geral da cessão de créditos 155
4. Cessão do crédito principal e destino do crédito de garantia ... 159
   4.1. *O regime geral do artigo 582/1 do CC* 159
   4.2. *Cessão do crédito principal e destino do crédito de garantia autónoma* 160
   4.3. *Um crédito de garantia suspenso no ar?* 167
5. Cessão isolada do crédito de garantia 168
   5.1. *As divergências doutrinais* 168
   5.2. *O regime da cessão do crédito de garantia nas Regras Uniformes da CCI e na Convenção UNCITRAL (CNUDCI)* 176
   5.3. *O regime do AUG da OHADA* 178
6. A necessidade de distinguir no crédito de garantia entre o poder potestativo de interpelação e o crédito pecuniário decorrente do accionamento da garantia 179

SOBRE A VINCULAÇÃO *DEL CREDERE*

1. Introdução 189
2. A vinculação *del credere* do comissário 192
   2.1. *Introdução* 192
   2.2. *Aspectos de regime* 196
   2.3. *A convenção del credere* 199
3. A vinculação *del credere* do agente comercial 212
   3.1. *Aspectos de regime* 212
   3.2. *A convenção del credere* 214
4. A responsabilidade *del credere* do transitário 223
   4.1. *Introdução e aspectos de regime* 223
   4.2. *A vinculação del credere legal* 228
5. Conclusões 232

GARANTIAS BANCÁRIAS NO CÓDIGO DOS CONTRATOS PÚBLICOS. BREVES NOTAS

1. Introdução 233

298   *Estudos de Direito das Garantias, II*

2. Prestação de caução através de garantia bancária 234
    2.1. *Introdução* 234
    2.2. *Alguns aspectos de regime* 238
    2.3. *O texto e o contexto da garantia* 241
3. Em tema de substituição da caução 242
4. Em tema de liberação da caução 244
    4.1. *Introdução* 244
    4.2. *A autorização para a promoção da liberação da caução* . 246
    4.3. *Sobre o direito de indemnização em caso de mora* 250
5. Execução da caução 252

A SOCIEDADE COM DOMÍNIO TOTAL COMO GARANTE. BREVES NOTAS

1. Introdução 255
2. A não qualificação legal da responsabilidade da sociedade
    directora 261
3. A identificação externa de um *devedor primário* e de um *devedor secundário* 265
4. A prova dos nove da acessoriedade: a extensão ao devedor secundário dos meios de defesa do devedor principal 267
5. Conclusão 272

A ESFERA DE BENS IMPENHORÁVEIS E O *STATUS* DO DEVEDOR. BREVES NOTAS

1. O património geral do devedor e as outras esferas patrimoniais   275
2. A esfera de bens impenhoráveis 282
3. O ónus de alegação e prova dos critérios de conexão específica
    do artigo 823/1 do CPC 287
4. A abordagem da impenhorabilidade pelo lado do devedor 290